广视角·全方位·多品种

权威·前沿·原创

皮书系列为
"十二五"国家重点图书出版规划项目

非传统安全蓝皮书

BLUE BOOK OF
NON-TRADITIONAL SECURITY

中国非传统安全研究报告
（2013~2014）

REPORT ON CHINA'S NON-TRADITIONAL SECURITY STUDIES
(2013-2014)

主　编／余潇枫　魏志江
副主编／米　红　刘跃进　李开盛　樊守政　安晓平

社会科学文献出版社
SOCIAL SCIENCES ACADEMIC PRESS (CHINA)

图书在版编目(CIP)数据

中国非传统安全研究报告. 2013~2014/余潇枫,魏志江主编.
—北京：社会科学文献出版社,2014.6
（非传统安全蓝皮书）
ISBN 978-7-5097-6010-9

Ⅰ.①中… Ⅱ.①余… ②魏… Ⅲ.①国家安全-研究报告-中国-2013~2014 Ⅳ.①D631

中国版本图书馆CIP数据核字（2014）第099249号

非传统安全蓝皮书
中国非传统安全研究报告（2013~2014）

主　　编／余潇枫　魏志江
副 主 编／米　红　刘跃进　李开盛　樊守政　安晓平

出 版 人／谢寿光
出 版 者／社会科学文献出版社
地　　址／北京市西城区北三环中路甲29号院3号楼华龙大厦
邮政编码／100029

责任部门／经济与管理出版中心　（010）59367226　　责任编辑／蔡莎莎　颜林柯
电子信箱／caijingbu@ssap.cn　　　　　　　　　　　责任校对／李　红
项目统筹／周　丽　恽　薇　　　　　　　　　　　　责任印制／岳　阳
经　　销／社会科学文献出版社市场营销中心　（010）59367081　59367089
读者服务／读者服务中心　（010）59367028

印　　装／北京季蜂印刷有限公司
开　　本／787mm×1092mm　1/16　　　　　　　　　印　　张／21
版　　次／2014年6月第1版　　　　　　　　　　　　字　　数／337千字
印　　次／2014年6月第1次印刷
书　　号／ISBN 978-7-5097-6010-9
定　　价／79.00元

本书如有破损、缺页、装订错误，请与本社读者服务中心联系更换
版权所有　翻印必究

本报告由浙江大学非传统安全与和平发展研究中心、塔里木大学非传统安全与边疆民族发展研究院主持

本报告为国家社会科学基金重大项目"中国非传统安全威胁识别、评估与应对研究"（12&ZD099）阶段性成果

《中国非传统安全研究报告 (2013~2014)》编委会

顾　　　问　蒋正华　张　曦　张蕴岭　袁　明　王逸舟
　　　　　　　崔启明

主　　　编　余潇枫　魏志江

副 主 编　米　红　刘跃进　李开盛　樊守政　安晓平

编委会成员　（按姓氏笔画排序）
　　　　　　　王逸舟　朱　锋　米　红　李金珊　李开盛
　　　　　　　李健和　安晓平　杨　闯　时殷弘　余潇枫
　　　　　　　沈丁立　张　曦　张蕴岭　刘跃进　陈　坤
　　　　　　　罗卫东　寿远景　秦亚青　倪世雄　袁　明
　　　　　　　蒋正华　樊守政　魏志江

主要作者简介

崔启明	中国驻白俄罗斯大使
王逸舟	中国国际关系学会副会长，中国人民外交学会理事，北京大学国际关系学院副院长，教授、博士生导师
余潇枫	中国人民外交学会理事，浙江大学非传统安全与和平发展研究中心主任，教授、博士生导师
魏志江	中山大学亚太研究院韩国研究所所长，教授、博士生导师
刘跃进	国际关系学院公共管理系教授，国家安全政策委员会特邀研究员
刘卫东	浙江大学公共管理学院教授、博士生导师
马振超	中国人民公安大学国内安全研究中心教授
傅荣校	中国档案学会理事，浙江大学信息资源管理研究所副所长、教授
原华荣	浙江大学非传统安全与和平发展研究中心教授、博士生导师
李开盛	博士、上海社会科学院国际关系研究所副研究员
樊守政	中国人民公安大学警务战略战术教研室主任、副教授
王文臣	中国人民解放军南京陆军指挥学院国防动员系副教授、大校
郭延军	外交学院亚洲研究所副所长，武汉大学国家领土主权与海

洋权益协同创新中心专职研究员

李志斐 博士、中国社会科学院亚太与全球战略研究院副研究员

廖丹子 博士、浙江财经学院财政与公共管理学院讲师

陈　锴 浙江大学公共管理学院在站博士后，复旦大学国际关系与公共事务学院博士后，新加坡国立大学东亚研究所访问学者

摘 要

《中国非传统安全研究报告（2013～2014）》在2014年与读者见面了。党的十八届三中全会明确提出，要健全"公共安全体系"、创新"社会治理体制"、推进"国家治理体系和治理能力现代化"，并计划在中央高层设立"国家安全委员会"，"制定和实施国家安全战略""推进国家安全法治建设"。2014年春，习近平主持召开中央国家安全委员会第一次会议时强调要坚持总体国家安全观，走有中国特色的国家安全道路，从而安全问题被历史性地置于国家发展的重要层面上。

非传统安全治理作为社会发展中安全维护的新议题，有其特定的理论与现实诉求。"共享安全"是非传统安全治理的内在价值目标，也理应成为人们新的共识。

本书分四个部分：序言、总报告、综合报告和分报告。序言一强调了非传统安全需要合作应对；序言二阐述了安全研究的中国思路；总报告通过对非传统安全威胁分类的深化，描绘了2013～2014年非传统安全挑战的总体图景，以及中国学者对"共享安全"范式的理论探索与贡献；3篇综合报告则从三个维度对非传统安全进行了独具特色的阐述；15篇专题报告分别按照"多源性""双源性""外源性""内源性"四大非传统安全类型，着重阐述了全球反恐、跨国犯罪治理、海洋安全、网络安全、太空安全、水资源安全、社会公共安全、信息安全、生态安全、土地安全以及逐渐进入人们视野的堪称"国门安全"的出入境检验检疫非传统安全等内容。

本书的特色是：概述了"共享安全"作为非传统安全治理的理论假设与价值目标，尝试了非传统安全热点问题的国际比较，深化了非传统安全重点领域的理论探讨，特别是国际与国内、传统与非传统、军事与非军事相互交织的安全问题的连续性研究得到了较好的体现。从这个意义上说，此书展示了中国非传统安全研究的新进步与新进展。

Abstract

The major study *Report on China's Non-Traditional Security Studies (2013 - 2014)* is being released at the start of the Chinese New Year in 2014. The *Third Plenary Session of the 18th CPC Central Committee* clearly emphasized that China needs to improve and innovate its public security and social governance systems while advancing the modernization of national governance and capacity. China also plans to enhance national security law and design a 'national security committee' while also formulating a 'national security strategy' at high levels of leadership. In Spring 2014 President Xi Jinping elaborated on his vision for an overall national security outlook in domestic and external affairs while chairing the first meeting of China's newly established State Security Commission. As a result, security issues have been historically positioned to play an important role in national development.

As a new security agenda for social development, 'Non-Traditional Security Governance' (NTSG) has unique theoretical and practical appeal. 'Shared Security' is the immanent objective of NTSG and also be closer scrutinized by the public.

This study is composed of four parts, namely a two-part fore words, a general report, a comprehensive report, as well as a selection of individual reports. Foreword I stresses that NTSG requires a cooperative responses, while foreword II introduces Chinese academic thinking on security studies. The general report classifies non-traditional security threats from a new angle, drawing on a scenario of non-traditional security challenges in 2013 - 2014. It also explains the theoretical explorations and contributions to the paradigm of 'shared security' by Chinese researchers. Three comprehensive reports examine non-traditional security issues from their own unique perspectives. Twenty one individual reports are classified into four types: 'Endogenous Non-Traditional Security Threats', 'Exogenous Non-Traditional Security Threats', 'Dual-genic Non-Traditional Security Threats', and 'Heterogeneous Non-Traditional Security Threats'. Collectively the individual reports cover the issue areas of global anti-terrorism, transnational crime governance, ocean security, cyber security, space security, water security, societal security, information security, environmental security, and inspection & quarantine security, the latter of which was recently brought into the nontraditional security arena.

This year our book embraces several new features. First, it constructs 'shared security', treating it as a new idea different from Western concepts while elaborating on the eight pathways of realizing 'shared security'. Second, it formulates a new analytical framework for classifying and analyzing non-traditional security threats. Third, it provides comparative studies on non-traditional security issues among different countries, and deepens theoretical explorations of important fields in non-traditional security. In particular, the study continues research on 'intertwined security' studies embodied by the compounding of domestic-global, traditional-nontraditional, and military-nonmilitary elements. Simply put, this book displays recent improvements and progress made by China on non-traditional security studies.

目 录

序一 非传统安全问题需要合作应对 …………………… 崔启明 / 001
序二 安全研究的中国线索 …………………………………… 王逸舟 / 002

BⅠ 总报告

B.1 非传统安全治理与"共享安全" ……………………… 余潇枫 / 001
  一 安全是最基本的公共产品 ………………………………… / 002
  二 世界各国的非传统安全观渐渐明晰 ……………………… / 003
  三 非传统安全治理新范式:"共享安全" …………………… / 007

BⅡ 综合报告

B.2 中共中央和中央政府关于非传统安全问题的论述 ……… 刘跃进 / 013
B.3 论"共享安全"与中韩非传统安全合作(2008~2013)
  ………………………………………………… 魏志江 庞加欣 / 039
B.4 大战略与大安全机制的构建
  ——美国国安会的经验及其对中国的启示
  ………………………………………………… 储昭根 于英红 / 053

BⅢ 多源性非传统安全研究

B.5 2013全球与热点地区恐怖威胁发展态势分析报告 ……… 樊守政 / 068
B.6 论非传统安全视阈下的中国远洋海军运用 …………… 杨 震 / 086
B.7 非传统安全与"全球公域"治理
　　——以网络、太空安全为例 ………………………… 任 琳 / 100
B.8 非传统安全与城市人防地下空间开发利用 …………… 王文臣 / 115

BⅣ 双源性非传统安全研究

B.9 非传统安全合作与中国–东盟命运共同体的建构 ……… 李开盛 / 130
B.10 中韩海洋领域的非传统安全合作论析 ………………… 周梦莹 / 145
B.11 国际河流水资源开发新趋势
　　——以大湄公河流域治理为例 ……………… 郭延军 任 娜 / 159
B.12 水问题与水坝政治：以中国对缅甸水电站投资为例 …… 李志斐 / 173

BⅤ 外源性非传统安全研究

B.13 东南亚海盗问题的新动向及中国面临的挑战 ………… 陈 锴 / 187
B.14 湄公河流域执法安全合作的基础、现状及意义
　　　　　　　　　　　　　　　陈红梅 余丽芬 张伟诗 / 197
B.15 极端天气的"悖论"、"炕–被效应"和"热窟效应"
　　——基于全球安全的"公众困惑" ……………… 原华荣 / 211

Ⅵ 内源性非传统安全研究

B.16 中国社会公共安全面临的突出问题及态势分析
　　——非传统安全视角 ………………………… 马振超 / 224

B.17 国家信息安全视域下的政府信息安全问题（2013~2014）
　　………………………………………… 傅荣校　马辛旻 / 238

B.18 深化改革："成也土地，败也土地" ………… 刘卫东 / 252

B.19 从"国门安全"到"场域安全"
　　——出入境检验检疫在国家安全治理中的新定位
　　………………………………………… 廖丹子　王梦婷 / 288

皮书数据库阅读**使用指南**

CONTENTS

Foreword 1: Non-Traditional Security Requires Cooperative Governance
Cui Qiming / 001

Foreword 2: Security Studies and Chinese Approaches Thereto   *Wang Yizhou* / 002

B I   General Report

B.1   Non-Traditional Security Governance and "Shared Security"
Yu Xiaofeng / 001

     1. *Security is the Most Basic Public Good*   / 002

     2. *States are Gradually Clarifying their Views on the Conept of Nontraditional Security*   / 003

     3. *"Shares Security" is a New Paradigm for Nontraditional Security Governance*   / 007

B II   Comprehensive Report

B.2   Expression of Non-Traditional Security Concepts by the Chinese Government   *Liu Yuejin* / 013

B.3   "Shared Security" and Non-Traditional Security Cooperation Between China and South Korea(2008-2013)   *Wei Zhijiang, Pang Jiaxin* / 039

CONTENTS

B.4 Grand Strategy and Grand Security Mechanisms: The Experience of America's National Security Council and Insights for China
Chu Zhaogen, Yu Yinghong / 053

B III   Studies on Heterogeneous Non-Traditional Security

B.5 A Report on Global and Hot Areas of Terrorism in 2013
Fan Shouzheng / 068

B.6 The Application of a Chinese Oceangoing Navy: From the Perspective of Non-Traditional Security
Yang Zhen / 086

B.7 Governance of the 'Global Commons': Using Network and Outer Space Security as Case Studies
Ren Lin / 100

B.8 Non-traditional Security and the Development of Urban Underground Spaces for Civil Defence
Wang Wenchen / 115

B IV   Studies on Dual-genic Non-Traditional Security

B.9 ASEAN-China Non-Traditional Security Cooperation: Constructing a Shared Destiny
Li Kaisheng / 130

B.10 A Review on Maritime Non-Traditional Security Cooperation between China and South Korea
Zhou Mengying / 145

B.11 New Developmental Trends in Riverine Resource Development: The Greater Mekong River Basin as a Case Study
Guo Yanjun, Ren Na / 159

B.12 The Water Issue and Dam Politics-Examining China's Investment in Burma Hydropower
Li Zhifei / 173

B V Studies on Exogenous Non-Traditional Security

B.13 New Tendencies in Southeast Asian Piracy: Challenges Facing China *Chen Kai* / 187

B.14 Foundation, Present situation and significance of Law Enforcement Security Cooperation in the Mekong River Basin *Chen Hongmei, Yu Lifen and Zhang Weishi* / 197

B.15 "Kang-Quilt Effect" and "Hot Cave Effect": Based on the Issue of "Public Confusion" Regarding Global Security *Yuan Huarong* / 211

B VI Studies on Endogenous Non-Traditional Security

B.16 An Analysis of China's Public Security *Ma Zhenchao* / 224

B.17 Government Information Security: Under the Horizon of National Information Security *Fu Rongxiao, Ma Xinmin* / 238

B.18 Deepening Reform: "Success Is Land, Failure Is also Land" *Liu Weidong* / 252

B.19 From "Gateway Safety" to "Field Security": The New National Security Position of Entry-Exit Inspection and Quarantine *Liao Danzi, Wang Mengting* / 288

序一　非传统安全问题需要合作应对

崔启明

在当今这个时代，全球与区域联系愈加紧密，一些非传统安全问题常常跨边界流动，因此需要国际合作来应对。

从正面看，全球化促进了经济与区域的一体化，加快了经济的发展与繁荣，扩大了国家间、地区间以及全球的合作规模与内容。就中国而言，我们正深度融入世界，不断加大参与世界事务的力度，提升应对威胁的能力。我们正大力打造通往东盟、俄罗斯和中亚等地区的跨境交通设施，甚至规划高铁路线，复兴丝绸之路。在不久的将来，中国与周边国家的社会联系将更加紧密，经济更加相互依赖，合作的内容进一步增加，品质进一步提升。

但与此同时，全球化带来的非传统安全问题也将随之增多，我们不能忽视全球化带来的负面效应。在全球化大背景下，传统意义上的"国家"地位日益削弱，大量非传统安全问题常常跨边界流动，不断困扰着我国及周边国家。面对金融危机、环境问题、传染病、能源问题、毒品贩卖等跨国犯罪、大规模杀伤性武器、国际恐怖主义或民族与宗教纷争的扩散等威胁，单个国家显然无能为力，因此需要我们共同应对。

正因为如此，中国与俄罗斯、中亚需要合作打击恐怖主义，共享能源安全；中国、日本与韩国需要共同应对金融安全和环境污染问题；中国与印度需要共商跨境河流的水资源安全问题；中国与东盟需要在毒品走私、海上救援等方面展开紧密合作。中国国家主席习近平2013年10月24日在中国周边外交工作座谈会上提出要增强中国与周边国家的共同命运感，这无疑是战略性的深谋远虑。我们与周边国家的共同命运，一方面是共同发展、共享繁荣，另一方面是我们共同维护和平与安全，其根本原因在于发展与安全是我们这个时代的呼唤。在这个意义上，我们应该深化与周边国家的非传统安全合作，切实做到与他们同呼吸、共命运，增强利益共同体和命运共同体意识，共享机遇，共迎挑战，共创繁荣！

序二　安全研究的中国线索

王逸舟

余潇枫教授、魏志江教授主编的这本皮书，不仅是中国第一本关于非传统安全研究的定期出版物，也是世界范围内此研究领域的第一份常年出版的专业报告。看到它的不断问世，作为同行和好友的我，心里既高兴又感动：高兴的是阅读各位作者分门别类的精彩论述，见证这些分析对非传统安全学之中国大厦的添砖加瓦；感动的是潇枫及其团队的用心和坚持，尤其是从事这种既无利可图又费力费时的课题。至于书中各章的见解，还是留给广大读者评判为好。在这里，我想介绍一下自己近期关于安全研究的思考。

中国是一个历史悠久的文明古国，也是当代世界变化最迅猛的大国。作为拥有全球 1/5 人口和广阔地域的大国，中国在维系国家安全与促进非国家行为体的安全方面，拥有日益增多的经验，也有极大的丰富和改进余地。首先，中国是一个庞大的民族国家体系，在把各种安全诉求结合进这个体系的长期努力中，产生出复杂多样的安全追求和安全思想。众所周知，中国地域辽阔、人口众多且民族构成复杂。这样的特点，使得中国面临的安全挑战具有丰富的多样性。以非传统安全威胁的应对和研究为例：在中国西北方向，这是少数民族聚集、宗教文化受到穆斯林世界深刻影响的一个方向，非传统安全近些年来主要表现为分离主义倾向抬头、不同族群之间的关系倾于紧张、一些地方的民族矛盾和骚乱增加。从安全问题的性质来分析，国家安全诉求与民族平等诉求之间的协调成为政治决策的重大难题，中国学者近年来也提出了处理民族关系和边疆安全问题的独特思路（如余潇枫教授等人提出的"边安学"理论）。在中国西南各省区，一个同样具有民族多样性同时与东南亚接壤的区域，走私毒品、贩卖小武器以及残害船员等跨国犯罪问题层出不穷，揭示了毒品"金三角"的危害。针对当今全球性不安全的这种次区域表现，中国西南省区的一些学者

序二　安全研究的中国线索

顺应时势，创造性地提出自己的"次区域综合安全治理"的见解。在中国的东北地区，一个老工业基地颓势明显、社会经济发展相对缓慢的地区，非传统安全威胁主要表现为失业率高企不下、社会分化严重和内部焦虑增多，加上不同方向的移民问题的冲击（合法与非法的形式均有），这一地区的停滞性相对突出，对全国的不稳定性有一定的拉动效应（类似英美老工业区在信息化时代面临的尴尬处境）。中国东北地区的不少研究机构，配合中央政府的"振兴东北战略"，提出了通过介入朝鲜半岛的和平稳定、加强与俄罗斯等远东地区的合作开发等外联方式，来促进老工业区升级换代和提升社会质量（巩固安全性）的思想。在中国东南沿海相对发达的各个省市，非传统安全的各种威胁与东南亚一些国家面临的难题有类似之处，如严重的渔业纠纷（包括械斗）、海洋污染、海洋资源开发方面的明争暗斗等。中国外交部门最先与东盟咨商的安全主题、中国政府新安全观的出台以及中国学界早期关于非传统安全概念的定义，均受到东南方向这一趋势的影响（并不偶然的是，中国也是亚洲最早的非传统安全研究机构，浙江大学非传统安全研究中心设立在沿海最发达的一个省份浙江的省会，中国第一本非传统安全教科书、第一家专业网站和第一套研究丛书也诞生于此）。

其次，与上一点有关，中国还是一个超大的转型国家，一个正在崛起的非西方大国，转型社会特有的"创造性紧张"给这个国家带来了不同于欧美的安全挑战与诉求。对于当下的中国，外部观察家通常注意到它内部的各种紧张，但很少有国际方面的系统分析来探讨这个国家在充满张力与矛盾的背后有多大的活力；也不太多见的是，如何将中国哲学意义上的"小乱大治"思想或奥地利经济学家熊彼特所指的"创造性破坏"范畴应用于当今中国社会问题丛生又充满生机的进程。借用"积极和平"与"消极和平"的定义（前者更多指避免战争、制止简单的"恶"现象，而后者主要讲扩展人类社会的理解力与趋同性进而消除冲突的内在根源），我认为，与前文提到的"消极和平"不太一样，中国社会迎接这方面挑战的努力更多带有"积极和平"的含义；也就是说，它属于前进中出现的新问题，是发展到更高阶段需要应对的新矛盾，这些问题与矛盾的出现本身代表着一种时代进步。不难理解，中国学界和政治决策部门更愿意把这些问题放入改革开放的大背景下加以看待和处置。

也不难解释，为什么中国经济政治改革的很多做法与观念经常由下至上，人们无法预测什么时候、在什么地方会出现哪些令人惊叹的尝试与成效，而且很多可喜的量变包含着同时也积累着积极的质变因素。它说明变化中的这个大国，在面对和解决安全难题时存在巨大的潜力。

再次，中国式"安全共同体"的思想与策略，也有自己的发展特点。中国学界受惠于古代诸子百家的各种安全思想，传承其中包含的积极防御安全和主动建设和平的因素，有着"内圣而外王"倾向以及"非攻""教化""不战而屈人之兵"等理念。中国是世界上邻国数目仅次于俄罗斯的国家，而在我国与近30个邻国的交往史上，既充满和亲、睦邻、彼此友好合作的经历，也有战乱、征服、冲突的悲惨遭遇和麻烦。著名学者费孝通先生曾提示过哲学意义上的广义命运共同体，称之为"各美其美、自美其美、美美与共、天下大同"。在我看来，它是中国人为全球和平建设做出贡献的一种安全主体意识，细察和善用之的话，或可使中国崛起有异于近代西方强权。

最后，当代中国安全观及安全研究还有一个值得讨论的特征，即：政治高层比过去更加注重国家安全与国际安全的对接，强调积极的外部环境对中国"和平崛起"的有利作用。这也是中国自邓小平以来最高政治决策层始终坚持的一种安全理念，即认为世界大战是可能避免的，大国之间（尤其中美之间）是可以和平共处的，中国与其他大国之间建立的战略关系网络，是一种比较可靠的实现中国自身安全进而促进全球安全的路径。邓小平执政后确定"和平与发展"是当代世界面临的两大主题，经过几十年的潜移默化，成了中国对外关系和国际战略的指导原则之一。这一点与毛泽东时代的世界观截然不同，反映出改革开放后中国与世界列强间"和而不同""斗而不破"关系的内在根源。中国人所说的"时代观"（"和平与发展"是当今时代的主要特点）、"新安全观"（主张"互信、互利、平等、协作"）和"和谐世界观"（强调中国的崛起是世界和平发展的组成部分以及反对"国强必霸"的逻辑和"新型大国关系"等理念），折射出中国人对于当代全球和平与安全有着特别大的信心。

同时，应当承认我们的不足。从知识社会学的角度分析，当代中国正在涌现的各种安全观，其理论化水平并不高。让我列举几点。第一，在中国，安全意识、安全策略和安全分析是以国家安全为重心的,其他行为体的安全诉求(如族群安全、人的安全、性别安全、社会安全、区域或次区域安全乃至全球安全)尽管地位不断上升,但容易被国家安全的"光谱"所掩盖;它们最多在保障国家安全的前提下,得到资源配置方面的考虑和统筹,这难免出现在研究中轻视甚至排斥非国家安全诉求的现象。第二,与此相对应,在中国,国防和军事现代化的目标被赋予了最大的权重并投入了最多的资源。由于美国因素的存在,加上中国周边三权纠纷和安全热点的复杂性,武力和武力威慑的使用很难排除,这一点不是中国特有的,整个亚洲(东亚、南亚、中亚和西亚)均不例外。各种非传统安全项目(如经济安全、金融安全、电信安全、粮食安全、能源安全、水资源安全、物种安全以及文化安全等),大体依照国家决策层对"核心利益"与"非核心利益"的定义来区分权重。在这种环境和氛围下,不难想象,多元化的安全诉求与研讨经常因各种强力因素导向而失去自我和话语权。第三,美国的战略安全观在近30年对我国产生了极大的辐射面和影响力,日本和加拿大的综合安全观及"人的安全"概念也有小范围的专业性介绍,而欧洲的区域复合安全思想特别是北欧和平学在中国的评介则滞后得多,至于那些稀缺门类的安全问题(尤其当它们与国家安全和国家利益无关时),如濒临灭绝物种的安全、跨国界危难人群的安全、国际水域或极地之类"共同遗产"的安全,则讨论得少之又少。综合各方面的因素判断,在中国学界,国家安全议题相对于国际安全议题,传统安全议题相对于非传统安全议题,在数量与研究投入方面都有压倒性优势,这与中国目前"国家大、社会小"的政治局面,与中国以重化工业为主导的现代化特征,以及与一般百姓国际意识的相对淡薄,都有不可分割的联系。

尽管有这些不尽如人意之处,但总体而言,我对今后一段时期中国安全研究的前景持审慎乐观的态度,期待它会具备更加宽广的视野和更加开放的态度。原因之一是,随着人们生活与教育水平的提高、现代通信手段的普及和信息传递的日益自由,中国整体的发展正自觉地(尽管是缓慢地)从一个比较看重物质数量、经济规模和国家速度的阶段,进入更加注重发展质量、生产效益、社会公正和分配均衡的阶段,普罗大众的幸福感和不同族群的安全性得到更多探讨,各个阶层(行为体)的多样性及其安全诉求的复杂性也逐渐浮现。

另外一个原因根植于日益增强的中国文化自觉。非传统安全研究在中国的勃兴就是一例。无论从发表著作和论文作品的数量，或者各种国际、国内研讨活动的活跃程度，还是从官方或民间的重视程度来衡量，中国可能比任何邻国在非传统安全方面都有更多成果（尽管理论化程度有待提高），或许在世界主要国家里也位居前列。中国学者讨论了诸如生态安全、社会安全和国家安全的复杂关系（"优态共生"思想），汉族与少数民族和谐共处及中国边疆稳定和国家民族安全（"边疆安全理论"），经济、社会、政治多领域不和谐因素的多层次综合治理（"可持续安全"观点）等问题。对许多理论枢纽的探讨，如传统与非传统安全的界限及其相互转化，多层次的国内和国际行为的安全需求及其满足方式，安全的主体和客体之间的建构过程，"安全""不安全""安全化""去安全化""再安全化"等说法的定义，安全研究与战略研究、和平研究、稳态（动态）安全的分析、社会批判理论、建构主义学说、各种后现代主义、复杂性思想与混沌现象学之间的区别及相互关系等，都有不同程度的比较和批评；这些主要起源于欧美的概念、观念和学派，正在得到创造性的转化，被更多地赋予了中国的视角与内涵。在推动新的安全研究方面，中国历史的悠久性、地域的广阔性、民族的多样性、周边的复杂性尤其是经济社会的迅猛发展，给了更年轻一代的中国学者难得的背景与机遇。

以上看法纯属一家之言，算是抛砖引玉吧。

总报告
General Report

B.1
非传统安全治理与"共享安全"[*]

余潇枫[**]

摘 要: 城市雾霾给中国人上了一堂非传统安全启蒙课,使大气污染问题迅速进入政府的安全治理议程,并凸显出安全已成为越来越稀缺的公共产品。非传统安全观的形成建立在对非传统安全认识深化的基础上。非传统安全是一个具有整体、交织、复合、时变性质的"场域安全",非传统安全治理需要创造性地运用和平与发展的理念以及"共享安全"的范式。

关键词: 非传统安全观 非传统安全治理 共享安全

---

[*] 本文为国家社会科学基金重大项目"中国非传统安全威胁识别、评估与应对研究"(12&ZD099)的阶段性成果。
[**] 余潇枫,中国人民外交学会理事,浙江大学非传统安全与和平发展研究中心主任,教授、博士生导师。

一 安全是最基本的公共产品

自2002年《中国与东盟关于非传统安全领域合作联合宣言》发布至今,非传统安全已上升为国家战略与政府的重要议题,党的十六大、十七大、十八大报告一次比一次更加突出地强调中国面临传统安全与非传统安全相互交织的严峻形势。中国学界对非传统安全的研究很有热情,在研究升温的标志文《重视非传统安全研究》①发出呼声后,我国相继出版了一批关于非传统安全研究的学术专著与论文。北京大学、浙江大学等高校开设了非传统安全课程,浙江大学还设立了二级学科"非传统安全管理"的博士点与硕士点。特别是国家安全委员会的成立与"总体国家安全观"的提出,引发了中国人对非传统安全的普遍关注。但对大多数人来说,包括很多公务员与在校大学生,对"非传统安全"仍然十分陌生,不是"没有听说过",就是听说过但"不解其意",或是略知其意但"缺乏深究"。

2013年以来中国许多城市上空频频出现的浓浓雾霾,给人们上了一堂直接生动的非传统安全启蒙课,在雾霾无处不入的侵害下,人们切身感受到非传统安全威胁迫在眉睫。"全国性持续雾霾"甚至被中国国际关系学院专题项目组列为2013年中国国家安全十大事件之首。② 2014年2月14日,北京市环保检测中心表示,元宵夜因燃放烟花加重了污染,22点时全市PM2.5的平均浓度为522微克/立方米,比去年(21点时444微克/立方米)高,单站最高通州站在21点时的浓度接近900。③ 更让人吃惊的是,2014年2月发布的《国际城市蓝皮书:国际城市发展报告(2014)》指出,"北京的宜居指数远低于平均水平,属于不宜

---

① 王逸舟:《重视非传统安全研究》,《人民日报》2003年5月21日第7版。
② 《中国国家安全年度十大事件调研报告》列举的国家安全事件排序为:(1)全国性持续雾霾;(2)钓鱼岛争端继续升级;(3)中央决定设立国家安全委员会;(4)斯诺登曝料美国监听中国;(5)金水桥恐怖袭击事件;(6)中国划定东海防空识别区;(7)腐败高官纷纷落马;(8)新疆屡现恐怖袭击;(9)粮食转基因安全争论;(10)网络谣言治理。参见张菲菲:《2013年中国国家安全十大事件》,共识网,http://www.21ccom.net/articles/qqsw/zlwj/article_20140117 99150.html,2014年1月17日。
③ 《北京元宵夜鞭炮烟花狂欢加重空气污染:PM2.5浓度爆表》,新华网,http://news.xinhuanet.com/photo/2014-02/15/c_126138389_2.htm,2014年2月15日。

非传统安全治理与"共享安全"

居城市;环境指数约为平均水平的一半,说明环境远未达标;污染极其严重,大大低于平均标准,甚至已经达到不适合人类居住的程度"。①

以雾霾为例,非传统安全威胁的基本特征便一目了然:"非军事的""跨国(界)的""普遍威胁的""少有人可逃脱的""无明确责任者的""不对称的""仍在不断地产生和被制造的""需要多行为体共同参与治理的"等。我国多地深陷雾霾的现实,使大气污染问题迅速成为政府的公共治理议题,安全成为越来越稀缺的公共产品。2014年2月12日国务院召开常务会议,对进一步加强雾霾等大气污染治理进行新的专门研究部署,强调要"以雾霾频发的特大城市和区域为重点,以PM2.5和PM10治理为突破口,抓住能源结构、尾气排放和扬尘等关键环节",要"下大力、出真招、见实效,努力实现重点区域空气质量逐步好转,消除人民群众的'心肺之患'"。②

其实,人类居住在"地球村"抑或是"太空的救生艇"中,是一个休戚相关的"命运共同体"。面对类似气候灾害这样的非传统安全威胁,几乎无人可以避免,甚至人们还在应对威胁的过程中继续"制造"着威胁。随着全球化的深入,人类社会从来没有像现在这样共同面临非传统安全的威胁,也从来没有像现在这般需要共同努力来共建"安全家园"。

二 世界各国的非传统安全观渐渐明晰

对安全问题的认识深化往往体现在安全观的变化上,对非传统安全问题认识的深化同样体现在非传统安全观的变化上。在世纪之交,中国提出了"新安全观"以深化对安全形势的认识,近些年来,中国越来越重视非传统安全观的思考与建构,以指导新的安全方略的认识与筹划。中国从"国家安全""国际安全""社会安全""人(类)的安全"到"全球安全"的认识转化与提升集中反映在改革开放以来的"传统安全观"向"非传统安全观"的演化

---

① 《北京被评不宜居城市》,中国新闻网,http://www.chinanews.com/shipin/2014/02 - 14/news377793.shtml,2014年2月14日。
② 《李克强主持召开国务院常务会议》,新华网,http://news.xinhuanet.com/politics/2014 - 02/12/c_119308302.htm,2014年2月12日。

与转变上。

非传统安全问题越来越受到我国学界的关注,但每年关注的重点有所不同。以"篇名"为搜索条件在中国知网(CNKI)上检索 2013 年发表的相关论文可知,篇名中含"非传统安全"词条的文章共有 35 篇,其中含"非传统安全问题"词条的有 5 篇,含"非传统安全威胁"的有 2 篇;篇名中含词条"国家安全""国际安全""全球安全""海外公民安全"的有 626 篇,其中含"国家安全"的有 521 篇,含"国际安全"的有 68 篇,含"全球安全"的有 29 篇,含"海外公民安全"的有 8 篇;按以下 10 类分项安全研究的篇名检索,共搜出文章 8817 篇,其中食品安全 4958 篇,信息安全 1928 篇,粮食安全 680 篇,生态安全 383 篇,公共安全 308 篇,文化安全 187 篇,能源安全 164 篇,产业安全 128 篇,公共卫生安全 70 篇,人口安全 11 篇。另外,关于安全治理与安全观的文章有 131 篇,其中安全治理 94 篇、安全观 37 篇。① 分项安全研究的文章数量如图 1 所示:

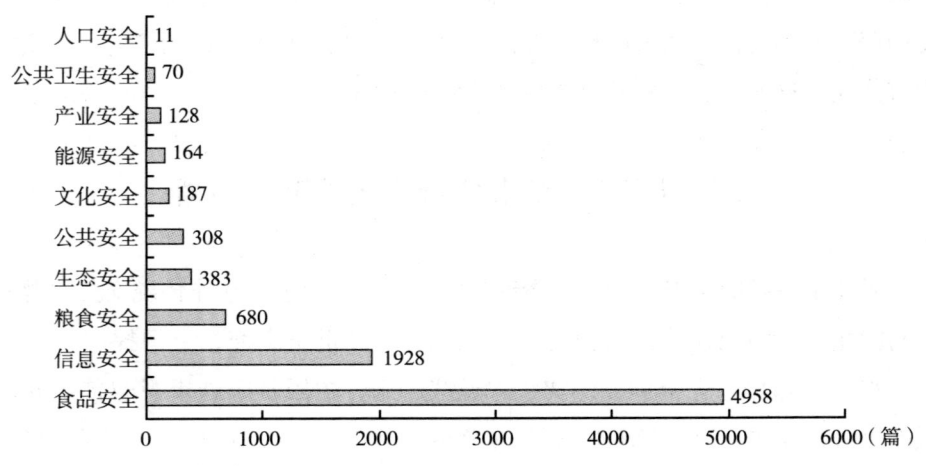

图 1 分项安全研究文章数量

我国非传统安全观的形成与发展在整体上呈现从模糊到明确、从单一到全面、从被动到主动、从经验到理性、从片面到包容的特征。刘跃进在本报告的

---

① 文中数据是 2014 年 3 月 20 日 14:40 时的检索结果。

《中共中央和中央政府关于非传统安全问题的论述》一文中指出,"非传统安全观并不是只关注和研究非传统安全问题的观念和理论,而是以非传统的安全思维来全面认识和研究非传统安全问题及传统安全问题的观念和理论,它对传统安全观是一种扬弃,对传统安全问题是在更高层次上的容纳"。① 2014年4月15日习近平主持召开中央国家安全委员会第一次会议强调:要坚持总体国家安全观,走中国特色国家安全道路,构建集政治安全、国土安全、军事安全、经济安全、文化安全、社会安全、科技安全、信息安全、生态安全、资源安全、核安全等于一体的国家安全体系。

在对非传统安全问题上,其他国家同样有着自己的认知与判断、理念与立场。如美国一直宣称追求"安全、繁荣、普遍价值观和国际秩序",这四项目标"都与安全相关"。② 奥巴马政府公布的2010年《国家安全战略报告》认为美国所面临的安全挑战有:国际恐怖主义、致命技术的扩散、经济动荡和气候变化等。相应的,让美国头痛的难题有:战争更多地与宗教、种族和族群认同相关;核扩散危险在加大;经济危机有所加剧;环境遭到破坏,食品不安全现象增加、公共卫生面临威胁。为此美国要"寻求建立一个能够有效应对各种时代挑战的国际秩序:打击暴力极端主义和骚乱,制止核武器扩散,确保核材料安全,应对气候变化,促进全球发展,帮助其他国家实现粮食自给和病有所医,同时化解和预防冲突"。③ 除此,美国还愿意与中国一起共同关注诸多全球性问题,2014年2月14日美国国务卿克里访华表明的态度是:"美中开展建设性对话与合作十分重要,美方愿与中方扩大经贸等领域务实合作,推进双边投资协定谈判,加强在应对气候变化等全球性问题上的沟通,推进美中新型大国关系,共同维护地区和平与稳定。"④

---

① 刘跃进:《不成立的"非传统安全"一词》,《华北电力大学学报》(社会科学版)2014年第1期。
② "上述四项目标中,第一项是狭义的安全,包括传统国防安全或称军事安全和美国公民人身安全亦即非传统安全的最主要内容。……第二、三、四项与安全密切相关,可以归结为广义的安全内容,即经济安全、政治安全和秩序安全。"参见刘建飞《中美全球与亚太地区安全目标矛盾及其应对》,《东北亚论坛》2013年第3期。
③ 《奥巴马政府首份美国国家安全战略报告全文》,360个人图书馆,http://www.360doc.com/content/10/1214/14/443827_78029005.shtml,2010年12月14日。
④ 《李克强会见美国国务卿克里》,新华网,http://news.xinhuanet.com/world/2014-02/14/c_119345327.htm?prolongation=1,2014年2月14日。

法国近年来对非传统安全威胁的认识有所提升。法国虽然先后在阿富汗、利比亚、马里、象牙海岸等地动武,但2008年《法国防卫和国家安全白皮书》表明,法国开始重视非传统安全威胁(如自然灾害、健康和技术风险等),开始认识到日益增长的非传统安全问题直接或间接威胁到法国国家安全,强调边疆的多维性,指出威胁的多维度性,关注有组织的恐怖主义犯罪行为,并呼吁欧洲各国通力合作,以制止网络战役,确保资源供应等。法国在2013年4月发布的《法国防卫和国家安全白皮书》中进一步明确提出,法国国防和国家安全战略要优先关注和解决的问题有:"国际领土入侵;恐怖袭击;网络攻击;对法国的科学和技术潜力的攻击和威胁;有组织犯罪;在本国境内产生的重大公共安全危机,如自然灾害、健康、科技、工业等方面风险;法国国民在国外遭受攻击。"[①]

英国首次在《战略防务与安全评估报告(2010)》中列出的主要非传统安全威胁有:恐怖主义、海外不稳定和冲突、网络安全、民事紧急情况、能源安全、有组织犯罪、边境安全、反扩散与军备控制,其中三种最高级别的安全威胁是:国际恐怖主义、恶意的网络攻击、重大事故或自然灾害;而位于前三位的民事应急风险是:使用非传统手段实施的恐怖袭击、重大潮汐沿海洪涝灾害、严重的全国性流行疾病。英国政府强调要优先发展反恐执法力量,采取新的措施来减少英国受恐怖分子使用新的非传统手段进行的攻击;出台新的"海外建立稳定战略",提高英国对有不稳定风险国家的早期预警能力;由军队和地方专业人员联合组成新的"稳定反应小队",加强预防冲突和危机反应能力;成立"英国国防网络作战大队",在整个国防领域提高综合的网络作战能力;成立强有力的"国家打击犯罪局"(NCA)和专门负责打击经济犯罪的职能机构;并将能源作为英国外交政策的头等工作来抓,将边境安全列为重要国家安全关注领域等。[②]

---

① 游志武:《法国如何应对非传统安全挑战》,求是理论网,http://www.qstheory.cn/gj/gjsdfx/201310/t20131028_283274.htm http://www.qstheory.cn/gj/gjsdfx/201310/t20131028_283274.htm,2013年10月28日。

② 《英国2010年战略防务与安全评估报告》,中国网,http://www.china.com.cn/military/txt/2010-12/06/content_214894024.htm,2010年12月6日。

非传统安全治理与"共享安全"

德国既是欧盟成员又是北大西洋公约组织（NATO）的一员，它虽被认为是世界上最安全的国家之一，但仍面临着许多新的非传统安全威胁，如恐怖主义、跨国犯罪、原材料紧缺和能源对外依赖、大规模杀伤性武器（WMDs）的扩散、地区冲突、政府失灵、移民、疾病等，气候变化也影响着国家安全。

澳大利亚的国家安全战略是"倚美联中"，维护亚太地区和平发展。2013年澳大利亚发布《国防白皮书》，摒弃了之前认为中国是潜在战略威胁的观点，鼓励中国的和平崛起，确信中国在本地区的战略竞争不会导致冲突，并将"全球挑战"（资源稀缺、气候变化、人口结构变化、日益增长的城市化、腐败和网络安全）视为国家安全展望的重要主题之一。① 近年来澳大利亚政府明确提出"广义安全"概念，指出国家、集体、人的全面安全的重要性，强调非传统安全在澳大利亚参与的一系列双边及多边安全部署中的重要性。

有国外学者指出：进入21世纪以来，国际安全研究文献越来越多地对国家间军事冲突之外的安全问题进行了"安全化"，非传统安全成为"国际话语"的中心之一，非传统安全治理成为一种特定的"政治"，然而非传统安全的受重视和非传统安全观的形成，并非是简单的对新威胁的话语的认同，而是深刻历史转型的一部分。其中包括国家规制与行为规模的扩展，国家管理能力的提升，国家治理方式的重新调整以及跨国合作机制的形成等"。②

三 非传统安全治理新范式："共享安全"

非传统安全挑战构成的不是单一的安全问题或安全威胁，也不是单一的危机事件或事故灾害，而是一个具有特定性质的"场域"，进而形成具有整体、交织、复合、时变性质的"场域安全"。也就是说，多源/元、双源、外源、内源的非传统安全问题是为了研究深入而进行的逻辑分类，现实中的安全危机更多的是整体的、复合的、多维的与连续的。如网络安全威胁、涉及小/轻武

---

① 《澳大利亚〈国防白皮书〉，视中国为伙伴而非对手》，东方网，http：//news.eastday.com/whyauto/2013-05-04/215661.html，2013年5月4日。
② Shahar Hameiri, Lee Jones, "The Politics and Governance of Non-traditional Security," *International Studies Qua.*

器的冲突威胁、跨国犯罪、海洋安全威胁等就是涉及多源/元性、双源性、外源性、内源性交织并存的威胁。

以网络安全为例。2014年2月27日中央网络安全和信息化领导小组的成立,标志着网络安全列为国家安全的"置顶性"议题,也标志着在国家间关系中,网络安全成为重要议题。"网络安全问题源于网络空间日益重要的经济价值、外交用途和军事意义。中美关系中,网络安全已经扩展到经济和贸易、政治与外交、军事与安全等诸多领域。"① 从国家安全的层面来看,"网络战"越来越成为紧迫的现实威胁,如英国是世界上最大的基于互联网的经济体,2011年英国发生了近4400万起网络攻击事件,2012年英国93%的大公司和87%的小公司遭到网络袭击,比2011年增长10%,网络犯罪行为导致英国每年损失数十亿英镑。② 在德国,网络安全已经成了安全政策讲话中的"流行词",德国媒体几乎每天都会报道国内外一些引人注目的网络攻击事件。德国的对外能源依存度也在不断加大,在西欧,德国是迄今为止俄罗斯最大的天然气进口国,进口份额大约是40%,而只有大约15%由国内生产。法国因财政部网络系统、法国总统府网站以及一些企业的网站曾遭到网络攻击,网络威胁再次引起奥朗德政府的重视。美国认为过去和现在的管理在保障网络安全上都力不从心,原因在于很少有国家像美国这样运用如此庞大的网络来控制信息流、公共物品配置、银行业务以及军事系统。目前,联合国裁军研究所调查表明世界上组建网络战部队的国家已有46个,而"棱镜门"事件更是促使各国不断加强网络安全建设。③

涉及小/轻武器的冲突威胁是一种新的"国内冲突"(Internal Conflict),也是一种涉及多源/元性、双源性、外源性、内源性交织并存的威胁。"冷战"以后亚洲国家间的冲突减少,而影响国家安全与人的安全的国内冲突却连续不断。尽管大规模杀伤性武器对国际和平与安全有着重大威胁,但事实上小/轻武器(Small Arms and Light Weapons, SALWs)比大规模杀伤性武器残杀的生

---

① 汪晓风:《中美关系中的网络安全问题》,《美国研究》2013年第3期。
② 中国国际广播电视网络台国际在线专稿:《网络犯罪行为导致英国每年损失数十亿英镑》,http://gb.cri.cn/42071/2013/04/24/2805s4095116.htm, 2013年4月24日。
③ 赵衍:《互联网时代的信息安全威胁:个人、组织与社会》,企业管理出版社,2013。

非传统安全治理与"共享安全"

命更多。估计世界上存有 8.75 亿件小/轻武器，其中 35 万件掌握在非国家的武装群体中，每年约有 20 万~40 万人死于小/轻武器，约占每年各类因冲突死亡的 50 万人中的 40%~80%。私人拥有的武器数（2007 年）泰国是 1000 万件，菲律宾是 300 万件，柬埔寨是 27 万~60 万件，缅甸是 200 万件，越南是 110 万件，马来西亚是 37 万件，新加坡是 2.2 万件。小/轻武器的扩散或非法买卖还经常与跨国犯罪如人口贩卖与走私、贩毒等关联。尽管小/轻武器引发了社会暴力事件和宗教冲突事件，但东南亚国家一直很少有有效的措施予以控制，其影响已经扩散到其他地区。①

中国作为新兴大国如何应对全球面临的非传统安全的威胁与挑战？本报告中魏志江、庞加欣的《论"共享安全"与中韩非传统安全合作（2008~2013）》一文，储昭根、于英红的《大战略与大安全机制的构建——美国国安会的经验及其对中国的启示》一文，均对非传统安全治理与共享安全进行了深入的探讨，尤其是中国的安全战略研究者们也为此提出了诸多非常有价值的方案②。如郑必坚认为中国提出"中国和平崛起"的理念是针对"中国威胁论"和"中国崩溃论"的，这一理念就是要告诉全世界中国将始终不渝地走和平发展道路。③王毅认为，"摆在中国人面前的是这样一个重大而又紧迫的课题：超越'修昔底德陷阱'，最大限度地减少民族复兴的阻力，以最小代价实现我们的发展目标，同时又以自身的发展促进世界的和平与繁荣"④，因而中国走和平发展道路，"对内要追求公平正义、共同富裕、社会和谐；对外要主持公道、捍卫公理、伸张正义。"⑤巴忠倓与彭光谦认为：国无防不立、民无防不安，全球化没有消除战争的根源，中国和平发展的道路注定是不平坦的，"乞求换不来和平，和平没有任何人恩赐，和平需要靠实力去争取，和平

---

① Mely Caballero-anthony, Alistair D. B. Cook, *Non-Traditional Security in Asia: Issues, Challenges and Framework for Action*, Singapore: ISEAS Publishing, 2013, pp. 120~121.
② 多数方案中主要观点的概述曾在《国际安全研究》上发表，参见余潇枫《"共享安全"：非传统安全研究的中国视域》，《国际安全研究》2014 年第 1 期。
③ 郑必坚：《21 世纪第二个十年的中国和平发展之路》，《国际问题研究》2013 年第 3 期。
④ 王毅：《坚定不移走和平发展道路 为实现民族复兴中国梦营造良好国际环境》，《国际问题研究》2014 年第 1 期。
⑤ 王毅：《坚定不移走和平发展道路 为实现民族复兴中国梦营造良好国际环境》，《国际问题研究》2014 年第 1 期。

需要用战斗来保卫"①。特别是传统安全与非传统安全相互交织构成了"交织型安全新形态","非传统威胁是以传统威胁为基础的,传统威胁是以非传统威胁为手段的",它们"在交织中的集成多样,将是今后体系间构成威胁的基本形态"②,因而自主性的、实力强大的、防御性的、军民融合性的、富国与强军相结合的现代化国防才是中国和平发展的基本保证。

"共享安全"的基本内涵是:以人的生命为价值基点,以人类共和为价值原则,以互信合作为实现路径,以共赢共享为价值目标。③ 非传统安全治理范式"共享安全"的实现,有两大理论假设:"和合主义"和"优态共存"。前者是"治世哲学",后者是"处世方略"。如果说中国是一个以"保合太和"与"协和万邦"为根本立世精神的文明大国,那么其治世哲学应该是"和合主义";如果说中国是一个以"天下主义"与"和而不同"为核心文化特征的文化大国,那么其处世方略应该是"优态共存"。展开来说,"和合主义"是中国作为新兴大国而努力成为世界安全建设者的哲学基础,"和合"既是安全追求所需要确定的终极价值目标,又是安全实现所需要规定的最佳路径选择。因而"和合主义"是"理想""现实""建构"的复合,在某种程度上是对现实主义、理想主义和建构主义的扬弃与整合。"优态共存"是中国处理安全关系的基本方略,传统安全的维护或多或少都是不同程度的博弈,非传统安全的维护则需要确立人类是一个"命运共同体"的共识,需要确立"没有世界与地区的安全就没有一个国家的安全"的共识,需要确立"你安全我才安全、大家安全我才安全"的共识。在"和合主义"和"优态共存"基础上建构起来的"共享安全"范式,既是中国对以"封贡""和亲""睦邻""友邦"为主要历史传承的"王道"思想的现代弘扬,又是中国力求通过合作共赢方式对各类威胁与危机进行应对的重要定向。"共享"是建立在中国人特有的"和而不同"式的"共存"基础上的"共依""共有""共和""共建""共创";而实现"共享安全"范式的路径则是以共建共赢为前提的"共建主体的多元性、共建内容的开放性、共建目标的共赢性、共建领域的广泛性、共建形式的

---

① 巴忠倓、彭光谦:《和平发展进程中的国防战略》,学习出版社、海南出版社,2014。
② 巴忠倓、彭光谦:《和平发展进程中的国防战略》,学习出版社、海南出版社,2014。
③ 余潇枫:《"共享安全":非传统安全研究的中国视域》,《国际安全研究》2014 年第 1 期。

多样性、共建行动的建设性、共建战略的非对抗性"①。

地球资源的有限性表明,安全将成为越来越稀缺的公共产品;人类命运在终极意义上的共同性表明,安全将成为越来越重要的价值标志。安全既是人生存与发展的基本条件,也是国家繁荣昌盛的价值基点,人的解放与社会发展都必须以安全为基,以安全为好。中国作为新兴大国,若要成为世界上"最安全的国家",首先要受到的"拷问"是中国能否治理好日趋复杂的转型社会、能否担当起全球安全建设者的重要使命。

回望中国,安全的议题不断从传统安全转向传统安全与非传统安全的相互交织。"经济安全""文化安全""社会安全""科技安全""信息安全""生态安全""资源安全"等诸多非传统安全领域与问题越来越受到政府关注,特别是与人民日常生活相关联的安全问题正被纳入国家决策的重大议题。人们越来越认识到,任何发展都离不开也不应该离开安全的价值支撑与条件保障,高铁只有安全,才有其"高"的价值;GDP只有冠之以绿色,才有其可持续发展的可能;执政只有为民,才有其稳定的基础。

放眼世界,非传统安全威胁不断挑战人类的生存与发展。我们甚至可以做出这样的价值判断:未来国家之间的竞争,首先竞争的不是政治制度,也不是经济制度,而将是安全制度。在世界上最安全的国家就是世界上最善好的国家。因而,我们需要一种与人类命运相关切的"非传统安全观",也需要一个与民族复兴相关联的以"总体国家安全观"为指导的、以"创造性介入"②为积极态度的"大外交"体系③与"大安全"治理方式。也就是说,一个国家的安全保障与预期将取决于其能在多大程度上容纳传统的国家安全问题与新出现的社会安全问题,容纳国家和国家以外的多种行为体,容纳"全球性共同利益"和"人类的类安全"。④

总之,"我国政府将非传统安全问题及其应对纳入执政视野,这里纳入的

---

① 徐秀军:《制度性非中性与金砖国家合作》,《世界经济与政治》2013年第6期。
② 徐秀军:《制度性非中性与金砖国家合作》,《世界经济与政治》2013年第6期。
③ 曲星:《国际安全新态势与中国外交新应对》,世界知识出版社,2013。
④ 王逸舟:《全球政治和中国外交》,世界知识出版社,2003。

不是一个新名词，更是一种新理念、新思维、新方略"。[①] 中国如何创新自身的社会安全管理以支撑参与全球安全建设的角色，如何对国内安全维护与国际化安全治理提出倡导性的议题与方案等，都需要从新的角度进行更深入的理论探讨与对策建构。可喜的是，2014年我国已形成了"中国特色安全维护"的总体框架："坚持总体国家安全观，以人民安全为宗旨，以政治安全为根本，以经济安全为基础，以军事、文化、社会安全为保障，以促进国际安全为依托，走出一条中国特色的国家安全道路。"安全的理解趋于深化，即安全是无边界的，既要重视外部安全，又要重视内部安全；安全是跨场域的，既要重视国土安全，又要重视国民安全；安全是综合的，既要重视传统安全，又要重视非传统安全；安全是有条件的，既要重视发展问题，又要重视安全问题；安全是共享的，既要重视自身安全，又要重视共同安全。2014年，迎来深化改革进程的中华民族，将在中华民族的伟大复兴中拥抱"理想"，励精图治，共享安全。

[①] 余潇枫等：《中国非传统安全能力建设：理论、范式与思路》，中国社会科学出版社，2013。

综合报告

Comprehensive Report

B.2
中共中央和中央政府关于非传统安全问题的论述

刘跃进*

摘　要：

20世纪90年代之前，中国执政党和中央政府关注的重点是各种传统安全问题。到20世纪90年代后期，中国官方开始关注国际安全和对外安全中的非传统安全问题，但没有使用"非传统安全"这一外来术语，而是把这些非传统的国际安全问题置于"新安全观"概念之下。直到2002年，中共十六大报告在"传统安全威胁和非传统安全威胁的因素相互交织"的表述中，第一次出现有关非传统安全问题的术语，但强调的是"非传统安全威胁的因素"，"非传统"修饰的不是"安全"，而是"威胁的因素"或者"威胁"。此后，中共中央和中央政府在国家安

---

* 刘跃进，国际关系学院公共管理系教授，国家安全政策委员会特邀研究员，中国人民公安大学客座教授，江南社会学院兼职教授。

全意义上或超出国家安全的普遍安全意义上,长期使用"传统安全威胁和非传统安全威胁"的表述,并在"非传统安全威胁"概念下越来越多地讨论到各种非传统安全问题,而不仅仅是非传统安全威胁问题。直至2013年的十八大报告,涉及国家安全和安全的论述达到一个新的高峰,其中包含的非传统安全的比例也升至一个新的高度。为了更好地概括包括安全构成、安全威胁、安全影响和安全保障等方面的非传统安全问题,中国官方应该把"非传统安全威胁"认识进一步提升到"非传统安全问题"认识,使用"非传统安全问题""非传统安全构成""非传统安全威胁""非传统安全影响""非传统安全保障"等概念来准确且充分地认识当前错综复杂的现实安全问题。

关键词:

中共中央　中央政府　安全　国家安全　非传统安全问题　非传统安全观

一　没有"国家安全"概念的国家安全论述

从1921年中国共产党成立,到1949年中华人民共和国建立,再到1980年的改革开放,中国共产党及其后来执政的中央政府,虽然长期没使用"国家安全"一词,也很少在国家安全意义上使用"安全"一词,但事实上却继承和发扬了1840年以来中国近代思想精英和政治精英反帝反封、救国救民的传统,一直把国家安全和百姓安康作为政治纲领的基本宗旨和重要内容。

1921年中国共产党第一次代表大会的各项文件及一大前后的各种重要文件,如《中国共产党第一个决议》《中国共产党纲领》《中国共产党宣言》《中国共产党中央局通告》《北京共产主义组织报告》等,均无"安全"一词。

1922年中国共产党第二次代表大会及其之后的各项文件,如《中国共产党章程》《中国共产党第二次全国代表大会宣言》《关于妇女运动的决议》《关于少年运动问题的决议案》《关于共产党的组织章程决议案》《中国共产党加入第三国际决议案》《关于"国际帝国主义与中国和中国共产党"的决议案》《关于"民主的联合战线"的议决案》《关于"世界大势与中国共产党"的议决案》《关于"工会运动与共产党"的议决案》《关于议会行动的决议案》等,也都没有出现"安全"一词。

1923年中国共产党第三次代表大会及其之后的各项文件,如《中国共产党第一次修正章程》《中国共产党第三次全国代表大会宣言》《关于妇女运动的决议案》《关于青年运动的决议案》《关于农民问题的决议案》《关于第三国际第四次大会决议案》《关于党员入政界的决议案》《关于劳动运动的议决案》《关于国民运动及国民党问题的议决案》《中国共产党中央执行委员会组织法》《中国共产党党纲草案》等,依然不见"安全"一词的踪迹。

1925年中国共产党第四次全国代表大会及其后的各项文件,如《中国共产党第二次修正章程》《中共第四次全国代表大会宣言》《中共第四次大会对于列宁逝世一周年纪念宣言》《对于妇女运动之议决案》《对于农民运动之议决案》《对于青年运动之议决案》《对于职工运动之议决案》《对于宣传工作之议决案》《对于组织问题之议决案》《对于民族革命运动之议决案》《对于托洛茨基同志态度之议决案》《对于出席共产国际第五次大会代表报告之议决案》《对于共产国际执行委员会代表报告世界共产主义运动状况之议决案》《对于中央执行委员会报告之议决案》等,还是没有"安全"一词。

1927年中国共产党第五次全国代表大会及其之后的各项文件,如《中国共产党第三次修正章程决案》《中国共产党第五次全国代表大会宣言》《对于共产主义青年团工作决议案》《对于职工运动议决案》《对于组织问题议决案》《对于土地问题议决案》《政治形势与党的任务议决案》《中国共产党第五次全国代表大会为"五一"节纪念告中国民众书》《中国共产党第五次全国代表大会为"五一"节纪念告世界无产阶级书》等,仍然没有"安全"一词。

1928年中国共产党第六次全国代表大会及其之后至1945年七大召开前的各项重要文件,如《告全体同志书》《中国共产党党章》《周恩来在中共六大作组织问题报告》《政治决议案》《土地问题决议案》《妇女运动决议案》《共产主义青年团工作决议案》《职工运动决议案》《宣传工作决议案》《苏维埃政权组织问题决议案》《农民问题决议案》《组织问题决议案提纲》《中国共产党组织决议案草案》《军事工作决议案（草案）》《关于民族问题的决议》《关于组织问题草案之决议》《定"广州暴动"为固定的纪念日的决议》《对国内工作指示的电稿》等，还是没有提到"安全"一词。①

中国共产党重要文件中用到"安全"一词的最早记录，是1945年的中共七大报告。新中国成立后收入《毛泽东选集》的毛泽东七大政治报告《论联合政府》，在讲到第10个问题即"外交问题"时，用到了"安全"一词，具体指出："中国共产党对于保障战后国际和平安全的机构之建立，完全同意敦巴顿橡树林会议所提的建议和克里米亚会议对这个问题所做的决定。"②

从1945年七大到1956年八大，时间跨度为11年，其中新中国成立前4年，新中国成立后7年，中间召开了多次中央全会和其他形式的中央会议，形成了一大批重要文件，但除上述《论联合政府》讲到国际组织时用到"安全"一词外，其他各种重要文件中，如新中国成立前毛泽东在中共七大所致开幕词《两个中国之命运》及闭幕词《愚公移山》、刘少奇《关于修改党章的报告》，以及新中国成立后1950年毛泽东在七届三中全会上的书面报告《为争取国家财政经济状况的基本好转而斗争》、1954年《中国共产党第七届中央委员会举行第四次全体会议的公报》、1955年七届六中全会上陈伯达《关于农业合作化问题的决议草案的说明》和全会通过的《关于农业合作化问题的决议》及人民日报社论《完满地实现党的七届六中全会的决议》等，都没有再见到"安全"一词。③

虽然20世纪80年代之前党政文件中始终没有出现"国家安全"一词，但从20世纪50年代开始，党政文件所用的"我们国家的安全""我国安全"

---

① 中国共产党历次全国代表大会数据库，http://cpc.people.com.cn/GB/64162/64168/index.html。
② 《毛泽东作七大政治报告——〈论联合政府〉》，中国共产党历次全国代表大会数据库，http://cpc.people.com.cn/GB/64162/64168/64559/4526988.html。
③ 中国共产党历次全国代表大会数据库，http://cpc.people.com.cn/GB/64162/64168/index.html。

中共中央和中央政府关于非传统安全问题的论述

"祖国的安全"等表述,无疑都是国家安全;当时党政文件常常讲到的"要准备打仗""保卫祖国""加强战备""以阶级斗争为纲"等,无疑都是重大的国家安全问题。与此不同,对于工农业领域生产安全、厂矿安全、工程安全等,以及国民生活中的食品安全、饮水安全、交通安全,新中国执政当局通常不把其作为国家安全论域中的问题,而是作为非国家安全的安全问题来对待和处理。非常明显,这样两个不同方面、不同领域的问题,长期被执政党和政府置于不同层次和不同等级上,前者是国家安全问题,是高阶政治,后者通常是非国家安全问题,是低阶政治。执政党和政府在这一时期最为重视的是"国家的安全问题",而不是"非国家的安全问题"。由于没有使用"国家安全"一词,中共中央和中央政府在这一时期对国家安全的论述和重视,可以称作"对国家安全的事实关注",以别于1983年中央政府首次使用"国家安全"一词之后逐渐形成的"对国家安全的概念关注"。

不可否认,从中华人民共和国成立到1983年,以及此后的若干年内,中共中央和中央政府也经常讲到当前人们所说的一些非传统的安全问题,例如安全生产、交通安全、人民生命财产安全、抗击自然灾害等,但在当时,无论官方还是民间,都没有把这些不同方面的安全问题与国家安全联系起来,没有把它们作为国家安全论域中的非传统安全问题。例如,1988年七届人大一次会议上的政府工作报告,共7次出现"安全"一词,但其中的"安全第一""安全生产"等都只局限于交通运输和工业生产,与国家安全毫无关联。与此相反,讲"公安、安全、司法行政部门",讲"打击危害国家安全的间谍活动",以及在国际部分表示希望看到"数百万阿富汗难民能够安全地返回家园",表示支持"南部非洲各国人民维护国家安全、反对南非侵略的正义斗争",表示赞赏"第三世界的各种地区合作组织为维护本地区的安全、促进本地区的发展所做的努力"① 等,涉及的都是传统的国家安全问题或传统的国际安全问题。在这里,国家安全问题与非国家安全的安全问题,泾渭分明,互不相关。

---

① 《政府工作报告——一九八八年三月二十五日在第六届全国人民代表大会第一次会议上》,新华网,http://news.xinhuanet.com/ziliao/2004-10/19/content_2108881.htm。

二 "国家安全"概念下的传统国家安全论述

1983年第六届全国人民代表大会第一次会议上的政府工作报告,在中央政府和中共中央重要文件中第一次使用了"国家安全"一词。当年6月6日,时任总理赵紫阳在政府工作报告中说:"为了确保国家安全和加强反间谍工作,国务院提请这次大会批准成立国家安全部,以加强对国家安全工作的领导。"① 在这句就设立国家安全部所做的陈述中,"国家安全"一词出现了3次。此外,这份政府报告还有3处出现"安全",分别是:"祖国的独立和安全""东南亚和平与安全""中国安全"。

此后不久,在1986年9月十二届六中全会通过的《中共中央关于社会主义精神文明建设指导方针的决议》中,不仅2次出现"安全",而且其中一次是"国家安全",提出"在国家安全受到威胁,社会公共安全受到危害的时候,要挺身而出,英勇斗争"。虽然1983年政府工作报告在建议设立国家安全部时,3次出现"国家安全",但对中共中央来说,1986年的《精神文明建设决议》却是第一次在中共重要文件中使用"国家安全"这一专门术语。

1986年《精神文明建设决议》之后,从1887年10月的十二届七中全会和十三大到1992年10月的十三届九中全会,虽然中共中央重要文件中很少出现"安全"和"国家安全"字样,但中央政府文件中的"安全"却逐渐多了起来,"国家安全"一词也在1988~1992年七届人大期间出现了3次。

在1983~1987年六届人大期间,除第一次会议上中央政府就成立国家安全部提出请求时讲到"国家安全"外,后来的四次政府工作报告没有再出现"国家安全",但却不时出现"安全"一词:1984年出现9次,分别是"群众的利益和安全""技术的安全性""生产安全""东南亚地区和平和安全""不

---

① 《政府工作报告——一九八三年六月六日在第六届全国人民代表大会第一次会议上》,新华网,http://news.xinhuanet.com/ziliao/2004-10/19/content_2108881.htm。

损害其他国家安全和利益""我国的安全和发展""欧洲安全""中国的安全""第三世界国家的独立和安全";1985年未出现;1986年出现3次,分别是"各国安全""中国人民对同自身安全直接攸关的亚洲太平洋地区的严峻形势""人民解放军在英勇地保卫着祖国安全";1987年未出现。

在1988~1992年七届人大期间,1988年七届人大一次会议上的政府工作报告共7次出现"安全",分别是"安全第一""安全生产""安全部门""打击危害国家安全的间谍活动""阿富汗难民能够安全地返回家园""南部非洲各国人民维护国家安全""第三世界的各种地区合作组织为维护本地区的安全";1989年七届人大二次会议上的政府工作报告中10次出现"安全",其中2次是"国家安全"概念,分别是:"安全部门""大江大河防汛安全""交通安全""人民的人身财产安全""国家安全""国家安全""使难民安全返回家园""前线国家的主权和安全""联合国安全理事会""护国际和平与安全";1990年七届人大三次会议上的政府工作报告中,"安全"出现2次,分别是"祖国安全""再大的风浪也可以安全渡过";1991年七届人大四次会议政府工作报告中,"安全"出现2次,分别是发电设备"安全运行"、铁路运输"安全运行";1992年七届人大五次会议政府工作报告中,"安全"出现4次,其中包括1次"国家安全":"安全生产""国家安全""人民的生命安全""中东各国的主权和安全"。

由于"国家安全"概念的使用,中央政府和中共中央逐渐把各种国家问题明确置于"国家安全"概念下进行论述,而不再像以前那样用其他各种不同概念表述国家安全问题。如果说这一趋势始于1983年政府工作报告提请人大代表审议成立国家安全部时的一段论述,以及1986年《中共中央关于社会主义精神文明建设指导方针的决议》对国民提出维护国家安全的要求,那么1992年10月的中共十四大和1993年3月八届全国人大一次会议,则是这一趋势的进一步发展与强化。

从1992年10月十四大开始,中共不仅越来越多地使用"安全"一词,而且常常提到"国家安全"这一专门术语。在江泽民1992年10月12日向中共十四大代表所做题为《加快改革开放和现代化建设步伐,夺取有中国特色社会主义事业的更大胜利》的报告中,4次提到"安全",其中1次是"国家安全",而且这些论述都集中在"加强军队建设"部分,具体是:①"为改革开放和经济建设提供坚强有力的安全保证";②"维护祖国统一和安全";③"加强人民武装警察部队和公安、安全等部门的建设";④"维护国家安全和社会稳定"。① 截至当时,除1956年八大报告5次出现"安全"外,这是中共"党代会"报告中出现"安全"次数最多的一次,也是党代会报告中第一次出现"国家安全",以及1986年《精神文明建设决议》后中共重要文件中第二次出现"国家安全"。后来,在中共十四届五中全会于1995年9月8日通过的《中共中央关于制定国民经济和社会发展"九五"计划和2010年远景目标的建议》(以下简称《建议》)中,以及当日江泽民在会上的讲话中,都提到了"国家安全"。《建议》写道:"为了保卫国家安全,必须贯彻积极防御的战略方针,走有中国特色的精兵之路。"江泽民在讲话第二部分《正确处理社会主义现代化建设中的若干重大关系》中说:"加强国防建设是国家安全与经济发展的基本保证。"②

在政府方面,1993年第八届全国人民代表大会第一次会议上的政府工作报告中,仅有两处"安全",且都是"国家安全",出现在"加强人民武装警察部队和公安、国家安全部门建设,维护国家安全和社会稳定"一句中。本届人大一次会议之后的四次会议上的政府工作报告,出现"安全"的情况是:1994年7次,分别是"企业安全""安全生产""人民生命财产安全""保卫国家安全""安全部门""维护国家安全""亚太地区的安全";1995年3次,分别是"落实安全措施""国家安全部门""维护国家安全";1996年5次,分别是"维护国家安全""保卫国家安全""社会稳定和国家安全""安全管理制度""维护国家安全";1997年6次,分别是:"维护国家安全""确保安全度汛""金融资产安全""安全生产""国家安全部门""危害国家安全"。

---

① 《加快改革开放和现代化建设步伐 夺取有中国特色社会主义事业的更大胜利》,中国共产党历次全国代表大会数据库,http://cpc.people.com.cn/GB/64162/64168/64567/65446/4526313.html,1992年10月12日。
② 《正确处理社会主义现代化建设中的若干重大关系》,中国共产党历次全国代表大会数据库,http://cpc.people.com.cn/GB/64162/64168/64567/65397/4441712.html。

显然，从20世纪80年代中期到90年代，中共中央和中央政府越来越多地使用"国家安全"概念，也越来越多地在"国家安全"概念下讨论各种国家安全问题。但是，在这10多年中，中国官方基本上只把领土安全、主权安全、国防安全、政权安全、政治安全、军事安全等传统安全要素作为国家安全的内容，把军队建设、政治防卫、反间谍、反颠覆、反渗透等看作是保障国家安全的手段，而还没有把文化安全、信息安全、环境安全、生态安全看作是国家安全的重要内容，也没有把文化建设、环境保护、社会保障等作为保障国家安全的重要措施。因此，用现在的语言来说，这是一种传统安全观。更重要的是，党和政府在这个阶段还没有把"非国家安全"提升到与"国家安全"一样的高度，没有把"国家安全"落实到各种"非国家安全"问题上，即没有把"国家安全"与"非国家安全"统合为一个整体，没有形成一个包括国家但又超越国家的统一而综合的安全观念。直到今天这种情况也还没有根本改观，不仅中国官方没有能够把"国家安全"与"非国家安全"作为统一的"安全问题"来统一思考和解决，而且中国学界至今也没有出现这种包括"国家安全"与"非国家安全"在内的统一的"安全研究"或"安全理论"，至少这种统一的"安全研究"还没有占据主导地位，不是主流思想和主流理论。中国政界和学界不同于欧洲学界和政界的这种状况，是与中国不同于欧洲的发展阶段及亚洲不同于欧洲的国家间关系相适应的。根据目前亚洲国家间关系，特别是中国与亚太地区各主要大国之间的关系，以及中国国内社会、政治、学术现状，中国政界要像欧洲政界那样进行包括国家安全甚至超越国家安全的综合性"安全治理""安全研究"，可能还需要相当长的时间。

但是，由于内部问题和外部关系等客观情况至今还没有超越"国家安全"的中国政界和学界，却在欧美特别是欧洲非传统的安全政策和安全研究的影响下，开始在"新安全观"和"非传统安全威胁"等概念下，逐渐把各种原来置于"非国家安全"范围内的安全问题提升到"国家安全"的层面上，越来越多地在"国家安全"和"国际安全"论域中论及许多"非传统安全问题"，如国际安全中的合作、协调，国家安全中的经济安全、文化安全、信息安全等。对于中国官方来说，这一点大约是从20世纪90年代后期开始的。

三 "新安全观"概念下的非传统安全论述

虽然有人认为,"中国安全观的转变可以上溯至20世纪70年代末,这一点可以从'和平与发展是时代的主题'和'大规模战争是可以避免的'这两个判断上体现出来"①,但当时不仅没有"安全"和"安全观"的概念,而且还是用"和平"与"战争"(而不是"安全"与"威胁")这样的字眼来表达一种基于军事的传统安全观念,因而这还不能说是非传统的新安全观形成的开始。只有当战争的阴影渐远,和平基本成为一种常态时,人们才可能逐渐提出比"和平"更高的要求,即"安全"。这时,人们所要排除的就不再限于大规模的流血暴力事件,即"战争",而是进一步要求消除比战争威胁要次级的各种"威胁"。这样的要求,虽然对于那些较早就处于战争阴影之外的国家和人民来说,特别是对那些处于这种环境中的知识精英和政治精英来说,在"冷战"后期就已经有了,因而提出了"综合安全""共同安全观""合作安全"②等新观念,但对于中国人民以及中国的知识分子和政治领袖来说,当时并没有也不可能有这样的要求。

中共中央和中央政府能够不囿于"战争与和平"的传统思维和传统安全观,而进一步去思考"威胁与安全",是在"冷战"结束七八年后的20世纪90年代中后期。

20世纪90年代后期到21世纪初,中国官方开始逐渐由传统安全认识向非传统安全认识过渡,最终在2002年初步形成了不同以往的非传统安全观。这一过渡最早出现在中国对外安全领域和对国际安全的认识上,然后才逐渐延伸到国内安全领域及对中国国家安全的整体认识上。

1996年7月,钱其琛在东盟地区论坛大会上的讲话,第一次显露了中国政府新安全观的端倪。钱其琛在讲话中主张通过对话与协商,增进相互了解和彼此信任;通过扩大和深化经济交往与合作,共同参与和密切合作,促进地区

---

① 刘国新:《中国新安全观的形成及实践》,《思想理论教育导刊》2006年第1期。
② 刘跃进主编《国家安全学》,中国政法大学出版社,2004。

安全，巩固政治安全。他还说，中国作为亚太地区的一员，对本地区的安全环境高度重视，始终致力于发展与各国的对话与合作。中国经济的发展不构成对任何国家的威胁，相反，如果中国陷入贫困和混乱，这将对地区稳定造成不利的影响。钱其琛提议东盟地区论坛开展军转民方面的对话，并适时开始探讨综合安全方面的合作问题。正是由于涉及"信任""合作""地区安全""综合安全"等术语，同时还明确要通过"军转民"来探讨综合安全方面的合作问题，因而这可以看作中国开始在对外安全和国际安全领域探索一种不同以往的新安全观。但是，中国政府这时还没有真正形成比较系统的新安全观，甚至还没有提到"安全观"和"新安全观"这样的术语。

1997年3月，中国政府与菲律宾政府在北京共同举办东盟地区论坛信任措施会议，各方就地区安全环境、安全观念和国防政策等问题交换意见，中国政府为此提出维护地区安全应尊重各国主权、和平解决争端和采取综合安全措施，要通过磋商、对话与合作等和平手段促进地区安全，并首次使用了"新安全观"① 这样的表述。同年4月23日，时任国家主席的江泽民在俄罗斯联邦国家杜马发表演说时，第一次系统地阐述了中国关于维护整个世界安全的新安全观的基本主张，强调"双方主张确立新的具有普遍意义的安全观，认为必须摈弃'冷战思维'，反对集团政治，必须以和平方式解决国家之间的分歧或争端，不诉诸武力或以武力相威胁，以对话协商促进建立相互了解和信任，

---

① "新安全观"一词，其实是中国官方关于"非传统安全观"的一个阶段性表述，2002年中共十六大报告及2004年十六届四中全会的决定，都既有"新安全观"的提法，也有"传统安全威胁和非传统安全威胁的因素"的提法，但在2007年的十七大报告和2012年的十八大报告及十八届三中全会的文件里，都再没有出现"新安全观"或类似于"新安全××"的字样，而只有"传统安全威胁和非传统安全威胁"的提法，这说明官方不再倾向于"新安全观"和"新安全××""新的安全观"和"新的安全××"的提法，而倾向于"非传统安全××""非传统的安全××"，包括明确提到的"非传统的安全威胁"，也包括没有明确提到但可以加以概括的"非传统的安全观"这样的表述。这里还需指出，"非传统安全观"以及相应的"传统安全观"，在其高级形态和科学完整的意义上，是指"非传统的安全观"和"传统的安全观"，而不是"非传统安全（问题）的观"和"传统安全（问题）的观"。在逻辑上，"非传统安全观"与"传统安全观"是一对矛盾概念，但"非传统安全观"并不是只关注和研究非传统安全问题的观念和理论，而是以非传统的安全思维来全面认识和研究非传统安全问题及传统安全问题的观念和理论，它对传统安全观是一种扬弃，对传统安全问题是在更高层次上的容纳。对于这方面的概念分析，请详见本人发表在《华北电力大学学报》（社会科学版）2014年第1期上的《不成立的"非传统安全"一词》。

通过双边、多边协调合作寻求和平与安全"。这些内容写入了同一天中俄两国元首签署的《关于世界多极化和建立国际新秩序联合声明》中。①

这样一些非传统安全认知的出现,虽然表明中国政府开始形成一种不同以往的非传统安全观,但这种非传统安全观还是非常片面的,仅仅表现在对外安全和国际安全领域而不是整个安全领域,也不是整个国家安全领域,因而准确来说还不是完整意义上的非传统安全观,而只是非传统的对外安全观或非传统的国际安全观。更重要的是,中国官方当时并没有使用国际上和中国学界已经使用的"非传统安全观"这样的表述,而用了"新安全观"这一概念。也正是在"新安全观"的概念下,中国政府和中共中央开始越来越多地论述许多过去没有论及的安全问题,其中既包括各种早已存在但长期没有置于"安全"名下的传统安全问题,也有最近几十年才出现的真正的非传统安全问题。

1997年9月十五大报告6次提到"安全",其中3处是"国家安全",而且还首次提到与传统安全认知具有重要区别的"国家经济安全"。虽说经济安全是一个非常古老的传统安全问题,但各种传统安全观基本上都没有对经济安全给予足够重视,而只有当今的非传统安全观才通过"经济安全"这一概念将其提到了一个新高度。由于十五大报告依然把"安全"和"国家安全"放在"军事"部分集中讨论,因而还难以说它体现了完整的非传统安全观。

即使江泽民1999年3月在日内瓦裁军谈判会议上第一次明确提出"新安全观的核心,应该是互信、互利、平等、合作"②,以及在2001年7月把"合作"改为"协作",强调"国际社会应该树立以互信、互利、平等、协作为核心的新安全观"③,这种被反复强调的"新安全观"也不是完整的安全观,而只是一种对外安全观和国际安全观,因而并不表明一种完整的非传统安全观已经形成,只能说明中国官方的安全认知依然处于由传统安全观向非传统安全观

---

① 《中俄关于世界多极化和建立国际新秩序的联合声明》,新华网,http://news.xinhuanet.com/ziliao/2002-09/30/content_581524.htm,1997年4月23日。
② 《推动裁军进程 维护国际安全——在日内瓦裁军谈判会议上的讲话》,人民网,http://www.people.com.cn/item/ldhd/Jiangzm/1999/jianghua/jh0005.html,1999年3月26日。
③ 《在庆祝中国共产党成立八十周年大会上的讲话》,新华网,http://news.xinhuanet.com/ziliao/2001-12/03/content_499021.htm,2001年7月1日。

过渡的阶段。但是，在这一不甚完善的"新安全观"概念提出后，中共中央和中央政府对各种非传统安全问题的论述越来越多，也越来越集中。

就政府来说，1998 年第九届全国人民代表大会第一次会议上的政府工作报告 6 次讲到"安全"，分别是"国家主权和安全""人民生命财产安全""保证安全度汛""保护银行资产安全""国家安全""国家安全部门"。显然，这些与"安全"一词相连的概念，既涉及传统安全问题，也涉及非传统安全问题。此后，本届人大其他 4 次会议上的政府工作报告中"安全"一词的出现情况是：1999 年 5 次，分别是"确保安全度汛""国有资产安全""公共安全""保卫国家安全""维护经济安全"；2000 年 5 次，分别是"安全事故""安全生产""国家安全""国家安全""国家安全部门"；2001 年 10 次，分别是"安全事故""食品安全""安全生产""安全的运输体系""关系国民经济命脉和国家安全的关键技术""关系国民经济命脉和国家安全的重要企业""安全生产管理和安全监察""战略性矿产资源储备和安全供应体系""危害社会与国家安全""国家安全和现代化建设"；2002 年 11 次，分别是"安全事故""国债余额占国内生产总值的比重仍在安全线以内""金融安全""安全等方面的市场准入标准""生产交通安全""安全责任制""重大安全事故""安全生产""保障国家安全""维护国家安全""国家安全和民族尊严"。

经过世纪之交前后几年的探索，2002 年 7 月中国政府在国际场合发布了《中国关于新安全观的立场文件》，这种以"国际安全"为论域的"新安全观"，被做了一次最集中和最完整的论述。

在 2002 年 7 月 31 日于斯里巴加湾市召开的东盟地区论坛外长会议上，中国代表团发表了《中国关于新安全观的立场文件》，全面系统地阐述了中国在新形势下的安全观念和政策主张，表达了中国对外安全观与国际安全观的最完整形态。这份《中国关于新安全观的立场文件》，包括引言、背景、政策、实践 4 个部分。"引言"部分总结了历史经验与教训，指出以对话与合作为主要特征的新安全观逐渐成为当今时代的潮流之一。"背景"部分在分析"冷战"后国际形势的发展变化后指出，安全的含义已演变为一个综合概念，其内容由军事和政治扩展到经济、科技、环境、文化等诸多领域；寻求安全的手段趋向多元化,加强对话与合作成为寻求共同安全的重要途径;当今世界的安全威胁呈现多元化、全球化趋势,各国在安全上的共同利益增多,相互依存程度加深。"政策"部分在回顾中国政府提出并不断强调新安全观的历程后指出,"新安全观的核心应是互信、互利、平等、协作",并着重从各国安全及国际安全的维护与保障方面,对这一核心做了详细阐述。最后的"实践"部分,从5个方面阐述了中国对如上新安全观的具体实践,从而证明新安全观具有可行性。[1]

中国政府的这一立场文件,虽然阐述的依然是国际安全和国家对外安全问题,但却系统论述了安全领域从军事、政治向经济、科技、环境、文化等领域的扩展,安全威胁日益多元化、全球化,安全实现需要寻求多元化手段,特别需要通过加强对话与合作来寻求共同安全,因而可以说是一种比较系统的非传统国际安全观和非传统对外安全观。

四 "非传统安全威胁"概念下的非传统安全论述

2002年11月中共十六大报告明确提出"传统安全威胁和非传统安全威胁的因素相互交织",中国官方在继续使用"新安全观"概念的同时,开始在与"传统安全威胁"相对应的情况下使用"非传统安全威胁"这样一个新概念,并在这一新概念下论述各种非传统安全问题。

2002年11月,中共十六大报告不仅从国际安全和国家对外安全的角度继续强调中国政府在国际场合多次强调的"新安全观",而且从我国国家安全出发以往的党代会报告更多更系统地讨论了整个国家安全问题,其中既涉及外部安全,也涉及内部安全,既涉及安全构成要素,也涉及安全威胁因素和安全保障措施,因而形成了一种更加全面的非传统安全观。

十六大报告提到"国家安全"一词的数量虽然与上次党代会报告一样,只有3次,但其提到的"安全"一词却从上次党代会报告中的6次上升到14

---

[1] 《中国关于新安全观的立场文件》,外交部网站,http://www.fmprc.gov.cn/mfa_chn/ziliao_611306/tytj_611312/t4549.shtml,2002年7月31日。

次,并且第一次在全国党代会上论述了以"互信、互利、平等、协作"为核心的"新安全观",同时在安全构成方面,超越了军事国防,再次提到"国家经济安全",强调"在扩大对外开放中,要十分注意维护国家经济安全";在安全威胁方面,超越了传统威胁因素,注意到了非传统威胁因素,强调"传统安全威胁和非传统安全威胁的因素相互交织,恐怖主义危害上升";在安全保障方面,既强调"加强国家安全工作,警惕国际国内敌对势力的渗透、颠覆和分裂活动",强调"建立巩固的国防是我国现代化建设的战略任务,是维护国家安全统一和全面建设小康社会的重要保障",又强调"关系国民经济命脉和国家安全的大型国有企业、基础设施和重要自然资源等,由中央政府代表国家履行出资人职责",强调"安全上应相互信任,共同维护,树立互信、互利、平等和协作的新安全观,通过对话和合作解决争端,而不应诉诸武力或以武力相威胁。"① 由此可以看出,中共十六大报告已经完全扬弃了局限于军事和政治的传统安全观,在安全构成、安全威胁和安全保障等方面,都形成了一种既包括传统的军事、政治,又包括非传统的经济、恐怖主义威胁等在内的综合性国家安全观,以及"互信、互利、平等、协作"的新国际安全观,并由此构成一种比较全面的非传统安全观。

五 更加广泛的"非传统安全问题"和"安全问题"

从上述对安全及其相关概念的逻辑分析可以看出,"安全威胁"及其所形成的"传统安全威胁"、"非传统安全威胁"、"传统安全威胁因素"和"非传统安全威胁因素",并不是非传统安全问题的全部内容,更不是安全问题的全部内容。要全面认识非传统安全问题,特别是要在科学合理的非传统安全观下统一认识和处置传统安全问题和非传统安全问题,就必须超越"安全威胁"、"传统安全威胁"与"非传统安全威胁"这样一些范围相对狭小的概念,而需要运用"安全问题"、"传统安全问题"与"非传统安全问题"这样一些范围

---

① 《全面建设小康社会,开创中国特色社会主义事业新局面——在中国共产党第十六次全国代表大会上的报告》,新华网,http://news.xinhuanet.com/newscenter/2002 - 11/17/content_632239.htm,2002年11月8日。

更为广泛的概念。

中共中央和中央政府虽然先是提出"新安全观"概念，并在这一概念下论述各种非传统的国际安全问题，后来又提出"传统安全威胁与非传统安全威胁的因素相互交织"，并在"非传统安全威胁"概念下论述各种国际安全与国家安全、外部安全与内部安全中的非传统安全问题，但是，无论从逻辑上还是从事实上看，非传统安全问题都既不仅仅表现在"国际安全"上，也不仅仅表现在"安全威胁"上。事实上，除了国际非传统安全问题外，每个国家都还有自己的非传统国家安全问题，其中既包括各种外部的非传统安全问题，也包括各种内部的非传统安全问题；除了非传统的安全威胁之外，还有非传统的安全构成、非传统的安全保障等问题。这些非传统安全问题，远远超越了"新安全观"涉及的非传统国际安全问题，以及"非传统安全威胁"概念指向的各种非传统安全威胁因素。多年来，中共中央和中央政府早就超越了"安全威胁"而涉及包括"安全构成""安全保障""安全观念"等在内的更为广泛的传统问题与非传统问题。在这种情况下，无论是过去从国际安全和对外安全提出的"新安全观"，还是后来从安全威胁的角度提出的"传统安全威胁"和"非传统安全威胁"，都不仅难以概括当前安全形势下错综复杂的安全问题，而且也难以概括中国官方已经意识到和论述到的各种安全问题。因此，在不再使用过去被限定在国际安全和对外安全领域的"新安全观"概念的情况下，中央还应进一步在非传统安全认识中超越"非传统安全威胁"这一概念，使用具有更广泛概括力的"非传统安全问题"这一概念，并在"非传统安全问题"下准确使用已经用过的"非传统安全威胁"和"非传统安全威胁因素"概念，同时准确使用"非传统安全构成""非传统安全要素""非传统安全构成要素"以及"非传统安全保障""非传统安全措施""非传统安全手段"等概念。如果超越非传统安全问题，对安全问题进行更加全面而完整的认识和处置，那么还需要在更高层次上使用"安全问题""安全构成""安全威胁""安全保障"等概念。只有这样，才能把中共中央和中央政府近年来涉及的国家安全问题和国际安全问题、传统安全问题与非传统安全问题，概括到一个统一的话题下。

从"安全构成要素"方面来看，从2002年非传统安全观正式形成，到

2013年底中共十八届三中全会围绕设立国家安全委员会对安全和国家安全问题的最新论述,中国官方10多年来论及的既有传统要素,也有非传统要素,而且随着时间推移,对非传统安全构成要素的论述越来越多。

虽然2002年《中国关于新安全观的立场文件》和十六大报告,都既涉及了传统安全构成要素,也涉及了非传统安全构成要素,但明确把传统安全要素与非传统安全要素放在一起综合论述的,则是2004年9月十六届四中全会通过的《中共中央关于加强党的执政能力建设的决定》(以下简称《能力决定》)。这一决定不仅依次涉及"公共安全""人民生命财产安全""政治安全""经济安全""文化安全""信息安全""国防安全"7个不同类型和不同层级上的安全构成要素,而且集中强调"确保国家的政治安全、经济安全、文化安全和信息安全。"① 这里的政治安全和国防安全,无疑是传统安全观一直非常重视的传统安全构成要素,因而是最纯粹的传统安全要素。与此不同,经济安全虽然只有当代非传统安全观才给予特别重视和强调,但它本身却是传统安全构成要素,而不是非传统安全构成要素。与此相似,公共安全、人民安全,以及作为人民安全直接构成要素和国家安全次级构成要素的人民生命安全、人民财产安全,也都是非传统安全观特别重视和强调的传统安全要素。只有文化安全和信息安全,才是最纯粹的非传统安全要素,是非传统安全观才可能给予重视和强调的非传统安全要素。《能力决定》对这些不同安全要素的阐述或强调,表明中共中央非传统安全观在安全要素认知上有了进一步的拓展和深化。第一,中共中央在此明确把文化安全和信息安全这样的非传统安全构成要素纳入了自己的安全视野;第二,明确强调了经济安全、社会安全、人民安全这样一些只有当代非传统安全观才给予特别重视和强调的传统安全构成要素;第三,对传统安全要素与非传统安全要素给予统一的综合考虑和系统思考,而不是只讲非传统要素而舍弃传统要素。

此后,从2006年《中共中央关于构建社会主义和谐社会若干重大问题的决定》,到2007年10月中共十七大报告和2012年中共十八大报告,再到2013

---

① 《中共中央关于加强党的执政能力建设的决定》,人民网,http://www.people.com.cn/GB/40531/40746/2994977.html。

年十八届三中全会文件，中共中央和中央政府论及的国家安全构成要素在不断扩展和丰富，除政治安全、经济安全、文化安全、信息安全这4个基本的一级构成要素外，还涉及国民安全、军事安全、社会安全、资源安全等其他国家安全一级构成要素，以及粮食安全、能源安全等更加多样复杂的国家安全次级构成要素。例如，2012年11月的中共十八大报告，不仅比历次代表大会的报告更多地论及"安全"和"国家安全"，而且"涉安"领域进一步扩大，依次包括食品安全、药品安全、信息安全、粮食安全、公共安全、企业安全、人民生命安全、人民财产安全、生态安全、能源安全、生存安全、发展安全、海洋安全、太空安全、网络空间安全、国际安全、军事安全、资源安全、网络安全等[1]，从而显示出一种综合考虑传统要素和非传统要素的非传统安全观。[2]

从"安全威胁因素"和更广泛的"安全影响因素"来看，2002年中共十六大报告明确指出"传统安全威胁和非传统安全威胁的因素相互交织"之后，中国官方文件在不断强调传统安全威胁因素与非传统安全威胁因素相互交织的同时，也不断拓展与深化着对安全影响因素和威胁因素的认识。

2004年的《能力决定》，在强调"传统安全威胁和非传统安全威胁的因素相互交织的新情况"时，在要求"坚决防范和打击各种敌对势力的渗透、颠覆和分裂活动，有效防范和应对来自国际经济领域的各种风险"时，就把影响和威胁国家安全的因素具体化到了"渗透""颠覆""分裂"及"国际经济领域的各种风险"等方面。2006年的《中共中央关于构建社会主义和谐社会若干重大问题的决定》，通过"有效应对各种传统安全威胁和非传统安全威胁，严厉打击境内外敌对势力的渗透、颠覆、破坏活动"这样的表述，证明中央在兼顾传统与非传统两方面因素威胁的同时，更重视"渗透"、"颠覆"

---

[1] 这里关于中共十八大报告中涉及"安全"领域，多数是在报告中直接表述为"××安全"，如"信息安全""粮食安全""生态安全""网络安全""国际安全"等；也有的是在某个复合概念中包含的"××安全"，例如在"食品药品安全"中包含了"食品安全"和"药品安全"两个方面，在"海洋、太空、网络空间安全"中包含了"海洋安全""太空安全"和"网络空间安全"三个方面；还有的虽然没有"安全"一词而实际上表达了某个方面的安全问题，如对医疗的多处论述，在"基本医疗保险制度""推进医疗保障"等话语中，事实上包含了"医疗安全"，对此本文不再一一列举。

[2] 刘跃进：《中共十八大〈报告〉关于"安全"及"国家安全"的论述》，林宏宇主编《2012年中国国家安全概览》，时事出版社，2013。

和"破坏"这些传统的安全威胁因素。

随着时间的推移,特别是随着各种非传统安全影响因素和威胁因素的扩展,中国官方越来越多地讲到一些非传统安全影响因素和威胁因素。2012年的中共十八大报告,在拓展安全构成要素的同时,也拓展了对安全影响因素和安全威胁因素的认识。在分析过去五年工作中的不足和遇到的困难时,报告指出了影响或威胁国家安全特别是社会安全的各种因素,如"社会矛盾明显增多,教育、就业、社会保障、医疗、住房、生态环境、食品药品安全、安全生产、社会治安、执法司法等关系群众切身利益的问题较多,部分群众生活比较困难"。在讲到"人民生命财产安全"时,强调"依法防范和惩治违法犯罪活动",这事实上指出了违法犯罪活动对人民生命财产安全的威胁。在讲到"全面促进资源节约"时,涉及的能源、水和土地的消耗问题,其实就是影响国家资源安全及其包括的能源安全的重要因素。在讲到"自然生态系统和环境保护"时,提到的荒漠化、石漠化、水土流失、环境污染等,是威胁和危害国家环境安全和生态安全的重要因素。在讲到两岸军事安全时,提到的"台海局势",是影响我国国家安全的重大因素。在讲到国际形势时,报告提到的"世界仍然很不安宁""国际金融危机影响深远,世界经济增长不稳定不确定因素增多""全球发展不平衡加剧""霸权主义、强权政治和新干涉主义有所上升,局部动荡频繁发生"等①,涉及的问题有传统安全威胁因素,而更多的是非传统安全威胁因素。这说明,中央的非传统安全认知和观念,不仅体现在国家安全问题上,而且体现在国际安全问题上。

对影响和威胁国家安全的各种传统和非传统因素的认识,还存在于中共中央和中央政府关于其他不同问题的文件中,例如关于"三农"问题和粮食安全的文件中。对此不再详细讨论。

就"安全保障"来说,在当今外敌军事入侵和内部军事动乱的可能性和威胁都明显降低,而各种社会矛盾和冲突日益严重的中国,虽然保障国家安全的军事斗争准备时刻都不能放松,但执政者更加重视和强调的却是加强和创新

---

① 《高举中国特色社会主义伟大旗帜 为夺取全面建设小康社会新胜利而奋斗——在中国共产党第十七次全国代表大会上的报告》,新华网,http://news.xinhuanet.com/newscenter/2007-10/24/content_6938568.htm,2007年10月15日。

社会管理或社会治理,用以保障和维护国内的社会和谐稳定。这种在安全保障认识上由传统向非传统的转变,使中共中央和中央政府越来越重视各种非传统安全保障措施和手段。

首先,在世纪之交针对国际安全和对外安全,提出和倡导以"互信互利平等协作"为核心的"新安全观",标志着中国官方非传统安全保障观的初步形成。

如前所述,从1996年开始,中国政府就在各种外交和国际场合提出要确立新安全观的问题,及至1999年3月,时任国家主席的江泽民在日内瓦裁军谈判会议上把新安全观概括为"互信、互利、平等、合作"八个字,从而在国际安全保障以及各国国家安全保障上,摒弃了军事手段和战争思维主导的传统安全保障观,提出了一种非传统的安全保障观。2002年,中国政府发布《中国关于新安全观的立场文件》和中共十六大报告对新安全观的阐述,是中国官方非传统安全观形成的标志,同时也是中国官方非传统安全保障观初步形成的标志。

后来,随着"完善国家安全战略","健全"国家安全"机制"等观念的提出,以及党代会报告把国家安全问题置于"社会管理"题下论述,使中共中央和中央政府对国家安全保障着力点的认识发生重大变化,标志着中国官方非传统安全保障观的最终形成。

在新中国成立后相当长的一段时期内,中国官方总是把国家安全问题与军队国防建设联系起来论述。1992年中共十四大报告首次在党代会报告中提到"国家安全"一词时,也是在"军队建设"部分。1997年的十五大报告,3处涉及"国家安全"的一段论述,还是在"军队建设"部分。但在2002年中共十六大报告关于国家安全的论述,第一次没有集中在军事国防部分,而是分散在报告的不同相关部分,其中最多最新的论述则放在了"国际形势和对外工作"部分。到了2004年,《中共中央关于加强党的执政能力建设的决定》在中共历史上第一次对国家安全问题做了比较系统的论述,指出:"针对传统安全威胁和非传统安全威胁的因素相互交织的新情况,增强国家安全意识,完善国家安全战略,抓紧构建维护国家安全的科学、协调、高效的工作机制。坚决防范和打击各种敌对势力的渗透、颠覆和分裂活动;有效防范和应对来自国际经济领域的各种风险,确保国家的政治安全、经济安全、文化安全和信息安全。"① 这段论述虽然依旧被置于外交与国际问题部分,但却兼顾了内外两个大局及传统与非传统两个方面;虽然涉及安全构成要素、安全威胁因素,但重点却是安全保障问题。无论是"增强国家安全意识,完善国家安全战略,抓紧构建维护国家安全的科学、协调、高效的工作机制",还是"坚决防范和打击各种敌对势力的渗透、颠覆和分裂活动,有效防范和应对来自国际经济领域的各种风险",都是对国家安全保障措施的具体论述,而且其中既有传统色彩比较浓厚的"增强国家安全意识"及"坚决防范和打击各种敌对势力的渗透、颠覆和分裂活动",也有非传统色彩非常明显的"完善国家安全战略,抓紧构建维护国家安全的科学、协调、高效的工作机制"及"有效防范和应对来自国际经济领域的各种风险"。显然,这已是一种兼顾传统保障与非传统保障两个方面的比较全面的非传统安全保障观。

2006年的一份关于和谐社会建设的中央文件,却放在了"完善社会管理"题目下,主要从国家安全保障方面,重复了上述《能力决定》中的内容,要求"增强国家安全意识,完善国家安全战略,健全科学、协调、高效的工作机制,有效应对各种传统安全威胁和非传统安全威胁,严厉打击境内外敌对势力的渗透、颠覆、破坏活动"。② 这不仅强化了《能力决定》中已经形成的非传统安全保障观,而且将国家安全保障置于社会管理之下,彰显了社会管理对国家安全保障的重要意义和作用,从而进一步发展了上述非传统的国家安全保障观。

2007年,中共十七大报告对国家安全的集中论述,既没放在军事国防部分,也没放在外交国际部分,并且没有再提那个局限于国际安全的"新安全观",而是放在了"社会建设"部分的"完善社会管理,维护社会安定团结"题目下,再次要求"完善国家安全战略,健全国家安全体制,高度警惕和坚

---

① 《中共中央关于加强党的执政能力建设的决定》,人民网,http://www.people.com.cn/GB/40531/40746/2994977.html。
② 《中共中央关于构建社会主义和谐社会若干重大问题的决定》,新华网,http://news.xinhuanet.com/politics/2006-10/18/content_5218639.htm。

决防范各种分裂、渗透、颠覆活动，切实维护国家安全。"① 这样的文本结构与具体论述，说明官方已非常明确地意识到：当前保障我国国家安全的重点，既不是军事国防建设，也不是国际外交活动，而是国内的社会建设和社会管理，并且需要全面"完善国家安全战略，健全国家安全体制"。这可以看作中国官方非传统安全保障观的进一步明确和完善。

其次，中共十八大报告和十八届三中全会相关文件，对国家安全的集中论述都放在了"社会管理"或"社会治理"部分。

最后，在非传统安全保障观的萌生、形成和演进的过程中，中国官方不断提出各种传统和非传统的安全保障措施和手段，不断强调这些传统和非传统安全保障措施和手段的重要性和意义，从而使非传统安全保障观得以不断丰富和发展。

10多年来，中国官方出台的各种文件，总在不断提出和强调着各种非传统的安全保障措施，其中既包括对整体国家安全的保障措施，也包括对国民安全、经济安全、粮食安全、文化安全、信息安全、环境安全、生态安全等国家安全基本构成要素和次级构成要素的保障措施。中共十八届三中全会提出的国家安全保障思路和措施，特别是其中体现的非传统安全保障观，在国家安全保障上有了新的突破。

中共十八届三中全会做出的《中共中央关于全面深化改革若干重大问题的决定》，在"创新社会治理体制"题目下集中讨论国家安全时，讲到的"全面推进平安中国建设，维护国家安全"；讲到的"完善统一权威的食品药品安全监管机构"，"保障食品药品安全"；讲到的"坚持积极利用、科学发展、依法管理、确保安全的方针"，"确保国家网络和信息安全"；讲到的"设立国家安全委员会，完善国家安全体制和国家安全战略，确保国家安全"，涉及许多传统的和非传统的安全保障措施。此外，这一决定还先后讲到"国有资本投资运营要服务于国家战略目标，更多投向关系国家安全、国民经济命脉的重要行业和关键领域，重点提供公共服务、发展重要前瞻性、战略性产业、保护生

---

① 《高举中国特色社会主义伟大旗帜，为夺取全面建设小康社会新胜利而奋斗——在中国共产党第十七次全国代表大会上的报告》，新华网，http://news.xinhuanet.com/newscenter/2007-10/24/content_6938568_7.htm，2007年10月15日。

态环境、支持科技进步、保障国家安全";讲到"加强金融基础设施建设,保障金融市场安全高效运行和整体稳定";讲到"企业投资项目,除关系国家安全和生态安全、涉及全国重大生产力布局、战略性资源开发和重大公共利益等项目外,一律由企业依法依规自主决策,政府不再审批";讲到"适度加强中央事权和支出责任,国防、外交、国家安全、关系全国统一市场规则和管理等作为中央事权";讲到"提高文化开放水平","切实维护国家文化安全";讲到"依据不同方向安全需求和作战任务改革部队编成"。① 如此等等,进一步涉及多方面的传统安全保障和非传统安全保障,体现了非传统安全保障观综合包括了传统安全保障和非传统安全保障两个方面的特点。

在习近平总书记《关于〈中共中央关于全面深化改革若干重大问题的决定〉的说明》中,关于"我们的安全工作体制机制还不能适应维护国家安全的需要,需要搭建一个强有力的平台统筹国家安全工作"的论述,说明了国家安全体制和机制在保障国家安全中的重要作用;关于"设立国家安全委员会,加强对国家安全工作的集中统一领导,已是当务之急"的论述,说明了设立国家安全委员会对保障我国国家安全的重要意义;关于"国家安全委员会主要职责是制定和实施国家安全战略,推进国家安全法制建设,制定国家安全工作方针政策,研究解决国家安全工作中的重大问题"的论述,② 说明制定实施国家安全战略、推进国家安全法制建设、制定国家安全工作方针政策、研究解决国家安全工作中的重大问题,都是当前保障我国国家安全必须采取的重要措施。虽然对西方国家来说,这些方面都可归为传统安全保障措施,但对中国来说,其中却既有传统安全保障的成分,更有非传统安全保障的成分。例如,在中国这样一个法制还不甚健全的国家,推进国家安全法制建设更是一项非常具有新意的重大行动,其中包含的"国家安全法制化"治理观念和安全新政,都体现了具有强烈非传统色彩的安全保障观。

---

① 《中共中央关于全面深化改革若干重大问题的决定》(2013年11月12日中国共产党第十八届中央委员会第三次全体会议通过),新华网,http://news.xinhuanet.com/mrdx/2013-11/16/c_132892941.htm。

② 《关于〈中共中央关于全面深化改革若干重大问题的决定〉的说明》,新华网,http://news.xinhuanet.com/politics/2013-11/15/c_118164294.htm。

在此,我们不妨把 2003 年后历次全国人大政府工作报告中涉及"国家安全"和"安全"论述摘抄出来,以观中国政府对"非传统安全问题"及其包括的"非传统安全构成""非传统安全威胁""非传统安全影响"和"非传统安全保障"等的具体论述情况。

2003 年第十届全国人民代表大会第一次会议上的政府工作报告,"安全"出现 13 次,分别是"安全生产秩序""人民群众安全感增强""维护国家主权、安全""安全生产""基层安全创建""加强安全生产""健全安全生产责任制""维护国家安全""重大安全生产事故""农产品质量安全""重视安全生产""人民生命财产安全""国家安全和现代化建设"。此后本届人大历次会议上的政府工作报告,涉及"安全"的次数和内容是:2004 年 18 次,分别是"把人民群众的身体健康和生命安全放在第一位""食品安全和安全生产监管体制""重大安全事故""安全""方面不符合标准的项目""优质、高产、高效、生态、安全农业""人民群众健康安全""人民群众身体健康和生命安全""国家安全和社会稳定""加强安全工作""强化安全生产监管""加强安全专项整治""落实安全防范措施""健全安全责任制""查处各类安全事故""维护国家安全""传统和非传统安全问题交织""坚持互信、互利、平等、协作的新安全观";2005 年 28 次,分别是"食品、药品安全""社会安全""确保金融安全高效稳健运行""严重影响人民群众健康安全的环境污染问题""国家法律法规政策和安全环保等规定""人民群众身体健康和生命安全""危害国家安全犯罪""增强人民群众的安全感""保障公共安全""增强国家安全意识""构建维护国家安全的机制""重大特大安全事故""加强安全生产""严格安全生产责任制""强化安全管理""加大对安全生产的检查执法力度""把煤矿安全作为突出任务""完善煤矿安全监管体制和机制""发挥职工群众对安全生产的监督作用""加大对煤矿安全设施的投入""提高安全生产技术水平""支持国有煤矿安全技术改造""地方和企业也要增加安全生产投入""切实改善煤炭生产安全状况""维护国家安全统一""世界和地区安全与发展""倡导多边主义和新安全观""维护我国公民在海外的生命安全";2006 年 4 次,分别是"安全生产条件""煤矿生产安全事故""粮食安全存在隐患""安全生产形势严峻";2007 年 3 次,分别是"农村人口解决了安全饮水问

中共中央和中央政府关于非传统安全问题的论述

题""食品药品安全""安全生产"。

2008年第十一届全国人民代表大会第一次会议上的政府工作报告,"安全"出现了42次,分别是"农村人口饮水困难和饮水安全""食品药品安全""重视安全生产工作""健全安全监管体制""落实安全生产责任制""加强安全生产法制建设""国家安全和社会稳定""维护国家主权、安全、领土完整""产品质量安全""安全生产""粮食安全""农产品质量安全""农村人口的安全饮水""优质高效生态安全农业""农产品质量安全""做好产品质量安全工作""加强产品质量安全工作""加快产品质量安全标准制定和修订""食品、药品和其他消费品安全国家标准""食品、药品和其他消费品安全标准体系""食品、消费品安全性能""完善产品质量安全法制保障""产品质量安全的法规""产品质量安全监管体系""涉及人身健康和安全产品的生产许可""落实产品质量安全责任制""维护金融稳定和安全""用药安全""安全、有效、方便、价廉的基本医疗卫生服务""确保(社保)基金安全""农村困难群众住房安全""保障人民生命财产安全""加强国家安全工作""强化安全生产""遏制重特大安全事故""开展重点行业领域安全专项整治""加强对各类安全事故隐患排查""查处安全生产事故""食品药品安全""安全生产""应对多种安全威胁""维护国家主权、安全和领土完整"。此后四次人大会议上的政府工作报告提到"安全"的情况是:2009年22次,分别是"农村人口的饮水安全问题""国家安全和社会稳定""食品安全事件""安全生产重特大事故""国债总体上也是安全的""维护金融稳定和安全""安全饮水问题""安全生产""质量和安全年""质量和安全管理""行业安全生产监管""遏制重特大安全事故发生""开展食品药品安全专项整治""严格执行产品质量安全标准""保证(社保)基金安全""中小学校舍安全工程""把学校建成最安全、家长最放心的地方""安全、有效、方便、价廉的医疗卫生服务""维护国家安全和社会稳定""维护国家主权、安全和领土完整""应对多种安全威胁""维护国家的主权、安全和发展利益";2010年17次,分别是"农村饮水安全工程""食品、药品安全专项整治""人民群众生命安全""粮食安全""便利、安全、放心的消费环境""严格执行用地、节能、环保、安全等市场准入标准""米袋子菜篮子安全""农村人口的安全饮水问题""中小学校舍安全工程""维护国家安全的战略高技术问题""构建更加完善的社会保障安全网""建立外资并购安全审查制度""突发公共安全事件应急处理机制""安全生产工作""维护国家安全和社会稳定""维护国家安全和发展利益""应对多种安全威胁";2011年14次,分别是"维护国家主权、安全和发展利益""农村人口饮水安全问题""食品安全问题""投资项目用地、节能、环保、安全等准入标准""保障粮食安全""构建便捷、安全、经济、高效的综合运输体系""确保用药安全""公共安全体系""加强信息安全""企业安全生产""重特大安全生产事故""食品安全监管体制机制""食品安全保障水平""维护国家主权、安全、发展利益";2012年23次,分别是"我国政府性债务水平是可控的、安全的""农村人口的饮水安全""基本药物安全性提高""维护社会公共安全""加强安全生产监管""做好重特大安全事故的处置""完善食品安全监管体制机制""安全生产""食品药品安全""产品质量安全监管""把好土地、信贷、节能、环保、安全、质量等准入""农产品质量安全""安全高效发展核电""加强校车和校园安全管理""确保孩子们的人身安全""加强药品安全工作""实施安全发展战略""加强安全生产监管""增强食品安全监管能力""提高食品安全水平""保障人民群众生命财产安全""维护我境外企业人员和资产安全""维护国家主权、安全和发展利益"。

2013年第十二届全国人民代表大会第一次会议上的政府工作报告,"安全"出现15次,分别是"赤字率和债务负担率保持在安全水平""农村人口的饮水安全""中小学校舍安全工程""食品药品安全""安全生产""赤字率总体上处于安全水平""维护社会公共安全""食品药品安全是人们关注的突出问题""改革和健全食品药品安全监管体制""科学合理的食品药品安全体系""食品药品安全保障水平""公共安全体系""企业安全生产基础建设""遏制重特大安全事故""维护国家主权、安全、领土完整"。

论"共享安全"与中韩非传统安全合作（2008~2013）

魏志江　庞加欣*

摘　要：
随着"全球化"和区域一体化的发展，中韩两国面临的共同安全利益也逐步增加。近年来，尤其是李明博、朴槿惠政府先后执政以来，中韩关系虽然在传统安全领域进展不大，但是，在非传统安全领域却获得了长足的发展，并成为中韩两国安全合作和充实战略合作伙伴关系的基础。本文主要以中国历史上传统的"共享安全"理论为视角，探讨李明博政府和朴槿惠政府先后上台后，中韩非传统安全合作的现状及其趋势，并分析其对策。

关键词：
"共享安全"　中韩关系　非传统安全合作

随着全球化和区域一体化的发展，中韩两国面临的共同安全利益也逐步增加。近年来，尤其是李明博政府和朴槿惠政府先后上台以来，中韩关系虽然在传统安全领域进展不大，但是，在非传统安全领域却获得了长足的发展，并成为中韩两国安全合作和充实战略合作伙伴关系的基础。中韩两国在非传统安全的合作中，以"共享安全"的东方传统安全哲学理念为基础，超越传统的"安全困境"，以"共享安全"的"共存""共处""共建""共优""共赢"[①]

---

* 魏志江，中山大学亚太研究院教授兼韩国研究所所长、博士生导师；庞加欣，中山大学亚太研究院研究助理。
① 余潇枫：《"共享安全"：非传统安全研究的中国视域》，《国际安全研究》2014年第1期。

的视角应对非传统安全的威胁,使中韩两国逐步实现在安全方面的"共享安全"和"优态共存"。

一 "共享安全"的历史理论基础

首先,我们来探讨"共享安全"的历史哲学基础。余潇枫教授提出的"共享安全"理论,不仅以高屋建瓴的战略视角系统审视了非传统安全研究的西方七大学术流派,而且以中国历史哲学为基础,首次提出了与西方"建构安全"相对的"共建安全"的非传统安全理论,并论证了"共享安全",作为非传统安全研究的中国视域,初步奠定了国际学术界有关非传统安全研究的中国学派的理论基础。笔者认为,"共享安全"的哲学基础,除了余潇枫教授提出的"协和""和合"之外,还有儒家哲学理念的核心"忠恕"也。何谓"忠恕"?《论语·卫灵公》篇有:"子贡问曰:'有一言而可以终身行之者乎?'子曰:'其恕乎!己所不欲,勿施于人。'"[1] 因此,"恕"就是"己所不欲,勿施于人"。而"忠",按照东汉许慎《说文解字》谓:"忠,敬也,从心。"意即发自内心的情感和行为。故所谓"忠"即是"己欲立而立人,己欲达而达人",即是推己及人,亦即"推其(己)所欲以及于人"[2]。所以,孟子曰:"古之人所以大过于人者无他焉,善推其所为而已矣。[3]"因此,"忠"是"恕"的基础和前提,而"恕"则包含"忠",只有把"忠"与"恕"统一起来,既做到"己欲立而立人,己欲达而达人",又做到"己所不欲,勿施于人",才是孔子的"一以贯之"的仁道。故《中庸》云:"忠恕违道不远,施诸己而不愿,亦勿施于人。"[4] 可见,"忠恕"本是统一的,若真能做到"己所不欲,勿施于人",则不仅可以谓之"恕",而且亦可谓之"忠恕"。因此,就国家安全利益而言,任何国家都希望免于遭受侵略,亦即安全。以儒家"己欲立而立人,己欲达而达人"的"仁",推及他人,即是践行"忠

---

[1] 朱熹:《四书章句集注 论语集注》,中华书局,2003。
[2] 朱熹:《四书章句集注 论语集注》,中华书局,2003。
[3] 朱熹:《四书章句集注 论语集注》,中华书局,2003。
[4] 朱熹:《四书章句集注 论语集注》,中华书局,2003。

恕之道"。即安全，我所欲也，他国之安全，亦吾国之安全也，推己及人，以"仁爱"之心，共建、共享安全利益，才能获得真正永久的安全。行忠恕之道，即是"仁"。只有这样，才能达到"天下为公"的"大同"境界，也才能实现所谓"四海之内皆兄弟"①的和平、安全目标。为了达到共享安全，国家之间都应该遵循"忠恕之道"，而践行"忠恕之道"的方法，则是"中庸"。所谓"中庸"，就是指"按照一定的标准行事，寻求对立双方的连接点以求对立双方的平衡，给某种行为划定界限和明确行动目标，从而使事物保持旧的稳定"。②而非传统安全领域，恰恰为国家的安全利益提供了相互依存和共享安全的连接点，因此，践行中庸之道，即是"共享安全"。

其次，"共享安全"的政治思想基础则是儒家孟子提出的"王道政治"。所谓王道、霸道之争始于春秋。根据孟子的理论，所谓"王道"即是"以德服人""保民而王"，亦即儒家政治思想的核心"仁政"理念，而霸道则是所谓"以力服人"③。孟子主张行"王道"，反对"霸道"，他认为只有"王道"才能一统天下。所谓"以力假人者霸，霸必有大国；以德行仁者王，王不待大。汤以七十里，文王以百里。以力服人者，非心服也，力不赡也；以德服人者，中心悦而诚服也。④"那么如何才能行王道？孟子提出行仁政、"保民而王"，即"以不忍人之心，行不忍人之政，治天下可运之掌上"⑤。这样任何国家都可以形成万邦来朝的局面。可见，中国古代的政治思想是以仁义礼智信为主的。中韩两国具有共同的政治、文化传统，因此，中国传统的王道理念推及四海，即是注重强调以德服人，善邻、睦邻、友邻，以仁政、信义作为处理国家间关系的准则。因而，中韩关系包括在中韩非传统安全领域建立以信义为基础的诚信关系，并且将这种仁爱、信赖关系作为两国非传统安全合作的传统人文基础，从而奠定中韩两国非传统安全合作的政治思想

---

① 朱熹：《四书章句集注　论语集注》，中华书局，2003。
② 刘泽华：《中国政治思想史》，浙江人民出版社，1996。
③ 《孟子·公孙丑上》。
④ 《孟子·公孙丑上》。
⑤ 《孟子·公孙丑上》。

基础。

最后，中韩两国以儒家文化中有关的宗法伦理制度为基础，共同建构了东亚2000余年的国际安全秩序，即宗藩体系和所谓的"华夷秩序"，并成为"共享安全"的宗法伦理基础。中韩作为儒家文化圈的成员，长期的儒家文化意识形态和价值观，尤其是儒家的礼制所表达的君臣观念成为维系宗藩体制的伦理基础。古代的东亚地区，存在以中国为中心的宗藩体系，费正清先生称之为"华夷秩序"。宗藩体系，是以古代中国的宗法制度和畿服制度为基础构成的东亚国际秩序。在中国与周边国家关系史上，曾经存在过宗藩体系，并以周边国家与中国关系的亲疏远近形成不平等的以中国为中心的同心圆式的东亚和平秩序，宗藩关系维持着古代东亚的和平体系和国际秩序。宗藩体系的伦理基础是宗法制度和源于西周的封册制度，以及在此基础上形成的畿服体制。中国古代的天下观，正如《诗经·小雅·北山》所言："溥天之下，莫非王土；率土之滨，莫非王臣。"① 西周时，以周天子为中心，其册封诸侯并接受诸侯的朝贡，以天子为天下之大宗，建立天子、诸侯、卿、大夫层层分封的宗法制度，形成以王畿为中心，以甸服、侯服、宾服、要服、荒服为同心圆的畿服体制。各诸侯国定期向周天子朝贡，并在军事上拱卫周王室，维护天下之安全。所以，宗藩体系构成了东亚传统的国际安全秩序，宗主国与藩属国各自承担不同的安全义务，彼此成为安全共同体。正如滨下武志先生所言："东亚国际关系因以朝贡关系为基础的统治关系而连在一起，在地域上，它形成了一个域内交易、情报、移民以及金银流动的网络。在这个网络中，中国起到了吸收和排除各种要素的中心机能，并与其周围诸国共有华夷观念，与它们构筑了朝贡-册封关系的实态。②"尽管以中国为中心的宗藩体系是不平等的国际安全秩序，但是，由于宗藩体系的伦理基础是儒家的宗法制度和畿服体制，并以儒家的礼治主义为指导，因此，建立和维系宗藩体系运作的是王道政治，而非霸道，周边国家尤其是朝鲜、越南和琉球均自愿加入该体系，与中国的王朝形成宗藩关系，以维护国家的安全，也体

---

① 《诗经·小雅·北山》。
② 参见滨下武志《朝贡体系与近代亚洲》，东京岩波书店，1997。

现了中国王朝以德治主义和王道政治为理念,与周边国家共建东亚国际安全秩序的实践。因此,古代中国及其藩属国的宗藩关系实际上就是一种维持古代东亚和平安全的国际秩序,这种关系所体现出来的思维就是"共享安全",遵循彼此在安全上的权利与义务关系,追求"共优""共赢"。虽然宗藩关系作为历史上的东亚安全体系,具有国家间的不平等性,但是,维系宗藩关系的儒家的德治主义和王道政治仍然是当下中韩两国进行非传统安全合作的历史伦理基础。

二 "共享安全"视域下中韩非传统安全合作现状(2008~2013)

"共享安全"既是中韩两国在东亚史上通过宗藩体系,共建东亚安全秩序的历史基础,也是今天中韩两国进行非传统安全合作的指导理念和安全合作的基本原则。因此,仅从李明博政府执政以来的两国非传统安全合作来分析就不难发现,中韩两国的非传统安全合作不仅遵循共享安全的指导理念,呈现出全方位、机制化的发展趋势,而且共享安全正在逐步从非传统安全领域发挥其"外溢"效应扩散至传统安全领域。

(一)金融安全合作

从广义上看,国际金融安全合作包括货币体系的建立,金融机构的运行与发展,金融危机的管理,相互之间市场的结合,支付结算体制的建立等微观与宏观上的政策互助、互惠互利、商业性条约等;从狭义上看,它主要指政府金融监管机构之间为维持货币稳定等进行的一系列合作。① 可以说,金融危机促进了中韩的金融合作,安全共享和最终目标的"优态共存"对金融合作产生巨大动力,指引两国通过危机管理、资源共享以及外汇援助等手段实现金融安全合作。中韩金融安全合作从宏观到微观上的不断深入,体现了两国在金融领域寻求"优态共存"的合作过程。

---

① 王治华:《中韩金融合作存在的问题和对策》,《中国外资》2012年第4期。

中韩两国多次在多边和双边框架下进行金融合作。东盟十国与中日韩（即"10+3"）在泰国签署的《清迈协议》，奠定了中韩金融货币互换合作的基础。2008年的金融海啸使中日韩三国更加深刻地认识到，要通过建立区域合作机制，加强金融合作才能有效规避经济全球化所带来的风险。2008年的金融海啸使中韩意识到必须加强合作，才能更好地促进两国金融稳定持续发展。是年12月，中国人民银行和韩国银行共同宣布签订《双向货币互换协议》，其规模是1800亿元人民币，折算为38万亿韩元（按2008年12月汇率计算），这是自经济危机以来，中国人民银行与外国央行签署的第一份关于本币货币互换的协议。① 2008年5月，"10+3"财长在马德里会议上宣布了与会各国的商讨结果，同意为共同外汇储备基金集资至少800亿美元，作为在出现金融危机时的救助。2009年5月，在亚洲开发银行年会上，中日韩以及东盟十国财长在建立亚洲区域外汇储备库的问题上达成了共识，同意共同组建一个拥有1200亿美元规模的亚洲区域外汇储备库，其中中日韩承担80%，以应对金融危机。②

此外，中韩金融合作交流还通过中韩金融合作论坛、中韩金融合作会议、中韩金融经济圆桌会议来实现，这些金融方面的专家交流为两国政府提供了宝贵的智力支持，为两国今后更加系统而有效的金融合作提供了指导。官方储备是衡量一国在发生金融危机时支付能力的一种指标，中国官方储备从2010年开始便居于世界第一，而同期的韩国官方储备则居世界第六，由此可见，中韩两国的高额官方储备是中韩金融合作的强大推动力，在推动亚洲共同基金以及亚洲债券建设等方面都发挥着重大作用。③

（二）能源安全合作

在保证能源安全上，中韩两国都面临着保障能源资源稳定供应、提高能源资源利用效率、减少污染物排放等共同难题。而能源资源领域合作具有竞争性少、互补性强、收益高的特点。目前，中韩两国在能源问题上都面临着

---

① 王治华：《中韩金融合作存在的问题和对策》，《中国外资》2012年第4期。
② 王治华：《中韩金融合作存在的问题和对策》，《中国外资》2012年第4期。
③ 王治华：《中韩金融合作存在的问题和对策》，《中国外资》2012年第4期。

供求、价格、环境三方面的威胁,所以通过两国在能源上的战略合作,形成共同的原油市场,共同储备、共同购买、共同运输和共同供需平衡,就能在很大程度上保障两国安全的能源供应、充足的能源储备和平衡的能源供需,从而保障两国经济的持续、快速、稳定、健康发展。① 因此,通过能源安全合作,不仅能保障油气能源资源的供应,还能加强技术合作,实现可再生能源开发,提高在能源利用、新能源汽车、智能电网等方面的合作,真正实现"共享能源安全"。

中韩能源合作已经建立多边框架与双边合作共举的形式。多边框架下的中韩能源安全合作,以"10+3"机制中的能源部长会议最具代表性,能源安全合作是"10+3"机制的重要领域之一。自2008年起,中日韩三国开始启动"中日韩核安全监管高官会机制"②,每年举办一次会议,以推动亚洲地区核安全合作。其中,在2011年11月的第四次中日韩核安全监管高官会上,中日韩三方签订《中日韩核安全合作倡议》,并确定建立合作框架,三方将采取协同一致的行动以取得在地区和国际合作中的领导性作用,同时承诺了在地区核安全标准、监管能力以及区域应急响应机制等领域开展相互协作的行动。此倡议书的签署是三国核安全合作的里程碑,并为实现东北亚地区的核安全奠定了基础。③ 而中韩能源安全的双边交流与合作,尤其体现在李明博政府以来,中韩两国致力于新能源的合作。在2012年的"2012中韩环保及新能源合作论坛暨洽谈会"上,国家发改委环资司、韩国知识经济部、中韩环保及新能源方面的近百家企业都对具体的新能源合作进行了实质性的探讨。此外,2013年11月,中国企业联合会和韩国全国经济人联合会共同举办了"中韩能源合作专题会议",以推进中韩能源交流与合作,并签订了《中韩能源合作专题会议备忘录》。④ 在核能合作方面,根据2011年11月中韩两国签署的《中韩双边核聚变研究合作实施协议》建立的官方会议机制,2013年7月中韩两国在长沙举行

---

① 郭植昭:《中韩能源合作论析》,硕士论文,湘潭大学图书馆,2009。
② 《中日韩合作(1999~2012)》白皮书,http://www.fmprc.gov.cn/ce/ceat/chn/zgyw/t930550.htm。
③ 《中日韩合作(1999~2012)》白皮书,http://www.fmprc.gov.cn/ce/ceat/chn/zgyw/t930550.htm。
④ 《中韩能源合作助推两国经济发展》,中国企业报道,http://www.ceccen.com/html/2013-11-12/2013-11-12_138422928.html,2013。

"第一届中韩核聚变合作共同调整委员会"会议,就加强正在开发中的核聚变能源领域的技术合作进行了集中讨论,两国还将在"国际热核聚变实验堆(ITER)计划"方面展开技术合作。① 此外,两国还在石油能源领域展开积极合作。

(三)生态与环境安全合作

从地缘来看,中韩两国隔黄海相望,朝鲜半岛与中国毗邻,这样的地理位置使得两国在生态环境安全方面有着攸关的共同利益。近年来,频繁发生的沙尘暴天气、酸雨、气候变化、生物多样性减少等生态环境问题使中韩两国更深刻地意识到两国应该树立一种"优态共存、顾全本土"的安全理念②,这体现着"保合太和"的安全哲学,在生态环境变化难测的情况下,遵循这一安全合作理念是符合生态安全规律的。

中韩生态环境合作一方面通过多边或双边合作机制,主要通过东北亚环境合作会议、中日韩三国环境部长会议以及中韩双边环境合作联委会等来进行;另一方面,也展开双边多层次合作。中韩两国通过定期举行研讨会和论坛等活动加强在污染治理方面的学术、技术、投资三个方面的合作交流。而且,韩国也通过产业合作的方式加强与中国在治理大气污染方面的技术和设备合作,以实现中韩两国的空气优化。此外,在防治沙尘暴与土地沙漠化方面,中韩两国在中日韩合作框架下也取得了积极进展,2007年,在"中日韩环境部局长级会议——应对沙尘暴"上,三国通过了成立"沙尘暴共同研究团"的决定,组成三国专家筹划指导委员会及两个专家事务工作组,以协调三国之间的意见,解决实际问题。这包括建立沙尘暴监测网络、加强沙尘暴灾害预警预报以及安排专项资金等。2012年,第五届中日韩领导人会议也通过了《关于森林可持续经营、防治荒漠化和野生动物保护合作的联合声明》③,以加强三国在生态环境方面的合作。其中,"中韩合作敦煌荒漠化治理项目"取得了积极成果。中韩两国在防治土地荒

---

① 林秀敏:《中韩拟加速推进核聚变能源领域合作》,中国经济网,http://intl.ce.cn/sjjj/qy/201307/12/t20130712_24566828.shtml。
② 余潇枫:《安全哲学新理念:"优态共存"》,《浙江大学学报》2005年第2期。
③ 《第五次中日韩领导人会议关于森林可持续经营、防治荒漠化和野生动物保护合作的联合声明》,新华网,http://news.xinhuanet.com/world/2012-05/14/c_111945039.htm,2012年5月。

漠化和增加植被覆盖率等生态环境问题方面的技术交流和资金整合的合作，体现了"共赢""共存"的和合规律，为两国的生态环境安全奠定了基础。

此外，中韩在海洋安全领域也积极进行保护与开发工作。自李明博执政以来，中韩于2009年开展了"黄海冷水团海域生态系统和生物多样性调查"，主要研究黄海冷水团的长期变化趋势及给主要生物群落带来的影响。2011年，"中韩海洋核安全监测及预测系统研究"工作开展，目的是提高中韩两国在沿海防灾、环境保护及其他海洋领域的服务水平，构建黄海业务化海洋预报模式。"黄海及东中国海业务化海洋预报（YOOS）模式开发技术合作研究"工作开展，目的是加强中韩两国在观测资料收集和数值模式技术共享等方面的合作，建立可信度较高的监测系统，保障西北太平洋海域的核安全。① 2013年6月，朴槿惠携其代表团访华时，中韩两国签署了《中华人民共和国国家海洋局和大韩民国海洋水产部海洋科学技术合作谅解备忘录》，设立了中韩海洋科技合作联合委员会，以加强海洋学、海洋技术和海洋政策等领域的合作。

（四）灾害管理与应对合作

灾害包括自然灾害和人为灾害，自然灾害分为地质灾害、气象灾害、气候灾害、生态灾害、天文灾害和水文灾害六大类；人为灾害包括核泄漏、海洋污染等，灾害种类繁多，破坏性巨大，需要同在东北亚区域内的中韩两国加强合作才能更好地预防和解决区域内的自然灾害问题。同时，灾害管理与应对合作属于非传统安全领域中容易取得共识和可行方案的一项，借助灾害方面的合作也能加强政治互信，可能可以实现"外溢效应"，促进"共享安全"的真正实现。

2008年12月，在中日韩三国领导人会议上，三国领导人通过了《三国灾害管理联合声明》，声明指出，三国将在灾害管理方面加强如下合作：①制定全面有效的灾害管理框架；②建立系统并制定措施，增强防灾抗灾能力，以最大限度减少灾害带来的破坏；③在国家、地方和社区三个层面加强有效的灾害管理。② 应联合声明的要求，首次中日韩灾害管理部门部长会议于2009年10月在日本举行，

---

① 《中韩海洋交流与合作的现状及成果》，中韩中心，http：//www. ckjorc. org/cn/admin/news/edit/uploadfile/kuaixun/20126291740362. pdf，2012年6月29日。
② 魏志江等：《"冷战"后中韩关系研究》，中山大学出版社，2009。

经三国协调后，决定该会议每隔一年召开一次。2013年，第三次中日韩灾害管理部门部长会议召开，三国在相互访问受灾地、为应对灾害举行三国联合演习等具体事宜上达成了一致。目前，中韩两国主要在以下两方面进行灾害管理与应对合作。

一方面，海上搜救援助，主要针对黄海海域易出现的海上溢油、船舶碰撞等事故。2007年4月10日，中韩正式签署了《中华人民共和国政府与大韩民国政府海上搜寻救助合作协定》，这标志着中韩两国进入海上搜救全面合作的新阶段。2010年10月，在中韩海上搜救事务级会谈上，双方签署了《2010中韩海上搜救事务级会谈纪要》，就继续保持现有的事务级会商机制，进一步加强搜救信息通报，建立两国地方搜救机构的合作关系，探讨建立人员定期交流机制等内容达成了一致。2011年3月，中国山东省海上搜救中心与韩国西海地方海洋警察厅签署了《海上搜救合作备忘录》，按照备忘录，中韩（山东－西海）定期举行会议，深化海上搜救应急行动的合作，共享相关事故和搜救信息，共同应对海上突发事件。同时，加强搜救协调员培训和交流活动，互相学习先进的海上搜救技术。2013年，中韩双方互相通报海上险情10起，开展通信演习2次，联合组织搜救行动6起，成功救助37人。两国曾在2005年、2007年和2008年举行过3次海上联合搜救演习。根据备忘录，双方将于2014年在公海举行大型联合海上搜救和防污染演习，以提高两国海上搜救的合作能力。①

另一方面，抢险救灾合作，主要在两个框架下进行。第一个是在"10+3"框架的支持下开展的各国武装部队国际救灾研讨会。2008年至今，各国主要围绕加强救灾立法的工作展开会议，并取得了一定成果；2010年研讨会的主题是"东盟地区论坛武装部队国际救灾的法律共识与合作"；2012年研讨会的主题是"参与国际救灾武装部队的义务与权利"，其目的都是推进国际救灾行动的法律规范建设，建立救灾合作的法律机制。各国也通过救灾演练的方式深化救灾合作共识。第二个框架是中日韩灾害管理部门部长级会议，该会议每隔一年举办一次。2009年10月31日，首届中日韩灾害管理部门部长级会议

---

① 牛晓娜、马桂山：《中韩两国将于2014年举行大型联合搜救演习》，新华网，http://news.xinhuanet.com/mil/2013-10/19/c_125564343.htm，2013年10月19日。

于日本神户举办,该会议通过了《灾害管理合作三方的联合声明》,其目标是通过共享信息与科学技术,建立健全三国灾害管理部门定期会晤的机制,并制定相应的全面灾害管理框架。同时,增强三国防灾抗灾的能力,最大限度减少灾害所带来的损失。① 同时,中日韩也建立了"灾害管理和救灾合作渠道",为具体救灾合作讨论应对方案。

(五)其他非传统安全领域的合作

1. 食品安全合作

中韩食品安全合作委员会会议是中韩两国加强食品安全合作的平台,从2005年起,每年轮流在中韩两国举办,至今已举办了9届。通过此平台,两国就进出口食品安全等食品问题进行磋商与合作,已达成了多项共识并签署了会议纪要。在2009年11月举行的第三届中日韩卫生部长会议中,三国经讨论决定签署《中日韩三国关于食品安全合作备忘录》并发表了《第三届中日韩卫生部长会议共同声明》②,在防控甲型H1N1流感、食品安全等领域达成多项共识。该备忘录是三国卫生部长会议签署的首个食品安全方面的备忘录。2013年,按照朴槿惠访华时所商定的内容,中韩两国在12月签署了《推进相互合作、交流食品药品危害信息的谅解备忘录》。这是中国国家食品、药品监督管理总局和韩国食品医药安全处举行的首次高层会谈,会议就国家食品、药品监督管理总局,就推进医药品、医疗器材GMP(良好作业规范)相互认证等方案进行协商,并讨论了推进食品制造企业相互注册的制度规范等事宜。③

2. 反洗钱、反恐方面的合作

洗钱和恐怖主义已经是具有巨大影响力的跨国性犯罪活动,若不能及时做出应对,后果将不堪设想。因此,加强金融和反恐方面的合作对于中韩两国共

---

① 《中日韩灾害管理部门部长级会议在日本举行》,http://china.huanqiu.com/roll/2009-10/618764.html。
② 《第三届中日韩卫生部长会议在东京举行》,新华社,http://www.gov.cn/jrzg/2009-11/23/content_1471188.htm。
③ 《中韩拟扩大食品药物安全领域的合作》,国家食品监督检验中心网(转韩联社),http://www.cfda.com.cn/NewsDetail.aspx?id=67626。

享金融安全，免受恐怖主义的威胁有着重大意义。中韩在反洗钱和防恐方面的合作处于起步阶段，其主要成果是 2005 年 11 月 15 日由中国反洗钱监测分析中心和韩国金融情报分析院共同签署的《反洗钱、反恐及融资金融情报交流合作的谅解备忘录》，并进行了中韩首次反恐磋商。2013 年 11 月，第四次中韩反恐合作会议在中国青岛召开，两国就网络反恐合作、联合国体制层面的反恐合作和上海合作组织（SCO）层面的反恐方案等进行了磋商。①

3. 防控传染病蔓延的合作

2007 年 4 月 7 日，中日韩在韩国首尔举行了首届中日韩三国卫生部长会议和首届中日韩卫生论坛，确立了中日韩三国共同应对流感的合作机制以及三国卫生部长年度会晤机制。② 在 2008 年 11 月 2 日举办的第二届中日韩三国卫生部长会议上，三国签署了《中日韩三国卫生部共同应对流感大流行的行动计划》。近年来，三国就抗生素、甲型流感等加强了合作。为落实《中日韩三国卫生部关于共同应对流感大流行的合作备忘录》，中日韩三国于 2008 年 10 月 16 日在韩国首尔举行流感大流行的联合应急桌面演练。通过模拟场景的方式，三国在风险沟通、信息共享、诊断治疗、检疫隔离和公共卫生等方面采取有效措施，并开展密切合作，以降低流感所造成的危害。在中日韩卫生部长级会议决议的框架下，中日韩三国从 2007 年开始每年召开三国专家传染病防控论坛，以及时交流传染病防控最新科研进展、疫情信息，分享技术和防控经验。到 2013 年该论坛已连续成功举办了 7 次，这在防治突发传染病疫情、对不同传染病疫情进行风险评估等方面发挥了重要作用。

三 "共享安全"视域下中韩非传统安全合作的对策

"共享安全"，体现了中韩两国在非传统安全领域共存、共建、共赢的合作蕴含深厚的历史哲学基础、政治思想基础以及宗法伦理基础，这不仅是中韩

---

① 《程国平部长助理会见韩国外交通商部国际反恐合作大使文河泳》，http://www.fmprc.gov.cn/mfa_chn/wjbxw_602253/t763810.shtml。
② 《高强率团参加首届中日韩卫生部长会议》，http://www.moh.gov.cn/gzdt/2008 - 10/16/content_1123187.htm。

非传统安全合作的指导理念，也是中韩进一步推进非传统安全合作所要继续遵循的价值坐标。中韩在非传统安全领域的共同应对与治理，不仅有助于充实中韩两国的战略合作伙伴关系的内涵，而且对于进一步促进东亚地区的合作，解除传统安全的困境，也具有重大意义。但是，由于中韩在非传统安全领域的合作受到一些国内或国际因素的制约或阻碍，非传统安全合作机制的建立和健全也有待于进一步发展和完善。

首先，近年来，中韩非传统安全合作取得了重大的进展，中韩两国作为儒家文化圈的成员，应该进一步发掘东亚儒家理念中有关国际安全理论的合理内核，以"忠恕之道""王道""协和"等理念加强彼此的安全关切，并将"共享安全"作为指导两国安全合作的基本原则和历史哲学基础，以化解两国传统安全中不和谐的因素，以推己及人、"己所不欲，勿施于人"作为共建中韩与现代国际安全体系相适应的非传统安全合作机制的理论基础，从而实现中韩两国安全利益的"优态共存"和"共享安全"。

其次，中韩两国虽然具有共享安全的历史哲学理念，但是，由于两国不同的政治制度与价值观，必然会对彼此的政治和战略互信产生一定的消极影响，特别是韩美同盟的强化，将制约并牵制中韩的区域安全合作进程。近年来，中韩两国的民间感情有所降低，这也将会对中韩在非传统安全合作领域的合作与互信产生不可忽视的消极影响。无疑，这些都会牵制或影响到中韩两国在应对非传统安全领域上的合作。因此，我们认为：为了进一步发展中韩非传统安全领域的合作对策，两国应该进一步加强中韩对"共享安全"的有关历史哲学基础、政治理论基础以及东亚传统安全秩序的研究，并批判地继承其中有关"忠恕""中庸""王道""协和"等国家间关系的理念，以强化中韩两国国民对共建、共享安全利益的共同认识，从而，为构建现代中韩乃至东亚非传统安全共同体和中韩两国的人文共同体奠定共享安全的理论基础。

最后，中韩两国应该进一步发挥共享安全的合作理念，从战略合作伙伴关系的高度处理两国在非传统安全领域的合作。一方面，加强高层互访和提高政治信赖度，并进一步发挥中韩在非传统安全合作方面的"外溢"功能，从而改善传统的军事安全领域的滞后局面。另一方面，在双边和多边的东亚地区安全合作中，各国可以通过建立"共享安全"框架下非传统安全领域的地区合作安全体系，并不断努力寻求和扩大中韩的合作机会点和共同利益，使两国国民能在共同治理及应对非传统安全威胁上得到切实有效的利益，并培养出两国国民共享安全和加强国民在非传统安全的地区性合作方面的共同意识。这将能促进两国的民间感情，为进一步推动非传统安全合作奠定深厚而重要的民间基础，并进一步深化与全面充实中韩两国战略合作伙伴关系。

B.4 大战略与大安全机制的构建

——美国国安会的经验及其对中国的启示

储昭根 于英红[*]

摘　要： 国家安全委员会严格来说是应对安全威胁的一种体制与机制的建设，是大战略实施与大安全观转型的必然要求。美国国安会在60余年的发展历程中，对国安会的机构构建以及该机构在国家安全事务决策中扮演的角色既有成功的探索，也有失败的尝试。美国国安会在决策过程中，到底应该发挥怎样的功能和作用，以及怎样确保国家安全事务决策更具有科学性和平衡性，这也是中国在国安会建设过程中应该思考的重要问题。本文试图总结美国国安会在运行中的经验教训，以供中国借鉴。

关键词： 国家安全委员会　大安全　大战略　十八届三中全会　美国国安会

美国国家安全委员会（National Security Council，NSC，以下简称"美国国安会"）在半个多世纪的发展过程中，在许多关键的历史阶段，对国家安全政策提出了具有影响力的战略构建，其成功的经验及失败的教训，可供中国借鉴。

---

[*] 储昭根，中国南海研究协同创新中心兼职研究员，浙江大学公共管理学院非传统安全管理专业在读博士；于英红，浙江省社会科学历史所助理研究员，中国南海研究协同创新中心兼职研究员。

一 美国国安会：机构的成立、发展与完善

美国国安会的成立是美国国家安全事务决策进入各机构间协调阶段的开始，自其成立后，经过不断的发展与调整，总体而言，其机构设置和运作日益完善、成熟，在美国国家安全事务决策中的地位日渐提升。

（一）杜鲁门—艾森豪威尔时期

1947年美国国会通过《国家安全法案》（National Security Act），成立国安会。其职能是在关乎国家安全的内政、外交和军事政策领域实现整合，使跨部门的协作成为可能；进行国家安全风险因素评估，权衡政策得失，并在此基础上向总统提交报告或者提供政策建议。① 最初法定成员为总统领导下的，包括由总统、国务卿、国防部长、陆军部长、海军部长、空军部长和国家安全资源委员会主席在内的七人组成，总统可以指定其他行政机构的部长、军需品委员会主席和研究与发展委员会主席出席会议，中情局需要向国安会汇报，但中情局长并非其成员，可以以观察员和常驻顾问的身份出席会议。②

在设立初期，国安会并未起到其应有的作用。朝鲜战争大大改变了国安会在杜鲁门政府中的命运。杜鲁门对国安会的结构布局和人事做了部分调整。为了与苏联抗衡，杜鲁门政府还设立心理战略委员会，并联手国安会策划、实施了一系列间谍活动，尽管杜鲁门晚年对这些活动矢口否认。

1953年，德怀特·艾森豪威尔（Dwight Eisenhower）就任新一任总统，设立了一个不需通过国会批准的"总统国家安全事务特别助理"（又称为"总统国家安全顾问"）职位，执掌NSC下属的计划委员会，侧重履行跨部门政策计划职能。这个职位当时并不十分显要，但是后来日渐成为美国国家安全决策中举足轻重的职位。③

在艾森豪威尔任内，国安会成为美国总统在军事、国际和国内安全事务领域政策制定和实施的左膀右臂，更被誉为"国王的班底"（All the King's

---

① 储昭根：《美国"国安会"对中国的启示》，《南风窗》2013年第24期。
② 储昭根：《美国"国安会"对中国的启示》，《南风窗》2013年第24期。
③ 牛可：《帝国中枢：美国国家安全委员会管窥》，《世界知识》2010年第5期。

Men)。国安事务助理罗伯特·卡特勒（Robert Cutler）将这一决策从形成到实施的过程形象地称之为"决策山"。①

（二）肯尼迪—约翰逊时期

肯尼迪上任初期，裁减了国安会，将决策缩小到更小的圈子里进行。然而，前哈佛大学教授委员会主席迈克乔治·邦迪（McGeorge Bundy）被任命为国家安全事务顾问，使国安会重新回到国家安全事务决策的重要位置。白宫1962年设立局势观察室（Situation Room），这一位置为国安会与国务院、国防部、中情局建立直接联系提供了便利，迈克乔治·邦迪扩充了国安会办公厅，并使办公厅的职能由文牍和程序性事务转向实际的决策事务，而且不再仅限于政策计划，而是彻底融入日常决策。为此，国安会办公厅成为一个常规外交职能部门，即美国国务院之外的新的外交政策权力中心，有"小国务院"之称，而迈克乔治·邦迪也成为历史上首个在高层外交决策中占据显要地位的"影子国务卿"。②

1963年，肯尼迪突然遇刺身亡，副总统林登·贝恩斯·约翰逊（Lyndon Baines Johnson）继位担任总统，继续任用邦迪担任顾问，国安会也得以保持了其新角色的连续性。这一时期，国安会的地位和对决策的影响力比杜鲁门—艾森豪威尔时期提高了很多，国安会得以进入决策核心圈子。

（三）尼克松之后至今

1969年上任的美国总统理查德·尼克松（Richard Nixon）与其安全事务顾问亨利·基辛格（Henry A. Kissinger）再次加强了国安会在美国外交决策中的作用，改变了之前外交事务由美国国务卿和国务院主导的局面。在尼克松总统上任前，基辛格曾建议尼克松应延续采用艾森豪威尔总统时期国安会的运作模式，在此基础上增设多个委员会，便于就某一特定议题的信息搜集、讨论展开及进行相关的数据分析。尼克松上任后，通过《国家安全决策二号备忘录》

---

① John P. Burke, Fred I. Greenstein, *How Presidents Test Reality: Decisions on Vietnam*, 1954–1965, The Russell Sage Foundation 1991, p. 14.
② 牛可：《帝国中枢：美国国家安全委员会管窥》，《世界知识》2010年第5期。

的形式采纳了基辛格的这些建议。基辛格也由此成为对外政策方面"一人之下、万人之上"的绝对强势人物。

1974年福特担任总统时,内政外交领域的紧张局势未能给他预留多少施展空间,美国从越南撤军、水门事件让美国在世界面前丢了脸面。福特留任基辛格并碰巧和基辛格观点相近。因此,在福特任内,国安会的作用继续得以增强。

1977年吉米·卡特(James Earl Carter)担任总统后,他决心要调整国安会影响过分膨胀的现象。在卡特任内,他裁减了国安会,任用谨慎的布热津斯基(Zbigniew Brzezinski)担任国家安全事务助理,使其又回归到提供政策协调和研究的位置,和尼克松、福特两任总统的八年里国安会开了125次会议相比,卡特任内,国安会只开了10次会。①

1981年罗纳德·里根(Ronald Reagan)上台之后,美国国务卿与国安会的权力都在提升之中,以至于存在互相重叠的区域,导致两者之间经常出现恼人的摩擦。不过,NSC还是在加勒比海、中美洲和中东执行的一些外交行动中发挥了重要作用。再到1989年老布什(George H. W. Bush)担任总统时,国安会与各决策机构之间维持了较为协调的关系。在其任期内,比如沙漠风暴行动和改善与中国的关系等重大外交行动中,均有美国国安会参与的影子。

"冷战"结束后,两极格局局面消失,全球在经济事务上的联系更为紧密。为此,克林顿政府把美利坚"民族自身的经济安全"被列为美国外交政策的首要目标和第一个支柱②,并成立了经济安全委员会(National Economic Council),以弥补国安会在事关国家安全的经济事务决策上的不足。在小布什上任之初,他把国家安全政策的主导权交给了他的副总统切尼和国防部长拉姆斯菲尔德。"9·11"事件后,小布什政府相继通过《爱国者法案》和《情报改革与预防恐怖主义法》,小布什还成立了国土安全委员会,建立了与国家安全系统平行的国土安全部,通过重组国家安全体制,以加强美国的国内安全工作。

在奥巴马任内,奥巴马致力于强化美国国安会的职能,不但将对安全构成

---

① 储昭根:《美国"国安会"对中国的启示》,《南风窗》2013年第24期。
② President-elect Clinton Address before the Diplomatic Corps, Georgetown University, Washington, DC, January 18, 1993. Available at: http://dosfan.lib.uic.edu/ERC/briefing/dispatch/1993/html/Dispatchv4no05.html.

潜在威胁的新领域——网络安全（Cyber Security）纳入 NSC 的运作范围，还将小布什时期为了反恐需要而设立的国土安全委员会与国安会两个机构合并，但仍然保留着两个机构负责人的职位，通过精简机构设置，强化反恐情报的共享。在奥巴马任内的国安会直接领导了刺杀本·拉登（Osama bin Laden）等一系列反恐行动，及美军广泛使用无人机（drones）在全球多个热点地区的袭击行动。

总体来看，在这一时期，国安会最终确立了在国家安全事务决策中的地位。国安会在白宫拥有一间办公室，这对国安会来说等于迈进了国家核心决策圈子的大门。国安事务助理会第一时间浏览总统需要过目的文件、报告等。在一些强势国安事务助理的推动下，国安会成为具备信息搜集和分析能力的政策谋划机构，从而使其角色不仅仅限于机构间意见和看法沟通整合的机构，在一些特定时期，国安会在安全事务决策中的作用甚至远远超过了国务院等机构。经过过去几十年的演变，美国国务卿和国家安全事务助理的角色渐渐发生了变化：国务卿的职责越来越偏向公共角色，而国家安全事务助理则对美国外交政策体系的内部有了越来越大的控制权。

二　美国国安会参与决策的过程

（一）草拟战略、政策报告与国家大战略

1947 年，国安会成立后，便开始紧锣密鼓地进行政策报告起草工作，其中 NSC20 系列和 NSC68 系列得到杜鲁门总统采纳，并被确定为国家战略政策的基础。"二战"结束后，美国外交界存在两种看法，一种观点以苏联问题专家包林（Chip Bohlen）为代表，认为"苏联的首要目标在于维持国内统治，其次是继续控制卫星国，最后才是在全球范围推行其意识形态和生存方式。"①因此，认为美国不必对苏联过于惊慌，"二战"时与苏联的合作政策可以延续。另一种观点以乔治·凯南为代表，1946～1947 年，曾担任苏联代办的凯

---

① S. Nelson Drew ed., NSC - 68: *Forging the Strategy of Containment with the Analyses* by Paul H. Nitze, National Defense University Press 1996, p. 11.

南详细论述了苏联的内政和外交,并据此建议美国应该对苏联实施遏制。但是当时杜鲁门政府并未采纳凯南的政策建议。1948年11月,国安会在凯南报告和发表文章的基础上,推出NSC20系列报告,其中NSC20/4号报告获得杜鲁门总统的采纳。

1948年11月,国安会提交题为《美国关于苏联的目标:抵制苏联对美国安全的威胁》的NSC20/4号报告,确定了美国短时期内的国家安全战略。该报告详细分析了苏联对美国安全潜在的威胁,"认为苏联领导人推行的政策证明其终极目标是在全球范围推行其意识形态,而美国被苏联视作实现目标道路上的最大障碍"。[1] 但是在短期内苏联不太可能与美国发生正面战争,因为"苏联在欧亚地区迅速扩张会给其经济带来很大的压力",因此,美国可以在加快强化自身军事防御能力的同时,采取有限遏制战略,同时辅之以心理战和颠覆策略,让苏联不得不应付其卫星国内出现的抵抗和不满情绪。1949年苏联核试验成功,比美国军方和情报界人士预期的早;中华人民共和国的成立,使美国决策层陷入空前的危机感之中,杜鲁门命令国务院和国安会重新审查国家战略。1950年4月,国安会提交了NSC68号报告——《美国国家安全目标与计划》,该报告奠定了此后20余年美国国家战略的基础,也为美国如何应对冷战年代重大国际事件确定了政策和行动的方向。该报告从美苏冲突的实质入手,认为是"自由与奴役理念和生活方式的冲突",而一个自由的社会"不但取决于其价值和理念,也受制于它在其中得以繁荣的环境"。因此,得出结论:苏联对美国的挑战,不但是价值观念上的,也是在对美国捍卫自由环境的能力进行挑战。而美国的战略目标应该是在全球范围内增强能够有助于美国制度在其中得以发展和完善的环境,因此,美国"需要放弃孤立主义外交理念,积极塑造有利于自身生存的外部环境"。

NSC68号报告成为美国"冷战"的基本蓝图,1950年6月,朝鲜战争爆发,验证了报告中的一些论断:比如苏联扩大影响力的努力,以及美国在传统军事能力上的不足。报告认为,"二战"结束后,美国的军事能力获得很大程

---

[1] Frus File, *United States National Security Policy: U. S. Objectives and Programs for National Security*, Vol 1, Government Printing Office, Department of State, 1948, pp. 663 – 669.

度上的发展,拥有核武器,但是传统军事能力不足,军事开支占国民生产总值的比例低,为6%~7%。而核武器在传统常规战争中没有优势。因此,报告建议美国在西半球强化其自身的军事能力以及与美国持相似理念的盟友的军事力量;在美国及其盟友尚未在军事上确立对苏联阵营的绝对优势之前,采取进攻性行动摧毁苏联军事能力中的核心要素;建议美国确立有效的沟通机制并为其盟友提供支持,确保美国及其盟友能够完成上述任务。朝鲜战争促使美国以更快的速度采纳NSC68建议的国家战略与政策,并很快投入实施。根据这份报告,美国对苏联发起全面遏制,从政治、经济和军事多角度投入,在全球范围内遏制苏联的扩张,并最终成为促进苏联解体的外部因素。

另外,报告影响了美国对冷战年代一些重大国际事件的应对方式。报告认为,美国应当对无论发生在何处的、对美国理念和生存方式构成威胁的侵犯,进行武力打击。这促使美国在朝鲜和越南问题上做出了出兵决策。但是这两场战争都给美国政府带来了沉重压力。20世纪60年代,美国在全球范围抵制苏联给美国带来的副作用开始显现出来,越南战争让美国遭受重挫。1969年基辛格执掌国安会时,力主推行缓和战略,缓和与苏联的对抗关系。

可见,在20世纪下半叶,国安会在美国重大战略抉择上发挥着至关重要的影响力,这些也强化了其在国家安全事务决策中的地位。

(二)国家安全事务助理参与决策

国家安全事务助理在国家安全事务的决策过程中承担着政策建议、行政管理、信息汇总与沟通等重要职能。这一职位并非国安会的法定成员,担任总统的安全事务顾问,由总统任命,无须像联邦政府的各部部长那样,经过参议院的批准。[①] 但是承担着国安会机构负责人的角色,并通过多种途径直接参与决策过程。在政策的形成阶段,国安事务助理担任"忠实的信息传递者",[②] 国家安全事务助理需要将各种政策议题以清晰的方式递交给总统,让总统能够

[①] 近年来,美国政界要求将国家安全事务助理的任命纳入参议院批准程序的呼声越来越高,凸显出这一职位在国家安全事务决策过程中的重要性。

[②] Jerel A. Rosari, James M. Scott, *The Politics of United States Foreign Policy*, Wadsworth Cengage Learning 2010, p.111.

以迅捷的方式把握到各个议题的政策选项,以及各个政策选项的优点和潜在的风险。此外,还需将总统的其他顾问的观点传达给总统。在政策的实施阶段,国安事务助理负责监督联邦政府各大机构对总统安全政策的实施情况,可以对各实施机构提出质询:该机构采取的行动是否与总统的政策相符?也可以就该政策是否仍然能够维护美国的国家利益提出质疑。在应对重大安全事务危机上,国安事务助理的角色尤为重要。此角色有助于协助总统应对突发危机,对总统提供事态的最新进展情况,可能的应对方案,以及召集其他机构商讨对策,并将最终确定的应对方案及时通报给联邦政府的各大相关机构。

在不同总统的任期内,国家安全事务助理在决策过程中承担的上述职能和角色有所不同。1947年9月,杜鲁门在出席国安会第一次机构全体会议上表示,"希望国安会只是其个人的委员会,不希望该机构能够和谐做事,不希望出现任何展露'咏叹调'式的个人特性"。他选择出任这一职位的西德尼·索尔斯(Sidney Souers)很难与艾森豪威尔政府任内以及之后的国安事务助理的角色相提并论。索尔斯只是担任总统"匿名的服务者,负责在分管具体事务的联邦机构官员之间传递信息"。①

从艾森豪威尔政府开始,正式设立国安事务助理这一职位,并由罗伯特·卡特勒(Robert Cutler)担任这一职位。他的角色远远超过了协调者的范围,主要在推进政策议题的讨论上做了诸多努力。

肯尼迪政府任内的国安事务助理邦迪开启了美国强势国安事务助理的先河,他借助总统的信任和决策过程偏好,直接参与到国家安全政策决策过程中来,比如海湾入侵、古巴导弹危机和越南战争,特别是邦迪力主美国打越南战争,有研究者为此赋予国安会"战争委员会"的称号。②

尼克松政府的基辛格再次将国安事务助理在国家安全事务决策中的作用推向了一个新的高度。尼克松经常抛开分工体制与基辛格磋商确定政策,使基辛

---

① John P. Burke, *Honest Broker: the National Security Advisor and Presidential Decision Making*, Texas A&M University Press 2009, p. 19.
② Andrew Preston, *The War Council: McGeorge Bundy, the NSC, and Vietnam*, Harvard University Press 2010.

格在对苏缓和、与中国建交、越战停火和美国撤军越南等一系列具有国际影响力的重大事务上产生了重要影响。卡特政府的兹比格涅夫·布热津斯基（Zbigniew Brzezinski）再次掌握了巨大的决策权力。在布热津斯基实用主义外交理念的指导下，卡特政府做了一系列有助于巩固美国地位的努力：包括推动中美两国在1979年正式建交，签订中东和平纲要《戴维营协议》，与苏联签署《美苏限制进攻性战略武器条约》，规定裁减双方核武器储备。特别是在中美建交的模式上，布热津斯基建议以委婉的方式处理具有敏感性的台湾问题，得到了总统的赞同。然而在伊朗的伊斯兰革命中，布热津斯基力主支持伊朗国王的做法，为1979年伊朗美国使馆的人质危机埋下了伏笔。

里根时代则根本不重视国家安全事务顾问和作为机构的国安会的角色和地位，其任上的国务卿成为美国对外政策的总协调人。里根执政期间换了6名顾问，且他的国家安全事务顾问不能直接向总统报告，是历届总统班子里最没权力的顾问。而在福特、老布什政府时期两度出任国安事务助理的布伦特·斯考克罗夫特（Brent Scowcroft）借助邦迪、基辛格等人的强势地位回归，他注重让整个国家的安全决策机制发挥作用，从而为国安会在国家安全决策过程中走向更加平衡的位置提供了成功的范例。

在克林顿担任总统的8年内，国家安全顾问的职务先由托尼·雷克（Anthony Lake）担任，第二任期由桑迪·伯格（Sandy Berger）担任。在克林顿时期，国安会从规模、功能到曝光程度都在膨胀，成为外交政策的行动中心，而美国国务院的功能被削弱，士气下降。

在小布什时期，斯坦福大学教务长、黑人女性康多莉扎·赖斯（Condoleezza Rice）出任国家安全事务助理，她是出任这一职务的第一位女性。在外交事务上，她秉行强硬的"鹰派"政策并且是美国伊拉克战争的主导者，她在这个岗位上获得了"战士公主"的昵称。奥巴马选择了海军陆战队上将詹姆士·琼斯（James Jones）担任自己的第一任国家安全事务顾问，以弥补自己在安全事务方面经验的不足。接替琼斯的是他的副手汤姆·多尼伦（Thomas E. Donilon），后者在个性上与奥巴马更合拍。当前美国国家安全事务助理苏珊·赖斯（Susan E. Rice）更是奥巴马的亲信。她是美国前驻联合国大使，专注于非洲事务，作风"敢言硬朗"。

三 美国不同时期国安会运作模式的优劣项评估及其启示

国安会及国安事务助理在国家安全决策过程中起着非常关键的作用。不但通过提交报告为国家制定战略和政策提供建议，而且通过组织直接参与决策过程，影响国家安全决策。总体而言，国安会在国家安全事务中的作用呈现出日渐扩大的趋势。

美国国安会的运作和发展均具有较强的总统个人色彩。每届总统上任都会根据个人工作方式的偏好来界定国安会在国家安全决策过程的角色，从杜鲁门到奥巴马，历任总统都会根据自己的工作方式需要对国安会进行调整。此外，国家安全事务助理是由美国总统亲自任命的，不仅内部人员的更迭会对 NSC 产生影响，而且国安事务助理本身的观念、性格及工作偏好也都会影响 NSC 的运作。通常，危机的出现是国安会设立的推动力，也正是在一次次危机中，国安会的价值被执政者重新发现，从而在一次次被边缘化之后，重新跻身于国家安全决策机构之列。①

综观美国国安会 60 余年的发展历程，其既有被忽视的低谷阶段，也有发挥主导作用的巅峰时期。国安会设立的初衷是让整个国家的安全决策实现机制化和政策整合。这样不但有利于制定可持续性的宏观发展战略，而且有助于应对突发性的安全危机。因此，从国家安全决策的角度考量，上述两种极端的发展阶段都不足以完成其应有的使命。②

杜鲁门在执政初期弃置国安会不用，使其处于完全边缘化境地，不能发挥其正常的职能。而到尼克松执政时期，其国安事务助理基辛格又把国安会的权力推向了巅峰，但这也容易遮蔽其他机构适用的情报数据及政策建议，因为国安会只是美国国家安全领域决策机构中的一环。因此，尽管这一时期的美国国安会在提供政策建议方面始终走在前台，但是却没有完成其另外一项更重要的

---

① 储昭根：《美国"国安会"对中国的启示》，《南风窗》2013 年第 24 期。
② 储昭根：《美国"国安会"对中国的启示》，《南风窗》2013 年第 24 期。

使命——整合功能。实际上,恰恰是在其平稳发展阶段,国安会不但实现了其机构的合理设置,也在完成其机构调整和使命的同时,提升了该机构的地位。应该说,回归到决策组织者位置的国安会,更有助于制定更为平衡的政策。而类似邦迪、基辛格等这样强势的国安事务助理容易遮蔽其他决策部门所提供的可能更具专业性的政策建议。一旦撇开政策制定的其他信息与建议渠道,最终的安全政策就难免会走向不当的偏颇。毕竟,美国国家安全政策的决策过程不是仅靠"荒野轻骑兵"就能够独立完成的。就像邦迪将美国引向越南战争,老布什时期的国安会就充分意识到这一点,为其后的国安会树立了一个更为平衡的典范。这就是说,中国在设立之始就要有明确定位,避免职责上的交叉与冲突。①

另外,应该看到的是,随着安全威胁的来源与定义发生改变,国安会的组织结构和政策分析领域也在逐步扩展之中。从最初的三军部长等要员到今日的几乎覆盖所有与安全相关的国家机构,美国国安会的职能也在逐渐强化。但总体而言,美国国安会更多地关乎对外事务,而非对内。国安会主要是搜集来自国外情报站点的信息,进行甄别汇总,提交战略和政策分析报告。还有,在各个决策机构之间进行沟通与协调,使美国总统能够高效地利用整个决策体系。应该说,所有这些对中国外交、安全体系的决策、整合有现实的借鉴意义。

四 大安全、大战略的中国呼唤

中国设立国家安全委员会虽然比其他国家晚,但可以借鉴美国等其他国家的成熟经验,应站在一个相对比较高的起点上,从而避免走不必要的弯路。在安全问题上,中国有自己的选题和独特的应对思路。1999年3月26日,中国第三代领导人江泽民在日内瓦裁军谈判会议上发表题为《推动裁军进程 维护国际安全》的讲话,第一次全面阐述了中国的"新安全观":"历史告诉我们,以军事联盟为基础、以加强军备为手段的旧安全观,无助于保障国家安全,更不能营造世界的持久和平。这就要求必须建立适应时代需要的新安全

---

① 储昭根:《美国"国安会"对中国的启示》,《南风窗》2013年第24期。

观,并积极探索维护和平与安全的新途径。我们认为,新安全观的核心应该是互信、互利、平等、合作。"① 应该说,中国从新安全观的提出到现在国家安全委员会的成立,实际上是从安全观的转变到应对安全威胁、跨部门决策的体制与机制的建立过程,一切皆是水到渠成。由此,应该肯定的是,对于中国这样一个全球性大国来说,不能没有一套国家安全协调机制和一个明确的国家安全战略。

首先,对中国而言,国家安全委员会是中国作为世界性大国的需要,这是中国国安会成立的时代背景。随着国家安全委员会的设立,中国国家最高领导人每天阅读的第一份简报或汇报一定是国家安全事务助理或秘书长亲自送来的全球资讯,这为中国在世界外交、经济舞台上赢得话语权及深度参与、介入国际事务赢得了时间,更有利于中国特殊体制下各部门的协调行动。② 作为全球第二大经济体的领导人,不能没有世界眼光,更何况,中国对全球事务的参与不可或缺。在全球化时代,应对那些来自外部的安全威胁——金融、信息、海盗、海上恐怖主义等领域的非传统安全问题,既是国内问题,也是国际问题,无疑应当有一个长时段、具体的应对策略及成熟的政策选项;而那种临时、随机确立的对策,很有可能会在仓促误判和信息不足的情况下酿成不必要的外交危机。③ 应该说,中国国安委的成立,为这种准备提供了机制化运作与快速反应的可能性。

其次,传统安全与非传统安全的交织威胁在全球化下加剧、加速,这是中国国安会成立的现实背景。在十八大报告中,中央明确提出:"当前我国面临的生存安全问题和发展安全问题、传统安全威胁和非传统安全威胁相互交织",④ 而且,非传统安全各个问题之间有着紧密的关联,它们之间会相互影响、相互激发,进而形成对中国甚至"人类共同命运"更复杂、更艰难的挑战。⑤ 为此,作为一个举世瞩目的世界大国,"建设与我国国际地位相称、与

---

① 江泽民:《推动裁军进程 维护国际安全》,新华社日内瓦1999年3月26日电。
② 储昭根:《美国"国安会"对中国的启示》,《南风窗》2013年第24期。
③ 储昭根:《美国"国安会"对中国的启示》,《南风窗》2013年第24期。
④ 胡锦涛:《坚定不移沿着中国特色社会主义道路前进 为全面建成小康社会而奋斗——在中国共产党第十八次全国代表大会上的报告》,《求是》2012年第22期。
⑤ 余潇枫:《非传统安全与公共危机治理》,浙江大学出版社,2007。

国家安全和发展利益相适应的巩固国防和强大军队,是我国现代化建设的战略任务"。① 从历史的角度看,应对传统安全威胁完全可以依托中央军委,而新安全威胁恰是既有部门机构所不及或不够的。也就是说,在安全领域空间变化和拓展的情况下,国家安全委员会可以更好地统筹维护传统与非传统的国家安全。所以,国家安全委员会的设立,更是"适应国家发展战略和安全战略新要求,高度关注海洋、太空、网络空间安全,积极运筹和平时期军事力量运用,不断拓展和深化军事斗争准备,提高以打赢信息化条件下局部战争能力为核心的完成多样化军事任务能力"② 的需要。一句话,这是中国大安全观、新安全观的需要。

再次,中国国家安全委员会的设立弥补了中国外交部当前权限与职能的不足。中国外交在国内严格意义上说还是"九龙治水":中国对外经贸的外交隶属于商务部;中国对外的政党外交权限归属中央的中联部……从这点来说,中国的外交部还只是中国对外交往、交流中的一个事务性机构,从更严格的意义上说,中国外交部并没有真正的外交及安全战略决策权,这点与美国的国务院差距还比较大。

最后,随着中国经济的持续和快速发展及全球化进程的不断加深,我国每年前往海外经商、旅游、留学、探亲、务工等跨国活动的人员数量急剧增长。据统计,中国公民2013年出境总数已达近9000余万人次,跨国活动的地域更加广泛,目的地更加多元。但同时,全球化社会是一个高风险社会,中国公民面临海外安全风险的地理范围不断扩大,类别逐渐增多,这对中国国家利益与国民海外安全均构成了严峻的、前所未有的挑战。在杨洁篪任中国外交部部长期间,中国的领事保护应该说取得了跨越式的长足发展——仅2011年,利比亚战争、日本大地震、湄公河船员遇害等一系列突发事件后,我国成功而迅速地完成了一次又一次的撤侨任务。而当现任外长王毅履新之后不久,他便着手筹建领事保护全球呼叫中心,该中心一旦最终建成,世界任何角落的华人同胞

---

① 胡锦涛:《坚定不移沿着中国特色社会主义道路前进 为全面建成小康社会而奋斗——在中国共产党第十八次全国代表大会上的报告》,《求是》2012年第22期。
② 胡锦涛:《坚定不移沿着中国特色社会主义道路前进 为全面建成小康社会而奋斗——在中国共产党第十八次全国代表大会上的报告》,《求是》2012年第22期。

就都能在第一时间与祖国和家人取得联系。不过，领事保护以外交部为中心，同时也涉及商务部、交通运输部、民航总局、军方以及有关地方政府等诸多部门，需要有一个"大领事"工作机制，才能更好地面对这一日趋繁杂且与日俱增的挑战。很显然，中国外交部的权限与职能明显不足，这也该是中国国安委日常、重要的职能。

当然，中国成立国家安全委员会也要坚决抵制使其成为"超级维稳委员会"的诱惑，这也是美国国安会对中国最重要的经验与启示。① 的确，中国国内当前存在诸多问题，矛盾、冲突日益增多，发展中不平衡、不协调、不可持续的问题依然突出，制约科学发展的体制机制障碍较多，深化改革开放和转变经济发展方式的任务也特别艰巨，② 但总的来说这些是发展中或发展方式的问题，是改革不到位的问题，是体制机制不完善的问题，切忌用暴力、武力手段将内部矛盾转化为敌对、不可调和的矛盾与冲突。简而言之，中国成立国家安全委员会是中国"大安全观"的需要；中国国安委的成立是中国保护其大国民的需要；是中国和平发展、中国对外大战略起步与运作的需要；更进一步而言，中国国安委的成立是中国作为全球第二大经济体参与、影响，进而主导世界性事务的需要！

参考文献

1. Best, Richard, *The National Security Council: An Organizational Assessment*, Congressional Research Service, RL30840, June 8, 2009.
2. Davis, Robert etal., *National Security Chronology and Index for the 20th Century*, Volume 2, Praeger Security International 2010.
3. Graebner, Norman etal., *The National Security: Its Theory and Practice 1945 – 1960*, Oxford University Press, 1986.

---

① 胡锦涛：《坚定不移沿着中国特色社会主义道路前进　为全面建成小康社会而奋斗——在中国共产党第十八次全国代表大会上的报告》，《求是》2012年第22期。。
② 胡锦涛：《坚定不移沿着中国特色社会主义道路前进　为全面建成小康社会而奋斗——在中国共产党第十八次全国代表大会上的报告》，《求是》2012年第22期。

4. Thompson, Kenneth etal. , *Discourse on Policy-making American Foreign Policy*, University Press of America, 1987.
5. United States. Congress, House Committee on Armed Services, *Full Committee Consideration of H. R. 3622, to Amend Title 10, United States Code, to Strengthen the Position of Chairman of the Joint Chiefs of Staff, to Provide for More Efficient and Effective Operation of the Armed Forces, and for Other Purposes: Hearing before the Committee on Armed Services, House of Representatives, Ninety-Ninth Congress, First Session*, October 29, 1985, Volume 5, U. S. Government Printing Press 1987.
6. Sander, Alfred Dick, *Eisenhower's Executive Office*, Greenwood Press, 1999.
7. Preston, Andrew, "The Little State Department: McGeorge Bundy and the National Security Council Staff, 1961 – 1965," *Presidential Studies Quarterly*, December 1, 2001.
8. Cameron, Fraser, "US Foreign Policy after the Cold War: Global Hegemony or Reluctant Sheriff", Routledge, 2005.
9. Drew, Nelson ed. , *NSC – 68: Forging the Strategy of Containment with the Analyses* by Paul H. Nitze, National Defense University Press, 1996
10. Frus File, *United States National Security Policy: U. S. Objectives and Programs for National Security*, Volume 1, Government Printing Office, Department of State, 1948.
11. Whittaker, Alan G. Brown, Shannon A. Smith, Fredrick C. and Ambassador McKune, Elizabeth, *The National Security Policy Process: The National Security Council and Interagency System*, August 15, 2011.
12. Burke, John, *Honest Broker: the National Security Advisor and Presidential Decision Making*, Texas A&M University Press, 2009.
13. Preston, Andrew, *The War Council: McGeorge Bundy, the NSC, and Vietnam*, Harvard University Press, 2010.
14. 胡锦涛:《坚定不移沿着中国特色社会主义道路前进　为全面建成小康社会而奋斗——在中国共产党第十八次全国代表大会上的报告》,《求是》2012 年第 22 期。
15. 余潇枫:《非传统安全与公共危机治理》,浙江大学出版社,2007。
16. 储昭根:《美国"国安会"对中国的启示》,《南风窗》2013 年第 24 期。
17. 牛可:《帝国中枢:美国国家安全委员会管窥》,《世界知识》2010 年第 5 期。

多源性非传统安全研究

Studies on Heterogeneous Non-Traditional Security

B.5
2013全球与热点地区恐怖威胁发展态势分析报告*

樊守政**

摘　要： 本报告以2013年全球和平指数为分析起点，采用定量计算、定性描述、比较和统计分析等方法，分析并总结了2013年全球和区域范围内恐怖主义威胁的发展态势，盘点了全球热点国家的恐怖威胁状况和反恐措施，并在此基础上对2014年的恐怖威胁趋势进行了预测。最后，报告给出了恐怖组织在组织形式和袭击目标上的新动向：恐怖组织已经完成了从实体到意识形态的蜕变；组织规模变得更小、更分散；袭击目标由境内转向境外。

---

* 基金项目：国家社会科学基金重大攻关项目"中国非传统安全威胁识别、评估及应对研究"（12&ZD099）。

** 樊守政，中国人民公安大学警务战略战术教研室主任、副教授、硕士生导师，主要从事反恐、反骚乱等非传统安全问题研究。

关键词： 非传统安全 全球 热点地区 "基地"组织 恐怖威胁

2013年，从"4·15"美国波士顿爆炸案到"5·22"英国伦敦街头士兵遭砍杀事件，从"10·28"北京金水桥袭击事件到"12·29"俄罗斯火车站爆炸案，此起彼伏的恐怖袭击已由热点地区和典型国家向世界上大多数国家扩散开来，国际恐怖主义威胁的大范围扩散已经上升为国际安全最紧迫的现实问题，也是非传统安全领域的研究热点。本报告从全球、热点区域和典型国家三个层面分析了当前恐怖威胁的发展现状，结合"基地"组织年内呈现出的一些新特点，试图对未来恐怖威胁的走向进行预测。该研究成果有利于进一步厘清国际恐怖主义威胁在非传统安全领域的影响，为更好地维护非传统安全提供参考。

一 全球恐怖主义威胁变化趋势

澳大利亚经济与和平研究所在2013年发布了《2013全球和平指数报告》（Global Peace Index 2013，GPI 2013），① 报告中对全球162个国家的和平状况进行了评估，并通过和平指数来反映各个国家的和平状况，指数越高反映该地区的安全状况越差，结果显示：与2012年相比，2013年全球整体和平指数呈现上升趋势，反映出全球的恐怖威胁状况呈现恶化趋势。然而，与整体和平指数上升相反的是，来自外部的和平指数是降低的，这与军费开支的降低和伊拉克、阿富汗反恐战争的减少密不可分。也就是说，整体和平指数的上升归咎于内部和平指数的上升，主要与恐怖袭击高发、高谋杀率、暴力犯罪增多、国内流离失所者和难民人口的增加等因素有关。指数升高的地区主要集中在非洲、亚太、中东北非和中东欧，其中最不和平的11个国家分别是阿富汗、索马里、叙利亚、伊拉克、苏丹、巴基斯坦、刚果、俄罗斯、朝鲜、中非、也门。对比2013年美国反恐局发布的《2012国家恐怖主义报告》（Country Reports On

---

① Global Peace Index 2013, http://www.visionofhumanity.org/#/page/indexes/global-peace-index.

Terrorism 2012）给出的2012年恐怖袭击数量全球排名前十位的国家，其中有6个出现在和平指数反映出的全球最不和平的国家列表里，分别是巴基斯坦、伊拉克、阿富汗、也门、索马里和叙利亚，[①] 这在一定程度上说明恐怖主义是影响内部和平指数的主要因素之一。

二 区域范围内恐怖主义威胁发展动态

图1是2012~2013年全球七大区域和平指数对比图，从图中可以看出：与2012年相比，在2013年，除北美的和平指数有所降低外，其他六大区域的和平指数均有不同程度的升高，说明2013年整体的安全状况趋于恶化。其中，和平指数升高相对明显的3个区域分别为非洲（撒哈拉沙漠以南）、中东北非和亚太。这三大区域也是近年来恐怖活动比较活跃的区域，在一定程度上说明恐怖威胁是造成该片区域安全局势恶化的主要原因之一。

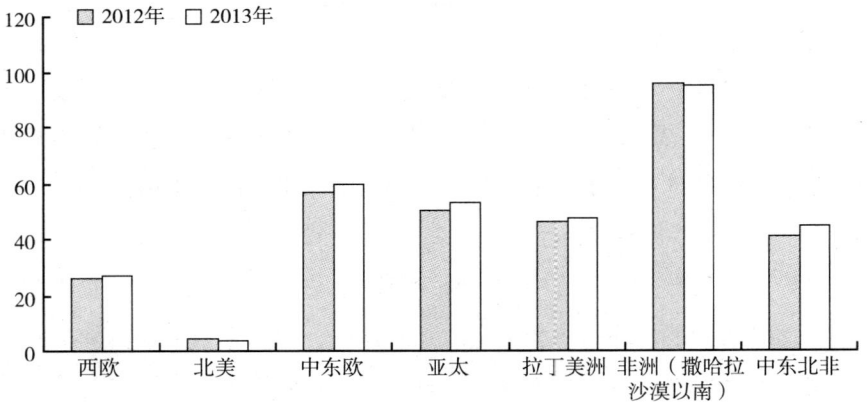

图1　2012~2013年全球七大区域和平指数（GPI）对比图

资料来源：《2013全球和平指数报告》。

2013年的非洲是全球安全局势最差的区域，其和平指数由2012年的94.45上升到98.51，上升4.06，这与多年来非洲一直是全球恐怖活动最严重

[①] Country Reports On Terrorism 2012，http://www.state.gov/j/ct/rls/crt/2012/index.htm.

的区域有着直接的关系——政治不稳定和经济表现不佳加剧了社会动荡，由此带来的暴力犯罪、暴力冲突和恐怖主义活动急剧上升；中东北非的和平指数由2012年的40.59上升到44.23，上升3.64，体现了"阿拉伯之春"的后效应对中东北非的影响。也门、埃及和突尼斯的和平指数持续降低，全球排名继续下滑，恐怖威胁增加。叙利亚内战持续升温，"来自83个国家的恐怖分子为了响应'圣战'的呼吁卷入杀害叙利亚平民和军队的活动"。① 亚太的和平指数由2012年的50.35上升到53.39，上升3.04，和平指数上升体现了该区域安全状况的持续恶化，这很大程度上源于"基地"组织及塔利班等国际恐怖势力和极端组织不断在阿富汗、巴基斯坦等热点国家制造恐怖袭击。同时，伴随美联军2014年从阿富汗撤军日期的临近，不稳定的政治环境和内部冲突导致了恐怖主义活动高发。

三 2013 典型国家恐怖威胁现状及发展态势

多年来，全球共有80多个国家遭受着不同程度的恐怖威胁，它们在地理位置上相对集中，其中超过一半的恐怖袭击发生在巴基斯坦、伊拉克和阿富汗。② 同时，这三个国家也是《2013全球和平指数报告》中统计得出的安全状况最差的三个国家，说明恐怖威胁是影响这些国家安全状况的主要因素。

（一）阿富汗

2013年，在全球162个国家中阿富汗的和平指数排名由2012年的倒数第三（3.366）下滑到倒数第一（3.44），反映了该国的安全局势极其动荡、不稳定，恐怖威胁状况继续恶化。③

随着驻阿美联军全面撤离日期的临近，活跃于阿富汗东部和北部边境地区

---

① "叙利亚副总理称销毁反叛武装持有的化学武器面临挑战"，http://www.un.org/zh/focus/hujintao/newsdetails.asp? newsID = 20621，2013年9月30日。
② Bureau of Counterterrorism, Country Reports on Terrorism 2012, May 2013, http://www.state.gov/j/ct/rls/crt/2012/index.htm.
③ Global Peace Index 2013, http://www.visionofhumanity.org/#/page/indexes/global-peace-index.

的"基地"组织、塔利班和哈卡尼网络针对联合国机构大楼、喀布尔机场、阿富汗国会大楼、塔林科特市警察局总部、印度驻阿富汗领事馆、道路工程公司、美军基地、阿富汗赫拉特美国总领馆、国际部队车队、边境检查站、外国人住宅区等目标发动了多起恐怖袭击事件,人体炸弹和汽车炸弹成为发动袭击的主要工具,武装分子还身着安全局制服或军服对目标实施攻击,[1] 对美联军和阿富汗安全部队造成了重创,其中美联军全年死亡 160 人(见表 1),阿富汗安全部队平均每周约有 100 名士兵丧生,[2] 同时也造成大量无辜平民伤亡。[3] 另据统计:截至 2013 年 6 月 30 日,在阿富汗战争中共有 1319 名平民死亡,2533 人受伤,总死伤人数与 2012 年同期相比上升了 23%,平民总死亡数上升了 14%,总受伤数上升了 28%。其中,在冲突中死亡的妇女为 337 人,伤亡的儿童为 770 人。这一结果扭转了 2012 年阿富汗平民死伤人数下降的趋势,平民伤亡人数回到了 2011 年的最高水平。[4] 阿富汗安全状况的持续恶化还催生了鸦片经济,尤其在安全形势较为恶劣的西部和南部,罂粟的种植面积大幅增长,鸦片产量再创历史新高。

表 1 驻阿富汗美联军死亡数量统计表

单位:人

年份	2001	2002	2003	2004	2005	2006	2007	2008	2009	2010	2011	2012	2013
美国	12	49	48	52	99	98	117	155	317	499	418	310	127
英国	0	3	0	1	1	39	42	51	108	103	46	44	9
其他	0	18	10	7	31	54	73	89	96	109	102	48	24
合计	12	70	58	60	131	191	232	295	521	711	566	402	160

资料来源:http://icasualties.org/Iraq/index.aspx。

尽管卡尔扎伊与奥巴马在《双边安全协议》问题上存在分歧,但面对日益恶化的国内安全局势,阿富汗继续与华盛顿保持密切合作成为必然:一是阿

---

[1] IDC Herzliya, http://www.ict.org.il/Home/tabid/278/Default.aspx.
[2] Afghan Forces Suffering Too Many Casualties, Guardian, Sep 3rd, 2013 http://washingtonstatewire.com/blog/afghan-forces-suffering-too-many-casualties-says-top-nato-commander/.
[3] Coalition Military Fatalities By Year, http://icasualties.org/Iraq/index.aspx.
[4]《2013 年上半年阿富汗平民伤亡人数上升 23%》,联合国驻阿富汗援助团,http://www.un.org/chinese/News/story.asp?NewsID=20239, 2013 年 7 月 31 日。

富汗政府有赖华盛顿协助其建设；① 二是联合美国调查各类犯罪活动；三是继续推行边境贸易管制战略的需要，打击恐怖组织在边境地区走私和扩散大规模杀伤性武器；四是出于未来10年战略布局的考量，美国将继续与阿富汗保持密切合作关系。

2014年阿富汗的安全局势充满许多变数，其中两大关注点直接影响其未来的安全走势：一是阿富汗总统大选能否如期举行，选举结果是否会引发动乱；二是随着驻阿联军的撤离，阿富汗国内安全局势将进一步恶化，这将使恐怖活动和贩毒活动从阿富汗蔓延到中亚及周边国家。

（二）巴基斯坦

2013年巴基斯坦的和平指数为3.106，全球排名倒数第6，与2012年（和平指数3.0和全球排名倒数第6）相比，尽管排名没变，但整体的安全局势处于恶化趋势，这主要是由GPI评价的三个主要指标（内部冲突、恐怖活动和暴力犯罪）均出现恶化导致的。②

美国支持的巴基斯坦政府与包括巴基斯坦塔利班、"基地"组织、哈卡尼网络在内的各伊斯兰武装组织之间针对国家权力和政治导向的冲突一直持续了7年。南亚恐怖主义门户（South Asia Terrorism Portal）网站的统计给出了2003～2013年在巴基斯坦发生的因暴力恐怖袭击导致的平民、安全部队和恐怖分子的死亡人数变化趋势图（见图2），从图中可以看出，因暴力恐怖袭击导致的无论是平民、安全部队还是恐怖分子的死亡数量从2006年开始均大幅上升，这反映出巴基斯坦政府与各伊斯兰武装组织之间的冲突在该年加剧，并一直持续至今。从图中还可以看出，2013年平民和安全部队的死亡人数与2012年基本持平，但恐怖分子的死亡人数却大幅度降低，说明新生代恐怖势力在武器装备、袭击策略和战术水平等方面均有明显提升。

巴基斯坦全年共发生暴力恐怖袭击1717起，死亡5379人，其中平民死亡3001人、安全部队死亡676人、恐怖分子死亡1702人。最严重的伤亡主要集

---

① Country Reports On Terrorism 2012, http://www.state.gov/j/ct/rls/crt/2012/index.htm.
② Global Peace Index 2013, http://www.visionofhumanity.org/#/page/indexes/global - peace - index.

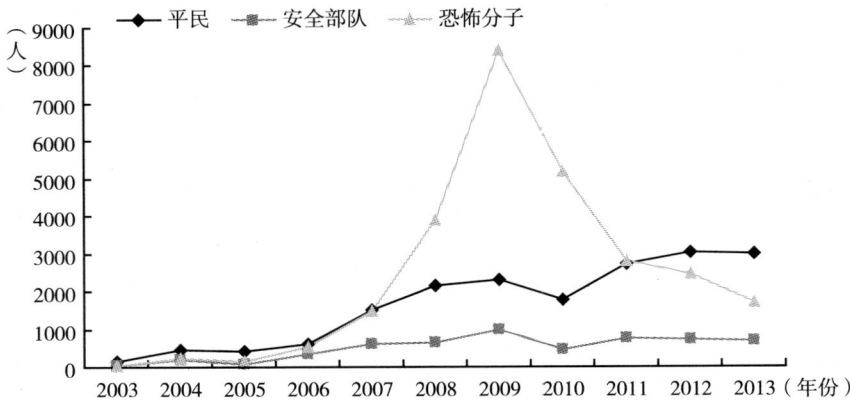

图 2 2003~2014 年巴基斯坦因暴力恐怖袭击伤亡情况

资料来源：http：//www.satp.org/satporgtp/countries/pakistan/database/index.html。

中在信德省、联邦直辖部落区、俾路支地区和开伯尔－普什图省（见表 2），这 4 个地区也是美国无人机重点盯防的区域。2013 年，美国无人机在巴基斯坦总共发动了 24 次攻击，炸死 158 人，伤 29 人，其中，最有影响力的袭击是发生在 11 月 1 日的巴基斯坦塔利班首领哈基穆拉·马哈苏德被美国遥控的无人机炸死事件，塔利班头号人物之死不仅使该组织遭受重创，还严重影响了巴基斯坦同塔利班的和谈进程。

表 2 2013 年巴基斯坦暴力恐怖袭击地区分布情况

单位：人

	平民	安全部队	恐怖分子	合计
俾路支地区	718	137	105	960
联邦直辖部落区	319	198	1199	1716
开伯尔－普什图省	603	172	161	936
北部区域(POK)				
吉尔吉特－伯尔蒂斯坦	12	6	0	18
自由克什米尔	0	0	0	0
旁遮普	64	7	10	81
信德省	1285	156	227	1668
合　计	3001	676	1702	5379

资料来源：Fatalities in Pakistan Region Wise：2013，http：//www.satp.org/satporgtp/countries/pakistan/database/fatilities_regionwise2013.htm。

巴基斯坦国内教派冲突依然严峻，全年共发生因教派冲突导致的恐怖袭击128起，525人死亡，914人受伤，死亡人数居1989年以来之最，教派冲突引发的恐怖袭击已经发展成为恐怖袭击的主要根源之一。2013年1月10日，在巴基斯坦西部俾路支省奎达市发生2起爆炸，共导致105人死亡，169人受伤，这是巴基斯坦近年来发生的最严重的恐怖袭击事件；2月16日，奎达市再次发生了针对什叶派实施的遥控炸弹袭击，包括妇女和儿童在内有84人死亡，169人受伤；7月26日，联邦直辖部落区古勒姆特区一座清真寺发生2起自杀式袭击，造成至少60人死亡，180人受伤。①

2014年，内部安全带来的挑战依然是影响巴基斯坦国家安全的关键因素。巴基斯坦国家安全报告统计数据显示：恐怖分子在因恐怖袭击导致的总体伤亡数量中的比例减少。新上任政府领导人如何建立长期、有效、积极和全面的反恐和反极端主义战略将是巴基斯坦未来面临的艰巨任务。②

（三）伊拉克

2013年，伊拉克的和平指数为3.245，全球排名倒数第4。与2012年（和平指数3.227，全球排名倒数第4）相比，尽管总排名没变，但和平指数升高了0.018，表明伊拉克的安全局势在2013年持续恶化，暴力冲突和恐怖袭击依然对伊拉克的国家安全构成威胁。

2013年以来，伊拉克经历了一轮又一轮的暴力恐怖袭击。虽然袭击手段依然低端，主要采用简易爆炸装置、车载式简易爆炸装置和轻武器等，但后果都很严重。据统计：全年共有8868人死于暴力冲突和恐怖袭击，其中包括7818名平民丧生，17981人受伤，平民伤亡人数达到了近年来最高纪录（见图3）。恐怖活动的重灾区是首都巴格达，平民伤亡多达809人，此外尼尼微（Ninewa）、萨拉赫丁（Salahuddin）、迪亚拉（Diyala）、安巴尔（Anbar）、基尔库克（Kirkuk）、巴比伦（Babylon）和瓦西特（Wasit）等省份也有较多的人员伤亡，暴力恐怖袭击数量和危害程度已经接近近年来的最高峰值。

---

① "Obituary: Hakimullah Mehsud", 1 November 2013, http://www.bbc.co.uk/news/world-asia-24464506.

② Pakistan Security Report, http://san-pips.com/.

1月,伊拉克平民有319人被杀,960人受伤①;2月,418人被杀,704人受伤;② 3月,伊拉克的武装暴力和恐怖主义袭击导致至少229名平民丧生,约853人受伤,另有227名安全部队成员被杀,300人受伤;③ 4月,共有712人被杀,1633人受伤,其中平民死亡595人,受伤1481人,117名安全部队成员被杀,195人受伤;④ 5月,伊拉克的暴力恐怖袭击数量达到高峰,共有1045名伊拉克人被杀,另有2397人受伤,其中,963名平民被杀,2191人受伤,82名军人被杀,206人受伤;⑤ 6月,共有761名伊拉克人被杀,另有1771人受伤,其中平民死亡人数为685人,受伤1610人,76名安全部队成员被杀,另有161人受伤;⑥ 7月,共有1057名伊拉克人被杀,另有2326人受伤,其中平民丧生人数为928人,受伤人数2109人,129名安全部队成员被杀,217人受伤;⑦ 8月,共有804名伊拉克人被杀,2030人受伤,其中平民丧生716人,受伤1936人,安全部队128人被杀,94人受伤;⑧ 9月,总计979人丧生,2133人受伤,其中平民死亡887人,受伤1957人,92名安全部队成员被杀,176人受伤;⑨ 10月,共有979名伊拉克人被杀,1902人受伤,

---

① United Nations Iraq, http://www.uniraq.org/index.php? option = com_ k2&view = itemlist&task = category&id = 159: civilian - casualties&Itemid = 633&lang = en.
② United Nations Iraq, http://www.uniraq.org/index.php? option = com_ k2&view = itemlist&task = category&id = 159: civilian - casualties&Itemid = 633&lang = en.
③ UN Releases Civilian Casualty Figures for March, 8 April 2013, http://unami.unmissions.org/Default.aspx? tabid = 2854&ctl = Details&mid = 5170&ItemID = 1313040&language = en - US.
④ UN Casualty Figures for April: Highest Level since June 2008, 2 May 2013, http://unami.unmissions.org/Default.aspx? tabid = 2790&ctl = Details&mid = 5079&ItemID = 1406661&language = en - US.
⑤ UN Casualty Figures for May: More than one thousand Iraqis killed, 1 June 2013, http://unami.unmissions.org/Default.aspx? tabid = 2790&ctl = Details&mid = 5079&ItemID = 1518525&language = en - US.
⑥ UN Releases Casualty Figures for June, 1 July 2013, http://unami.unmissions.org/Default.aspx? tabid = 2854&ctl = Details&mid = 5170&ItemID = 1627696&language = en - US.
⑦ UN Casualty Figures for July, 1 August 2013, http://unami.unmissions.org/Default.aspx? tabid = 2854&ctl = Details&mid = 5170&ItemID = 1739589&language = en - US.
⑧ UN Casualty Figures for August, 1 September 2013, http://unami.unmissions.org/Default.aspx? tabid = 2854&ctl = Details&mid = 5170&ItemID = 1875378&language = en - US.
⑨ UN Releases Casualty Figures for September, 1 October 2013, http://unami.unmissions.org/Default.aspx? tabid = 2854&ctl = Details&mid = 5170&ItemID = 2052532&language = en - US.

其中平民852名丧生，1793人受伤，另有安全部队成员127名被杀，109人受伤；① 11月，共有659名伊拉克人丧生，另有1373人受伤，其中平民565人被杀，1186人受伤，94名安全部队成员被杀，187人受伤；② 12月，共导致759人死亡，1354人受伤，其中平民丧生661名，伤1201人，98名军人被杀，144人受伤。③

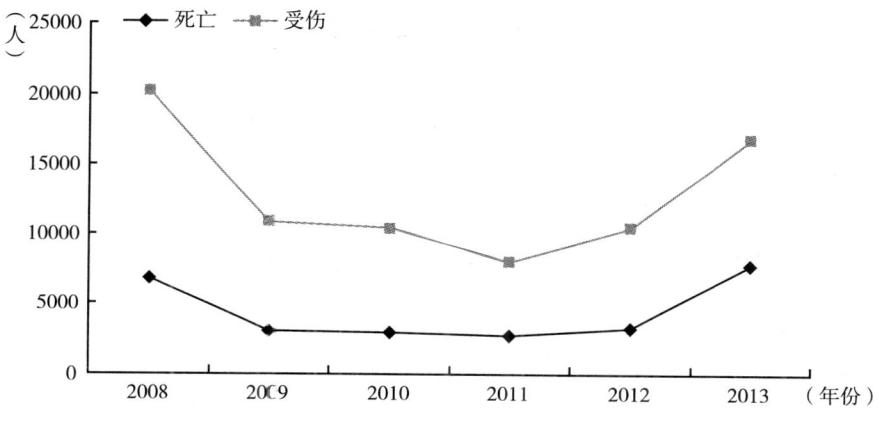

图3 2008~2013年伊拉克恐怖袭击平民伤亡情况

资料来源：http：//www.uniraq.org/index.php?option=com_k2&view=itemlist&task=category&id=159：civilian-casualties&Itemid=633&lang=en。

令西方更加震惊的是，2014年初，伊拉克基地组织（Islamic State of Iraq and Sham，简称ISIS）攻占了有着"清真寺城市"④ 之称的费卢杰和拉马迪，公开宣称将建立"伊斯兰酋长国"，这是"自2003年美国入侵伊拉克以来，

---

① UN Casualty Figures for October, 1 November 2013, http://unami.unmissions.org/Default.aspx?tabid=2854&ctl=Details&mid=5170&ItemID=2237318&language=en-US.
② UN Casualty Figures for November 2013, 1 December 2013, http://www.uniraq.org/index.php?option=com_k2&view=item&id=1394：un-casualty-figures-for-november-2013&Itemid=633&lang=en.
③ UN Casualty Figures for December, 2013 deadliest since 2008 in Iraq, 02 January 2014, http://www.uniraq.org/index.php?option=com_k2&view=item&id=1499：un-casualty-figures-for-december-2013-deadliest-since-2008-in-iraq&Itemid=633&lang=en.
④ 费卢杰（Fallujah）是伊拉克安巴尔省城市，位于伊斯兰教什叶派圣城纳杰夫附近。费卢杰又名"清真寺城市"，有超过200座清真寺分布在市郊。

与'基地'组织有关联的武装分子首次对重要城市如此公开地控制,这无疑是对美国主导的中东秩序的严重挑衅"。① 同时,这也表明ISIS已经超越了传统的爆炸和打了就跑的袭击战略,② 目的是想打通伊拉克与叙利亚之间的战略通道,为最终建立以费卢杰为根据地的"伊斯兰酋长国"奠定基础。

2014年,饱受恐怖威胁的伊拉克国家安全形势依然很不乐观。恐怖组织煽动宗教和种族势力制造的暴力和恐怖事件大大削弱了社会结构,给那些试图通过暴力和恐怖从政治僵局中谋取利益者留下可乘之机,严重威胁着伊拉克整个国家的安全与稳定。各类伤亡人数越来越多,迫切需要马利基政府和国际社会设法缓解根植于什叶派和逊尼派之间的矛盾,尽快结束多年来笼罩在伊拉克人民头上的厄运。

(四)俄罗斯

2013年,俄罗斯的和平指数由2012年的2.969上升到3.060,居全球最不和平国家中的第8位,这一变化主要来自内部持续不断的北高加索冲突和与之有关联的恐怖袭击,但反恐形势依然处于可控状态。

1. 恐情反弹引发关注

2013年2月14日,塔吉斯坦共和国哈萨维尤尔特市一个交通检查站发生汽车炸弹袭击,致3名执勤警察死亡,6人受伤,1人失踪;5月20日,塔吉斯坦共和国马哈奇卡拉市法警大楼处2辆汽车先后发生爆炸,造成8人死亡;25日,该市内务部大楼附近发生自杀式袭击,致1人死亡,14人受伤;5月20日,在莫斯科州的奥列霍沃-祖耶沃2名恐怖分子被俄联邦安全局特工击毙,1人被捕。他们在阿巴部落区受训,计划在莫斯科市中心实施恐怖袭击;6月6日,俄联邦特种部队逮捕了预谋在五月节期间实施恐怖袭击的恐怖团伙头目尤莱·达夫列特巴耶夫;7月14日,2名俄内务部的工作人员和1名警察在车臣

---

① 基地组织攻下伊拉克重镇宣布建立"伊斯兰酋长国",http://news.ifeng.com/world/detail_2014_01/06/32746622_0.shtml,2014年1月6日。
② Yasir Ghazi Tim Aranco,"Al-Qaeda Allies Take Control of Key Iraqi Cities," Jan. 02 2014, http://www.theglobeandmail.com/news/world/al-qaeda-allies-take-control-of-key-iraqi-cities/article16180688/.

乌鲁斯马尔坦区进行的突击行动中被爆炸装置炸死；8月7日，俄在高加索北部罗斯纳尔奇克市击毙4名袭击检查站的武装分子，其中1人为地下匪帮头目；8月20日，俄特种部队在北高加索塔吉斯坦共和国布伊纳克斯克市击毙了9名武装分子，包括其头目巴马特汗·筛伊霍夫在内；10月15日，俄执法部门成功破获了一起试图在伏尔加河沿岸基洛夫州化学武器仓库实施恐怖袭击案，2名伊斯兰恐怖分子被抓；10月21日，毗邻北高加索的伏尔加格勒发生公共汽车恐怖爆炸案，共有6人死亡，37人受伤；11月16日，北高加索共和国执法机关在塔吉斯坦特别行动中击毙5名武装分子，其中包括参与"10·21"伏尔加格勒恐怖袭击的德米特里·索科洛夫；12月29日，伏尔加格勒火车站发生自杀性爆炸。30日，无轨电车发生爆炸，这两起恐怖袭击共造成34死，105人伤。

上述恐怖袭击显示，北高加索地区恐怖势力由边远地区开始向俄罗斯腹地扩展，具有重要影响的城市遭受恐怖袭击的可能性增大。

2. 主要反恐措施

随着一些重大活动和赛事的陆续临近，克里姆林宫不断出台新措施以应对日益复杂的恐怖威胁挑战。第一，逮捕塔吉斯坦市长。汽车炸弹、自杀式袭击和谋杀官员在塔吉斯坦已是家常便饭。① 为防止该市沦为伊斯兰极端势力和有组织犯罪的温床，2013年6月4日克里姆林宫派出了直升机和装甲车突击逮捕了该市市长赛义德·阿米罗夫，这一忠诚但难以管理的铁腕人物被逮捕的事实表明克里姆林宫仍大权在握。②

第二，完善反恐立法，提高打击力度。2013年10月25日，由俄罗斯总统提交国家杜马审议通过的《关于与恐怖主义做斗争新措施法》开始生效，该法规定："恐怖袭击造成的损失将由罪犯的亲属赔偿。如果找到财产为从事恐怖活动所得的根据，恐怖分子的金钱和财产将被收归国有。建立恐怖组织和社团要被追究刑事责任。责任人将获刑15至20年，并被处以至多100万卢布

---

① "Russia detains Dagestan mayor on murder charges", Reuters, Jun 1, 2013, http://www.reuters.com/article/2013/06/01/us-russia-dagestan-official-idUSBRE95009G20130601.
② Alissa de Carbonnel, "Analysis: Putin gambles by taking down Dagestan strongman", Reuters, Jun 4, 2013, http://www.reuters.com/article/2013/06/04/us-russia-dagestan-putin-analysis-idUSBRE95312120130604.

(约3万美元)的罚款,在营地训练武装分子也将被处以5至10年的有期徒刑和50万卢布以内的罚款。"①

第三,积极与美国开展反恐合作。2013年,"4·15"波士顿爆炸案和"5·25"哈奇卡拉爆炸案让这两位同病相怜的老对手重新坐在了一起,共同商讨如何应对全球恐怖主义威胁的问题。6月17日,双方签署了美利坚合众国总统和俄罗斯联邦总统关于反恐合作的联合声明(Joint Statement of the Presidents of the United States of America and the Russian Federation on Cooperation in Countering Terrorism)。值得关注的是,"恐怖分子利用现代信息技术和通信技术保持联络、收集信息、传播意识形态、吸引新成员和融资,策划、组织实施恐怖活动。双方将使用一切合法手段应对恐怖分子利用互联网进行的犯罪"。另外,"俄美将继续发展在商界的反恐伙伴关系,包括旅游部门。为主要体育赛事和公共事务提供安保工作,包括在索契召开的冬奥会"。②

(五)美国

2013年对于奥巴马而言仍是挑战之年。从"4·15"波士顿爆炸案到叙内战化武恐怖威胁引发美俄对峙,再到美驻多国使领馆因遭恐怖威胁而被迫关闭,预示着不同"基地"组织的分支机构和极端群体已经对美国构成了最严重的现实威胁。③

1. 美国面临的恐怖威胁

2013年5月,美国国务院反恐局发布了《2012国家恐怖主义报告》(Country Reports On Terrorism 2012),该报告的提交符合美国法案第2656f部分的第22条,即要求国务院向国会提供一份全面、完整且符合法案准则的有关

---

① 《俄罗斯新法律规定恐怖袭击损失将由罪犯亲属赔偿》,俄罗斯之声,http://radiovr.com.cn/news/2013_11_17/250571531/,2013年11月17日。
② The White House Office of the Press Secretary, "Joint Statement of the Presidents of the United States of America and the Russian Federation on Cooperation in Countering Terrorism", http://www.whitehouse.gov/the-press-office/2013/06/17/joint-statement-on-cooperation-in-countering-terrorism.
③ The White House Office of the Press Secretary, State of the Union Address, 12 February 2013, http://translations.state.gov/st/english/texttrans/2013/02/20130213142492.html#axzz2qokoyy00。

国家和团体的恐怖主义年度报告。该报告明确指出：在全球反恐的努力下，扎瓦赫里领导下的"基地"组织的核心力量已经被显著削弱，数十位幸存的高级领导层成员被驱赶出阿巴部落区。领导力的削弱使"基地"分支机构变得更加独立，通过绑架勒索和其他犯罪活动实现了经济上的独立，诸多因素导致"基地"组织在全球范围内扩散并与志同道合的团体将美国及其利益代表作为其攻击的目标。①

另外，报告附件中还指出，2012年全球共发生6771起恐怖袭击，造成约11000人死亡和约21600人受伤，超过1280人被绑架或被扣为人质。平均每月有564.25次攻击，924.83人死亡，并有1804.33人受伤。每次袭击约有1.64人死亡，3.20人受伤，包括袭击者在内。尽管这些统计数字来自85个不同的国家，但在地理分布上却相对集中，超过一半的攻击（55%）、死亡（62%）和伤害（65%）集中在巴基斯坦、伊拉克和阿富汗（见表3）。

表3　2012年遭遇恐怖袭击最多的10个国家

单位：人

	巴基斯坦	伊拉克	阿富汗	印度	尼日利亚	泰国	也门	索马里	菲律宾	叙利亚
袭击	1404	1271	1023	557	546	222	203	185	141	133
死亡	1848	2436	2632	231	1386	174	365	323	109	657
受伤	3643	6641	3715	559	1019	897	427	397	270	1787

资料来源：Terrorism Deaths, Injuries and Kidnappings of Private U. S. Citizens in 2012, Country Reports on Terrorism 2012, May 30, 2013, http://www.state.gov/j/ct/rls/crt/2012/210030.htm。

2012年，美国共有10名公民因恐怖袭击丧生，死亡地点集中在阿富汗。另有2人受伤，分别在伊拉克和阿富汗。还有3人遭绑架，分别在尼日利亚、索马里和也门。

2. 主要反恐措施

2013年的恐怖主义威胁在2012年的基础上继续扩散，地理位置变得更加分散。美国反恐措施除继续寻求政治、经济、外交和军事支持外，更加强调思

---

① Bureau of Counterterrorism, Country Reports on Terrorism 2012, May 2013, http://www.state.gov/j/ct/rls/crt/2012/index.htm.

想武器和反恐措施的落实情况,注重从根源上治理恐怖主义。2013年9月27日,美国国务卿克里在"全球反恐论坛"(GCTF)上指出:①

(1)增加经济出路,让被边缘化的青年人远离恐怖之路。以约旦河西岸为例,60%在30岁以下或25岁以下的年轻人缺乏工作和教育机会,这一年轻群体极易被恐怖组织招募并最终发展成为恐怖分子。

(2)建立和完善反恐机构,为公民提供更多的安全和自由保障。两年前推出的"全球反恐论坛"已经发展成为全球首选的反恐合作场所,为全民参与反恐迈出重要的一步。

(3)加大反恐培训力度。恐怖分子以绑架实现融资策略,为了切断恐怖组织这一资金来源,美国政府出资超过2亿美元支持对反恐能力的培训,并落实各种反恐计划的实施。另外,又计划追加3000万美元解决这些优先事项。

(4)建立反恐培训中心。美国政府建立了两个培训中心:一个是"国际反极端暴力中心"(International Center in Countering Violent Extremism),设在阿布扎比;另一个是设在马耳他的"国际正义与法制研究所"(International Institute of Justice and the Rule of Law)。

(六)中国

2013年,随着全球范围内各类恐怖袭击事件的不断曝光,国际恐怖活动出现反弹,中国境内的恐怖主义威胁也呈现上升趋势,严重影响到了国家的安全与社会稳定,反恐已经成为影响平安中国建设的重点问题之一。

1. 东突恐怖活动及特点

2013全年至2014年初,中国境内外的"三股势力"加紧勾连、煽动,制造了多起暴力恐怖袭击事件,造成数名警察、武警、社区工作人员、协警和无辜民众伤亡。从已发生的暴力恐怖案件分析,"三股势力"的意识形态、战术手段和技术都出现一些新动向,既有恐怖主义的国际化特征,又兼具本土特色,其隐蔽性和危险性在逐渐增强。

---

① John Kerry, Remarks at the Global Counterterrorism Forum Ministerial, September 27, 2013, http://www.state.gov/secretary/remarks/2013/09/214877.htm.

(1) 恐情严峻,恐怖活动进入高发期。2013年以来,"东伊运"和"东突教育与互助协会"等恐怖组织派出"圣战"小组从邻国大量渗透,对境内"三股势力"人员进行宣传、煽动和培训,制造了多起重大暴力恐怖袭击事件。其中,比较典型的有:"10·28"事件中的3名"东突"恐怖分子驾车撞向天安门前的金水桥护栏,造成2名游客死亡,38人受伤,3名恐怖分子烧死在车内①;在2014年的"3·1"事件中,5名"东突"恐怖分子在昆明火车站持刀砍杀无辜民众,致29人死、143人伤的严重后果。②

(2) 恐怖威胁从边远地区向有影响力的城市扩展。2013年之前发生的规模不等的各类恐怖袭击事件均集中在新疆和田、喀什、阿克苏等边远地区,而"10·28"袭击金水桥事件和"3·01"昆明火车站恐怖袭击事件似乎打破了这一规律,针对重点城市中具有影响力的目标发动袭击的迹象明显,这一改变体现了袭击目标的本质性变化——选择具有政治地标性和时间地标性的目标,③金水桥地处首都北京天安门前,昆明恐怖袭击事件发生在"两会"前夕,充分表明活跃在边远地区的"三股势力"逐步向有影响力的城市转移。

(3) 袭击模式渐趋国际化,但手段低端,手法残忍。在"金水桥事件"中,三名恐怖分子点燃车内携带的汽油并驾车撞击,试图制造汽车炸弹,所幸汽车并未爆炸。但在昆明火车站遇袭事件中,恐怖分子统一着装,继续延用自制砍刀,肆意砍杀无辜民众,意在社会上制造"恐惧""恐慌""恐怖"气氛。

(4) 恐怖分子内部呈现家族化发展。在金水桥事件中,三名恐怖分子之间分别是母子和夫妻关系,即乌斯曼·艾山、其母库完汗·热依木及其妻古力克孜·艾尼,此类具有直系亲属关系的"独狼式"恐怖小群体较少见,有别于国际恐怖主义成员网络,具有本土化特征,给防范和打击带来一定难度。

---

① 《"东伊运"认领金水桥恐怖袭击 CNN应该感到脸红》,新华网,http://news.xinhua.net.com/world/2013-11/29/c-1257786htm,2013年11月29日。
② 《联合国安理会强烈谴责昆明恐怖袭击事件》,新华网,http://news.xinhua.net.com/world/2014-03/03/c-119569346htm,2014年3月3日。
③ Global Times, "Kunming Attack Shows Terrorists Now Hitting Softer Targets," 2014-3-3, http://www.globaltimes.cn/content/845854.shtml#.UxkVo87Fhph.

2. 主要反恐措施

2013年，全球范围内恐怖活动出现回潮，这与美全球反恐战略收缩并转移存在一定的关系，尤其是2014年美联军从阿富汗撤军之后，明显对俄罗斯和中国带来一定的反恐压力。为了应对日益复杂的安全挑战，中国在不断加强与全球及区域范围内国家间各种层面反恐合作的同时，于2013年11月12日设立了国家安全委员会，该机构的工作重点放在国内，确保国家安全，对"三股势力"和其他妄图威胁和破坏国家安全的势力起到威慑作用。具体的做法为：一是加强全民反恐意识的培养和教育，切实提高防范意识和警惕性；二是强化反恐情报信息的挖掘、研判和共享，有针对性地开展反恐战术、战法演练，最大限度降低恐怖危害；三是立足根源性问题，加强民族团结，化解民族矛盾，减少外部势力的可乘之机。

四 结束语

2013年，"基地"组织在扎瓦希里的领导下已经从最初的实际运作转化成一种意识形态和恐怖分子的训练基地，这种转化使得"基地"组织大小头目的死亡不仅不会削弱"基地"组织，反而会造成国际恐怖威胁出现增长和长期存在。全球遭受恐怖威胁最严重的区域集中在非洲（撒哈拉沙漠以南）、中东北非和亚太，其中以阿富汗、伊拉克、巴基斯坦、叙利亚、尼日利亚和索马里等国家最为典型。

2014年，美联军撤出阿富汗后，阿富汗安全局势的变化将对周边区域乃至全球产生重大影响。回归的伊斯兰圣战分子有可能把战火引向中亚、俄罗斯、中国、印度等地区和国家，在这种影响下，恐怖主义威胁预计将继续出现上升趋势，国际恐怖主义仍将是影响大多数国家安全与稳定的主要因素。

值得注意的是，恐怖组织的组织形式及规模、袭击目标的选择也在不断调整，以应对不断升级的全球反恐策略，主要表现在以下两个方面：一是组织规模变得更小、更分散。伴随"独狼"袭击在欧美等西方国家的兴起、蔓延以及一系列防范措施的出台，"独狼"袭击的形式也随之进化，一种人员更少、规模更小、更分散甚至无须太多计划的组织形式成为新趋势。例如，在叙利亚和利比亚滋生了许多新兴恐怖组织，这些自杀式反美组织逐渐取代了原来单一类型的"基地"组织，就像普通的犯罪团伙一样，这些恐怖团伙势必给国际社会带来长期的威胁。同时，其袭击手段也更加多样，甚至应用了许多看似低级的袭击手段，如"4·15"波士顿爆炸案中的高压锅炸弹、"5·23"伦敦街头刀砍士兵以及"10·28"车撞金水桥等，此类袭击工具易获性强，成功率高，防范难度大，反恐形势变得更加复杂。尽管这一新趋势在全球范围内广泛传播和使用，但这并不意味着"基地"组织不再实施类似"9·11"式的恐怖袭击，大规模恐怖袭击的威胁依然存在。

二是针对西方目标的袭击由境内转向境外。未来国际恐怖主义威胁还体现在日益增多的地理多样性和袭击目标的转移上。尤其是"阿拉伯之春"之后，"基地"组织的袭击重点已从境内转移到境外备受国际社会关注的西方目标和热点地带，如西方国家驻也门使领馆、肯尼亚内罗毕购物中心等，这些地方不仅更易于获得各方面的支持，而且还存在社会变革的潜在拐点。无论袭击目标如何转移，"基地"组织分支网络的迅速扩大以及日益多样化的地理空间蔓延都直接挑战着西方国家的利益。

B.6 论非传统安全视阈下的中国远洋海军运用

杨 震*

摘　要：

"冷战"结束后，中国的地缘政治形态发生了巨大而影响深远的变化，其中最大的变化就是中国的地缘政治重心由陆地转向海洋，作为陆海复合型国家的中国将会缓慢而坚定地释放其海权潜力。海权的重要构成是海军，中国在"冷战"后对海军特别是远洋海军的功能有了新的认识，认为海军除了军事功能外还具有经济功能、外交功能和警察功能。后两项功能在非传统安全领域具有重要的意义。特别是以航空母舰编队作为核心的远洋海军在面对海上恐怖主义、海盗以及海洋自然灾难救援等方面具有独特的优势。美国航空母舰编队近年在灾难救援方面的做法就证明了这一点。有鉴于此，中国的远洋海军建设需要突出应对非传统安全威胁的能力。本报告就此问题进行探讨与研究。

关键词：

远洋海军　海权　非传统安全

"冷战"结束后，中国的地缘政治形势发生了巨大变化。传统的陆地安全威胁随着苏联的解体而烟消云散，而来自海洋方面的威胁有增无减，特别是台湾问题、钓鱼岛问题及南海问题，此外中国的国民经济日益依赖海外贸易，海

---

* 杨震，国际关系学博士，浙江大学非传统安全与和平发展研究中心兼职研究员。

洋已经成为中国的地缘政治重点。发展海权、发展远洋海军已经成为中国政府、军界和学界的共识。在国际关系理论层面，中国对海军功能的认识有了新的发展，认为海军除了军事功能以外，还具有经济功能、外交功能和警察功能。后两项功能在面对日益严重的海上非传统安全方面具有独特的优势，中国的海军建设应该充分考虑这一点。本报告就此问题进行探讨与研究。

一 "冷战"后中国海权的发展动力及对其功能的认识

"冷战"结束后，对于亚太地区地缘政治棋局来说，最重大的事件除了苏联解体之外，大概应该属中国这个世界上最大的陆海兼备型国家开始坚定而快速地释放其海权方面的潜力。对于中国来说，走向海洋主要有以下几个方面的动力。

首先，是地缘政治格局的改变。由于"冷战"结束所引发的地缘政治板块运动大都集中在围绕中国全境的欧亚大陆和亚太地区，中国的地缘环境发生了巨大变化，其中最大的变化是中国的地缘政治主轴已经由南北方向转向东西方向，并促使海陆地缘出现了新的局面。① 从动态角度看，中国海陆兼备的双重属性已经变成了一个更显著的现实问题。在后"冷战"时期，北约东扩、美日安全同盟强化和美国进入中亚，加之苏联解体所造成的欧亚大陆"黑洞"问题，已使海权和陆权之间的关系严重失衡。由于保卫海洋国土和保证海洋权益与中国的崛起有着越来越密切的关系，中国必须有自己强大的海权来加以保证，因此，中国应该加强海权的实体建设，并使之与已有的陆权优势相匹配。当然，处理海陆关系应力求在海权和陆权之间取得全方位的平衡，不要偏重于一面而忽视另一面，也不要搞平均主义。所谓全方位的平衡，首先需要的是保持强大的陆权，其次是发展强大的海权；但在一定时期内，发展强大的海权可放在更优先的地位。②

---

① 李义虎：《从海陆二分到海陆统筹——对中国海陆关系的再审视》，《现代国际关系》2007 年第 8 期。
② 李义虎：《从海陆二分到海陆统筹——对中国海陆关系的再审视》，《现代国际关系》2007 年第 8 期。

其次，是经济利益的驱使。改革开放 30 余年带来的出人意料的结果之一，是中国社会生存方式的改变，它体现在经济结构方面发生了根本性变化：能源、工业原料、产品、市场、效益、利润和就业等，严重依赖外部世界，中华民族 5000 年的经济生存方式由"传统农业内向型"正在或已经在很大程度上转变成了"依赖海洋通道的外向型"。[1] 海洋环境面向开放的海域，海洋经济与生俱来是以交换为目的的商品经济，这种依赖海洋通道的外向型市场经济对全球资源的整合和对生产要素的配置远胜于以自给自足为主的大陆经济。所以，世界上大部分繁荣发达的地区都集中在江河两岸和海洋四周，人类创造的财富和文明 80% 以上都集中在这里。[2] 欧洲文明的历史经验揭示了海权发生的规律：依赖海洋通道的"外向型经济"生存状态一旦出现，必然召唤强大的海权。[3] 此外，随着中国经济对外依赖程度的加深，其海外利益也随之扩展。中国目前已经是世界最大的贸易国和石油进口国，海洋承载的是中国的经济生命线。

最后，是确保海洋方向安全的需要。"冷战"结束后，苏联解体使得来自北部陆地方向的重大军事威胁基本消除。与此同时，美国推行对华遏制政策，对中国国家安全构成严重威胁。进入 21 世纪特别是"9·11"事件后，美国借反恐之机加强了在中国周边地区的军事存在，包括在阿富汗和中亚国家取得军事立足点，对中国形成东、西挤压之势。但从力量部署的规模、密集程度和针对性看，美国对中国安全的威胁和压力仍以东部海洋方向为主。另外，从周边关系方面看，目前中国与绝大多数邻国保持并进一步发展睦邻友好合作关系，但东部海洋方向的中日关系却陷入僵局。在边界、领土问题上，中国已与绝大多数邻国解决了陆地边界领土争端，只剩下中印边界问题尚待解决，两国目前也正在加快该问题的解决进程。而在海洋方向，中国与 8 个邻国存在岛屿主权或海域划界争端，争端海域面积约占中国 300 万平方公里海洋国土的一半。上述安全环境的演变使海洋方向成为中国国家安全的主要战略方向，海洋

---

[1] 倪乐雄：《21 世纪对海权的沉思》，《文明转型与中国海权》，文汇出版社，2011。
[2] 卢兵彦：《从大陆到海洋——中国地缘政治的战略取向》，《太平洋学报》2009 年第 5 期。
[3] 倪乐雄：《中国海权战略的当代转型与威慑作用》，《国际观察》2012 年第 4 期。

安全已成为中国国家安全的重心所在。①

中国海权是中国生存和发展的重要战略手段,也是中国获得应有国际地位的重要标志。中国发展海权,其目标是在海洋空间拥有系统的战略能力,以获得国家海洋能力。这种国家海洋能力包括控制海洋的能力、利用海洋获取财富的能力和由海向陆的能力三个方面,最终体现在海洋空间和濒海地区的强制能力。② 海权思想是时代的产物。什么样的时代主题和国际战略格局以及技术条件就产生什么样的海权观念。随着中国海权观念的发展,中国对海军功能的认识也有了新的进展。

当代西方海军理论家肯·布思(Ken Booth)将传统海权与国际形势相结合,把海军的作用设想为"三位一体",即警察功能、军事功能和外交功能,使海军突破了"海上力量的政治显示"的传统作用,从而扩展了海权的内涵,他还为此设计了一个"海权三角模式"(见图1)。③

图1 肯·布思的"海权三角模式"

中国学者刘一健和吕贤臣进一步指出,现代意义上的海权一般具有四种功能,即军事功能、经济功能、外交功能和警察功能。其中军事功能是指海权中的军事力量,即海军能够履行的任务和发挥的作用,具体包括:战略核威慑与

---

① 高子川:《试析21世纪初的中国海洋安全》,《现代国际关系》2006年第3期。
② 刘新华:《海权优先:当代中国的地缘战略选择》,《社会科学》2008年第7期。
③ Eric Grove, *The Future of Sea power*, Naval Institute Press, Maryland, 1990, p.234.

常规威慑、抗击敌军海上入侵与保卫领海安全、夺取制海权与保卫己方海上交通线、兵力投送与对岸作战等。经济功能是指海权中的海上非军事力量能够用作从事海外贸易、输送重要物资、开发利用海洋资源的工具，增加国家财富。外交功能是从海权的军事功能中衍生出来的，专指海军外交。历史上西方列强以炮舰开道，用武力逼迫其他国家接受殖民统治或强权政治的"炮舰外交"是海权外交功能的主要表现形式，而当今时代海权的外交功能更多地被当作和平时期参与和支持国家政治外交活动，体现国家意志和决心的重要手段。警察功能是指海权构成要素中的海上执法力量根据国际海洋法和本国相关法律，在制止和打击海上违法犯罪行为，捍卫本国海洋权益，维护海上正常秩序所进行的各项活动中发挥的作用。[①]

二 "冷战"后的中国海洋安全形势

随着时代的演进和环境的变化，海洋安全在中国国家安全中的地位日益凸显。从地缘战略看，海洋安全是中国国家安全的重要组成部分。中国是一个海陆复合型的领土大国，背陆面海，位于欧亚大陆东部和太平洋西岸，拥有22000公里长的陆地边界和18000公里长的大陆海岸线。中国大陆领土的东面和南面濒临渤海、黄海、东海、南海四大海区。《联合国海洋法公约》规定，中国的主权海域和管辖海域包括内海、领海、专属经济区和大陆架，面积达300万平方公里，即通常所说的中国"海洋国土"。中国近海海区属半封闭海区，其外缘为朝鲜半岛、日本列岛、琉球群岛、台湾岛、菲律宾群岛、大巽他群岛和中南半岛所环绕，从东海、南海出岛，则进入浩瀚的太平洋海域。海陆兼备的地缘条件使中国国家安全不仅面临陆地方向的挑战，也面临海洋方向的挑战。20世纪后期，随着新的国际海洋法律制度的确立，国家的海疆已由传统的领海扩展到专属经济区和大陆架，其宽度和面积都大大增加（在中国300万平方公里的海洋国土中，内海与领海面积仅占38万平方公里），这意味着

[①] 刘一健、吕贤臣：《试论海权的历史发展规律》，《中国海洋大学学报》（社会科学版）2007年第2期。

国家海洋安全空间由近岸扩展到近海海区；同时，现代海上远程打击武器的发展也要求海洋方向的安全防卫边界进一步前移，以扩大国家的防御纵深。目前，中国海洋安全空间的地域范围按距离远近可分为四个层次：第一层为内海和领海，国家拥有完全主权；第二层为专属经济区和大陆架，国家拥有主权权利和专属管辖权；第三层为与国家管辖海域毗邻的周边海区，基本上仍属近海海区；第四层为与国家安全利益密切相关的某些远海海域，如对外贸易和海外资源供应主要航线所经海区。总之，从空间构成角度看，海洋安全已成为中国国家安全的重要组成部分。①

从现实形势看，海洋安全是中国实现和平发展的重要条件。第一，海洋安全是保障沿海地区安全的前提条件。经过20多年的发展，东部沿海地区已成为中国经济发展的精华地带和经济格局重心所在。目前中国沿海岸线200公里范围内的陆地，集中了全国41%的人口，50%以上的大中城市，70%以上的国民生产总值，84%的外来直接投资，生产着90%的出口产品。海洋安全是上述地区安全的屏障。第二，海洋安全是中国海洋经济持续发展的必要条件。② 海洋经济的持续发展离不开安全的海洋环境。第三，海洋安全是维护海洋资源权利的重要条件。按照《联合国海洋法公约》的规定，沿海国对专属经济区和大陆架的自然资源享有主权权利。但目前中国的海洋资源权利正受到一些邻国的侵犯，这需要可靠的海上安全能力予以维护。第四，海洋安全是保障海上航线安全的重要条件。改革开放以来，中国对外贸易持续发展，成为拉动经济增长的重要因素，而外贸主要通过海洋运输进行，保证海上航线的安全是海洋安全的应有之义。从国家安全轻重缓急排序看，海洋安全已成为中国国家安全的重心所在。③

随着全球化的进一步发展，海洋非传统安全问题变得越来越突出。海盗、海上恐怖势力泛滥，成为威胁全球安全的国际公害；部分濒海国家面临海平面上升的威胁；海洋环境污染和生态破坏影响着人类的生存和发展。海洋非传统安全问题植根于经济、社会、文化、宗教等多种因素，单凭军事手段不能从根

---

① 高子川：《试析21世纪初的中国海洋安全》，《现代国际关系》2006年第3期。
② 高子川：《试析21世纪初的中国海洋安全》，《现代国际关系》2006年第3期。
③ 高子川：《试析21世纪初的中国海洋安全》，《现代国际关系》2006年第3期。

本上加以解决，需要各种措施的综合治理以及跨国安全合作。海洋政治的主题超越了马汉时期对制海权的控制与争夺，并在国家对海洋安全的认知和政策层面体现出了海洋安全内容更加丰富、范围日益扩大、领域不断拓宽、地位不断提高的发展趋势，高级与低级、国内与国际的分野也因此日趋模糊。[1] 非传统安全威胁，指的是除军事、政治和外交冲突以外的对本国的国家安全与社会稳定，对地区和国际社会的和平、稳定与发展，能够构成重大威胁的因素。主要包括：经济安全、金融安全、生态环境安全、信息安全、资源安全、恐怖主义、武器扩散、疾病蔓延、跨国犯罪、走私贩毒、非法移民、海盗、洗钱等。非传统安全威胁对世界和平与稳定的危害不可低估，必须高度重视。特别是海上恐怖主义、国际性海盗行为和国际走私，直接影响着国家的海上方向政治和经济安全。当今世界，恐怖活动在地域上无所不及，在目标对象上无所不指，在方式方法上无所不用其极。因其良好的隐蔽性、突出的广袤性，世界海洋成为国际恐怖分子自由行动的理想场所，海上行驶的商船、油船，海底铺设的电缆、光缆，海上架设的油井平台等都有可能成为恐怖袭击的目标。恐怖分子的袭击变得更加强烈和更加频繁，另外，非对称战争理论的提出，客观上为恐怖分子活动提供了巨大的理论支持。西方统计资料显示，大约有90%的海上恐怖活动发生在毗邻发展中国家的水域，这些国家经费有限，有的还有比较严重的腐败行为。[2]

随着经济持续快速发展，我国的海外利益不断拓展，已经成为国家利益增长最快、对国家综合国力贡献最大、对经济发展促进作用最明显的部分，但也面临着严峻挑战：海外华人人身安全受到不同程度的威胁，海外资产屡遭侵害，海上战略通道安全危机潜伏等。我国海外利益涉及国家多，地域广，问题尖锐，形势十分复杂，海上非传统挑战日益突出。我国深受海上非传统安全威胁的影响：日本遭受特大地震、海啸、核泄漏三重灾害，南亚地区海上走私、贩毒、偷渡、贩运武器活动猖獗，东南亚飓风、洪灾持续不断，能源资源和航道安全受制于人等，均对我国经济可持续发展构成新的挑战。海洋安全涉及领

---

[1] 孙海荣：《从和平发展战略看中国海权观新的价值纬度》，《实事求是》2007年第1期。
[2] 张启良：《海军外交论》，军事科学出版社，2013。

域和海域不断扩大。①

当今国际海洋形势的变革突出表现为世界各主要海洋国家纷纷加强和调整海洋政策；《联合国海洋法公约》生效的正面效应与负面效应同时显现；以海权角逐为核心的海洋地缘战略争夺不断加剧；海洋领域的非传统安全威胁的影响日益凸显。在此背景下，中国的海洋权益和海洋安全面临着日趋严峻的挑战。② 与此同时，伴随战后以来非殖民化进程的完成以及和平与发展时代主题的不断深化，尽管地区性或全球性海权仍然是世界大国战略的重要组成部分，海权的战略重要性依旧存在，同时也是大国竞争的核心要素之一，但是它并不再构成历史上大国矛盾的结构性因素（如在"一战"前后大国围绕海军力量比例分配的矛盾）。在此背景下，海权功能也在日趋多元化，海军的外交功能，尤其是维护海洋通道安全、处理海盗和海上恐怖主义等非传统安全问题的功能得到了不断的发展。③ 有鉴于此，如何进行海军建设已经成为一个非常重要的战略问题。

三　远洋海军与非传统安全

向海而兴，开海而盛；背海而弱，封海而衰。作为陆海兼备的大国，海洋是中国当前和未来地缘政治发展的重要空间。随着信息化时代的深入发展，中国经济地理中心继续向沿海方向转移，向海洋进军对于国家实现可持续发展来说日益重要。从政治上看，海洋是在国际战略格局中彰显中国大国战略地位与增强国际政治、外交主动权的重要领域。从经济上看，海洋资源是陆地资源重要的战略接替区，海洋通道是国家经济发展的战略生命线。未来中国经济可持续发展将维系于海洋资源的保护和开发、对外贸易海上航运通道和海上石油航线，以及重大的海外利益。从安全上看，中国海洋地缘环境复杂，中国海域被岛链环抱，海上周边分布着许多地区强国和超级大国的海上力量。近年来，中国陆上安全问题相对稳定，但海上方向仍存在众多悬而未决的问题，国家面临

---

① 杜博、冯梁、蒿兴华：《我国海洋安全：问题、原因与策略》，《唯实》2013 年第 8 期。
② 刘中民：《国际海洋形势变革背景下的中国海洋安全战略——一种框架性的研究》，《国际观察》2011 年第 3 期。
③ 刘中民：《世界海洋政治与中国海洋发展战略》，时事出版社，2009。

的海上威胁呈现出多方向、多元化、多领域的趋势。综合考虑国家政治、经济、军事因素,制定整体的、全面的、系统的海洋发展大战略,实施海洋强国战略,历史性地摆在中国强国之路面前。①

实施海洋强国战略就必须建立一支强大的海军。20世纪80年代以来,海军实现了向近海防御的战略转变。进入21世纪,海军着眼信息化条件下海上局部战争的特点规律,全面提高近海综合作战能力、战略威慑与反击能力,逐步发展远海合作与应对非传统安全威胁能力,推动海军建设整体转型。② 从国家战略层面而言,海军力量的发展应作为中国地缘战略的关键组成部分来加以对待,其功能已不能仅仅满足于近海防御,而必须从近海防御转向远洋防卫;其行动能力也不能仅仅受限于第一岛链之内,而应该突进到第一岛链之外。③ 换言之,当前中国实施"近海防御战略"的"黄水海军"显然不能担当起建设海洋强国的历史重任,建立一支拥有远海作战能力的"蓝水海军"(即远洋海军)成为中国的战略选择。在远洋作战体系中,航空母舰是核心作战力量,一切水面舰艇的研制都围绕它展开。④ 2012年9月25日第一艘航母入列,为中国海军加快建设以航母为核心的远洋舰队,实现由"近海防御"型向"远海防卫、远洋控制型"的强大海军转型奠定了坚实的基础,这将加速中国海军由"黄水海军"向"蓝水海军"的全面转型,对于维护中国领土主权完整和海洋权益,扩大维护世界和平的政治影响,都具有非常重要的现实意义。⑤ 以航空母舰战斗群为核心的远洋海军不仅能有效应对传统安全的威胁,在应对非传统安全威胁方面也有其他力量所不能及的优势。换言之,20世纪80年代以来,航母的非战争军事运用越来越受到关注,航空母舰已经不仅能完成传统的作战任务,而且在应对非传统安全威胁,在运送军事物资撤离非作战人员、打击跨国犯罪、缉私查毒、打击海盗、海上反恐等行动中也发挥着日益显著的作用。⑥

---

① 秦天、霍小勇:《悠悠深蓝:中华海权史》,新华出版社,2013。
② 中华人民共和国国务院新闻办公室:《2008年中国的国防》,2009年1月。
③ 李义虎:《从海陆二分到海陆统筹——对中国海陆关系的再审视》,《现代国际关系》2007年第8期。
④ 游民:《建造中国海军新一代驱逐舰(上)》,《舰载武器》2013年第5期。
⑤ 秦天、霍小勇:《悠悠深蓝:中华海权史》,新华出版社,2013。
⑥ 刘志刚:《谁能破解航母神话》,兵器工业出版社,2011。

远洋海军应对非传统安全威胁的能力主要由航空母舰这个核心舰种来提供。笔者认为，中国远洋海军中的航空母舰编队在非传统安全领域主要将发挥以下作用。

（一）海外撤侨

随着中国日益融入国际体系，中国的海外利益不断增加。在中国海外利益迅速拓展的时代，必将伴随着中国海外利益的维护问题——这种维护既包括传统安全领域，也包括日益上升的非传统安全领域，前者如近年来日益为国家所关心的海上通道安全，后者如海外中国公民的人身和财产安全问题，这是中国融入国际体系海外安全利益的新课题。① 维护海外公民的人身与财产安全的一个重要也是最后的手段，就是在危机到来并不可逆转的时候进行海外撤侨。在各类撤离方式中，空运的反应最迅速、进入目标区域受地理条件限制最少，可迅速跨越远距离，达成第一时间抵达、快进快撤的目的，适于在危机发生初期的应急反应。但空运也容易受到当地和中转国地面设施、保障能力、机场容量，以及禁空、国际组织对撤出国实施禁飞，途经国家空中管制、机场保障能力不足等多种因素影响，且对登机前安检、地面勤务保障等要求最高、限制最多。此外飞机、直升机运力有限，如侨民较多，需多次进入，风险较大。海运的最大优点是运力大，自持时间长，大部分情况下可享有无害通过权，受国际法和其他政治限制少。用于撤侨的船只通常医疗、生活条件都较好，必要时还可进行外科手术和急救，但海上航行反应较慢，抵达时间取决于目标区域距本土或安全的第三国的距离，适于在局势尚未发生剧变的情况下，或在自然灾害发生后，结合救援开展撤侨行动。地面交通则需撤除国有其他陆上邻国，在道路条件允许情况下，地面交通可持续进行，如有铁路运力支持，效率更高，但易受交通中断等因素影响。在撤出海外侨民行动中，往往要受到与撤出国、途经国家的外交关系，以及当地的政治、军事形势等实际情况的影响。因此，海外撤侨必须综合采取多种手段，才能达到高效、安全的目的。② 以航空母舰编

---

① 刘新华：《论中国的海外利益》，《党政干部参考》2011 年第 1 期。
② 潘泽岗、卢毅：《万里赴戎机——利比亚撤侨中的我空军行动分析》，《兵器》2011 年第 5 期。

队为核心的远洋海军结合了空运与海运的优势,可以在海外撤侨行动中大显身手,不仅提供运输手段与工具,还能提供医疗服务。具体而言,快速组成的航空母舰编队抵达该国海域后,先从海上方向观察发生的动乱和其他混乱局面,然后开展救助受难侨民及其他行动。如果该国的港口、基地不适合航空母舰和其他舰艇停靠,可运用舰载直升机、救生艇参与转移和疏散受难民众,搜索和解救其他撤离者,同时运送国际组织及本国提供的救援物资,并视情况组建野战医院,救治伤病员。[①]

(二)灾难救援

航母强大的作战指挥中心能在海上形成一个控制空域和海域的调度中枢,在陆上基础设施被摧毁的条件下发挥无可替代的调度功能。航母本身还配备了多架直升机,其甲板则可作为直升机海上起降机场。它在大规模海上搜救、人道主义救援减灾等方面将发挥日益重要的作用。2004年12月印度洋大海啸期间,"林肯"号航母在短时内共向灾区运送了570万磅的物资;2011年3月日本发生地震、海啸,航母在提供海上起降和参与救灾方面也发挥了重要作用。[②] 上述航空母舰都属于尼米兹级核动力航母。该级航母具备的人道主义救援功能如下:可提供150张病床、3间重症监护室等医疗设施,以及10名军医官和数十名普通医护人员;海水净化设备每天可生产40万加仑(约合1512立方米)淡水;舰载直升机每日可完成100个飞行架次的输送救援物资任务;可以30节的航速迅速抵达任务区;日常生活必备品可供航母使用90天;牙科诊疗设施每天治疗70名患者;厨房每天可制作18000~20000份食品。[③] 因此,航空母舰在灾难救援方面有着得天独厚的优势。

在沿海地区的人道主义救灾行动中,航母有着得天独厚的优势:一是在陆路交通网络严重受损、机场瘫痪的情况下,航母能够在最短时间内机动至灾区外缘,成为救援飞机的起降平台与救灾通讯指挥中心。二是航母编队可进行包

---

① 李杰:《李杰大校深入解读航母编队》,《中国航母编队专辑》(兵工科技2013年增刊)2013年第12期。
② 薛晨:《航母应超越军事斗争》,《东方早报》2012年10月17日。
③ 《美海军航母执行的人道主义救援任务(1929~2013年)》,《舰船知识》2014年第1期。

括外科手术在内的大部分医疗救护活动,也可对危重病人实施空中转移。三是航母编队具备强大的发电和海水淡化能力。在印尼海啸救灾过程中,美军航母编队在距离海岸约3千米处,通过浮动软管向岸上直接输送饮用水。在海地救灾中,美国"卡尔·文森"号作为紧急的发电基地,为陆上提供电力输出。四是航母编队的侦察力量能够在较短时间内获取灾区第一手信息,为后续陆上救援行动提供情报支撑。在必要情况下,航母编队搭载的兵力也可参与恢复和维持灾区秩序的维稳行动。如海地地震后,美军派遣大约2000名海军陆战队员随舰前往海地以维持岛上"平稳局面"。① 在灾难发生的最初阶段,有能力最先到达现场,同时组织并给予最初的救援措施的,无疑是航空母舰。而随着救援行动进一步展开和各方救援能力的逐渐加入,航空母舰的实际救援能力就会逐渐淡化,甚至会在后期的救援行动中逐渐淡出。但正如任何具有起码救援常识的人所知,面对几乎所有灾害,最初的救援是最艰难的,但同时也是最有价值的;而这恰恰就是航空母舰在这一领域内发挥国际性价值的最基本方式。② 事实表明,当发生严重自然灾害时,在实施救援行动方面,航空母舰及两栖攻击舰等大型战斗舰艇平台,拥有无可比拟的优势。实际上,任何一次大型救灾行动的主要任务是:迅速投入力量和物资,保证紧急医疗救护;尽快恢复灾区与外界的通信联络;实时掌握灾区情况;恢复当地社会秩序,以及维持基本生活的电力饮水供应。而以航空母舰为首的航空母舰战斗群,恰恰具备完成以上任务的充分条件。③ 航空母舰在发生重大自然灾害地区执行救援任务时,可以卸下大量固定翼舰载机,大量搭载性能卓越、能垂直起降的舰载直升机。此时,直升机数量可以大幅度增加,作战人员可以明显减少,并可明显增加各种救援器材及食物、淡水、药品等物资。同时,航空母舰上宽阔的甲板与极大的机库也为装设各种应急设施与储存救援物资,提供了绝佳条件。传统货船进行物资装卸往往需要使用港口设备,如果港口在自然灾害中遭到破坏,货船上的物资就很难实现卸载。而航空母舰不仅拥有庞大的物资储存空间,且无须依靠港口就能快速装卸。抵达灾区后,航母上的舰载直升机还可以将灾区急

---

① 海韬:《航母救灾能力不容小视》,《国防时报》2011年3月30日第15版。
② 李杰:《航空母舰非战争运用面面观》,海潮出版社,2012。
③ 李杰:《航空母舰非战争运用面面观》,海潮出版社,2012。

需的物资直接输送到交通不畅的重灾区。这种灵活的物资输送方式是传统货船无法相比的。航空母舰出现在抢险救灾现场,一方面彰显了国家实力,提升了国家与军队的国际形象,另一方面也显示了国家力量的存在,提升了国家影响力。①

美海军航母编队在灾难救援中表现出来的能力和效率给中国远洋海军的建设带来有益的启示。如果中国海军航母编队能够在灾难救援中有所作为,中国可以提高国际地位,改善国际形象,并因此打消其他国家对中国发展远洋海军的顾虑,同时还可以开展灾难外交,改善周边安全态势。

(三)海上反恐和反海盗

随着海上非传统安全威胁的兴起,海上反恐和反海盗已日益成为海军的日常功能。对于中国而言,一支近海防御型的"黄水海军"是没有能力在远离中国海岸的敌方执行这样的任务的。派遣军舰远赴索马里、亚丁湾护航,正值中国海军从近海防御向远海防卫转变的关键历史阶段,是中国海军走向远洋的历史性一步,也是建设"蓝水海军"的一个显著标志。② 海上反恐和反海盗需要解决两大难题:一是海洋态势感知,即发现和识别海盗及海上恐怖分子所乘坐的小艇的问题;二是快速反应能力,即发现袭击事件后能够快速获知出事地点的能力。实践证明,一支美国大型航空母舰编队每小时可以搜索10万平方公里的海域面积,一艘航空母舰的舰载机可以控制1000平方公里的海空域。如果同时出动4个航空母舰编队,就能控制96.5万平方公里的海域面积。③ 航母编队兼顾了海洋态势感知和快速反应能力,是在反海盗和海上反恐形势极端严重情况下的最理想的应对手段。

鉴于航母编队在应对海上非传统安全的方面能力和潜力巨大,美国对未来的航母提出了要求:提高航空母舰容纳不同飞行器的能力;提高航空母舰为政府机构提供指挥中心的能力;提高航空母舰为在灾难中带回舰上的伤员提供医疗服务的能力;提高没有准备的航空母舰面对突发危机时的快速反应能力;保

---

① 毛正公主编《纵横海空——航空母舰多样化任务剖视》,海潮出版社,2013。
② 张忠良:《从亚丁湾护航看中国海军建设发展》,《求知》2011年第8期。
③ 毛正公主编《纵横海空——航空母舰多样化任务剖视》,海潮出版社,2013。

持危机凸显时航空母舰从非战争的人道主义救援撤回的能力。① 这些能力的取得能在很大程度上提高美国航母编队应对海洋领域非传统安全的能力,对中国海军也是具有借鉴意义的。

四 结束语

鉴于政治、经济、安全等各方面的考虑以及周边地缘政治环境的变化,中国在"冷战"结束后开始发展海权。作为海权构成的核心,中国海军开始由近海防御型的"黄水海军"向远洋作战的"蓝水海军"转型。作为远洋海军的核心,航空母舰编队不仅可以应付传统安全威胁,还能有效应对非传统安全威胁。航母编队在非传统安全领域有着独特的优势,特别是在海洋灾难救援和海外撤侨中能够发挥其他装备所不能发挥的作用。中国可以利用航母编队为核心的远洋海军在非传统安全领域发挥重大作用,开展灾难外交,打消至少是缓解周边国家对中国发展海上力量的疑虑,对"中国威胁论"及"中国海军民族主义"等对中国不利的谬论进行有力的反击。更重要的是,中国远洋海军在非传统安全领域有所作为,可以充分发挥海军的外交功能和警察功能,并利用这一点建设对我国有利的海洋安全机制,提供海洋公共安全产品,进而改造西方发达国家主导和建立的国际海洋秩序,为构建和谐海洋,建设海洋强国打造有利的外部环境。

---

① John Gordon IV, Peter A. Wilson, John Birkler, Steven Eoraz, Gordon T. Lee, "Levering America's Aircraft Carrier Capabilities, Exploring New Combat and Noncombat Roles and Missions for the U. S. Carrier Fleet," 2006, http://www.rand.org/content/dam/rand/pubs/monographs/2006/RAND_MG448.pdf, pp. 62 - 63

B.7
非传统安全与"全球公域"治理

——以网络、太空安全为例*

任 琳**

摘 要: 回顾2013年非传统安全领域的大事,网络安全、北极治理、太空撞击、公海划界等被称为"全球公域"的问题骤然升温。在这些领域内,全球性的治理安排尚不完善。目前的治理格局中既可见大国之间出于传统安全的战略博弈,又可见各国治理非传统安全的迫切需要与初步努力。单纯关注全球治理方面的努力无法全面描绘这些领域对大国的战略含义。在这些领域内,零和的战略思想在一定程度上仍然起作用,这就不利于实现国家间的合作,也不利于实现共同治理。这些领域的治理仍然缺乏中性的制度保障。一旦掌握了技术能力、制度保障,部分行为体特别是国家就能够利用它们以谋求自身的政治、经济和战略利益。如果不予以重视,这些问题领域很可能成为新的战略冲突点。在这种背景下,需要积极发挥中性非国家行为体特别是中性国际组织、公约的规范作用。

关键词: 全球公域 全球治理 网络安全 太空安全

---

* 本报告受中国社会科学院世界经济与政治研究所所重点课题"全球公域研究"资助。
** 任琳,中国社会科学院世界经济与政治研究所助理研究员,国际经济与战略研究中心兼职研究员,主要研究领域为全球治理和非传统安全。

非传统安全与"全球公域"治理

回顾2013年非传统安全领域的大事,网络安全、北极治理、太空撞击、公海划界等被称为"全球公域"的问题骤然升温。2013年,国家、组织、个人的身影活跃在这些领域内,有时候它们扮演了负面的角色,成为这些领域中的安全隐患;有时候它们扮演了正面的角色,积极推进这些问题领域的全球治理。行为体的"私心"在一定程度上阻碍了治理的进程。在这些公域内,传统安全与非传统安全相互交织,难以彻底厘清,这就使各行为体在置身其中的时候,呈现出一种新的、综合的、独特的安全观。

一 全球治理中的"公域"问题

(一)全球治理的"去国家化"

在梳理本年度"全球公域"的重大问题与治理进程之前,首先澄清几个基础性的概念:全球化、全球治理、全球公域,这样有助于更深入地理解全球公域治理中的各种症结。全球化的溯源并非易事。随着全球化问题的急剧升温,围绕该话题的争论高潮方兴于20个世纪90年代。全球化的支持者与持怀疑论者的争论主要围绕国家行为体在全球化潮流中的命运展开。其中,全球化的极端推崇者认为,全球化等于"去国家化"(Denationalization)。最突出的代表作是大前研一的《民族国家终结论》①。这里的"去国家化"主要讨论了投资、信息等全球流动的因素突破了国界的限制,使民族国家的作用逐日褪去。当全球化带来了跨越国境的全球性问题的时候,需要各种行为体通力合作共同应对。围绕全球治理的讨论,同样面临是否要"去国家化"的激烈辩论。我们可以参考联合国"全球治理委员会"给出的定义,全球治理是"各种各样的个人、团体——公共的或个人的——处理其共同事务的总和。这是一个持续的过程,通过这一过程,各种互相冲突和不同的利益可望得到调和,并采取合作行动。这个过程包括授予公认的团体或权力机关一种强制执行的权力,以

---

① 英瓦尔·卡尔松、什里达特·兰法尔主编《天涯成比邻——全球治理委员会的报告》,赵仲强、李正凌译,中国对外翻译出版公司,1995。

及达成人民或团体同意或者得到认为符合他们的利益的协议"①。在这一定义中,并未像以往一样突出民族国家的地位,国家之外的个人、团体的地位被放在了醒目的位置上。使用"治理"而非"统治"的字眼,更凸显了全球治理包含了与过去自上而下的国家统治所不同的元素。究竟全球治理是否真的是"去国家化"的治理?或者该在何种程度上"去国家化"?"去国家化"的实现途径有哪些?这一系列问题,都困扰着学界和政界中那些关注全球治理的人。

在全球治理的实践中,一些概念的提出是基于一个理念,也就是全球性问题的"公共性",即地球财产由全球共有,因此当问题出现时就需要全球努力加以治之。但是,在实际的行动当中,一些问题领域更为部分国家所青睐,而另外一些问题领域却成为国家之间的冷门。只有为国家行为体所青睐,才能吸引国家行为体贡献更多的全球公共产品并参与全球治理。因此,这些概念的塑造者通过掌握话语权,使他们关心的领域成为受到关注的"公域"。在这些概念的框架内,部分大国在强调保护全球共有财产、谋求全球福利的同时,将权力竞争的形式转变得更为隐蔽。国家行为体之间的权力博弈似乎被掩盖了,"去国家化"似乎只是一种概念层面上的表象。当霸权国家企图掩盖权力博弈的实质、威胁或侵害他国利益的时候,有必要通过"中性"国际组织参与、引入"中性"治理制度和规范以实现一定程度的治理"去国家化"。此外,全球性问题的治理需要国家作为提供全球公共产品的主体。因此,完全"去国家化"似乎不太切合实际。在这种情况下,更需要协调国家和非国家行为体的行动,健全两者的相互作用机制。一方面要更积极地引导国家行为体参与治理,提供全球公共产品;另一方面又要发挥好非国家行为体的"中性"作用,避免大国的零和博弈思维再次成为互联网、太空等领域内的主导思想。

(二)"全球公域"问题的凸显

目前全球公域的治理格局中既可见大国之间出于传统安全的战略博弈又可见各国治理非传统安全的迫切需要与初步努力。一方面,谈全球公域就不得

---

① KenichiOhmae, *The End of the National State*, New York: McKinsey& Company Inc, 1995.

谈它属于全球"公有"的一面，主要是指它涉及的安全内涵为全球共有或需要全球治理，它"与安全挂钩是安全内涵扩大化和非传统安全研究兴起的产物。……安全研究对象从国家行为体扩展到国际恐怖主义、环境、疾病、气候等因素，所谓'全球公地'安全研究也就成为讨论气候变暖、资源短缺、全球流行病等全球公共问题的安全后果"①。另一方面，谈全球公域又离不开谈它符合部分国家"私心"的一面。正如布热津斯基将全球公域所涉及的问题领域分为战略类和环境类两类②，前者成为美国制定对外战略的重点所在。全球公域就是这样一个典型概念，它符合上文中的"公""私"两类内涵，包含了以下诸多问题领域：

第一，地球生态环境系统的保护迫在眉睫，以全球变暖带来的威胁来看，灾难性的气候现象频发，海平面持续升高。研究表明，"到2015年，地球上人口超过800万的33座大城市中，21座以上将受到海平面上升的威胁，其中有的可能在15~20年内被海水淹没而葬身海底"③。

第二，外太空安全是大国普遍关心的议题之一，今后的太空治理需要着重关注的问题有维护太空安全（飞行道拥挤、太空碎片的威胁）和防止太空军事化。目前为止，"在太空中翱翔的飞行物，大于10厘米的有1.9万个，小于10厘米的有150万之多"④。

第三，海上安全也是全球公域的重点讨论范畴。全球公海如何治理、重要海上通道如海峡（巴拿马运河、苏伊士运河、霍尔木兹海峡、马六甲海峡、直布罗陀海峡、曼德海峡等）的归属和航道畅通都涵盖在此列。

第四，网络安全的重要性日益凸显。在互联网时代，网络经济安全、数据安全等无形的安全范畴进入国家、公司、个人的视线，然而该领域的法制建设相对滞后，互联网公域的归属性不明确、打击网络犯罪缺乏可借鉴的经验。

第五，航空安全是与传统的海上航道安全并行的一个公域领域。近年冰岛

---

① 张茗：《"全球公地"安全治理与中国的选择》，《现代国际关系》2012年第5期。
② 兹比格涅夫·布热津斯基：《战略远见：美国与全球权力危机》，洪漫等译，新华出版社，2012。
③ 尹承德：《世界新热点与全球治理新挑战》，《国际问题研究》2008年第5期。
④ 王义桅：《全球公域与美国巧霸权》，《同济大学学报》2012年第4期。

火山爆发，火山灰阻滞了中北欧国家的航空通道。加之，航空的运载力日益提高，人流、物流的安全保障也日益提上日程。

第六，极地也是一个重大的全球公域范畴。到目前为止，就北极来说，每年以7%~9%的速度融化。为了协调北极的环境保护、资源勘探等相关领域的活动，成立了北极理事会，由8个理事会国与11个观察员国家组成。

自2011年《美国安全报告》① 抛出全球公域的主要构成并强调其重要性以来，人们的视线更多转移到重视全球公域的战略性意义上来。通常来说，以"全球公地"著称的全球公域是一系列为全人类所共有的、应当集全球合力治理的问题领域；但是，更为频繁出现在人们视野的"公域"是美国在安全报告中一再强调的、对各大国来说具备了深刻战略含义的公海、国际空域、太空和网络空间这四大领域。这些领域内，传统与非传统安全的元素并存。单纯关注全球治理的共同性并不能折射出这些治理领域背后的战略含义。这些领域的治理并不完善，特别是对其建章立制的进程并不顺利。在掌握技术和制度保障之后，部分行为体特别是部分霸权国家，能够加以利用，以谋求自身的政治、经济、战略利益。如果不予以重视，谨慎地参与治理、认清实质，这些问题领域很可能成为新的战略冲突点。

对全球公域的公共性与战略选择非中性问题的质疑，在讨论全球公域理论时相当常见。这些质疑在一定程度上延续了人们对全球化进程是否公正的质疑。首先，需要认识到全球化给国际社会带来的变化，它"挑战了现有的领域性和空间性理论，它也对全球经济融合和国家管理经济开放的制度能力提出了疑问"②。伴随着同样的时代背景，全球公域各核心领域内的治理形势也非常严峻。其次，当人们质疑全球化究竟是谁的全球化之际，全球公域也被质疑究竟是谁的"公域"，谁来规定什么是"公域"，谁来治理"公域"？如果有人刻意界定"公域"的概念，并强调在"公域"治理中"去国家化"，那么与此同时是否有更为隐蔽的大国权力争夺？最后，问题归结为一点，"全球化"、"公域"和治理"去国家化"的表述都取决于是否有中性的监管机构或

---

① http://www.whitehouse.gov/sites/default/files/rss_viewer/national_security_strategy.pdf.
② 戴维·赫尔德、安东尼·麦克格鲁主编《全球化理论：研究路径与理论论争》，社会科学文献出版社，2007。

者机制参与到治理活动中来,同时,利益攸关方应该抛弃私心,秉着公正、公平、正义的态度实现对话与协商。

本报告主要选取了互联网和太空这两大颇具争议的"公域"领域进行跟踪研究,通过梳理和总结这两大领域的问题与治理现状,进一步探索未来可行的治理机制。事实证明,"在太空和网络领域,零和博弈的思维方式只能导致军备竞赛。网络和太空不应成为各国展开军事竞争的领域,各国需要共同协商,走出零和博弈的怪圈,实现良性互动"①。

二 互联网安全:问题与治理

互联网有自身的内在规律。准确把握互联网安全隐患的特点,是提出相应治理策略的必要保障。梳理 2013 年全球网络安全的重大事件,我们发现了网络安全问题的诸多特点,这些事件也给互联网安全治理工作带来了相应的难度。我们首先盘点一下本年度出现在头条的网络安全事件。

(一)互联网安全事件

可以用"千疮百孔"来形容 2013 年的互联网金融安全状况。《澳大利亚人报》1 月 10 日报道,"伊兹丁·哈桑网络战士"黑客组织表示对 2013 年 1 月美国银行网站遭受的分布式拒绝服务攻击负责②。然而黑客源并不清楚。该攻击是一系列代号为"燕子行动"的黑客集体忾网络攻击行动。美国政府官员推测,该组织的背后支持者是伊朗,而一系列攻击目标主要围绕美国重大金融机构与银行,包括美国联合汽车金融公司、BE&T 公司、美国第一资本金融公司、PNC 金融服务集团、五三、汇丰、富国、锡安及美国太阳信托银行。因此,美国政府官员断定,这一系列金融网络攻击是带有国家行为意愿的黑客团体所为,《澳大利亚人报》的报道中引用了华盛顿战略与国际研究中心计算机安全专家詹姆斯·刘易斯(James Lewis)的原话:"美国政府认为,这些袭

---

① 高望来:《信息时代中美网络与太空关系》,《美国研究》2011 年第 4 期。
② http://www.theaustralian.com.au/.

击无疑都是伊朗策划的"①。"圣战"组织"伊兹丁·哈桑网络战士"对美国金融机构的黑客攻击持续到2013年6月。除金融系统之外，其他商业机构也表示受网络安全问题困扰。2013年3月22日，韩国遭受了具有空前规模的黑客攻击，主要银行、媒体、个人均是受攻击的对象。美国国土安全部发布秘密报告披露，2011年12月至2013年6月有23家石油管道公司遭到网络攻击，造成信息泄露。《华尔街日报》2013年5月23日批评了来自伊朗的黑客攻击，其中针对美国公司、基础供应商的攻击呈现上升趋势②。

政府部门、机关也成为网络攻击的对象。2013年1月16日，卡巴斯基研究人员揭秘了始自2007年的"红色十月行动"③。该网络间谍活动规模大，主要针对39个左右国家的使馆、政府和科研机构，美、俄、澳都是其攻击的目标。同年1月，日本国家信息安全中心提醒外务省，至少20份机密文件由于黑客攻击而泄露。2013年12月中国央行微博账号遭到DDoS攻击，持续一个小时的DDoS攻击使中国的一级域名.cn瘫痪，央行禁止比特币用户在中国金融机构交易疑为此次攻击的导火索。④

网络空间的军事化也是2013年治理该领域所面对的严峻态势之一。网络成为一种不流血的军事武器。美国海军称伊朗启动网络战，其中伊朗入侵了部分非密计算机⑤。同时，2013年伊朗也遭受了一系列分布式拒绝服务的黑客攻击，伊朗军用域名网站（basij.ir）因此瘫痪。中东的形势因为网络武器的介入更加扑朔迷离。印度也被怀疑发起了代号为"宿醉行动"的大型网络间谍行动。2013年2月，朝鲜谴责美韩发起网络攻击，封堵了朝鲜的互联网入口⑥。

如何在网络平台上保护互联网用户的个人隐私，是2013年互联网安全的焦点议题。2013年2月16日，Apple、Facebook、Twitter公开表示遭受黑客入

---

① http://www.theaustralian.com.au/.
② http://www.cnbeta.com/articles/238935.htm.
③ http://www.ibtimes.co.uk/cyber-threats-2013-snowden-hunt-red-october-1430631；http://www.wnd.com/2013/01/red-october-cyberattack-implodes/.
④ http://finance.people.com.cn/BIG5/n/2013/1219/c70846-23882537.html.
⑤ 环球网，www.mil.huanqiu.com/world/2013-09/4405423.htm，2013年9月29日。
⑥ http://news.xinhuanet.com/world/2013-03/16/c_124466785.htm.

非传统安全与"全球公域"治理

侵,泄露了数以万计的用户资料。Java漏洞被指为黑客进攻的突破口,上述公司员工的电脑因此遭到入侵。Facebook也因此身陷丑闻,它通过"shadowprofile"进行的用户数据搜集活动被曝光。① 2013年2月8日,白名单安全厂商Bit9公司的系统遭受恶意攻击,恶意软件通过电子证书进入该公司的白名单,该公司的诸多客户在毫无意识的情况下受到入侵②。2013年2月18日美国《纽约时报》披露了一份Mandiant报告,其中称141个组织和公司的数据资料大量泄漏与中国黑客有关③。2013年初奥巴马发表国情咨文指出,一些外国政府、公司、组织在试图窃取美国商业机密的同时,可能会发动针对美国重要基础设施如电网的攻击,矛头暗指中国④。在媒体舆论的渲染下,中美似乎陷入了"网络战"的迷雾之中。然而网络的虚拟性意味着只要改动IP地址,就可能制造攻击的表象。不明第三方,如其他国家或者个人、组织等行为体的参与,都可能导致产生战略误判。在某种意义上,中美两国都是网络安全威胁的受害者,因此,实现网络安全治理符合两国的共同利益。

"斯诺登事件"可谓是激起千层浪的互联网大事件,它引发了全球各国、组织、企业、个人保护互联网安全的意识。2013年6月,美国前中情局(CIA)雇员斯诺登向《卫报》和《华盛顿邮报》提交了两份绝密资料。6月5日的《卫报》披露了美国国家安全局一项代号为"棱镜"的网络监控项目。自2007年,美国国家安全局(NSA)开始实施棱镜计划(PRISM),该计划代号为"US-984XN"。微软、谷歌、苹果、雅虎等九大网络巨头也被披露与美国国家安全局合作,向其开放服务器,从而可以监控美国公民的邮件、聊天记录、存储数据、照片、视频等10类私人资料。该举在美国国内引起一片哗然。该事件的波及范围并不止于美国国内,随后,部分欧洲国家也卷入丑闻。英国等相关国家也被披露曾经配合美国进行网络信息监控。事件引发的网络安全事件不断蔓延,德国总理默克尔随后也向美国提出严重警告,抗议美国利用通信网络,监听其通话记录。可以说,"斯诺登事件"、棱

---

① http://www.cnn.com/2013/02/20/tech/web/hacked-apple-facebook-twitter/index.html.
② http://sec.chinabyte.com/164/12545664.shtml.
③ www.Mandiant.com.
④ www.bbc.co.uk/zhongwen/simp/.../130219_china_hacking_report.shtml.

镜门（PRISM）的披露，给了各位热爱自由的"网虫"们当头一棒，标志着网络自由神话的破灭。

（二）特点与治理努力

第一，低成本性、便利性是互联网技术带给人类的一大贡献，但它同时降低了网络犯罪的门槛。侵犯主体不论是在地球的哪个角落，只要开通了网络，不必花费较高的成本就能够设计病毒来进行网络攻击，或是编造谎言进行网络诈骗等。一台开通了网络功能的电脑，就是这些网络侵犯的物质基础。

第二，非对称性（多元行为体）是网络侵犯的一个重要特点。过去的战略威胁发生在对等的国家之间，而网络侵犯的发起者可以是作为个体的黑客，但是黑客所带来的杀伤力可能不比其他行为体弱。同时，他对其他行为体的侵害还可能相当巨大。例如，在上述网络大事件中，黑客可以入侵一个国家的基础设施系统，使电网中断；也可以攻击一个国家地区的金融系统，使银行系统瘫痪。

第三，跨国性是网络领域全球化的重要体现，也造就了全球跨国网络犯罪的流行。跨越地理位置的限制，远在大洋西岸的网络犯罪者可以攻击远在中东的计算机网络，遥控那里的舆论，从而影响地区形势的发展。基于网络犯罪具有跨国性这一特征，治理网络安全问题也需要突破国界、区域的限制，我们需要推动全球合作，共同应对网络安全威胁。

第四，网络世界的虚拟性导致网络安全问题存在一定的隐蔽性，难以监管。在网络世界里，人们躲在冰冷的代码数据后面，通过各种代码随时更换着身份（ID）。虚拟性的结果是使人们难以认定网络侵害源的真实身份。一旦部分行为体蓄谋嫁祸其他行为体如国家，就有可能将战火引入现实世界。

第五，可储存性标示着一个大数据的时代已经到来。数据的存储本身不会带来安全隐患，但是存储手段、技术的安全系数，直接影响着国家、企业、个人等行为体的权益。一旦储存的数据泄露，就很可能带来一定的军事、商业、社会伤害。

"斯诺登事件"给世界敲了一个警钟，网络世界的监管急需健全的法律、规范和制度。现在的网络监管在技术层面、规则层面和战略层面都存在不对称的情况，各国之间存在力量差异，也存在信任危机。总体看来，2013年全球在推进网络安全治理方面取得了一定的成效。美俄签署网络条约，建立了一条热线，从而使两国能够及时对话以应对网络空间危机。中国黑客在2013年成为众矢之的，部分西方媒体将来源不明的黑客攻击归咎于中国。但是，中美两国都是网络安全问题的受害者，在打击网络犯罪方面，两国需要认识到共同利益。"习奥会谈"之后，中美两国成立了网络安全工作小组，旨在能够在合作框架内开展网络安全对话。

为防止全球公域治理中的假公济私和非中性问题，全球各国有必要采取共同行动，抵制部分国家把持公域治理中的定调权，维护本国的合法权益。在这个不均衡治理的全球化时代背景下，各国应当积极参与全球治理观的塑造活动，推动实现全球公域治理、维护人类共有利益的终极目标。2014年我国筹建了国家安全委员会，为我国今后积极参与塑造真正维护人类公意的公域观提供了机构支持。2014年3月，美国宣布放弃对国际互联网名称和编号分配公司（ICANN）的管理权。尽管实现网络安全全球共治的前景仍然扑朔迷离，但人们不得不承认，"斯诺登事件"及一系列网络安全后续事件给美国制造了一定的压力。

三 太空治理：进程与问题

（一）太空安全问题的内容

太空安全问题主要涉及太空垃圾、轨道拥挤、信号干扰、太空军事化。具体来说，太空垃圾主要包括废弃卫星、残留的运载火箭推进器、各类卫星散落的零件及由爆炸和碰撞产生的各类碎片。这些太空垃圾在带来污染的同时，严重威胁航天器的航行安全以及宇航员甚至地球上人类的生命。首先，宇航设备可能因为碎片的高速撞击造成毁坏；其次，一旦碎片进入大气层，大部分会与大气摩擦而烧毁，但部分残余也可能会落到地面危及人类的生命与财产安全；再次，高速飞行的小碎片可能穿透宇航员的宇航服，危及宇航员的生命；最

后，核爆炸产生的太空垃圾可能会对地球大气产生放射性污染。据美国宇航局估计，自54年前人类进入太空时代以来，太空碎片的数量累计已达50万；碎片的飞行速度也极快，达到每小时2.74万千米左右。

2009年，美俄两颗卫星正面撞击，该事故致使50多个厘米级以上的大碎片散落在太空，给其他飞行器带来了安全隐患。接连发生的撞击事件使人类发射卫星等空间活动产生的碎片可能给空间环境带来诸多污染。2013年由太空碎片引发的太空安全事件再次吸引了众多眼球。2013年一块0.08克的太空碎片从侧面撞击一颗俄罗斯科研卫星。美国媒体认为肇事者是"中国2007年反卫星试验时的卫星碎片"。刚刚于2013年4月25日发射升空的"飞马座"卫星是厄瓜多尔唯一一颗卫星，行驶在距离地面650千米的太空轨道上，后被1985年发射的苏联火箭燃料箱残骸撞击，影响了其正常运行。考虑到太空垃圾的潜在危害，世界各国做出诸多努力，致力于清除空间的各类碎片。目前来说，我国在清理太空碎片技术上处于世界先进水平。据美国spacenews网站2013年12月27日的消息，美国空军签署了两份价值共约1000万美元的"太空篱笆"合同，旨在监视各轨道上的目标，尤其是轨道中的太空碎片。

随着越来越多的卫星被发射升空，太空轨道也变得越来越拥挤。目前，地球轨道上大概有1167颗卫星。太空轨道拥挤除了会导致各类航天器的物理相撞，还会导致无线电信号的相互干扰等现象发生。信号干扰有故意和非故意两种情况。信号干扰常常被用于军事战略的开展，可能引发诸多战略猜疑。2011年3月，韩国寻求国际民用航空组织（ICAO）的帮助，希望其与朝鲜进行沟通，停止对方干扰导航信号的行为。在诸多担忧之后，韩国国防部于2012年5月发表声明称，新近无人侦察机坠落事故并非朝鲜GPS信号干扰所致。无线电信号干扰事件每年可能发生4000次左右。2011年12月7日，BBC、VOA、德国之声、AEF和荷兰电台曾经联合谴责故意干扰卫星和无线电频率的行为。干扰发生的频率越来越高。不能排除，一些由于轨道拥挤带来的相近信号干扰也是信号干扰频频发生的客观原因。2010年，国际通信卫星有限公司（Intelsat）运营的一颗通信卫星发生故障，滑入其他卫星的轨道，美国担心此事件有可能会造成信号干扰，从而妨碍美国有线电视节目的传输。有效治理太空轨道拥挤、无线电信号干扰,对各国的配套太空技术提出了相当高的要求。

太空非军事化治理是太空治理中争议最多、最难推进的一项。太空军事化是指在太空放置武器,将天基的侦察、通信及中继星等设备融入一体化的信息化作战系统。治理太空军事化举步维艰的重要原因是大国间的战略猜疑。在诸多地区性战争中,美军及其同盟军都高度依赖各类卫星及其他太空配套侦查系统与平台。在1991年的海湾战争中,美军就使用了卫星导航监控伊拉克,获取"基地"组织和本·拉登的相关信息。考虑到他国的太空侦察将给各国的国家安全带来威胁,各大国在制定太空战略的时候都比较踌躇。一方面,它们希望太空安全得以有效治理和保障;另一方面,发展太空实力、部署太空战略也是出于国家安全的考虑。

(二)大国政治困扰下的太空安全治理

为了维护太空的安全与稳定,避免太空军事化愈演愈烈,国际社会做出了诸多努力,也经历了诸多挫折。随着航天活动的增加,国际社会已有了诸多相关的国际公约来认定外空损害责任,也初步形成了一系列保障性措施来进行损害赔付。各类责任按不同程度和赔偿方式,可分为绝对责任、过错责任和共同责任。依据国际惯例,商业性质的航天活动保险介入较多,由政府主导的军事、科研性卫星的发射则投保相对较少。但是依照司法判例来说,发射国也应当为卫星发射活动购买足额的商业保险,由政府出面担保,一方面,一旦损失造成,就可以给受到损失的第三方提供充分赔偿;另一方面,如果本机发生意外事故,也可以得到及时赔偿。各国的航天保险发展也逐渐成熟。厄瓜多尔的飞马卫星,因为提前投保,损失并不严重。

不容否认,国际社会谋求治理太空安全所取得的成果受益于各国(特别是航空大国)之间的通力合作。目前来说,1967年的《外层空间条约》、1968年的《营救协定》、1972年的《责任公约》、1976年的《登记公约》和1984年生效的《月球协定》等几项非约束性条约已经在治理太空安全方面发挥了不可忽视的作用。

各国在治理太空碎片上的成果最为显著。美俄之间有太空监测网;

1993年成立了空间碎片协调委员会（IADC），几个主要参与国包括中俄美等，数据仅向成员国开放；除了政府组织，非政府组织例如国际太空监测网（ISON）也对太空碎片进行监测，向国际社会分享报告。联合国大会第一委员会（裁军和国际安全）也成为各国就太空安全问题展开磋商和讨论的重要国际平台之一，为防止外太空军备竞赛、维护太空和平与稳定提供世界舆论支持。然而，该委员会主要是议事机构，不具备国际法律约束力。因此，在部分敏感领域，如治理太空军事化方面，治理的成效表现欠佳。

太空军事化的全球治理行动目前面临两种困境：第一，定义不清晰；第二，权责不明确。"冷战"时期签署的反太空军事化协议存在着诸多漏洞，难以界定发展太空事业的出发点。而且几乎所有的空间资源都是双重用途。例如，GPS定位系统兼顾军用民用两种功能。1967年签署的《太空协议》、1979年签署的《月球协议》都反对在外太空进行军事竞赛。但外太空的起点（地面100千米以外的空间）在哪里，只有一般性的共识，没有具有法律效力的全球协定给予约束性规定。

世界各国普遍认识到，非常有必要制定具有约束力的国际规则进行太空治理，但目前来说，凝聚各国（特别是航空大国）共识的规则仍然很难形成。如果少了航空大国的支持，任何太空规则，即使通过了审议，也将很难得以执行。2010年俄罗斯提出建立各国政府专家组来评估TCBM。美国援引《防止在外空放置武器的中俄条约》并未予以支持。尽管如此，与之相关的联合国第65/68号决议，以183票赞成、0票反对得以通过，美国弃权。决议决定专家组2012年启动研究，2013年向联合国大会报告。近年，联合国一再重申必须采取有力措施，反对太空军事化、防止军事竞赛在太空的扩展。各国纷纷表示支持，美国和以色列则表示了异议。

近年以来，太空触动着世界大国的神经，"高空"战略在新世纪全球战略中的重要性倍增。实际上，太空并非一个崭新的战略领域。早在美苏争霸的"冷战"时期，太空的战略地位就得以凸显。但是，历史的教训昭告世界，必须客观地看待太空的重要性，有节制地发展太空力量，防止引发又一轮的太空军事博弈。治理太空军事化的泛滥，需要加大力度完善太空法制建设，维护国际社会积极倡导和平利用、开发太空的宗旨。

太空安全治理是全球公域中治理难度相对大、治理费用相对高、对科技水平要求相对高的一个领域。一方面，这导致了通过"去国家化"实现中性治理并不完全适用于该问题；另一方面，大国相互协商、对话、彼此克制对于该公域真正摆脱传统安全的博弈困境具有决定性作用。因此，大国必须借助中性的、专业性的、职能性的国际组织平台，推进谅解与合作，这才是该全球公域问题领域内治理的核心任务。

四 全球公域治理的非传统安全思考

全球公域的治理需要避免"公地悲剧"的产生，以国家为代表的各类行为体享受到全球共有财产带来的福利之际，也需要考虑到不侵犯并自觉维护其他行为体获得福利的权利。一方面，需要适当"去国家化"，使各种专业、客观的国际组织参与到治理过程中来，特别是在联合国框架下，制定具有约束性的国际公约，明确各国参与治理的详细权责；另一方面，需要提倡尊重他国权益，鼓励国家行为体提供国际公共产品以及参与全球公域的治理。

就网络安全治理来说，一方面，各个行为体在享受互联网便利的同时，应该认识到要无害利用全球互联网技术和资源，不攻击他人（国），不侵害他人（国）信息权益；另一方面，应当保障各国的互联网主权，在此基础上，大力倡导在联合国框架下建立多边、透明、民主的互联网管理机制。只有集结了国际合作，才能有效打击具有跨国性质的互联网犯罪。

就太空治理来说，要保障太空安全，需要倡导完备的太空法制体系。通过建立完善的治理机制，治理太空碎片、信号干扰和航道拥挤。如果没有一个完善的治理体系，航道可能越来越拥挤，却得不到疏通；太空垃圾可能越来越多，却没有人清理。再者，太空的非军事化将是一项具有深远意义的全球公共产品，需要各大国建立战略互信，具有责任心，为防止出现太空军事化僵局做出集体努力。

今后各大国可以从以下几个方面努力，探索实现网络、太空合作的有效途径。第一，可从不敏感的非军事领域的合作开始，找到合作的机制性突破口；

如治理太空碎片；第二，需要认识到更稳定的网络和更有序的太空秩序是各大国的共同利益所在，通过制定网络和太空行为规范治理空间失序，使之符合各国利益；第三，大国合作可以采取多边形式，并将之置于联合国合作框架之下。大国的合作是网络和太空全球有效治理的重要保障，中性的国际组织的参与将有利于构建完善的制度体系，为主要大国的合作提供对话的平台。

B.8 非传统安全与城市人防地下空间开发利用*

王文臣**

摘 要： 随着我国城镇化进程的加快，城市人防地下空间在传统安全与非传统安全领域的平战结合开发利用面临新的机遇与挑战。一方面，城市人防地下空间是应对传统安全的重要领域，但在应对非传统安全时存在许多制约因素，在相关法律法规、制度与机制建设方面还有许多亟待解决的问题。另一方面，探索传统安全与非传统安全威胁下的城市人防地下空间开发利用策略，必须立足融合发展，积极推进法律规章的立法进程，创新基于传统安全与非传统安全威胁的城市人防地下空间管理、规划设计和建设模式。

关键词： 非传统安全 人防 地下空间 开发利用

随着我国经济社会快速发展，恐怖主义、民族分裂主义、宗教极端主义以及重大自然灾害和公共安全事件等非传统安全问题对国家安全、社会安定、人民生命财产安全的影响日益凸显，城市人防地下空间平战结合开发利用的传统安全与非传统安全的双重作用也越来越重要。从属性上看，城市人防地下空间

---

* 基金项目：国家社会科学基金重大攻关项目"中国非传统安全威胁识别、评估及应对"（12&ZD099）。
** 王文臣，南京陆军指挥学院国防动员系副教授，大校军衔，长期从事人民防空、应急管理和国防动员研究。

作为平战结合的城市地下资源,是传统安全与非传统安全功能交织的地下空间资源。从功能上看,城市人防地下空间的开发利用,是城市建设的重要内容,是传统安全与非传统安全交织的重要领域,也是人防平战结合与军民融合发展的一种模式。从平战结合的视角看,人防地下空间既是传统安全领域战时防空疏散隐蔽的防护空间,又是非传统安全领域应急避难与疏散行动预防、准备、响应和恢复的一种地下空间资源。

一 基于非传统安全的城市人防地下空间开发利用现状分析

在国内外局势复杂多变的新形势下,城市人防地下空间在应对非传统安全威胁时的开发利用,既面临前所未有的战略机遇,又面临日益凸显的新挑战。

(一)城市人防地下空间开发利用管理规范化建设标准逐步完善,但重传统安全与轻非传统安全的现象还比较普遍

近年来,随着国家经济社会改革开放的不断深入和快速发展,城市人防地下空间建设正处于高速发展的时期。按照"长期准备、重点建设、平战结合"①的人防建设方针,贯彻"与经济建设相协调、与城市建设相结合"②的人防建设原则,城市人防地下空间开发利用管理规范化建设标准逐步完善,但重视传统安全与轻视非传统安全的现象还比较普遍。

1. 国家对城市人防地下空间开发利用的重视程度不断提高

近十几年来,为加强城市人防地下空间兼顾传统安全与非传统安全需求时的开发利用,国家相继颁布了一系列关于城市人防地下空间平战结合开发利用的政策文件和规章。在城市基础设施建设方面,国务院颁布的《城市地下空

---

① 国家人民防空办公室编写组:《人民防空法律法规与文件汇编》(第八册),国家人民防空办公室,2011。
② 国家人民防空办公室编写组:《人民防空法律法规与文件汇编》(第八册),国家人民防空办公室,2011。

间开发利用管理规定》明确规定:"城市地下空间的开发利用应贯彻统一规划、综合开发、合理利用、依法管理的原则,坚持社会效益、经济效益和环境效益相结合,考虑防灾和人防等需要。"在城市人民防空整体建设方面,中发〔2001〕9号文件要求:"市政公用基础设施和房屋建筑等工程的规划和建设,要注重开发利用城市地下空间,兼顾人防要求,逐步形成由城市地下交通干线、地下商业娱乐设施、地下停车场、地下过行道、共同沟等组成的城市地下防护空间体系。人防工程要与城市地下交通等设施相连通。"① 2013年11月召开的中国共产党第十八届中央委员会第三次全体会议做出了《中共中央关于全面深化改革若干重大问题的决定》,明确提出创新社会治理体制要"深化安全生产管理体制改革,建立隐患排查治理体系和安全预防控制体系,遏制重特大安全事故。健全防灾减灾救灾体制"。可以看出,中共中央、国务院和中央军委的上述几个文件,都从不同侧面对城市地下空间兼顾人防要求提出了总体要求。

2. 城市人防地下空间开发利用的可操作性法规政策还有待完善

在我国现行的法律与规章中,关于城市人防地下空间兼顾传统安全与非传统安全开发利用的相关法律、条例、规定和办法有很多。总体上看,宏观指导性法规多,具体可操作性法规少;涉及传统安全的法规多,涉及非传统安全的法规少。这些现象已成为城市人防地下空间管理与运用相关部门反映较强烈的问题。造成这一现象的原因很多,其中上位法和相关法规政策的缺失和不具体是重要原因。例如,我国人民防空法的释义,没有规定国家和军区人民防空主管部门在地下空间开发利用方面的职能。而在对县级以上地方各级人民政府人防主管部门主要职责的释义中,人防主管部门职责第六项是:"监督检查和指导城市建设、基本建设和城市开发利用地下空间贯彻人民防空要求的执行情况。"人防主管部门怎么监督和指导,各地执行情况不一,多数地区甚至在本省的《人民防空法实施细则(办法)》中也没有明确。在现有相关条例和规定中,对于在实际建设中如何贯彻的具体规定针对性不强,考虑城市人防地下空

---

① 国家人民防空办公室编写组:《人民防空法律法规与文件汇编》(第九册),国家人民防空办公室,2011。

间兼顾传统安全与非传统安全需求的具体条款操作性不强，难以发挥法规的强制性权威和作用。

（二）城市人防地下空间开发在全国范围内甚至单个城市发展中没有形成规模效益

像中国这样的大国，就某一项工作而言，找出几个正面或负面典型并不难，但衡量一项工作的进展情况时，要用总体数据而不是个别典型来作为标准。城市人防地下空间开发兼顾传统安全与非传统安全需求也是一样。城市地下空间兼顾传统安全与非传统安全方面的典型案例特色鲜明。有的城市结合城市广场公园修建公用人防工程，如北京结合绿地公园修建平战结合人防工程，契合环境和资源保护的主题。有的城市结合城区道路改扩建修建公用人防工程，如湖南省长沙市黄兴北路的地下商业街紧密结合"黄兴北路打通建设工程"而修建。有的城市结合大型场馆修建公用人防工程，如青岛市"五四广场"人防工程结合奥运场馆建设而修建；济南市经十一路地下商业街项目也是结合省体育中心及周边设施改造同步建成的。另外，许多城市虽有一些地下空间开发利用中的典型案例和经验，但并没有得到普及和推广。在人防系统地下空间开发的机构设置方面，上海、北京、吉林等省市人民防空主管部门专设了相关处（室），其主要职责是会同有关部门拟订人防地下空间与城市建设相结合规划、政策、建设项目，对结合民用建筑修建的防空地下室工程进行审批和竣工验收；监督、指导已建人防工程的防汛、防火、维护管理和开发利用。但是，多数城市地下空间开发并没有兼顾传统安全与非传统安全需求，城市地下空间兼顾传统安全与非传统安全需求的规模效益没有充分发挥。

（三）结合地铁建设修建公用人防工程没有纳入法制轨道，地下空间项目没有兼顾传统安全与非传统安全需求的现象时有发生

经过多年的探索与建设，我国城市人防地下空间在传统安全与非传统安全功能开发利用方面取得许多宝贵的成功经验。一方面，城市地铁和地下交通隧道建设满足了城市地下空间兼顾传统安全与非传统安全的要求，也使得法规政策落实情况取得了重大突破。北京、天津、上海等许多城市的地铁全部按照人

防工程防护标准进行建设,实现了社会效益与战备效益的有机结合。例如,北京地铁中心城地下段按照5级人防防护标准进行修建,新城的地铁在出地面重新进入地下后,地下区可段按照6级人防防护标准修建。人防防护设备在地铁修建过程中全部安装到位。有的城市将地铁与人防地理指挥所联通,有的城市将地铁站与附近的人防工程及普通地下室连接起来,共同构成了地下防护空间网络,不仅提高了城市地下空间和人防工程的平时利用效率,同时也提高了战时的机动防护能力。另一方面,在近几年全国范围全面铺开的地铁建设热潮中,许多城市因资金问题、项目审批把关等原因,并没有很好地贯彻地铁建设兼顾传统安全与非传统安全需求,其主要原因之一就是没有结合地铁建设修建公用人防工程,没有将这一做法纳入法制轨道。上述问题的出现应引起决策和管理部门的高度关注。

二 城市人防地下空间兼顾传统安全与非传统安全的可行性分析

(一)城市人防地下空间兼顾传统安全与非传统安全的法律和政策依据

为发挥城市人防地下空间的多重效益,必须按照国家法律法规的要求,在城市建设中贯彻平战结合方针,不断增强城市的平时服务、急时支援和战时防空的综合能力。首先,地下空间开发利用兼顾传统安全与非传统安全需求,是贯彻党中央关于全面深化改革的决定的要求。2013年11月召开的中国共产党第十八届中央委员会第三次全体会议做出了《中共中央关于全面深化改革若干重大问题的决定》,明确提出创新社会治理体制要"健全防灾减灾救灾体制",对地下空间兼顾人防要求的创新发展指明了方向。其次,地下空间开发利用兼顾人防需求,是贯彻军地双重领导体制的基本要求。国发〔2008〕4号文件明确指出,"城市地下空间开发利用规划,必须充分考虑人防要求,兼顾人防功能"[①],

---

① 国家人民防空办公室编写组:《人民防空法律法规与文件汇编》(第九册),国家人民防空办公室,2011。

这一文件是城市地下空间开发利用的纲领性文件。最后，2010年召开的第六次全国人防会议，以及后续召开的全国城市空间开发利用、全国人防系统主任会和信息化建设现场会，多次强调了城市人防地下空间兼顾传统安全与非传统安全的重要性，并颁布许多相关政策性文件，下达了有针对性和可操作性的工作部署。

（二）城市人防地下空间兼顾传统安全与非传统安全的技术可行性

城市人防地下空间平战转换技术已经取得一些突破，这为传统安全与非传统安全提供了新的发展空间和实现路径。一是建筑使用功能的技术转换。建筑使用功能转换涉及平面布局、功能性防护单元与防爆单元划分、装修材料及配套设施等方面。目前，已建大量地下工程应用于商场、文化娱乐场所和仓储等，急时和战时要转换为人员掩蔽工程，就必须在规划利用上做好功能转换的预置。例如，在地下空间的设计、施工、安装和维护管理中，都应该兼顾这种转换的预置性要求。二是结构承载能力的技术转换。为满足跨度设计要求，大型地下空间平时跨度通常较大，在实现由平时向战时防空功能转换时，既可在转换中采用加柱、增加墙体以减小跨度等技术手段，提高承载能力；也可以采用钢材、钢筋混凝土等加强板、梁、柱、墙和底板的抗力来提高结构的承载能力。三是孔口防护功能的技术转换。平时，人防工程的人员与设备出入口、通风、给排水和电缆管线孔口等通常采用多开口的、开大口的孔口设计，不符合战时防护密闭性技术和战术要求，必须通过封堵、预留安装、增设防护密闭措施等手段实现平战转换。四是内部设备系统的平战技术转换。地下工程的内部设备系统主要包括地下供电系统、供水系统、通风系统和除湿系统等。这些地下工程内部的平战技术转换，应根据平时与战时保障需求确定。例如，常态化使用的地下工程通风系统，由于平时通风量较大，不需要滤毒，只需进行温湿度调节，但是，战时必须按照防护功能要求进行技术转换，恢复或增加滤毒设备设施，使其具备滤毒功能。

（三）城市人防地下空间兼顾传统安全与非传统安全的经济可行性

城市地下空间兼顾传统安全与非传统安全在经济上也是可行的。首先，地铁的快速机动能力和较高的结构强度，使其具备平时保交通、急时和战时保机动的基本功能和高效费比，这就可满足人防工程战备、经济与社会效益最大化的重要条件。其次，兼顾传统安全与非传统安全要求从投入与社会效益与战备效益的产出看，符合三个效益统一的国家安全与发展利益。再次，从世界发达国家的城市地下空间建设经验看，一个国家的人均 GDP 达到 2000 美元后，从综合国力的角度出发，已经具备利用城市地下空间的能力和条件。但是，地下空间一旦竣工，再回过头来进行改造和改建，必然造成施工难度大、浪费大、重复性投入费用高等问题。最后，从增加防护功能的效费比看，小投入与大战备效益是满足经济可行性分析的重要条件。例如，地铁在设计时就已经考虑到部分地段的战时防空承载因素，包括自身主体符合人防防护工程抗力和荷载因素，以及承受地面交通道路的荷载因素。但是，满足战时需求的配套设施如不同步进行，带来的平战转换成本可能是惊人的。人防防护工程研究表明，地铁兼顾人防要求同步建设时，建设成本只需要增加 1%。但是，在地铁竣工后再进行人防需求改造，不仅影响平战转换的时效性，其造价也将是同步建设的数倍以上。

三 基于平战结合的城市人防地下空间开发利用面临的机遇与挑战

（一）基于平战结合的人防工程建设开发利用有所突破

1. 基于平战结合的城市人防地下空间总量增长迅速

城市人防地下空间建设速度快、建成数量多是近年来人防系统最显著的成果。尽管还有许多城市人防地下空间开发利用没有兼顾传统安全与非传统安全，但兼顾的总数与以往相比较，有了历史性的突破。自 2000 年到 2010 年的 10 年中，全国人防工程平战结合捷报频传。据 2011 年全国人防综合防护体系建设和管理工作会议通报：在"十一五"（2005~2010 年）的 5 年时间里，全国新建人防工程面积，超过 1954~2005 年全国人防工程面积的总和。

2. 基于平战结合的城市人防地下空间投资和融资多元化趋势明显

随着全国城市商品住宅和集中商业街区地下开发进入快速发展时期，城市人防地下空间兼顾传统安全与非传统安全的工程投资主体，逐步由国家投资主体模式向多元化投资主体模式相结合的新模式转变。如各类地下指挥所工程和单建式人防工程由政府投资，建地下室和地下综合体类人防工程项目由企业投资等。资金来源渠道也表现为多元化，既可以是国有资金，也可以是个人独资和合资，还可以是国（境）外资金。例如，2013年上海出台的负面清单制度，为城市人防地下空间开发利用投融资渠道的拓展提供了制度保障。

3. 基于平战结合的城市人防地下空间综合效益显著提高

评估一个城市人防地下空间的平战结合效益应主要考量该城市传统安全与非传统安全在经济效益、战备效益和社会效益方面有机结合的程度。改革开放30多年来，人防系统坚持"有偿使用、用管结合"的原则，城市人防地下空间平战结合开发利用力度不断加大，既增强了人防自我发展的能力，又为经济建设和人民生活的改善做出了贡献。例如，在"十一五"期间黑龙江省人防工程的平战结合项目完成产值20多亿元，实现利润19.4亿元，上缴税金9亿多元，安排就业20多万人次。

4. 基于平战结合的城市人防地下空间法规制度建设不断完善

推进城市人防地下空间兼顾传统安全与非传统安全的开发利用规范化建设，必须建立和完善基于"传统安全"和"非传统安全"的平战结合法规体系。自1997年《中华人民共和国人民防空法》颁布施行以来，全国各地人防工程配套相关法规陆续在各级人大政府获得通过，成为指导人防工作良性发展的重要方针。许多省市先后出台了人防地下空间兼顾传统安全与非传统安全的意见、管理规定和暂行办法等地区性政策文件，为推动人防工程建设又好又快发展提供了制度保障。

（二）基于平战结合的城市人防地下空间开发利用仍然存在许多亟待解决的问题

1. 城市人防地下空间的产权不够明晰

我国现行法律和规章对人防产权的界定存在概念模糊、相互矛盾等问题。

例如,《国务院、中央军委批转国家人防委关于人防工作改革几个问题的意见的通知》(国发〔1986〕9号文件)规定:"人防部门可按照国家有关规定,吸收社会资金,广开财源,发展人防事业。具体办法是:根据城市建设和人防战备的需要修建的大型地下工程,可按照工程性质、用途及受益大小,采取谁投资,谁使用,谁受益的自愿投资的办法向社会集资。"文件只提到人防工程"谁投资,谁使用,谁受益",并没有明确产权归属;现行《中华人民共和国人民防空法》对人防工程产权归属没有做出明确规定;《城市房地产管理法》只对土地上的房屋权属登记进行了规定,且明确房产范围只限于"土地上"(地表之上),对人防地下空间产权归属并没有做出明确的规定。现行法律和规定虽然提出了"谁投资、谁所有、谁受益、谁维护"的原则,但过于笼统,对已转让土地使用权的土地地下空间的权属界定不清;《中华人民共和国物权法》也仅仅规定车位、车库的归属由当事人约定。此外,虽然有些地区出台了《人民防空工程国有资产管理规定》,但相关内容缺少上位法的强有力支持,出现一些人防工程资产归属上的相互推诿、扯皮的问题与矛盾。

2. 非单建人防工程重利益轻效益的现象普遍存在

可以肯定的是,人防主管部门利用人防易地建设费立项的单建人防工程普遍注重战备效益。但是,利用社会资金开发建设的非单建人防工程存在明显的逐利特性,导致人防工程利用效率的差异,并在一定程度上影响了不同类型的人防工程的建设。例如,人员掩蔽工程、物资库工程等结建工程由于空间开阔,便于利用,具有良好的经济效益,成为近年来人防建设的主流;而医疗救护、防空专业队掩蔽部工程、疏散工程等,由于技术复杂、造价高、设施预留数量多,要转之为平时商业功能会有诸多限制,所以投资方的开发意愿很低。

3. 人防工程分布与体系防护能力有待提升

人防工程分布不够合理,相互之间的连通几乎处于空白,体系防护能力不足,这是人防工程布局与体系防护能力所面临的影响战备功能的现实问题。一方面,从战时防空需求来看,人防工程是基于联合防空的防护体系,人防工程综合防护能力是衡量其经济效益、社会效益和战备效益的重

要指标。但是，现有人防工程布局零乱、分散、相互闭塞不连通的现状，降低了人防工程的体系防护能力。另一方面，由于投入人防工程的社会化资金注重商业街区开发，对许多人流量小、投资大、平时利用率低但具有重要战备性和一定公益性的人防工程重视不够，在一定程度上加剧了人防工程分布不够均衡的状态，对人防工程体系防护能力提升造成了较大的负面影响。

4. 人防工程防护标准与现代战争需求的矛盾依然存在

从已经颁布的现行人防工程防护标准来看，其制定时间较早，多数标准立足于传统战争下的防护能力，而忽视了现代战争的特点、规律，与信息化条件下人民防空对工程防护体系的需求不相适应，许多人防工程建设面临着"上马就落后，建成就过时"的尴尬境地。从功能防护效益看，早期的人防工程由于材料选用、施工工艺和配套设施不过关，其防护功能已无法满足信息化条件下的防空需要。

（三）基于平战结合的人防工程建设开发利用面临的时代背景和战略机遇

当前，我国城市地下空间兼顾传统安全与非传统安全要求的规划、设计等呈现了多元化趋势。一是在改革开放以来的30多年时间里，我国城市人防地下空间开发成就和效益凸显，积累了许多值得借鉴和推广的建设经验。二是城市地下空间兼顾传统安全与非传统安全开发利用的多元化融资法律制度不断完善，地下空间开发利用相关法律法规和政策相继出台，针对性和可操作性不断增强。三是城市人防地下空间兼顾传统安全与非传统安全开发利用的政策引导机制不断完善，在一定程度上保证了城市人均防护面积指标，使地下指挥所、救护站、人员掩蔽部和物资库等比例不断提升，城市人防地下空间基于非传统安全的平时效益与基于传统安全的国防战备效益不断提高。四是科学发展观确立的以人为本思想，为城市人防地下空间开发利用兼顾传统安全与非传统安全需求提供了广阔的舞台。特别是党的十八届三中全会提出的"健全防灾减灾救灾体制"，为城市人防地下空间平战结合的开发利用带来了新的发展机遇。

四 基于非传统安全的城市人防地下空间平战结合实践的启迪与思考

(一)不断推动和完善城市人防地下空间开发利用相关法律规章的立法进程

1. 确立城市人防地下空间开发利用管理法规的主体框架

在城市人防地下空间开发利用的相关法规中,要在明确规划编制主体、规划论证、规划审批、规划环境等要素的基础上,兼顾传统安全与非传统安全要求,并以法律的形式,明确城市人防地下空间开发利用规划的主体框架:一是城市基本情况,主要包括城市的性质、区位、规模、用地、密度、自然条件与经济状况等;二是现状及发展预测,主要包括城市人防地下空间开发利用的已建项目、待建项目,并根据城市发展的定位和需求,预测未来发展的模式和机制;三是总体发展战略,城市人防地下空间总体发展战略应主要包括发展战略目标、战略任务、战略指导、战略手段和措施等;四是总体部署,城市人防地下空间总体部署应根据发展目标和任务制定,包括规划布局、规划要求和时限规定;五是城市人防地下空间开发利用兼顾传统安全与非传统安全环保标准和要求、消防标准和要求、预防自然灾害的防灾减灾标准和要求。

2. 完善城市地下人防空间开发利用的立项、审批、建设施工和验收机制

完善城市人防地下空间开发利用的立项审批、验收机制,目的是实现城市人防地下空间兼顾传统安全与非传统安全平战结合的全程控制。首先,应通过完善审批机制,把好独立地下空间开发的入口关。对于由当地政府独立开发利用的地下交通干道、地下生命线工程(地下供水管道、地下燃气管道、地下供电管道等工程)、地下民生工程(包括地下商业街、地下仓储、地下通信工程等)和设施,必须立项有依据、审批有程序、建设有标准、施工有监督、验收有评估。明确了要开发的各类地下工程,只要持有相关批准文件即可立项,缺乏防灾、防灾功能的综合评审约束力,这也是造成除独立建设的人防工程以外的独立地下空间开发难以兼顾防灾、防灾综合需求的主要原因之一。其次，应通过完善竣工验收机制，把好独立地下空间开发的出口关。

3. 完善相关配套政策法规，规范地下空间开发利用操作流程

贯彻城市人防地下空间兼顾传统安全与非传统安全相关政策法规，必须在操作流程上把好关口。一方面，要制定完善有关地下空间权利界定、获取、转让、保护、登记等方面的法律法规，以及地下空间规划建设、人防工程防护标准、平战结合与质量安全等方面的规章。同时，结合一般地下空间与人防工程建设的实际对《房产登记管理办法》《土地登记管理办法》等法规进行修订和完善，使相关法规之间相互衔接，成配套，成体系，避免条文冲突。另一方面，要制定政策措施，鼓励和促进地下空间开发建设。要通过相关的财政、税收政策创造优惠条件和优先条件，形成明确的市场导向，允许多种所有制参与地下街、地下综合体融资和建设，同时，建立和完善城市地下空间特别是人防工程使用权的"招拍挂"制度，通过市场手段优化城市人防地下空间资源配置。

4. 构建城市人防地下空间开发利用主体多元的建设格局

从 20 世纪 80 年代初期，国家安全与发展战略的调整，计划经济向市场经济转变，为兼顾传统安全与非传统安全的城市人防地下空间开发利用带来了前所未有的战略机遇和发展活力。目前，全国人防工程平战结合开发利用率已达 60%以上。一是要积极推进城市地下轨道交通建设。目前，全国已有 28 个城市已有或正在建设地铁，另有 33 个城市正在规划建设地铁。截至 2009 年底，全国已经投入地铁营运线路总长度达到 782 公里，2010 年建成 480 公里，到 2015 年全国总里程达到 1700 公里，成都将建成 147 公里的地铁。2020 年将是我国地铁建设的高峰时期，总里程将达到 6100 公里，真正告别大中型城市没有地铁的时代。二是要加快发展城市隧道工程建设。为了缓解地面交通压力，现在大多数城市主要建高架桥和过街天桥，既破坏了城市环境，又不具备防灾抗毁能力。将高架桥和过街天桥改成地下隧道和地下人行过街通道，应该是每个城市发展和改进的方向。截至 2009 年底，中国已建成城市公路隧道近 200 公里，比 1979 年增长了 15 倍，已成为世界上隧道最多、建设规模与发展速度最快的国家。

5. 城市人防地下空间开发利用的法规、政策和行政管理手段保证

由于受到建设技术要求和自然因素的影响和制约，城市人防地下空间的开发利用具有特殊的条件限制，不容乱挖乱建轻易改变，必须具备强有力的约束手段，才能达到兼顾传统安全与非传统安全建设的目的和效果。一是在制定《城市地下空间开发利用法》等相关法律法规时，应从建设指导方针和原则、规划、建设、管理、开发权、使用权、所有权、法律责任等方面做出明确兼顾"传统安全"与"非传统安全"的规定，确保地下空间依法建设和管理；二是加强政策宣传和引导，从有利于土地资源综合开发，缓解交通拥堵矛盾、保护生态环境、提高防灾抗毁能力、少占良田等方面着手宣传，提高人们对城市开发利用地下空间的重大意义和重要地位的认识；三是建议成立高层次的地下空间决策和指挥协调机构，负责制定城市地下空间开发利用兼顾传统安全与非传统安全的发展战略，集中管理和指导城市地下空间开发利用，保证重大决策得以顺利实施；四是加强行政管理措施的跟进，城市地下空间开发利用规划一旦制定，就要保证其严肃性，按步实施，确保工程建设的实施，地下道路畅通，这些都需要法规和政策的保证。

（二）促进人防融合发展，保证城市地下空间平战功能无缝对接

1. 科学界定城市人防地下空间开发利用的目标和重点

科学界定城市人防地下空间兼顾传统安全与非传统安全开发利用的目标和重点，立足保民生和保安全，强化布局的合理性，是实现平战功能无缝对接的前提。一是立足保安全，在重要经济目标附近，做好人员隐蔽、人防专业队等地下空间的规划和建设；二是立足保民生，努力缓解地面交通矛盾，大力推广和建设人防过街通道和地下停车场；三是立足保民生与保安全双重效益，在人员密集区域，规划和建设人员隐蔽工程；四是规划或预设地下空间平战结合方案，采用高效、集约化利用的开发方式，将某些功能组合在一起，复合利用地下空间，改变目前每一种功能各自规划、各自开发的状况。

2. 在城市共同沟的规划与建设中要兼顾防护标准和规范

建设好城市地下共同沟，可以减少城市星罗棋布的管线和高大的电线杆，优化城市基础设施配置与布局。我国于1958年在北京建成第一共同沟，1993

年在上海建成第一条采用现代化管理方式的共同沟，之后在全国各大中城市迅速得到认同和发展。目前，虽然我国已建成共同沟300余公里，为实现城市集约化、系统化、现代化建设和管理目标奠定了坚实的基础。但是，城市地下共同沟总体发展速度十分缓慢，规模效益还没有形成，仍需要政策调控以加快共同沟建设步伐。

（三）创新城市人防地下空间综合管理的行政体制机制与模式

1. 探索城市人防地下空间开发利用的行政管理体制机制

一是要在管理体制上求创新。要建立由各级政府主导和统一组织管理的机构，建立由发展与改革、人防、规划、国土资源、住房和建设、武警消防、交通等相关部门组成的城市人防地下空间开发利用综合管理联席会议制度，努力构建基于多部门和多系统综合协调的行政管理机制，不断强化各级党委和人民政府在城市人防地下空间开发利用中的职能和作用，发挥党委和政府的统筹协调主导作用，发挥各部门齐抓共管的职能，提升城市人防地下空间的服务保障功能。二是着眼战备、经济和社会三个效益的平衡，集中人力、物力和财力推进具有广泛公益性效果的城市人防地下空间开发，促进公益性工程效益与效果的最大化。

2. 科学筹划与设计，落实城市人防地下空间兼顾防空防灾的要求

一是着眼不同城市人防地下空间的特点和规律，落实城市人防地下空间的防空核心能力要求。要探寻城市人防地下空间平战转换方法和规划，尽快制定相应的设计规范。如山东省人防办公室颁发的《地下工程建设兼顾人民防空要求设防规定》提出："城市地下交通隧道和单建式地下工程，常规武器抗力级别为5级或4级，城市附建式地下工程，常规武器抗力级别为6级。如作为战时人员兼物资临时掩蔽工程时，防化等级为丁级，作为战时人员交通、物资运输通道及两侧人防工程出入口穿廊时，无防化要求。"二是着眼城市人防地下空间防护标准和战术技术要求，促进城市人防地下空间规范化建设。在城市非人防地下空间开发利用项目中，要着眼防空防灾需求，抓住战时人防和平时防灾减灾的切入点，制定符合工程建设人防约束的条件和标准，特别是在建设项目的区位与地点选择上符合人防防护约束的条件和标准。三是要强化人防地下空间开发的精品工程，摆脱低层次循环。人口密集区、重要目标周边区域、城市繁华商业街区是战时人员疏散和隐蔽的重点区域，也是城市人防地下空间开发利用能够出精品的重要区位和地点，应在大投入与大产出建设环境中，找准开发利用的结合点，打造一批惠民生、保平安的精品人防地下工程。

3. 创新城市人防地下空间开发利用的融合机制

城市人防地下空间开发利用应从长远考虑，综合规划设计的理念，不断改革和创新发展思路，构建整合发展机制。一是要有效抓好城市人防地下空间规划建设的组织领导和管理，在充分调查研究的基础上，结合各个城市的不同特点，找准城市人防地下工程规划与增效的结合点，力争使防护工程建设与城市整体规划建设协调发展；二是要抓住审批环节，引导投资，主动融入城市建设和经济发展中，积极参与城市改造，推动平战结合工程建设；三是要结合地空规划，有计划地修建平战结合的人防工程，逐步形成完整的防护体系；四是要注重联合，坚持可持续发展；五要抓住有利时机，多方面多渠道采取招商引资、合资融资和联合开发等形式，选择兼顾社会效益和经济效益的重点地段，通过多渠道融资方式筹建大中型平战结合地下工程，提升人防工程建设的质量和效益，发挥人防地下空间服务经济建设与战时防空双重功能。

总之，我国城镇化建设在加速，城市的数量和规模在增加，城市人防地下空间在应对传统安全与非传统安全威胁中的双重作用也将越来越重要。全面推进基于非传统安全的城市人防地下空间平战结合开发利用，是增加国家和城市综合实力和竞争力的重要方面，也是实现具有中国特色的现代城镇发展战略的必由之路。

双源性非传统安全研究

Studies on Dual-genic Non-Traditional Security

B.9
非传统安全合作与中国－东盟命运共同体的建构

李开盛*

摘　要： 自签署《关于非传统安全领域合作联合宣言》时起，中国与东盟的非传统安全合作已走过了10余年的历程。在传统安全议题短期内难以解决、非传统安全挑战越来越突出的背景下，中国与东盟的非传统安全合作有着特殊的意义。经过共同努力，双方在金融安全、打击反恐等跨国犯罪、海上安全、流行性疾病应对、重大灾难救助以及环境保护等方面取得了一些进展。由于各国关注点各异、传统安全议题干扰以及美国因素等方面的影响，双边合作仍然存在一些缺陷与问题。未来有必要进一步

---

* 李开盛，博士，上海社会科学院国际关系研究所副研究员，主要研究方向为非传统安全、东亚安全与地区合作等。

拓展合作领域，强化双边与多边合作机制，通过深化非传统安全合作，推动中国－东盟命运共同体的建立。

关键词：
非传统安全　中国　东盟　命运共同体

自从中国和东盟签署《关于非传统安全领域合作联合宣言》时起，双边非传统安全合作已走过了10余年的历程。在此期间，中国与东盟就非传统安全议题在多方面开展了合作尝试，也取得了一些进展。但应该承认的是，由于非传统安全涉及面广，议题繁多，面临的挑战也不少，双方合作所取得的成绩仍然相对有限。正如一些外部观察家所指出的那样，"中国－东盟非传统安全合作的基础较薄弱，未能产生预期效果且缺乏战略重要性。"特别是在中国与东盟尚存在领土主权争议等传统安全议题的情况下，非传统安全合作面临相当大的制约。

但是，正是这种传统安全与非传统安全相互纠结的状况，反映出非传统安全合作在推动中国－东盟关系发展中的关键作用。像领土主权争议等这种传统安全议题是零和性的，在近期内可能无解。正因为如此，才更有必要进一步推动非传统安全方面的合作，以维护并进一步推动双边关系的发展。2013年10月，中国国家主席习近平在访问印度尼西亚时提出，要与东盟建构命运共同体。命运共同体首先是安全共同体，而安全共同体的现实切入点则是非传统安全，因此非传统安全在建设中国－东盟命运共同体进程中具有特殊的意义。

一　非传统安全在中国－东盟关系中的地位与作用

非传统安全，主要指非政治、非军事领域的安全。在无政府状态的国际政治中，军事、政治领域直接关系到国家安全与政权安全，在国家政策的议程中被置于首要地位。环境、社会、经济、文化、疾病等方面的事务则被视为低级政治的范畴，一贯居于比较次要的地位。但在当代国际政治中，由于大国间战争的可能性较小，尽管军事、政治等高级政治仍然重要，但诸如金融危机、气

候变化、全球性疾病的传播等非传统安全议题越来越多地占领了各国领导人的外交议程。特别是对中国和东盟这样山水相邻但又有着较复杂安全关系的双边关系来说，非传统安全合作的作用至关重要。

双边安全关系的复杂性主要体现在以下两个方面。

（一）传统安全问题在短期内难以解决

这里的传统安全问题主要是指中国与东盟间的南海岛屿主权争端。之所以说难以解决，是考虑到如下因素：

第一，该问题涉及六国七方（中国大陆与台湾地区、越南、菲律宾、马来西亚、文莱、印度尼西亚），远远复杂于双边的领土主权。有些国家试图在东盟的名义下联合起来，以一个声音对中国说话，但事实上它们内部之间也有利益冲突，越南对几乎所有的南海岛屿提出了主权要求，这就与其他同盟国家的立场相冲突。如果真要进入"多对一"式的双边谈判，东盟内部相关国家的立场协调将会是一个问题。

第二，争议区域太过重要，谁都不愿意做出让步。南海诸岛主权争议主要涉及双重利益：一是战略与安全利益，此海域是重要的海上通道，谁控制了谁就扼制住了东亚地区的咽喉；二是经济利益。争议岛屿涉及面积广大的领海、毗连区与专属经济区，而南海地区又恰恰蕴含有丰富的油气资源。在海洋时代，谁都不能忽视海洋资源对一个国家的意义。如越南提出，2020 年要把目前海洋经济产值占国内生产总值的 47% ~48% 增加到 53% ~55%，海洋经济的出口额要达到全国出口额的 55% ~60%。[①] 在这一背景下，相关声索国都很难做出妥协。

第三，主权争议过于敏感，双方谁都不敢做出让步。中国与相关东盟国家都是正处于进行时态的现代民族国家，还没有像西欧国家那样进入后现代国家的行列。在现代民族国家中，领土及其主权不但是一个国家的重要属性，更被赋予了民族尊严的重要功能。在这种情况下，任何一个现代民族国家的政府都

---

① 李永明：《越南发展海洋经济成绩显著》，《联合早报网》，http://www.zaobao.com/yl/tx100812_002.shtml，2010 年 8 月 12 日。

不愿意冒着失去合法性的风险轻易让步。

以上因素决定了中国东盟间的领土主权争端在较长时间内都无法解决，甚至连模糊主权归属的共同开发也难以进行，能够做到搁置争议、管控分歧与冲突可能是能够实现的最好状态。

（二）非传统安全挑战越来越突出

与此同时，中国和东盟间的非传统安全问题却越来越突出。特别是自20世纪90年代中后期以后，几起重要的事件使双方均意识到非传统安全问题的重要性。

第一是1997年爆发的东亚金融危机。在东亚金融危机之前，东南亚国家一向被视为发展中国家的发展典范。但是，金融危机的冲击不但使得这些国家的经济受到重创，而且还使其中一些国家陷入严重的政治和社会危机。在危机的始发地泰国，大批工厂停工，在生产、消费、贸易等重要经济领域出现全面下滑，失业人数在1997年底达到120万，通货膨胀率达12%。① 在印度尼西亚，不但面临着有史以来最严重的经济衰退，国内还发生了大规模的骚乱，统治印度尼西亚长达33年的苏哈托被迫下台。这一惨痛教训使得东盟国家意识到，经济安全不是一场战争，但其引发的后果胜似一场战争。

中国虽然抵御了危机的袭击，但也确实感受到了金融危机的重大挑战。主要体现在：其一，亚洲是我国吸引外商投资的主要资本来源地，金融危机使东亚国家和地区综合经济实力受到不同程度的影响，从而减少了对华投资。另外，东南亚危机国家为了克服危机，出台吸引外资的新政策，也对我国吸引外商投资形成了竞争。其二，东南亚地区的货币贬值，不但导致其进口能力减弱，影响了我国对该地区的出口，而且还影响了中国对其他地区的出口，因为中国与东亚及东盟各国存在竞争性的贸易关系，这些国家的货币大幅度贬值有利于形成相对于中国的价格优势。

第二是恐怖主义等非传统的暴力危害。"9·11"事件改变了整个世界的

---

① 韩锋：《新世纪初的泰国经济》，载黄范章主编《东亚经济蓝皮书》，经济科学出版社，2006。转引自罗晋京《东南亚金融危机后中国与东盟关系的新发展》，《东南亚纵横》2007年第8期。

政治版图，中国与东盟国家亦感同身受。在一些国家，伊斯兰极端恐怖主义一直是困扰当地政治、经济和社会生活的难题，如菲律宾的南部和印度尼西亚一些地区。而在中国新疆，"三股势力"的活动也十分猖獗。共同打击恐怖主义成为中国和东盟共同的需求。此外，长期存在的南海地区海盗、"金三角"毒品犯罪等行为，也已超出一个国家的范畴，成为危及相关国家共同利益的议题。

第三是2003年中国的"非典"危机。这场"非典"不但严重打乱了中国的经济、社会生活，还一度使周边国家感到恐慌。它使人们意识到，在一个人口流动极其频繁的全球化社会，一种传染性疾病可以造成多么大的危害。正是在这一背景下，中国与东盟首次举行了双边首脑峰会，中国政府相关领导人在会上承诺尽快遏制非典的蔓延，双方还就加强相关合作达成了协议。

以上两方面安全的挑战导致了一个逻辑上的结果，那就是中国与东盟开始有意避开复杂难解的传统安全议题，开始在有着共同利益的非传统安全议题上开展合作。在过去10多年的中国－东盟合作中，尽管中国在传统安全领域取得过一些突破（如签署《南海行为各方宣言》），但总体上进步最大的却是非传统安全合作。传统安全合作屡有波折，近几年南海争端恶化就是突出的例子，但非传统安全合作总体上在不断推进。事实上，如果没有非传统安全合作，地区安全合作可能乏善可陈。正如有的学者在评述东亚地区主义时所指出的那样，"在建立信任措施（CBMs）这一棘手领域缺乏进步所带来的负面后果之一，就是非传统安全合作的出现，进入到东盟地区论坛的议程之中……没有非传统安全议程，东盟地区论坛几乎无事可做"。[①] 这一判断对于中国－东盟双边关系也同样适用。

进一步看，非传统安全合作的深化，也有利于中国和东盟进一步加强互信，从而反过来推动传统安全难题的化解。从这个意义上看，非传统安全合作是建立命运共同体的现实切入点。传统安全议题当然必须得到管控，但目前可能只有非传统安全合作才能提供现实的合作成果，并借此建立共同的命运感。

---

① Joel Rathus, *Japan, China and Networked Regionalism in East Asia*, Hampshire and New York: Palgrave Macmillan, pp. 155 – 156.

因此，在推进中国－东盟命运共同体的进程中，非传统安全合作具有特别而现实的意义。

二 中国和东盟的非传统安全合作：回顾与进展

（一）非传统安全合作的源起

中国与东盟的非传统安全合作始于 1997 年金融危机。为了防范再次发生类似危机，影响双方金融安全，双方在多边合作框架下开展了金融安全合作，其主要成果就是《清迈倡议》。

1. 金融危机开启中国－东盟非传统安全合作的大门

"1997 年亚洲金融危机增加了这样一种意识：整体地区命运相关。"① 自身也面对挑战的中国，向泰国、印度尼西亚等受金融危机打击最沉重的国家提供了经济援助，坚持人民币汇率不变，从而有力地阻挡了危机的蔓延。经历此次危机，东亚国家深刻体会到国际货币基金组织的援助条件苛刻，区域货币金融合作十分重要与必要，于是开始探索地区性货币金融合作的可能性。日本是地区金融合作的积极倡导者，中国也积极参与了这一进程。1997 年 11 月 18～19 日，14 个亚太国家（地区）的财长和央行行长在马尼拉举行会议，制定了旨在促进东亚金融稳定的地区合作新框架，即所谓的《马尼拉框架》，中国对此予以积极支持。经过后续的双边、多边磋商，2000 年 5 月 6 日，"10 + 3"财长在泰国清迈市发表联合声明，提出了被称为《清迈倡议》（Chiang Mai Initiative，CMI）的区域双边货币互换机制。根据该倡议，"10 + 3"财长希望在资本流动监察、区域监测和信息交流、货币互换和回购网络、人员培训等领域开展合作。②《清迈倡议》的目的在于，允许参与国在支付其短期美元债务的同时，不损害其本币的力量（如不造成通货膨胀或利率波动）。"换而言之，

---

① David C. Kang, *China Rising: Peace, Power and Order*, New York: Columbia University Press, 2007, p. 71.
② 陈凌岚、沈红芳：《东亚货币金融合作的深化：从"清迈倡议"到"清迈倡议多边化"》，《东南亚纵横》2011 年第 5 期。

即解决亚洲金融危机期间所面临的问题。"① 当然,《清迈倡议》涉及的规模仍然很小,每个国家实际上可以借到的资金总量并不大,无助于解决实际问题。另外,《清迈倡议》还有待实现多边化和机制化,发展成为一个具有实质性的治理机制。② 但是,它的象征性意义还是十分突出且必要的,因为它显示出东亚国家愿意克服各种分歧、共同努力建立自助机制,从而降低未来发生危机的风险。在这一多边机制形成的过程中,中国与东盟都发挥了重要作用。

2. 非传统安全的正式提出

进入新世纪,中国开始在各种政策文件中广泛使用"非传统安全"这一概念,在推动非传统安全议程中发挥了重要作用。2001年"9·11"事件的发生,进一步推动了世界各国对非传统安全问题的重视。在当年11月举行的"10+3"领导人会议上,中国时任总理朱镕基就未来的东亚合作提出五条建议,其中一条就是在包括恐怖主义、毒品走私、非法移民等在内的非传统安全领域开展对话与合作。

2002年是中国与东盟非传统安全合作的关键之年。当年5月,中方在ARF高官会上提交了《关于加强非传统安全领域合作的中方立场文件》,该文件强调了非传统安全问题的重要性及其带来的新挑战。就如何在非传统安全领域开展合作的问题,文件提出了跨国合作、综合应对、重在预防、尊重主权等原则。③ 在中国的推动下,双方于2002年11月4日在柬埔寨金边通过了《中国-东盟关于非传统安全领域合作联合宣言》(以下简称《宣言》)。根据《宣言》,双方决定在打击贩毒、偷运非法移民、海盗、恐怖主义、武器走私、洗钱等领域开展合作。这成为中国-东盟合作的一个重要里程碑。2004年1月10日,时任中国公安部副部长田期玉同东盟秘书长王景荣在曼谷签署了《中国-东盟非传统安全领域合作谅解备忘录》,该备忘录进一步明确了双方的重点合作领域与各领域的中长期目标,并对具体的合作方式做出了规定。

---

① Joel Rathus, *Japan, China and Networked Regionalism in East Asia*, Hampshire and New York: Palgrave Macmillan, p. 108.
② 周士新:《清迈倡议多边化的演进与前景》,《金融与经济》2012年第5期。
③ 《关于加强非传统安全领域合作的中方立场文件》,中国外交部网站,http://www.fmprc.gov.cn/zl/zcwj/t4547.html。

表1 中国-东盟非传统安全相关计划、协议和宣言*

年份	内容
2000年	东盟和中国禁毒合作行动计划 发表了有关区域货币金融合作的联合声明,即《清迈倡议》
2001年	关于毒品控制的首次部长级会议
2002年	《中国与东盟关于非传统安全领域合作联合宣言》
2003年	在第七届中国-东盟峰会上签署《面向和平与繁荣的战略伙伴关系联合宣言》 在泰国曼谷召开的中国-东盟非典型肺炎问题特别会议
2004年	落实中国-东盟面向和平与繁荣的战略伙伴关系联合宣言的行动计划 《中国-东盟非传统安全领域合作谅解备忘录》 关于非传统安全合作的东盟区域论坛特别会议 中国东盟防治禽流感特别会议 中国与东盟关于海南岛环境合作的政策对话
2005年	关于海南岛非传统安全的东盟区域论坛特别研讨会 在北京举行首次加强合作的法律研讨会 首次东盟中国海事磋商机制会议 关于跨国犯罪的中国东盟部长磋商
2006年	禽流感防控国际筹资大会 在广西南宁成功举办了中国-东盟建立对话关系15周年纪念峰会
2007年	发表《东亚合作联合声明——深化东盟与中日韩合作的基础》和《2007~2017年东盟与中日韩合作工作计划》 拟定东盟防务部长会议三年工作计划 在"10+1"峰会上签订非传统安全领域的军事合作协议 监控马六甲海峡的合作协议
2008年	首届中国-东盟高级防务学者对话
2009年	发表《东盟和中日韩(10+3)合作应对全球经济和金融危机联合新闻声明》 中国设立驻东盟大使 关于跨国犯罪的首届正式东盟中国部长会议 关于地区安全的首次中国东盟高级军官研讨会 有关非传统安全领域合作的中国东盟谅解备忘录
2010年	中国-东盟自贸区全面建成 《中国和东盟领导人关于可持续发展的联合声明》
2011年	中国-东盟建立对话关系20周年纪念峰会通过《关于落实〈中国-东盟非传统安全领域合作谅解备忘录〉的行动计划》 中国-东盟中心正式成立,设立中国-东盟合作基金和中国-东盟公共卫生合作基金 制定《中国-东盟环境合作行动计划(2011~2013)》
2012年	中方主办南海海洋防灾减灾研讨会和南海海洋生态环境与监测技术研讨会 中国-东盟警察组织高级警官研修班在浙江举行 第9期中国与东盟刑侦技术培训项目在北京举行 签署《中国-东盟银行联合体合作协议的补充协议》 第四届中国-东盟卫生部长会在泰国普吉岛召开
2013年	发表《纪念中国-东盟建立战略伙伴关系10周年联合声明》 在中国举行东盟经济部长路演

* 本表参考了〔美〕戴维·阿拉斯《中国-东盟非传统安全合作——区域安全合作的制度化与东亚地区主义的演变》一文(《南洋资料译丛》2011年第3期),且进行了大量的补充与调整。

（二）合作领域与进展

自从 20 世纪 90 年代中后期以来，中国、东盟主要在以下领域开展了非传统安全合作：

1. 强化金融安全

自从《清迈倡议》提出以来，中国就一直致力于推进其有效性，建立区域流动性支持机制。截至 2008 年底，中国与日、韩、泰、菲、马、印尼等国在《清迈倡议》框架下，签订了 6 份双边货币互换协议，总额达 235 亿美元，其中我国承诺出资 165 亿美元。为了应对 2008 年 10 月以来国际金融危机的蔓延，中国还在《清迈倡议》框架之外与部分东亚成员签订了总规模为 3600 亿元人民币的双边本币互换协议，旨在为这些国家提供流动性支持。2010 年 3 月 24 日，"10 + 3"财长和央行行长以及中国香港金融管理局总裁共同宣布"清迈倡议多边化"正式生效。"清迈协议多边化"的具体形式是"采取自我管理的区域外汇储备库安排"。根据该安排，"中国（包括香港在内）与日本的出资额均为 384 亿美元，在该货币互换协议中所占份额均为 32%；韩国出资 192 亿美元，所占份额为 16%；其余 240 亿美元则由东盟国家提供，所占份额为 20%。从借款乘数来看，中国和日本为最低，均为 0.5 倍；韩国为 1 倍；老东盟成员国中的新加坡、马来西亚、泰国、印尼和菲律宾的借款乘数为 2.5 倍，文莱和新东盟成员的缅甸、柬埔寨、老挝、越南的借款乘数则高达 5 倍。"① 也就是说，中国出资 384 亿美元，却只能借款 192 亿美元，而越南如出资 10 亿美元，就能借款 50 亿美元。

2. 打击恐怖主义等跨国犯罪行为

打击跨国犯罪是中国与东盟所明确的非传统安全合作重点。在这些方面，双方的合作取得了明显的成绩，具体体现在：①反恐。在 2007 年 11 月 20 日公布的《2007～2017 年东盟与中日韩合作工作计划》中，双方强调要采取加

---

① 陈凌岚、沈红芳：《东亚货币金融合作的深化：从"清迈倡议"到"清迈倡议多边化"》，《东南亚纵横》2011 年第 5 期。

强边境管理合作、在分享恐怖分子和跨国犯罪组织信息方面加强合作、采取相应措施打击洗钱及为恐怖主义筹资活动、消除小武器和轻型武器走私等措施。① ②禁毒。2000 年，双方公布了《东盟和中国禁毒行动计划》。2001 年，中国、老挝、缅甸和泰国四国禁毒合作部长会议召开，并发表了《北京宣言》。此外，中国还与缅甸、老挝、越南和泰国等东盟国家分别签署了双边禁毒合作谅解备忘录。③打击其他犯罪。根据《2007～2017 年东盟与中日韩合作工作计划》，除了支持东盟实现"2015 年东盟无毒品"目标、加强执法机构之间的合作外，主要任务还包括：打击贩卖人口，积极支持全面实施《东盟打击贩卖人口特别是妇女和儿童宣言》；打击和制止网络犯罪等。②

3. 海上非传统安全合作

南海是世界上海盗活动最猖獗的地区之一③，打击海盗符合中国与东盟的共同利益。据统计，"自 1999 年以来，中国政府与菲律宾、越南和马来西亚等国展开密切的反海盗合作，先后破获了'露易莎'号、'天裕'号和'环球火星'号等 6 起跨国海盗大案，逮捕了数十名中国、印尼、缅甸和菲律宾海盗，处决其中 14 人"。④ 除了反海盗之外，中国、东盟还意识到其他海上安全合作的重要性。例如，2002 年签署的《南海行为宣言》，在致力于各方承诺保持克制、不采取使争议复杂化和扩大化的行动的同时，规定了在全面和永久解决争议之前，有关各方可在海洋环保等领域开展合作。⑤ 2004 年 12 月 21 日宣布的《落实中国－东盟面向和平与繁荣的战略伙伴关系联合宣言的行动计划》也有类似的规定。通过努力，即使是在被认为难以合作的南沙海域，中国、越南和菲律宾 3 国军方也一度同意通过直接联系和合作的模式，解决走私、海盗等跨

---

① 《2007～2017 年东盟与中日韩合作工作计划》，中国外交部网站，http：//www.fmprc.gov.cn/mfa_chn/gjhdq_603914/gjhdqzz_609676/lhg_610158/zywj_610170/t575767.shtml。
② 《2007～2017 年东盟与中日韩合作工作计划》，中国外交部网站，http：//www.fmprc.gov.cn/mfa_chn/gjhdq_603914/gjhdqzz_609676/lhg_610158/zywj_610170/t575767.shtml。
③ Carolin Liss, "Maritime Piracy in Southeast Asia," *Southeast Asia Affairs 2003*. Singapore：Institute of Southeast Asian Studies 2003. p. 56. 转引自李金明《南海地区安全：打击海盗与反恐合作》，《南洋问题研究》2008 年第 3 期。
④ 王健、戴铁尘：《东南亚海盗问题及其治理》，《当代亚太》2006 年第 7 期。
⑤ 《南海各方行为宣言》，中国外交部网站，http：//www.fmprc.gov.cn/mfa_chn/ziliao_611306/1179_611310/t4553.shtml。

国犯罪问题，中国与马来西亚也签署了《中马海上合作谅解备忘录》①

4. 抑制流行性疾病的国际传播

随着人员、货物的跨国界流动的不断增加，如何抑制流行性疾病在国际大规模传播已成为一个重要的非传统安全合作议题。在中国与东盟之间，两次重大事件（即非典型性肺炎与禽流感）推动了双方在此类事件中的合作。2003年2月底3月初，在中国广东省、香港特别行政区和首都北京爆发大规模的非典型性肺炎，并迅速向东南亚甚至全球扩散。在泰国的倡议下，中国－东盟"非典"领导人特别会议在曼谷举行，公开表示相信中国有能力战胜疫情，给予了中国雪中送炭般的支持。② 随之而来的另一次考验中国与东盟的重大危机是禽流感。2004年3月2日，中国－东盟防治禽流感特别会议在中国北京举行，决定采取一系列共同防治禽流感的具体措施，对控制禽流感疫情起到了重要作用。除了"非典"与禽流感这样的突发性传染病危机之外，中国与东盟还重视在防控艾滋病、登革热等其他传染病上的合作，并且致力于将相关合作机制化。

5. 紧急灾难救助

重大的自然灾难，如地震、海啸等，常常在短时间内造成重大的人员伤亡，而且非一国所能应对，如果发生地为小国，情况更是如此，因此成为国际非传统安全合作的重要范畴。自中国与东盟开始非传统安全合作以来，双方主要在以下几次事件上进行了相互救助与合作。一是2004年印度洋海啸事件，中国快速启动紧急人道主义救援机制，政府援助约6.86亿元人民币，民间捐助达到5.76亿元人民币。③ 二是2008年缅甸风灾，中国政府先后向缅甸政府提供了100万美元、1000万美元、3000万人民币的援款。④ 三是2008年的汶川地震，中国也得到来自东盟的援助。"东盟国家的各界人士，从王室到平

---

① 李金明：《南海地区安全：打击海盗与反恐合作》，《南洋问题研究》2008年第3期。
② 《不断推进充满机遇与活力的中国－东盟关系——王毅外长在中国－东盟高层论坛开幕式上的致辞》，中国外交部网站，http：//www.fmprc.gov.cn/mfa_chn/zyxw_602251/t1063802.shtml。
③ 《中国力所能及援助印度洋海啸》，http：//news.xinhuanet.com/world/2005-03/29/content_2760584.htm，新华网，2005年03月29日。
④ 《中国援助缅甸2008年风灾物资全部交接》，http：//www.mofcom.gov.cn/aarticle/i/jyjl/j/200905/20090506256295.html。

民，从政府到企业，都纷纷伸出援手，共计捐助了5亿元人民币。"① 在应对重大自然灾害的过程中，中国东盟还十分重视军队的作用，先后举办了多场研讨会，就武装部队参加国际救灾的立场及主张、地位和作用、军地协调机制建设、能力及指挥、法律机制建设、救灾合作的法律保障、协调机制构建和标准操作程序等问题进行了探讨。

6. 环境安全合作

随着近些年来气候变化等环境问题日益突出，保护环境安全也成为中国与东盟非传统安全合作的一项重要内容。1997年印度尼西亚发生森林火灾，这场大火致使30万公顷林地被烧毁、271人丧生，而且森林大火的烟雾弥漫至印度尼西亚、马来西亚、新加坡等国上空，造成大面积的空气污染。2000多万人因呼吸污染的空气而患上急性疾病，这影响了他们的长期健康，新加坡及其邻国的机场因浓雾笼罩而关闭，整个地区的经济损失高达93亿美元。② 中国与东盟在环境安全方面的合作体现在：第一，制定了双方环境安全合作文件，如《中国-东盟环境保护合作战略》（2009~2015）；第二，为了推进具体合作的落实，中国推动建立了中国-东盟环境保护中心，并于2011年5月24日正式启动；第三，开展了一系列双边、多边的环境对话；第四，在气候变化、生物多样性保护等方面开展重点合作行动。

三 影响因素与政策建议

中国与东盟的非传统安全合作尽管取得了重大进展，但也面临着一些负面评价，如对人的安全不够重视，合作的制度化水平不高，合作成果过于空泛③，等等。我们认为，影响中国与东盟非传统安全合作的因素主要包括以下几方面：

---

① 《不断推进充满机遇与活力的中国-东盟关系——王毅外长在中国-东盟高层论坛开幕式上的致辞》，http://www.fmprc.gov.cn/mfa_chn/zyxw_602251/t1063802.shtml。
② 《东盟预防森林火灾协议生效，联合国给予高度评价》，http://www.zhb.gov.cn/hjyw/200311/t20031129_87370.htm。
③ 张才圣：《CAFTA框架下的中国-东盟非传统安全问题合作研究》，《广西师范大学学报》（哲学社会科学版）2012年第3期。

（一）非传统安全议题广泛，各国关注点各不相同

非传统安全议题众多，东盟国家情况各不相同，关注的安全点也不一致，这在很大程度上使它们很难在具体的合作领域与优先方向上达到一致。例如，1998年12月15~16日，亚洲地区的有关学者在斯里兰卡首都科伦坡召开了一次非传统安全国际学术讨论会，新加坡、马来西亚和泰国学者更多关注目前金融危机对国家安全的影响，印度尼西亚和越南学者认为应强调传统与非传统安全并重，韩国的安全战略重心仍是稳定半岛局势，而日本关注的是如何在全球化进程中发挥世界经济大国作用。① 在这种情况下，要形成一个大家都认同的、统一的非传统安全议程确实比较困难。

（二）东盟的内部协调力度不够

在中国与东盟之间开展非传统安全合作，一个重要的前提就是东盟内部要达成一致，并有良好的协调。但目前东盟并不是一个协调功能很强的地区组织。在一体化程度上，东盟比许多地区组织还要落后，加上其强调协商一致的"东盟方式"，导致该组织内部能够达成共识的议题不多，特别是在许多安全议题上（包括传统安全与非传统安全）。一个典型的例子是缅甸风灾，作为东盟成员国，缅甸对于国际的介入持抵触态度，使东盟在这方面无所作为，更无法作为一个中介渠道加强与国际方面的合作。

（三）冲突性传统安全议题的干扰

如前所述，在中国与东盟一些国家之间，仍然存在传统安全争端，最突出的就是南海岛屿主权争端问题，而且有可能长久存在下去并随时恶化。考虑到相对非传统安全而言，主权、经济收益等仍然在国家利益中占据着更为重要的位置，因此后者往往成为中国-东盟安全关系中的主导因素。一旦双方的传统安全关系受阻，非传统安全合作就必定受到影响。例如，在阿罗约执政时期，

---

① 傅梦孜：《从经济安全角度谈对"非传统安全"的看法》，《现代国际关系》1999年第3期。

中越菲曾就海洋合作达成一些协议。① 但阿基诺三世上台后，与中国的南海争端恶化，中菲越海洋合作也因此受阻。

（四）竞争性非传统安全议题的干扰

除了传统安全议题之外，一些具有竞争性的非传统安全议题，也对其他非传统安全合作产生了影响。例如，在经济安全的问题上，中国与东盟之间既有共同利益，也存在竞争利益。共同利益体现在双方在市场、资本等要素方面的互补作用，彼此之间的相互依存度不断加强；竞争利益则体现在中国与一些东盟国家在经济结构上的同质性比较高，在许多产业方面存在直接竞争关系。正是基于这一理由，一些东盟国家对中国崛起除了有政治安全方面的担忧之外，还有经济方面的担忧，即担心一个崛起的中国将在经济上形成一种不对称的影响力，并夺取它们向发达国家出口的市场。这种对相互竞争的担忧，也势必会对中国与东盟的非传统安全产生负面影响。

（五）美国因素的干扰

美国对东南亚的影响根深蒂固，它与泰国、菲律宾保持军事同盟关系，与新加坡、越南等国存在不同程度的军事合作关系。美国出于大国战略竞争的考虑，一直不愿意东盟与中国发展过于密切的关系。特别是自奥巴马政府推行战略东移政策以来，美国加大了对包括东南亚在内的亚太地区的战略投入，推动相关东盟国家在南海问题上与中国竞争，造成这些国家与中国关系的恶化，同样也损及了它们与中国的非传统安全合作。从长远来看，由于恐怖主义威胁在美国安全决策议程中的地位下降，美国对中国的战略牵制势必会成为其一个长期的战略目标。而东南亚作为中国的重要近邻，也是中国走向世界的重要通道，是美国牵制中国的战略要地。在这种情况下，美国因素成为中国－东盟关系的重要干扰，这将不利于双方发展非传统安全合作。

---

① 《温家宝总理同菲律宾总统阿罗约举行会谈》，http://news.xinhuanet.com/world/2007－01/16/content_5610253.htm，新华网。

（六）非传统安全合作规则与认识的限制

根据《中国－东盟非传统安全领域合作联合宣言》，合作的重点主要是打击跨国犯罪，没有明确将经济安全、环境安全等列入非传统安全合作的政策议程。另外，双方在非传统安全合作过程中，始终坚持"尊重主权和互不干涉内政原则"的原则。这是基本符合双边关系发展阶段以及各自对国际规范的认识的，但在国内外事务紧密相联的情况下，要深入开展非传统安全合作，就不可避免要承担必要的义务与限制。如果一味坚持不干涉内政原则，非传统安全合作的深度就可能会受到影响。

基于上述分析，我们提出如下政策建议：

第一，更新非传统安全合作宣言，将经济金融安全、环境保护、海上非传统安全合作等明确加入非传统安全合作领域，拓宽双方的合作基础，赋予非传统安全合作以更广泛的内容和持久的活力。

第二，支持东盟内部一体化建设，赞同并支持其内部加强协调、形成共识，使其作为一个有效的整体加强与中国的非传统安全合作。

第三，强化中国－东盟合作机制建设，一方面巩固双边机制联系，另一方面加强在多边场合与机制中的协调。

第四，管理好传统安全冲突，避免领土争端等议题影响非传统安全合作。2013年10月，中方提出缔结《中国－东盟国家睦邻友好合作条约》的倡议。这是一个有利于改进双方政治互信的重大战略举措，双方应该进一步加强协商，使之成为现实。在南海议题上，也有必要通过务实推进《南海行为规则》的制定等措施，有效管控双方的分歧，避免矛盾进一步升级。

第五，提出新形势下的中方关于非传统安全合作的立场文件，将非传统安全合作提升到新的政策高度，推动中国－东盟命运共同体的建立。

B.10 中韩海洋领域的非传统安全合作论析

周梦莹*

摘　要：

中韩两国隔海相望，自建交以来，海洋领域的非传统安全合作取得了丰硕的成果，但同时也发生了不少矛盾、冲突。本文运用巴里·布赞的地区安全复合体理论分析了中韩海洋领域的非传统安全合作的必要性，同时也考察了外源性、双源性和多源性非传统安全的合作现状，并从中归纳出了合作的低层次、寄托于多边合作框架、准备向传统安全领域"外溢"三大特点。中韩海洋领域的非传统安全合作受到海洋环境污染、美韩同盟、海洋划界、渔业纠纷、国内差异等因素的阻碍。针对这些阻碍，本文从地区安全复合体理论出发，提出了构建地区安全机制、共享安全、加强自身海防建设以及构建共享安全话语体系等对策。

关键词：

中韩海洋领域　非传统安全　地区安全复合体

一　中韩海洋领域的非传统安全合作的必要性

中韩非传统安全合作是地区安全问题，既要用全球主义的视角去理解，又要用现实主义的视角去具体分析，而巴里·布赞提出的地区安全复合体理论正好具备这种解析的张力。巴里·布赞在《地区安全复合体与国际安全结构》一书中给"安全复合体"下的定义是："一组单位，它们的主要安全化进程、

---

* 周梦莹，中山大学亚太研究院研究助理。

非安全化进程或两者如此紧密地相互联系在一起,以至于不能把它们的安全问题彼此分割开来进行合理分析或解决。"结合东北亚地区的安全局势来看,东北亚符合安全复合体的定义。东北亚地区安全复合体形成于"二战"时期,"冷战"前它是一个大国安全复合体,"冷战"后是在东亚地区超级安全复合体下的一个次级地区安全复合体。

中韩两国是东北亚地区安全复合体中的两个重要行为体,共同濒临黄海。黄海由于渔业和自然资源丰富而有巨大吸引力,并且连接着黄海五岛,是重要区域之一。中韩海上次区域的安全态势对中韩两国关系有着重要意义,其发展变化还会对东北亚区域国际关系造成重大影响。根据毗邻增加安全互动的一般法则,中韩之间具有强大的安全动力来进行海洋领域的非传统安全合作。

从国内层面来看,进入21世纪以来,中韩两国解决国内问题的紧迫感在上升,自身的安全需求也更加具体化。随着中韩间的贸易日益频繁,海上犯罪、海洋污染等非传统安全威胁凸显,中韩海上共同安全利益增加。从地区层面来看,东北亚地区国家间传统安全合作的不足,凸显了非传统安全合作的重要性。从地区安全复合体理论的"敌对-友好"模式来看,东北亚次级地区安全复合体内存在一系列活跃的地区安全态势,仍处于"冲突形态"到"安全机制"的过渡阶段。在这样的地区安全背景下,中韩传统安全领域的对话谨慎而滞后,而非传统安全领域的合作尤为必要。从全球层面来看,首先,美国在东北亚地区积极介入,中国要为和平崛起打开局面,就要弱化美韩同盟,从非传统安全领域开始与韩国加强合作。其次,中韩海洋领域的非传统安全合作顺应了全球化的趋势。东亚一体化进程的加深也要求中韩两国扩大非传统安全领域的合作。

二 中韩海洋领域的非传统安全合作现状和特点

(一)中韩海洋领域的非传统安全合作的现状

依据地区安全复合体理论,中韩两国不可能从东北亚区域国家中独立出来解决问题。鉴于中日、韩日、俄日、朝韩之间都存在复杂的海疆矛盾,中韩之间的海洋合作既不会在纵向上(时间上)一帆风顺,也不会在横向上(各个领域)齐头并进。笔者认为中韩之间的海洋合作在某种程度上与东北亚次区域的安全态势同步,处于冲突形态和安全机制之间,靠近安全机制的弱端,稍有变动就会走向冲突形态中较温和的一端。

本文将借鉴《中国非传统安全研究报告(2012~2013)》的分类方法,把非传统安全威胁分为"外源性""内源性""双源性""多源性"四类,进而对中韩两国在海洋领域针对各种类型威胁的合作现状分别进行阐述。其中,"内源性"(Endogenous)非传统安全威胁主要关注的是国内的不安全事件对世界造成的影响,与国际合作的相关性不大,所以本文并未就此类型的威胁在中韩合作现状中予以提及。

1. 应对外源性非传统安全威胁的合作

"外源性"(Exogenous)非传统安全威胁的主要特征是:不安全事件发生于国外,对国内乃至世界各国产生负面影响,需要国家以外交为主内政为辅进行应对。① 在海洋领域,"外源性"非传统安全威胁可以具体为海洋环境污染和台风、海啸等自然灾害。这些威胁的主体很难界定是哪个国家,需要多边外交合作下的各国科研、医疗、新闻媒体等各界联合行动来应对。所以中韩针对外源性非传统安全威胁的合作大多体现在多边合作机制中,两国利用多边合作机制的成果来强化双边合作。

(1)海洋环境安全

联合国环境规划署的一项"西北太平洋海洋和沿岸地区环境保护、管理和开发的行动计划"(简称为西北太平洋行动计划,NOWPAP),东北亚五国(中国、韩国、日本、俄罗斯和朝鲜)均有参与。在 2010 年,中日韩三国通过第三次领导人会议,在《2020 中日韩合作展望》中重申了落实联合国的西北太平洋行动计划和区域海洋垃圾行动计划的重要性。在双边合作方面,在 2008 年,中韩携手在青岛团岛湾海域进行了"中国山东海上搜救及西北太平洋行动计划中韩海上溢油应急联合大型演习",致力于改善实战中应急搜救指

---

① 余潇枫主编《中国非传统安全研究报告(2012~2013)》,社会科学文献出版社,2013。

挥权的协调，共同解决海上及岸线溢油围控清除的技术难题。

（2）自然灾害应对

中日韩三国在2011年召开了东亚地震研讨会，并决定启动东北亚地震、海啸和火山联合研究项目。此项目在中国，由地震局在2012年开始实施。在日本大地震和福岛核电站泄漏事故发生后，中日韩三国在2012年的《第五次中日韩领导人会议关于提升全方位合作伙伴关系的联合宣言》中重申了联合有效应对大规模地震、海啸和火山爆发的重要性。

在新闻媒体界，由中国记协、日本新闻协会和韩国新闻放送编辑人协会轮流主办的中日韩新闻界研讨会为中韩共同应对海上自然灾害提供了一个多元化的沟通合作平台。这尤其体现在2012年5月在北京举行的以"自然灾害报道与三国新闻合作"为主题的第三届中日韩新闻界研讨会上，三国媒体对2011年日本大地震及其引发的海啸和核电站危机等方面的新闻报道进行了工作交流。

2. 应对双源性非传统安全威胁的合作

"双源性"（Dual-genic）非传统安全威胁的主要特征是：不安全事件发生于周边与边疆（特别是民族自治地区）、对国内乃至世界产生负面影响、国家以外交内政复合应对为主。① 特别的，海疆安全是典型的双源性非传统安全之一。而对于中韩来说，黄海上的资源如果不能得到合理利用和有效管理，将会对两国人民的生产、生命安全，乃至国家经济安全造成威胁。

（1）渔业安全

近年来，由于海洋捕捞强度的不断加大，黄海渔业资源严重衰竭。在这片中韩共同关心的海域上，为了有效养护海洋生物资源，加强渔业安全领域的合作，两国经过七年近30轮的谈判，签署了《中华人民共和国政府和大韩民国政府渔业协定》。该协定给这两个渔业发展程度、经济制度以及资源管理模式都不相同的国家带来了积极的影响。首先，这份协定不仅明确了相互入渔和水产资源共同管理等政策规定，还在黄海中心设置了暂定措施水域的范围，进而暂时确定两国专属经济区范围。其次，由于明确了权利和义

---

① 余潇枫主编《中国非传统安全研究报告（2012~2013）》，社会科学文献出版社，2013。

务，两国更加积极去履行资源保护和管理的责任，过度捕捞和资源枯竭的现象逐渐得以扭转。

中韩渔业问题从来都不是单纯的两国国内的经济问题，而是一个需要在外交层面予以重视的安全问题。渔业问题会谈每年在中韩两国间轮流开展，尤其是在渔业合作出现种种困难之后，两国外交部门在2013年首轮渔业问题会谈中表示，依然坚定中韩渔业安全合作深入发展，以维持两国友好关系大局。

（2）能源资源安全

在陆地资源走向枯竭的今天，世界各国都把目光投向了海洋，而中韩两国在争夺海上能源资源的同时，也选择了分享技术、共同勘探。在矿产资源方面，自中韩建交之年起，两国建立了定期联合召开中韩深海矿产资源研究开发合作会议以及深海采矿技术研讨会的机制。联合研讨会议目前在联合使用科考船以及载人和无人潜水器、研发深海矿产开采技术等方面的合作取得重大突破。在能源资源方面，黄海被证实有巨大油气资源潜力，是未来中韩两国油气资源勘探的重要选区之一。

3. 应对多源性非传统安全威胁的合作

"多源性"（Multi-genic）非传统安全威胁的主要特征是：不安全事件以与"军事武力"相交织或者是以传统安全相互交织为特征，对国内外产生负面影响且有时需要国家运用国防军事系统介入应对。尽管中韩两国传统安全合作有限，但两国海军在海难救助与反跨国犯罪和海盗等方面的"非战争军事行动"中有着密切的交流和合作。

（1）海难救助

中韩两国分别于2007年4月和2008年8月签署了《中华人民共和国政府与大韩民国政府海上搜寻救助合作协定》和《中华人民共和国中国海上搜救中心与大韩民国海洋警察厅关于履行〈中华人民共和国政府和大韩民国政府海上搜寻救助合作协定〉的协议》。它们的签署标志着中韩两国海上搜救合作体系的建立。作为主要执行机构，中国海上搜救中心和韩国海洋警察厅为提升协同作业水平，进行了"2008中韩海上搜救联合通信演习"。

此外，中韩海难救助合作也在多边国际机制中积极开展。在战略层面上，中日韩三国搜救领域合作的重要性在《第四次中日韩领导人会议宣言》和

《第五次中日韩领导人会议关于提升全方位合作伙伴关系的联合宣言》等文件中多次被提到和重申。而在操作层面上，1996年以来，中日韩俄四国定期轮流举办海上搜救操作级别联席会议，建立日常搜救信息交流共享和四国海上搜救中心之间的联合搜救与通信演习制度。这是一项政府间的稳定的合作机制，2012年在山东济南召开的已是第17届会议。

（2）反跨国境犯罪和海盗

从2009年韩国海洋警察厅对中国海监总队的访问，以及同年底中国海监代表团对他们的回访开始，中韩双方逐渐建立了海洋执法机构互访交流的制度，并以《中华人民共和国海监总队和大韩民国海洋警察厅合作谅解备忘录》的形式固定了下来。作为后续实践，中国海监每年派员参加韩国举办的亚非国家海上执法机构公务员交流合作项目，而2012年韩国海警厅3011训练舰也首访中国。在防范恐怖主义方面，韩国海洋警察厅与中国公安部门曾在2010年G20峰会期间达成联合防范海上恐怖袭击的协议，两国共享反恐信息。

（二）中韩海洋领域的非传统安全合作的特点

1. 合作层次低

中韩海洋领域非传统安全合作现仍处于较低层次，双方通过合作来维护最基本的共同利益。在中韩合作中，海上搜救、应对自然灾害等关乎两国人民生命财产安全的领域比其他领域的合作发展得更快、更深入。而在利益关系较为复杂的资源开发和渔业等领域，合作过程中问题颇多，科学研究合作多于实际联合操作。另外，从前文的中韩海上非传统安全合作现状可以看出，中韩合作大多是出现了问题之后通过协商而做的应对性的安排，如海上反恐合作、海上搜救联合演习等方面都未形成制度化的固定合作模式。

2. 依附于多边安全合作框架

中韩海洋领域的非传统安全合作不仅仅是中韩两国的双边合作，而是有很大一部分在中日韩、"10+3"或者东北亚次区域等多边合作框架下展开的。而在东北亚地区的多边合作机制中，影响较大的是中日韩三国的合作。自2008年中日韩三国举行首次独立的领导人会议以来，海洋领域的合作得到高度重视，在《2020中日韩合作展望》《第四次中日韩领导人会议宣言》《第五次中日韩领导人会议关于提升全方位合作伙伴关系的联合宣言》《第十三次中日韩环境部长会议联合公报》等文件中得到多次强调。中韩之间海洋领域的非传统安全合作很多都是这些多边合作成果的具体实践。一方面,东北亚次区域的多边合作机制有利于中韩双边合作的加强;另一方面,中韩双边合作也促进了东北亚次地区安全复合体的形成和发展。

3. 处于向传统安全合作"外溢"的前期阶段

从合作的现状可以看出,中韩之间的非传统安全的合作有着很多传统安全的考虑。一方面,中韩海上传统军事安全合作以安全对话、军事交流和联合军事演习为代表的非战争军事手段为主,这对海上搜救、环境灾害应对、国际反恐等方面的合作具有重要作用。另一方面,随着东北亚地区安全复合体的进一步发展,中韩两国相互依赖程度加深,海洋领域的非传统安全合作关系到各自国家公民的生命和财产的安全,是必要的、合理的,因此即使动用军事手段来合作,也不太会引发各自盟友的敏感反应。

值得注意的是,与 2005 年、2007 年和 2008 年的中韩海上联合搜救演习相比,2011 年 11 月在宁波和上海沿海举行的第四次海上联合搜救演习中,韩国派遣了 4500 吨级的"王建"号驱逐舰,中方派遣了一艘护卫舰。随着中韩历次海上联合搜救演习规模的扩大,内容的深入,战略互信增加,中韩海洋领域的非传统安全合作已出现了微妙的变化,有向传统安全领域合作"外溢"的苗头和尝试。

三 制约中韩海洋领域的非传统安全合作的主要障碍因素

行为体之间安全互动既有去安全化过程,也有安全化过程。目前东北亚安全复合体的安全机制还不够成熟,行为体在合作的过程中容易产生次生性矛盾冲突,阻碍合作的进一步发展。随着中韩两国海上非传统安全互动的加强,一些过去"无伤大雅"的因素也因为合作的加深而成为障碍。在此沿用前文对非传统安全威胁的分类方法,来分析阻碍中韩海上非传统安全合作的因素。值得一提的是,虽然两国国内因素没有为中韩海上非传统合作提供很大安全动力,但两国国内的差异却为两国的海上合作提供了很大的阻力,因此增加了内源性的障碍因素分析。

(一)外源性障碍因素——海洋环境污染,资源有限

中韩两国共同濒临的黄海污染严重,海洋生物资源正在急剧减少,是制约中韩海洋领域非传统安全合作的客观因素。中韩两国在经济高速发展时期,工业废水的排放、海岸工程、城镇生活等对海洋环境造成的污染较大,如今又增添了海上溢油、旅游污染等新污染源,对海洋生态环境造成了严重的破坏。韩国海洋警察厅机动管制科发布的最近5年(2008~2012年)海洋污染事故统计情况如表1所示[①]。

表1 2008~2012年韩国公布的黄海污染情况

区分		总计	1KL以下	1~10KL	10~30KL	30~100KL	100KL以上
5年平均	次 数	284	261	16	4	2	1
	流出量	387.1	19.6	48.0	69.5	130.0	120.0
2008年	次 数	265	250	10	2	2	1
	流出量	435.9	22.3	39.5	27.5	93.7	252.9
2009年	次 数	287	269	17	0	1	0
	流出量	110.8	19.3	51.5	0	40.0	0
2010年	次 数	329	295	21	8	4	1
	流出量	601.0	15.6	61.9	131.1	260.4	132
2011年	次 数	287	266	13	5	2	1
	流出量	369.1	22.4	32.9	98.5	115.3	100
2012年	次 数	253	226	17	6	3	1
	流出量	418.7	18.3	54.0	90.6	140.6	115.2

注:流出量指任何对海洋造成污染的污染物的流出量。

然而中韩之间再怎么密切地合作,也很难在污染严重、可利用资源有限的海域上大展拳脚。正是因为资源少,所以双方都非常注重其如何分配,合作氛围紧张。

[①] 韩国海洋警察厅:http://www.kcg.go.kr/main/user/cms/content_main.jsp?menuSeq=369&bbsUID=54512&bbsConfUID=109&action=view&page=1。

（二）双源性障碍因素

1. 海洋划界

中韩未确定海上划界是阻碍中韩海洋领域的非传统安全合作的重要因素，双方分歧较大。

第一，专属经济区和大陆架的划界问题。中国和韩国相邻的海域的宽度不足以让两国都划定各自200海里专属经济区和大陆架。在划界方法上，韩国主张等距离中间线原则，中国则主张公平原则。

第二，苏岩礁（韩国称"离于岛"）的归属问题。它位于两国专属经济区的重叠区内，虽然不像岛屿一样具有领土地位，但对中韩两国来说都意义重大。其一，苏岩礁附近海域的丰富渔业和矿藏资源有巨大的吸引力。其二，从传统安全的角度看，苏岩礁上若建立人工设施平台，可以和岛屿一样起到抵御外敌的作用。其三，从地缘政治的角度来看，于韩国而言，苏岩礁是战略防守的重要据点，向西可遏制中国和朝鲜，向东可牵制日本，向南可观察台海局势，有利于守护韩国在太平洋的利益。对中国来说，它则是战略进攻的突破点，有利于中国海军突破"第一条岛链封锁线"，中国如果能在苏岩礁建立自己的观测平台，可以观察朝鲜半岛的局势，留心日本的海上动作。

韩国在苏岩礁上建的一座海洋环境观测平台，即所谓的"韩国离于岛综合海洋科学基地"，于2003年5月竣工并正式运行，把中韩苏岩礁争端推向了一个小高潮。虽然中韩双方就苏岩礁问题进行过多次磋商，但争端至今仍无法解决，大大限制了中韩海洋领域的合作。

2. 渔业纠纷

《中韩渔业协议》在带来积极影响的同时，也带来了消极的影响。韩国对中国船只进行严格管制，常有抓扣中国渔船事件发生。韩国海洋警察厅发布的中国渔船管制现状（2012年）如表2所示①。

---

① 韩国海洋警察厅：http：//www.kcg.go.kr/main/user/cms/content_main.jsp?menuSeq＝341&bbsUID＝53845&bbsConfUID＝82&action＝view&page＝1。

表 2　韩国对中国渔船管制情况

年份	总计（艘）	抓获（艘）	专属经济区			领海侵犯
			总计	无许可	违反限制条件等	
2012	521	467	436	106	330	31
2011	543	534	502	170	332	32
2010	375	370	317	91	226	53
2009	388	381	358	86	272	23
2008	446	432	420	78	342	12
2007	508	494	467	79	388	27

从表2中可见中韩渔业纠纷的规模之大，中国渔业经济损失惨重。另外，纠纷中双方各有人伤亡：韩国海警朴庆祚和李清好分别在2008年9月和2011年12月在渔业执法过程中死亡，而在2012年10月，一名中国船员被韩国海警用橡皮弹击中身亡。此类事件的不断发生使双方情谊降到了冰点，十分不利于中韩海洋合作的进一步开展。

与日本在钓鱼岛海域，以及菲律宾在黄岩岛海域抓扣中国渔船的性质不同，韩国此类抓捕行动符合《中韩渔业协定》。此协定是在最终确定海上专属经济区边界线之前签署的暂行性条约，但此边界划分原本理应是渔业协定制定的基础。在协定签订之前，韩国西海海域一直是中国渔民捕鱼的传统海域，由于海上专属经济区的边界没有划定，所以相安无事。协议签订之后，中国渔民传统捕捞海域大大缩小，时常会误入韩国管辖的海域捕鱼，冲突由此而生。总的来说，《中韩渔业协定》是双方冒进合作的结果，虽构建了两国的渔业秩序，但带来许多矛盾和摩擦，同时也为日后解决海洋划界问题埋下了冲突的种子。

（三）多源性障碍因素：美韩同盟

地区安全复合体中存在一种渗透机制，当外在强权同地区安全复合体内的国家建立安全联盟时，渗透就会发生。作为全球性大国的美国通过美韩同盟把力量渗透到东北亚地区，而中国是东北亚次地区安全复合体中的主要行为体，中美关系成为该地区最重要的双边关系。

从中国的角度来看，美韩同盟对中国的周边安全构成潜在威胁。自"天安舰事件"发生以来，美韩海上联合军演接连不断，包括"不屈的意志""乙支自由卫士""关键决心"联合军演,以及联合反潜演习等。从美韩军演的海域从日本海扩大到黄海的态势来看,大有超出朝鲜半岛而剑指中国之势。这引起朝鲜的高度紧张,而日本也趁机强化海上自卫队。因此,中国在与韩国进行合作时不得不对美韩同盟的加强有所顾虑。

从韩国的角度来看,朝鲜半岛的核安全是其首要的安全问题。近年来"天安舰事件""延坪岛炮击"等一系列事件挑起韩国紧张的神经,传统安全环境比非传统安全环境更不乐观,所以韩国更需要美国来保障其安全,更希望加强美韩同盟。如果中韩在与国土安全密切相关的海洋领域有过分亲密的合作,则会引起美国的敏感反应,韩国不会轻易冒这个风险,因此,非传统安全合作的"外溢"作用大大受限。

(四)内源性障碍因素:政治制度和价值观的差异

根据地区安全复合体理论,"谁害怕谁或喜欢谁的具体模式一般并不是从体系层次引进的,而是在地区内部产生的,源自历史、政治和物质条件的结合"。以政治制度和价值观为基础的安全特征大体上是独立自主的,即使其他行为体不去介入,由此形成的安全态势也会存在。

更严重的是,韩国国内一种狭隘的民族主义日益崛起,具体表现为轻视他国的人民、文化,而对本国的制度有强烈的优越感。以2012年10月16日韩国海警射杀中国渔民事件为例,韩国媒体纷纷对此发表了强硬评论。《文化日报》发表社论强调了韩国海警执法的合法性,并呼吁打击非法捕鱼的意志不能因此次事件而减退;《每日经济》也发表了以"挥动凶器叫嚣的中国船员死亡"为题的报道。中韩媒体展开骂战,使得问题更加严重化,双方政府都因受到来自公众的舆论压力而采用强硬态度,严重阻碍了渔业合作。

四 主要对策

中韩海洋领域的非传统安全合作仍有巨大潜力,未来会在各种冲突摩擦中继续加大沟通交流力度,从而缓慢地改善、深化合作。经过对中韩海洋非传统安全领域合作的特点和障碍因素的分析,我们不妨从以下4个方面探析对策。

（一）外源性应对——构建地区安全机制

1. 把握中美关系

中国应正视美国在东亚地区的作用，正是因为美国为其亚洲盟国提供了传统的安全保障，中国周边国家才能放心地与中国搞好非传统安全合作。根据巴里·布赞的推理："美国的存在作为亚洲安全的平衡支撑体，使亚洲各国政府认为制衡中国的工作落在了美国身上。结果，印度、日本和东盟的大部分成员国都在本地制衡中国的工作中表现不佳。"中国反过来可以利用这种逻辑，利用美国在亚洲的参与而缓解周边邻国对中国的制衡。当美国被推到制衡中国的前沿时，中国与周边邻国非传统安全领域的合作便有了机遇。

中国需要做的就是从中美关系入手，尽量减少美韩同盟对中韩海洋领域合作的消极影响。中国应加强与美国的对话合作，向美国明确中国的战略利益所在。

2. 以多边安全机制解决双边问题

多边安全机制可以通过日常国际协调，也可以通过组织制裁来规范成员的行为，把冲突的可能性降到最低。中韩两国同时活跃的多边机制有亚太经济合作组织、东亚峰会、东盟地区论坛、"10+3"等，以及正在形成中的中日韩三国首脑峰会机制。这些多边机制虽不能直接解决中韩的双边问题，但却能增加两国的政治信任，也为双边合作提供许多经验借鉴。中国应积极投入甚至是领导东北亚和东亚地区的多边安全机制构建，构建新的"华夷秩序"多边外交文化，以缓解地区内国家对中国的制衡。

"华夷秩序"的逻辑与前文"把握中美关系"部分的结论相结合，会让美国陷入战略困境。如果美国过度介入则会使得周边国家对中国本地制衡表现不佳，但如果美国退出，"华夷秩序"下的东亚各国也不会取代美国而对中国进行对等的制衡。因此，如何使大东亚圈潜在的"华夷秩序"得以再次构建应成为中国战略规划的重要课题。

（二）双源性应对——共享安全

1. 拓宽合作——共同提供更多公共安全产品

对于中韩海上次区域，中国可以选择与韩国共同为国际社会提供海上公共产品，如共同提供这一海域管理的基本政策、海洋区划、海洋环境基础设施、海洋电力设施、海上通信等。中韩只有面向国际社会共同承担提供更多公共产品的责任，才能更好共享这一海域的权益。以此为安全动力，中韩可以进一步开拓更广泛的合作。除了前文所述的合作领域之外，中韩两国未来可以在海运、造船和港湾工程等方面开拓新的合作领域，这也有利于为中韩自由贸易区的构建铺平道路。另外，渔业方面的合作范围可以向养殖、加工领域延伸，延长产业链。

2. 深化合作——由共同立法到共同执法的转型

在中韩发生渔业冲突时，多数情况下是中国渔民直面韩国海警，由于言语不通和文化差异而在交涉过程中产生许多误会。两国虽有共同的渔业协定，却没有共同的执法队伍去执行，这种情况当然很难避免。中国海监和韩国海洋警察厅可以尝试共同组成联合执法队伍，这样在纠纷处理中既可以减少误会，又可以促使执法人员之间进行互相监督。不仅是在应对渔业纠纷方面，在其他打击海盗、反偷渡和人口贩卖方面，如果也能同样做到两国拥有共同执法队伍，就可以大大提高处理纠纷的效率。这就需要中韩两国打破行政体系上的差异，中韩政府间的信任度值得考验。如果能做到，则必将使中韩海洋领域的合作迈上一个新台阶。

3. 以临时安排推动最终划界

"搁置争议，共同开发"是中国在解决领土主权问题时所需要的，在专属经济区划界的时候也是运用的。中韩两国有争议的地区不是主权领土，而是专属经济区，因而更加容易共同开发。典型的"共同开发"通常会对双方负责的区域进行一个临时安排，在长期的共同开发过程中，双方经过不断的磨合而调整临时安排，这时临时安排可以逐渐成为双方都可以接受的划界参考依据。《中韩渔业协定》在这方面迈出了第一步，其中过渡区域和相互入渔区域的临时安排对于中韩专属经济区界限的最终划定具有重要意义，但仍有待不断地调整和完善。不仅是渔业资源方面，中韩双方还应在矿产资源、能源资源方面大力推动共同开发，多元化、多层面的临时安排将大大有助于中韩专属经济区的最终划定。

（三）多源性应对——加强自身海防建设

在中韩海洋领域的非传统安全合作中，加强自身海防建设的意义重大，尤其是要提高非战争军事行动的能力。加强海防建设虽然不针对韩国或其他任何国家，但却能为中韩的海上非传统安全合作提供便利，并且能对可能存在的阻碍中韩合作的威胁力量进行威慑，有助于增强国民尤其是渔民对政府的信心。当代西方海军理论家肯·布思（Ken Booth）把现代海军的作用描述为警察功能、军事功能和外交功能"三位一体"。当应对非传统安全威胁时，海军的警察功能和外交功能显得尤为重要。警察功能主要是指维护国家海洋资源，保卫公民海上生命、财产安全，构成执行非传统安全合作的重要力量。外交功能则可以具体为主权的显示、海军的互访、联合演习等。

（四）内源性应对——构建共享安全话语体系

巴里·布赞在《新安全论》一书中独到地指出，安全是一种"言语行为"。话语可以把事物"安全化"，也可以"去安全化"。在这"安全"与"不安全"的互相转化中，大众媒体扮演着重要角色。正如前文提到的中国渔民被韩国海警射杀的事件，媒体的话语安全虽然与中韩海洋领域的非传统安全合作没有直接的联系，但相关的报道引导着国内舆论，通过公众向政府施压，从而转化为政府的安全行为。因此，无论是大众传媒还是官方发言机构，都需要构建一套共同的"安全话语体系"，改掉过去容易引起敏感反应的涉外词句，修改对应的外语翻译。这样才能通过话语来营造和谐友好的外交氛围，有利于加强区域安全合作，为中国和平崛起创造条件。

综上所述，中国和韩国是东北亚次级地区安全复合体内的重要行为体，在海上非传统安全合作方面取得了丰硕成果。但由于外源性、双源性、多源性和内源性的阻碍因素，中韩之间的海洋合作受到各种限制，笔者仅对克服这些障碍因素的路径做了一些粗浅的探讨。东亚超级地区安全复合体走向"东亚共同体"的关键在于东北亚区域的一体化，而中韩海洋领域的非传统安全合作又是其中的一个缩影和起步阶段。总的来说，中韩海洋领域非传统安全合作虽然过程并不顺利，但前景十分广阔，可以说每一个合作成果都意义重大，若非传统安全领域合作能发挥向传统安全领域的"外溢"作用，则影响深远。

B.11
国际河流水资源开发新趋势
——以大湄公河流域治理为例*

郭延军 任 娜**

摘 要：

> 国际河流的开发和利用向来是国家间的敏感议题。水电开发、环境保护、上下游利益分配等问题，如处理不当会成为影响流域国家间关系的重要因素。跨境水资源治理已经成为一项重要的非传统安全议题。当前，发展中国家正迎来一个水电开发的新高潮，呈现出一些新的趋势。本文以大湄公河（澜沧江－湄公河的简称）水资源治理为例，分析水资源开发呈现出的新特点和新趋势，并从非传统安全治理能力建设的角度，提出中国参与大湄公河水资源治理的应对之策。

关键词：

> 水资源开发 大湄公河 流域治理 非传统安全

国际河流（International Rivers）指流经或分隔两个和两个以上国家的河流，①

---

* 本文是北京高等学校青年英才计划项目（Beijing Higher Education Young Elite Teacher Project）的阶段性成果。
** 郭延军，博士，外交学院亚洲研究所副所长、国家领土主权与海洋权益协同创新中心外交学院分中心研究员，主要研究方向为东亚区域合作、跨境河流管理；任娜，博士，中国社会科学院亚太与全球战略研究院《当代亚太》编辑部编辑，主要研究方向为非传统安全、东亚安全。
① 目前，学界对于国际河流的表述并未取得一致，常用说法还有国际水道、国际流域、跨国河流、跨境水资源、跨界水道等，但一般都是指跨越两个（及以上）国家的淡水资源。因其地理层面的定义并非本文重点，故文中的国际河流和跨境水资源的含义相同，在此不做具体划分。关于国际河流的详细界定，参见何大明、冯彦：《国际河流跨境水资源合理利用与协调管理》，科学出版社，2006；王志坚、邢鸿飞：《国际河流法刍议》，《河海大学学报》（哲学社会科学版）2008年第3期；周海炜、郑爱翔、胡兴球：《多学科视角下的国际河流合作开发国外研究及比较》，《资源科学》2013年第7期。

具有流经多国、影响波及流域各国的整体性和共享性特征。① 国际河流所特有的这一生态边界与政治边界不一致现象可能导致国家在主权原则、水资源所有权与分配、安全及环境等方面发生冲突,使其成为公共资源困境的典型代表,即一方的使用意味着他方潜在利益的减少,并突出表现为国际河流上游的污染、取水及水坝拦水会直接影响下游的水质和水量。② 鉴于国际河流水资源开发的这种跨国性特征,水电大坝建设已不单纯是一个国家内部的问题,而成为一个多行为体参与、多利益诉求交织的国际问题,③ 而且各方对国际河流水资源开发方面的争议出现了从共享水量向共享水资源开发利益的转变。④ 特别是伴随着国际河流水电开发的不断推进和人们环保意识的增强,水电大坝建设对环境和社会所产生的负面效应逐渐受到各方重视,上下游国家围绕国际河流水资源开发所产生的矛盾与分歧不断凸显,并已超越单纯的技术层面,呈现出明显的政治化与安全化的趋势,成为一个备受关注的非传统安全问题。当前,国际社会已就建立覆盖全流域的水资源开发综合治理机制达成共识,但在实践中,各方围绕水资源开发的成本与收益分配问题所引发的争议,成为国际河流水资源开发治理能否建立以及取得成效的关键。

中国拥有的国际河流和跨境共享水资源数量均居世界前列,且是多条重要国际河流的发源国,跨境水资源开发已成为影响中国与周边国家间关系的一项重要非传统安全议题。⑤ 其中,大湄公河⑥尤为突出。从地理上看,中国地处上游,且正处于经济快速增长时期,水电资源需求巨大。水资源的战略价值及其在开发和使用中所表现出来的"零和"性质,使得下游国家在该问题上对

---

① 周海炜、郑爱翔、胡兴球:《多学科视角下的国际河流合作开发国外研究及比较》,《资源科学》2013年第7期。
② 郭延军:《大湄公河水资源安全:多层治理及中国的政策选择》,《外交评论》2011年第2期。
③ 郭延军、任娜:《湄公河下游水资源开发与环境保护——各国政策取向与流域治理》,《世界经济与政治》2013年第7期。
④ Claudia W. Sadoff, Dale Whittington, and David Grey, "Africa's International Rivers: An Economic Perspective," Washington, D. C.: World Bank Publications. 2002. Oliver Hensengerth, Ines Dombrowsky and Waltina Scheumann, "Benefit-sharing in Dam Projects on Shared Rivers," German Development Institute. Discussion Paper 6/2012.
⑤ 李志斐:《水资源外交:中国周边安全构建新议题》,《学术探索》2013年第4期。
⑥ 澜沧江-湄公河的简称。

中国频频发难,已经成为影响中国与下游国家间关系的重要因素。目前,大湄公河尚未建立覆盖全流域的水资源开发治理机制,伴随着流域各国对水电资源需求的增强,构建合理的利益分配机制,对于促进次区域经济、生态和民生的协调发展,为中国的和平崛起营造良好的地区环境,具有重要的理论和现实意义。

一 大湄公河水资源开发的新趋势

当前,全球的水电开发极不均衡。西方发达国家水电开发的高峰时期已经过去,其国内最经济的水电开发坝址也已基本开发完毕,进一步大规模开发水电的潜力有限,目前面临的主要问题是修复河流生态。① 而对于发展中国家和正处于经济转型期的国家而言,水电是非常有效的、清洁的可再生能源,水坝建设可以带动国内基础设施的建设和工业发展,而水电贸易能够增加外汇收入,这将有助于改善国家的经济面貌、减轻贫困程度。正是由于水电在促进区域发展和消除贫困方面所具有的重大意义,2009 年,世界银行在对水电开发进行了持续多年的全面评估后推出《水电发展方向》(Directions in Hydropower)的报告,宣布正式重新投资水电。

作为一条著名的国际河流,大湄公河丰富的水能资源为流域国家进行水电开发提供了有利条件。大湄公河发源于中国青海省玉树藏族自治州,干流全长 4880 公里,流域面积 81.1 万平方公里,流经中国、缅甸、老挝、泰国、柬埔寨和越南 6 个国家,以长度计为世界第六大河流。流域内蕴藏的水能高达 9.006×10^7 千瓦,可开发利用量为 6.437×10^7 千瓦,水电开发潜力大,但分布极不均衡。从区域上看,水能资源主要集中在老挝、中国(云南)和柬埔寨。② 这三个国家对水电大坝的建设也最积极。然而,湄公河干流的水电开发始终伴随着

---

① 参见世界水坝委员会编《水坝与发展:决策的新框架》,中国环境科学出版社,2005;禹雪中、杨静、夏建新:《IHA 水电可持续发展指南和规范简介与探讨》,《水利水电快报》2009 年第 2 期。
② 转引自陈丽晖、何大明:《澜沧江-湄公河水电梯级开发的生态影响》,《地理学报》2000 年第 5 期。

质疑与反对，尤其是在2010年下游遭遇干旱后，人们就格外重视水资源的开发和利用及其对流域生态环境、渔业及农业生产的影响，湄公河水资源治理日益成为次区域开发中一项重要的非传统安全议题。事实上，这些都不是新出现的问题，早在20世纪90年代中期，下游国家就成立湄公河委员会（MRC，以下简称湄委会）对上述问题进行国际协调与管理，只不过在当前的新形势下，呈现出了新特点和新趋势。[①]

第一，相关方主张利益分享，水资源治理的难度有所增加。

2012年11月7日，老挝境内沙耶武里水电站正式开工建设，这是下游湄公河干流上的首座大型水电站，该项目的启动标志着湄公河水资源开发进入"后沙耶武里"时代。利益相关者对水电开发的态度从之前的反对建设水坝转变为主张利益分享，如MRC于2011年推出关于利益分享的报告，不但详细解释了利益分享的概念，还介绍了国际河流利益分享的经验。[②] 可以想见，利益分享问题将成为未来湄公河水电开发的新趋势。

利益分析有助于理解国际河流开发合作中矛盾的本源，解释合作的动机以及各方的诉求。无论何种利益，均是各国在合作开发过程中诉求的体现。[③] 对于大湄公河流域来讲，各方的利益分歧主要包含以下几个方面。首先，上游国家认为自己拥有开发水电资源的权力，而下游国家更注重上游开发对本国环境的影响，双方有着不同的利益诉求和政策主张。当前，上下游国家围绕水资源开发所产生的矛盾主要表现为各方如何分担成本、分享利益。对于大湄公河上游国家而言（如中国、老挝），丰富的水电资源是促进经济发展的重要手段，而对于下游国家而言（如越南、柬埔寨），大湄公河不仅是其重要的"粮仓"和"米仓"，还是承载其历史命运的"母亲河"。上游国家往往会获得比较高的开发收益，而基本不受环境改变的影响，如果上游国家同时又是国际河流的发源国，则

[①] 关于当前大湄公河水资源治理出现的新特点与新趋势，可参见郭延军《湄公河水资源治理的新走向与中国应对》，《东方早报》2014年1月17日，第A14版。

[②] MRC, "Knowledge BaseA on Benefit Sharing," Volume 1 of 5, 2011, http://www.mrcmekong.org/assets/Publications/Manuals-and-Toolkits/knowledge-base-benefit-sharing-vol1-of-5-Jan-2012.pdf.

[③] 周海炜、郑爱翔、胡兴球：《多学科视角下的国际河流合作开发国外研究及比较》，《资源科学》2013年第7期。

这种收益会更加明显。但下游国家更加关心水电开发对本国生态系统的影响，尽管它们也会获得一定的开发收益，但这种收益会因承担环境成本而大打折扣。其次，环境非政府组织的影响力日增，其诉求可能对政府形成巨大舆论压力甚至影响政府决策。根据针对水坝建设立场的差异，环境非政府组织可分为两种，一种是水坝建设最坚定的反对者，认为所有水电站都会给生态环境和当地居民的生计带来负面影响，通过各种途径努力敦促政府放弃或暂停水电站建设。另一种并不完全否定水坝建设，而是主张在开展充分、科学和可信的环境评估的基础上开发水电资源，且所有的相关项目信息必须向公众公开，所有水坝项目的经济、环境、社会利益以及项目成本都应该得到独立专家的验证，并且得到受影响民众的同意。① 不论持何种具体立场，环境非政府组织已经成为国际河流开发进程中不可忽视的力量，它们或是通过改变国家、国际组织等国际关系行为体的行为来影响国际环境决策，或是通过增强自身的实力和影响力来直接组织和参与国际环境保护项目。② 最后，当地居民的态度成为水电项目成败的重要影响因素。相对于政府部门和大坝开发商，资源丰富的偏远地区的社区和地区团体受到的影响最大，而收益却是最少的。③ 随着东南亚各国政治民主化进程的快速发展，民意对政府决策的影响越来越大，有时候甚至能够给政府施加足够大的压力迫使其改变原有政策或决策。例如，在缅甸密松水电站事件上，克钦地方势力的坚决反对是最终迫使吴登盛政府叫停这一项目的重要原因。实际上，克钦地方政府看待水资源开发的态度与非政府组织不一样，他们可以说是引进中资进行水电开发的先驱，但是，后期由于各种原因他们逐渐改变了对一些项目的态度。

第二，出于制衡中国影响力的考虑，美国、日本等国加大了在该地区的介入力度。

在中国崛起的背景下，有关大国加强了在次区域的投入，一方面，它们希望利用该地区经济的快速发展，增加本国在该地区的贸易和投资；另一方面，也是更重要的，它们希望配合美国"重返亚太"的战略，削弱中国在该地区

---

① 国际河流网：http://www.guojiheliu.org/a/movement/feq/2012/0214/383.html。
② 张海斌：《环境与国际关系：全球环境问题的理性思考》，上海人民出版社，2008。
③ 郭延军、任娜：《湄公河下游水资源开发与环境保护——各国政策取向与流域治理》，《世界经济与政治》2013年第7期。

日益增长的影响力。因此，我们看到，美国及其亚洲盟友（日、韩、澳）纷纷大幅增加在该地区的政治、外交及经济资源投入。域外国家的参与体现出以下三个明显的特点。①

一是合作层次明显提升。2009年，首届"美国-湄公河下游国家部长会议"召开，标志着奥巴马政府正式启动"湄公河下游行动计划"。2013年，美国国际开发署建立了"湄公河下游行动计划协调中心"（LMI Coordination Hub）。同年，日本倡议建立了"日本-湄公峰会"，每年举行一次，目前通过该机制日本已向下游五国提供了巨额政府开发援助。韩国政府则提出要创造"湄公奇迹"，并于2011年启动"韩国-湄公河国家外长会议"机制。澳大利亚则在2012年启动了"澳大利亚湄公河地区-NGO参与平台"（AM-NEP），旨在对澳大利亚在这一地区的非政府组织进行更好的指导与管理，使其发挥更大的作用。②

二是政府开发援助大幅增加。2009~2012年美国向下游国家提供了超过2亿美元的援助，用于推动卫生、教育、环保和基础设施等领域的合作。2013年美国又宣布增资5000万美元，用于上述项目的合作。而日本更是不惜血本，大幅增加投入。2009年，日本承诺在未来3年向下游国家提供5000亿日元的政府开发援助，用于经济发展、环境保护、基础设施、民生改善等一揽子援助计划。2012年，日本又宣布向这一计划续资6000亿日元，用于支持未来3年下游地区的发展。除此之外，在2013年底举行的日本-东盟特别峰会期间，日本还分别向越南、缅甸、老挝三国提供了960亿日元、630亿日元和104亿日元的政府开发援助。③

三是机制化、网络化合作有所加强。2010年，美国牵头组建了"湄公河下游之友"，除了湄公河下游五国之外，把日本、韩国、澳大利亚等美亚太主

---

① 郭延军：《湄公河水资源治理的新趋向与中国应对》，《东方早报》2014年1月17日，第A14版。
② Australia Mekong-Non-Government Organization Engagement Platform, Final Design Document, AusAID, June 2012.
③ "日本借东京首脑峰会拉拢东盟　安全议题不愿被日牵鼻子走"，新华网，http://news.xinhuanet.com/world/2013-12/16/c_125862903.htm，2013年12月16日；郭延军：《湄公河水资源治理的新趋向与中国应对》，《东方早报》2014年1月17日，第A14版。

要盟友都纳入其中，加强政策协调与各领域合作，通过增加战略、外交、经济资源的投入，牵制中国周边战略的实施。①

第三，水资源治理已经超越了传统的单纯针对水体的水利管理范畴，成为一个涉及政治、经济、外交、安全和国家间关系的综合性议题。

首先，大坝建设对下游的影响极其复杂，其关联效应涉及下游沿途社会、经济和环境的多重交互作用，这也是它在大坝建设及运行过程中被忽视、被回避并引发众多争议的一个内在原因。② 因地理位置的不同，流域国家对大湄公河水资源开发的认识存在差异，并成为影响国家间关系的重要因素。例如，中国在上游的水电开发活动经过了科学系统的论证与环境评估，在建设和运行过程中充分考虑了环境保护问题，因此对下游的生态影响极小。但根据越南等国家的研究，上游的水电开发对下游的径流量、渔业及农业生产都产生了消极影响。

其次是有个别域外国家以澜沧江大坝制造话题，甚至有人将中国称为上游的"水上霸权"。③ 尽管这些说法完全不是客观事实，而是掺杂了其他政治目的，但由于其具有很强的煽动性，因此，不但给中国的水电开发造成了不利的舆论环境，而且极大影响了中国与下游国家的关系。例如，在2013年7月举行的第六次"湄公河下游行动计划"部长级会议上，美国国务卿约翰·克里表示，实现明智、可持续的发展应是保护湄公河的目标，美国也正在积极帮助实现这一目标。④ 同年12月他在访问越南时则公开指责中国，称这条河流是全球资产，是属于该地区的财富，没有哪个国家有权剥夺其他国家的生计和生态系统，美国将努力确保共享湄公河。⑤ 从这个角度讲，湄公河次区域已成为域内外大国力量博弈的一个重要地区，这无疑会增加流域水资源治理的复杂性。

---

① 郭延军：《湄公河水资源治理的新趋向与中国应对》，《东方早报》2014年1月17日，第A14版。
② 何大明、柳江、胡金明等：《纵向岭谷区跨境生态安全与综合调控体系》科学出版社，2009。
③ John Lee, "China's Water Grab," *Foreign Policy*, August 24, 2010, http://www.foreignpolicy.com/articles/2010/08/23/chinas_water_grab.
④ 《美国重视湄公河可持续发展》，美国国务院国际信息局，http://iipdigital.usembassy.gov/st/chinese/article/2013/07/20130708278287.html#axzz2sbJWb3Y5。
⑤ 《美媒：克里访越指责中国湄公河大坝或影响下游人口》，新华网，http://news.xinhuanet.com/world/2013-12/17/c_118582313.htm，2013年12月17日。

二 大湄公河水资源治理的制度困境

在湄公河水资源问题不断复杂化的同时,流域国家的治理能力并没有得到有效提升。当前,湄公河水资源治理的困境,突出表现在制度的有效性方面。湄公河委员会是该流域下游国家进行水资源管理的唯一一个国际组织,自成立以来一直致力于流域水资源可持续利用方面的工作,但目前该组织的治理成效并不令人满意。例如,批评者指出,虽然湄委会建立了包括宏观和微观数据在内的大型数据库,但它并没有将这一数据库成功地应用于促进水资源的治理和可持续发展。湄委会的低效主要源于它没有建立在规则的基础上,而且缺乏强制力,根本无法影响其成员国的政策,只能艰难地维持其与各方的对话。而且,由于其经费大多来自西方国家以及国际组织的援助,其政策取向也打上了深深的"西方烙印"。①

另外,处于上游的中国和缅甸至今仍游离于该组织之外,这也是造成湄委会无法开展全流域治理的原因之一。当前的湄委会由下游四国老挝、泰国、柬埔寨和越南成立,中国于1996年成为对话伙伴国。此后,中国一直与湄委会保持着良好的对话协商机制,同时积极利用这一合作平台,与下游成员国加强技术交流与合作。该协议分别于2008和2013年续签,从2003年至今,中国已连续10年在每年汛期(6月15日~10月15日)向湄委会提供包括雨量和水位在内的水文服务,由景洪和曼安两个水文站观测和报送。2010年上半年,中国西南地区和湄公河下游发生严重的旱灾,自3月起,中方每周向湄委会提供位于中国境内的景洪、曼安水文站特枯情况下的旱季水文资料,对此,湄委会和下游国家予以高度评价。2010年4月,首届湄公河委员会峰会召开,中国外交部副部长宋涛代表中国参加了此次峰会,表示中国将积极与湄公河下游国家和湄委会加强信息沟通与交流,积极开展多领域的务实合作。② 2013年8

---

① 郭延军:《湄公河水资源治理的新趋向与中国应对》,《东方早报》2014年1月17日,第A14版。
② 《中国代表团赴泰国华欣出席首届湄公河委员会峰会》,中央政府门户网站,http://www.gov.cn/jrzg/2010-04/05/content_1573525.htm,2010年4月5日。

国际河流水资源开发新趋势

月提供水文资料的时间跨度更大，频率也进一步提高。尽管如此，从合作的广度和深度来讲，中国对流域治理的参与仍十分有限。中国担心如果加入这个由西方国家控制的组织，其境内水资源开发和利用就会受到很大制约。

在尚未建立全流域水资源治理机制的背景下，流域各国出于本国对水电资源的巨大需求，都积极地规划和建设水电大坝。如中国在上游澜沧江规划了14座水电站（包括上游西藏段的6座水电站和中下游的"两库八级"水电站①），下游国家也已经在湄公河干流或支流建成了36座水电站，还有大约60~100座水电站正在规划之中。② 由于湄委会影响力有限，下游一些国家在湄公河干流上规划和建设水坝的行为很难得到有效管理，基本上可以由本国政府独立做出决定。

在没有制度约束的情况下，干流水电站建成后，国家之间、社会之间的成本和收益难以实现公平分配或将成为湄公河水资源治理的最大挑战。③ 根据湄委会的预测，到2030年湄公河干流12座计划中的水电站全部建成时，电力产能超过14697兆瓦，但这也只能够满足下游国家总电力需求的6%~8%，而且绝大多数电力输往泰国电网。④ 而根据国际环境管理中心（ICEM）向湄委会提交的"战略环评"（SEA）的计算，水坝可以为其所在国的经济发展做出巨大贡献，但也会给柬埔寨和越南带来消极影响。考虑到渔业和农业是下游多数国家的主要产业部门，SEA判断12座拟建的干流大坝造成的损失将是"比实际收益更大的一个数量级"。⑤ 可见，对于利益平衡的判断，下游国家认为消极方面远大于积极方面。⑥

---

① 出于对环境保护的考虑，中国已放弃澜沧江下游"八级"水电站中的最后一座——勐松电站。
② 郭延军：《湄公河水资源治理的新趋向与中国应对》，《东方早报》2014年1月17日，第A14版。
③ Richard Cronin and Timothy Hanlin. Mekong Tuning Point: Shared River for a Shared Future. Washington, D.C.: The Stimson Center. February 3, 2012. p. 7.
④ The Stimson Center, "Interactive Mekong Map," October 12, 2011. http://www.stimson.org/infographics/interactive - mekong - map/.
⑤ International Centre for Environmental Management, "Strategic Environmental Assessment of Hydropower on the Mekong Mainstream: Summary of the Final Report," October 2010. p. 18.
⑥ 郭延军：《湄公河水资源治理的新趋向与中国应对》，《东方早报》2014年1月17日，第A14版。

三 大湄公河水资源治理的路径选择与中国的作用

从非传统安全的角度看，流域水资源开发是一个不可分割的整体，涉及流域内国家的经济安全、生态安全、粮食安全、社区安全等一系列非传统安全问题，如果处理得不好，会直接影响到上下游国家的关系、流域居民的生活质量甚至中国的周边环境。中国作为上游国家，正在努力打造自己"负责任"大国的形象，如何处理大湄公河水资源治理问题无疑将成为其中重要的一环。为此，中国应在借鉴其他国际河流水资源争端解决机制的前提下，从打造和平、积极的周边环境出发，综合考虑大湄公河水资源开发与环境保护之间的关系，避免该问题成为影响中国开展周边外交的负面因素。为此，中国应从以下几个方面入手。

第一，加快构建上下游国家利益相关者参与的利益分享机制。

作为一种理念和实践，利益分享（Benefit Sharing）并不是一个新概念。早在20世纪90年代，全球第一份有关保护和可持续利用生物多样性的协定——《生物多样性公约》就明确将利益分享和主权原则作为遗传资源获得和利用的基本原则。鉴于国际河流具有明显的"公共性"特征，利益分享尤其适合解决国际河流水资源治理问题。[1] 近10年来，学界对跨境水资源治理中的利益分享问题进行了大量研究，并就其概念和主要内容达成了基本共识。利益分享首次出现在水电领域是在2000年世界水坝委员会的报告中，其在"战略重点5：承认权利与共享利益"中写道："承认受不利影响的居民应首先得到项目的好处。磋商相互同意且受法律保护的利益共享机制，以确保实施。"[2] 此后，水电领域专家围绕着水资源开发的利益分享展开了理论层面的研究。2008年，利益分享的研究进入实践层面。2009年3月，世界银行公布了新的水电政策，利益分享成为此轮水电开发投资浪潮中的核心

---

[1] Oliver Hensengerth, Ines Dombrowsky and Waltina Scheumann, "Benefit-sharing in Dam Projects on Shared Rivers," German Development Institute. Discussion Paper 6/2012.
[2] 世界水坝委员会编《水坝与发展：决策的新框架》，中国环境科学出版社，2005。

概念。①

强调在水电开发中的利益分享，就是一方面认可水电开发对经济发展的重要作用，另一方面注重对水电开发所带来的收益进行分配，这也代表了当前水电开发的主流。如何真正在水资源治理中建立起有效的利益分享机制，在很大程度上取决于各利益相关者能否在持续的互动中找到各方利益的契合点，并建立起稳定和相互信赖的关系，为制度化安排创造条件。对于跨境水资源治理来说，由于牵涉到不同的利益群体，如各个国家、国家和国内群体、流域国家和流域外投资者以及各种国际非政府组织，因此各个利益相关者有着不同的利益诉求或关注点，这给跨境水资源治理带来了相当大的难度。

针对下游一些国家的担心，中国应积极探索建立与下游国家的利益分享机制，以促使利益相关者的诉求能够得到较为顺畅的表达与体现，尤其应加强公私部门之间的合作，确保利益分享机制具有可持续性。

当前，国际环境非政府组织的影响力日增，成为制造舆论压力和影响政府决策的重要力量。它们通过各种方式，指导、配合甚至直接参与下游国家内部市民社会反对大坝建设的活动。因此，在构建利益分享机制时，应特别重视加强与非政府组织和当地居民的沟通和联系，营造有利于流域发展的政策和舆论环境，并尊重当地居民合理的利益诉求，将其纳入水电开发的利益补偿机制中，这是水电开发项目顺利推进的重要保证。②

除此之外，中国还应大力推动地区电力贸易，缓解下游国家的电力紧张状况。例如，中泰两国的电力贸易发展迅速。从2013年起，泰国向中国购电150万千瓦，2014年起另向中国购电150万千瓦。根据中泰合作有关原则和协议，中泰两国将就水电建设和运营开展进一步合作。中国还可以通过环境投资、发展援助、社会交流等其他渠道加大对下游国家尤其是贫困地区的援助力度，在改善贫困居民生活条件的同时，扭转其对中国大坝建设的看法。这种经

---

① The World Bank Group. Directions in Hydropower. The World Bank Working Paper. No. 54727. March 1, 2009. http://siteresources.worldbank.org/EXTENERGY2/Resources/Directions_in_Hydropower_FINAL.pdf；郭延军、任娜：《湄公河下游水资源开发与环境保护——各国政策取向与流域治理》，《世界经济与政治》2013年第7期。

② 郭延军：《湄公河水资源治理的新趋向与中国应对》，《东方早报》2014年1月17日，第A14版。

济外交方式是目前美国和日本等国的主要做法，中国在这方面也应大有作为。另外，在必要的时候，中国也应主动牺牲一部分水电开发利益，以缓解下游的抵触情绪。需要指出的是，这种资金、技术等方面的投入并非传统意义上的"花钱买平安"，而是显示中国在自身发展的同时，积极与下游国家进行利益分享，而非"利益独占"，从而有助于真正实现中国提出的与东盟国家结成"命运共同体"的目标。

第二，努力提升与下游国家合作的层次和水平。

目前，中国参与次区域合作的主要平台是GMS，虽然该机制经过多年发展，成效显著，中国也在其中发挥着日益重要的作用。但GMS是由亚洲银行主导的多边机制，以项目合作为主，并不涉及一些重要的双边问题，如水资源管理问题。近年来，美国和日本等国纷纷提升了与次区域的合作层次，并大幅增加在次区域的投入，用于制衡中国在该地区快速增加的影响力。

与美国和日本等国相比，在合作层次上，中国尚没有建立起与下游国家的高层次双边合作机制或平台，这与该地区日益凸显的重要地位并不相符，中国应适时建立与湄公河下游国家的首脑峰会或外长会议机制，进一步提升与次区域各国的合作水平。在投入的重点上，美国和日本等国均把环境和民生等作为重点领域，通过一揽子的援助项目，保护次区域的生态环境并改善民生。中国在次区域的投入巨大，但主要用于互联互通等大型基础设施的建设，对民生及环境领域的投入十分有限。在合作的成效上，美国和日本等国以相对较少的投入，凭借相对完善的援外执行机构，保证项目合作和政府援助更好地落到实处，获得了相对较好的成效，特别是受援国当地民众得到了实实在在的利益，这对于提高援助国的软实力和国家形象十分有帮助。[1]

此外，在未来的合作中，中国还应加大在环境保护和民生领域的投入力度，特别是要大力加强非政府层面的各种援外机构的能力建设，深入了解当地居民的利益诉求，使援助和项目合作所产生的积极成果真正落实到广大人民身

---

[1] 郭延军：《湄公河水资源治理的新趋向与中国应对》，《东方早报》2014年1月17日，第A14版。

上，为实现本地区的共同发展和繁荣打下坚实的基础。目前，中国的社会组织尤其是国际非政府组织还相对薄弱，为此，中国应加强以社会组织为主体的海外活动网络建设，利用其在信息搜集、反馈、多层次社会交往和对外援助实施等方面的优势，为中国外交的开展提供帮助。

第三，逐步推动建立全流域性水资源治理架构。

建立全流域的、职能多元的联合管理机构是实现共同利益的理想途径，也是最高程度的合作形式，甚至是实现共同利益的必要手段，但是这种机构的建立和运作效果受制于沿岸各国的政治意愿、信任和合作程度等。因此，在实践中较为常见的还是仅覆盖一部分流域或者职能单一的联合管理机构。[1] 湄委会就是仅由湄公河下游国家组成的水资源治理机构。

构建全流域性水资源治理架构应从法律上明确上下游国家的权利和义务。流域作为一个整体，上下游国家的权利和义务是对等的。下游在要求享受权利的同时，也应承担相应的义务。比如，对从上游治理中获得利益的下游国家来说，其有义务从经济上对上游的流域综合管理措施给予补偿，如果没有这样一种全流域的整体观，上游国家对治理就会失去积极性，而上游治理不好将直接影响下游的生态维持、环境保护、经济发展以及居民生活。长期以来，这一点是被我们忽视的。中国似乎是完完全全的受益者，而下游国家似乎是彻彻底底的受害者。一旦下游国家有了这种受害者心理，那么无论中国怎么做都很难取得下游国家的认可。当然，这是从法律框架的角度来说，在实际操作层面，中国应体现大国的责任意识，在合作中贯彻先予后取、多予少取甚至只予不取的政策。也就是说，既要有相对明确的法律框架，又要有灵活的政策，这样才能让下游国家正确看待上游国家的开发活动以及自身应承担的义务。

当然，从目前来看，上下游国家制定一项统一的具有广泛约束力的法律或政策框架的条件仍不成熟。对于中国来说，紧密的制度化合作也不符合自身的利益诉求。合作应遵循渐进的原则，合作的范围可从信息共享开始，开展项目合作和政策协调，在条件成熟时，通过设立常设机构，为流域内各国政府开展

---

[1] 何艳梅：《中国跨界水资源利用和保护法律问题研究》，复旦大学出版社，2013。

定期磋商提供平台，这应该成为湄公河水资源治理的长远目标。①

需要指出的是，在推动建立全流域性水资源治理机构的同时，应妥善应对和处理与美国等域外国家的关系。加强与相关国家的政策沟通和协调，弱化战略竞争和"零和"思维；积极开展与域外国家的功能性务实合作，重点关注环境保护与资源的可持续性利用，缩小贫富差距；积极创新思维，探索外交新思路，实现有效的地区治理。

---

① 郭延军：《湄公河水资源治理的新趋向与中国应对》，《东方早报》2014年1月17日，第A14版。

B.12 水问题与水坝政治：以中国对缅甸水电站投资为例

李志斐*

摘　要：

水坝政治已经成为影响中国地缘政治格局的新因素。缅甸现在是中国海外水电站投资的主要目标国，但由于缅甸国内特殊的政治格局加上正处于政治变革时期，中国投资的水电站项目被高度政治化，成为水坝政治的牺牲品。水坝政治的内容可以用"三维一体"来形容，以美国为首的西方国家在遏制中国影响力扩大的动机下对之推波助澜。中国在缅甸投资的水电站项目已经陆续进入实施阶段，为最大限度地避免水坝政治对中国海外权益的消极影响，未来中国除了应在政府层面上建立相应的外交协助机制外，还应在企业层面上注重提高利益界定和风险控制的能力与水平，避免风险和利益分配的高度不均。

关键词：

水电站投资　缅甸　水坝政治

近些年来，为了满足国内经济发展和民生需求，中国加快了对境内国际河流的开发步伐，与此同步的是，众多邻国也开始掀起修建水电站的热潮。周边国家希望通过兴建大量水利水电设施来充分利用国内的水电资源，满足国内的

---

* 李志斐，博士，中国社会科学院亚太与全球战略研究院副研究员，主要研究方向为亚太地区非传统安全。

电力需求，促进经济发展。于是，中国国际水资源开发的周边效应日渐凸显，周边国家内部的水坝政治不断发酵，成为考验中国与周边国家关系、影响中国周边地缘政治格局的新因素。

目前，水坝政治凸显的地区是东南亚地区。20 世纪 90 年代的水利工程建设项目，大多数由湄公河地区的国家政府投资兴建，主要资金来源于世界银行与亚洲发展银行的贷款或援助。现在本地区的水利工程建设步伐大大加快（见图 1），并且多数已经成为商业项目。中国在下游的水资源开发中，扮演着举足轻重的投资者与建设者角色，中国的一些国有能源企业在一些大型项目中都持有股份。据统计，除中国外的其他成员国在未来几年将要修建的干流支流水文工程，40% 都由中国公司承包。[1] 现在，对外水电站投资已经成为中国企业"走出去"战略的重要组成部分，也是中国经济国际化的一部分，2008～2012 年，中国投资的海外水电站的增长速度高达 300%，中国的海外水电站投资遍布全球 70 多个国家，投资了 300 多家水电站，根据国际河流网的统计，中国海外水电站投资的地区分布为：东南亚，131 座；非洲，85 座；南亚，36 座；拉丁美洲，23 座；欧洲：12 座；东亚和中亚：11 座；太平洋，3 座。[2]

从统计的数据来看，中国在周边地区的海外水电站投资项目主要集中于东南亚地区，大约占整个海外水电站投资的 44%。根据国际河流网的统计，东南亚水电站投资的分布情况为：缅甸，55 座；老挝，28 座；马来西亚，14 座；柬埔寨，11 座；越南，9 座；菲律宾，4 座；印度尼西亚，3 座；泰国，1 座；文莱：1 座；巴布亚新几内亚，1 座。缅甸是中国主要的水电站投资国，同样，在越南，2001～2010 年，中国共在越南投资高达 10 亿美元的 300 个项目，其中水利工程居首位。[3]

水坝政治是指，投资目标国国内的各种利益相关者为实现自身政治利益而

---

[1] "澜沧江－湄公河大坝的梯级效应"，http://www.qtpep.com。
[2] International Rivers Network, "The New Great Walls: A Guide to China's Overseas Dam Industry," Nov. 2012.
[3] 援引自 2011 年 5 月 12 日，澳大利亚援助署官员 John Dore 在北京大学国际战略研究中心的主题演讲"澜沧江－湄公河跨界水资源的开发利用"。

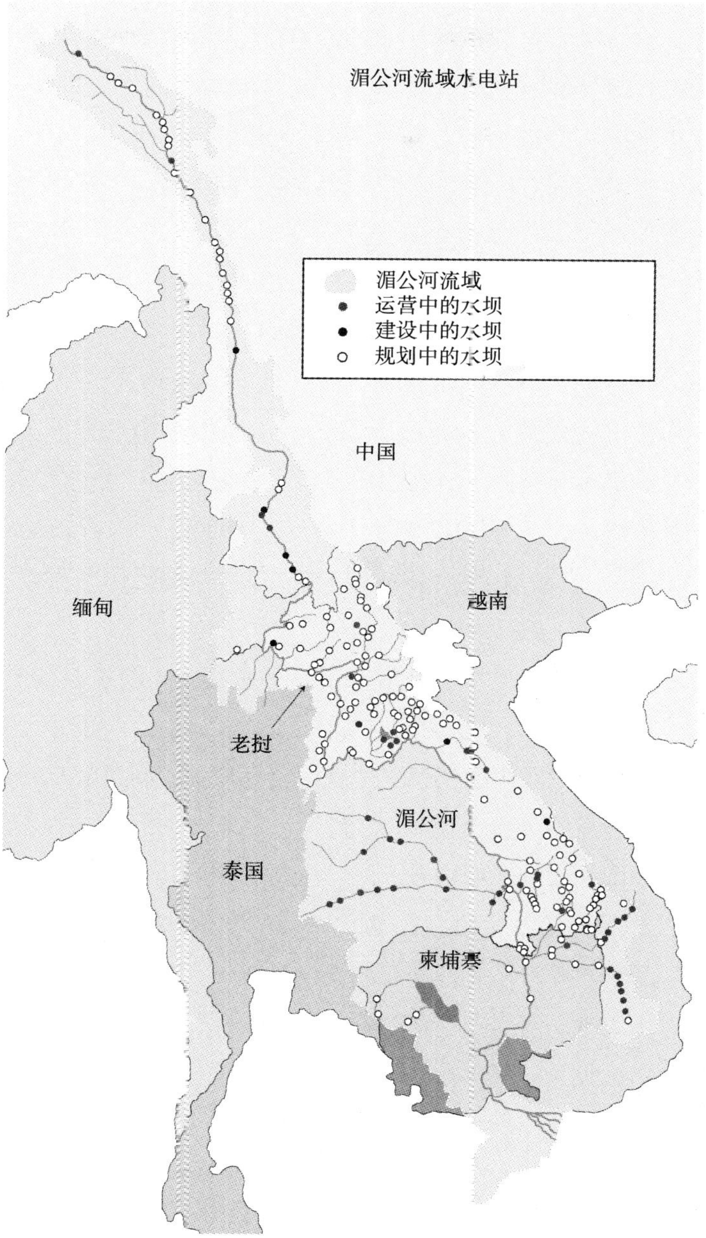

水问题与水坝政治：以中国对缅甸水电站投资为例

图 1　澜沧江－湄公河梯级水坝建设示意图[*]

[*] 援引自 2011 年 5 月 12 日，澳大利亚援助署官员 John Dore 在北京大学国际战略研究中心的主题演讲"澜沧江－湄公河跨界水资源的开发利用"。

175

围绕着水坝建设进行的一系列互动与博弈。从本质上来说，中国在东南亚地区遭遇的水坝政治与中国和东南亚地区国家之间的水问题的产生是相通的，都是国内政治博弈与国外势力相结合的结果，而且两者之间相互影响。2012年著名的缅甸密松水电站突然被停建事件，就是水坝政治作用的结果。本报告将选取缅甸国内的水坝政治进行详细分析，以探究中国周边地区水坝政治的本质特点与运作模式。

一 中国在缅甸的水电站投资

目前，南方电网公司、华能集团公司、中国电力投资集团、大唐集团公司和水利水电建设集团等企业已经在缅甸开展了资源合作开发的工作，① 达成了一系列合作开发协议，截至2012年1月，中国在缅甸参与投资的水电站项目大约有56个，其中，39个为大型项目，8个为中型项目，5个为小型项目，其余4个信息不详。②

中国在缅甸投资的水电站主要集中在伊洛瓦底江和萨尔温江的干支流上。伊洛瓦底江是缅甸最大的河流，参与此流域干流段水电开发的主要是中国电力投资集团，计划修建的水电站主要集中在伊洛瓦底江上游的恩梅开江和迈立开江，以及两江汇合后的上游干流段。③ 其中，在东源的恩梅开江，共规划了5个梯级水电站：耶南大坝、广朗普大坝、区撒大坝、乌托大坝和其培大坝，总装机容量约1050万千瓦；在西源的迈立开江，共规划了按腊撒大坝和密松大坝，总装机容量约600万千瓦。而萨尔温江是缅甸最长的河流，中国的水利水电建设集团、南方电网等企业在萨尔温江上参与建设的水电站主要有：丹论江上游大坝、塔桑大坝、达昆大坝、伟益大坝、哈希大坝等。

---

① 《中国水电公司缅甸开发情况》，http：//wenku.baidu.com/link？url = OQGTJVKnnpCS7WWHLAuT9v AMH _ yuia87Q6C2uX8x1WoJChES7pI － UmgPCqkYIabrOjok5k4Ee4 GOs8LwDRM1PpzFIpy7UNqmkhwab_ wkJGa，2010年9月30日。

② International Rivers Network，"Dams Building Overseas by Chinese Companies and Financiers，" Jan. 23，2012.

③ 《伊洛瓦底江》，http：//baike.baidu.com/link？url = uINGB9ghMLfOVMkxJJOafk － CZo4VFC2aYxJ438pAFKoPZlOtO_ tidYq4MoHh2m4W，2014年4月1日。

二 水坝政治及其对中国对缅甸水电站投资的影响

2010年11月7日，缅甸举行了22年来的第一次全国多党民主制大选，联邦巩固和发展党赢得大选。2011年3月30日，缅甸新总统吴登盛宣誓就职，从此缅甸进入了名义上的民主政治化时期，由此带动了国内不同政治力量的日渐活跃，缅甸国内的政治博弈更加复杂。

进入21世纪后，随着缅甸国内水利开发力度的不断加大，中国对缅甸的水电站投资力度也逐渐加大。在国内政治体制酝酿新变革的时代背景下，缅甸国内的水电站开发问题逐渐被政治化，中国的水电站投资成为水坝政治的牺牲品。透视缅甸国内水坝政治中的博弈，可以解读出缅甸国内政治力量分化组合的过程及整体的政治走向。

缅甸水坝政治的参与主体是国内的四种政治力量，即缅甸中央政府、非政府组织、以昂山素季为代表的政治反对力量和少数民族地方武装势力。水坝政治的内容可用"三维一体"来概括，其中"三维"是指中央政府与非政府组织的博弈、中央政府与政治反对力量的博弈、中央政府与少数民族地方武装势力的博弈。三个维度的博弈都围绕着缅甸国内的水坝建设进行，表面上是争论缅甸的海外水电站投资项目是开工还是停建，以及如何建设才能实现缅甸人民的利益最大化，但从根本上来说，水坝问题在缅甸已经被政治化，各种政治力量围绕着水坝问题展开了一系列政治博弈，其背后隐藏着各自的政治利益需求与目的。

缅甸中央政府对缅甸境内的水资源的开发利用持非常支持的态度。对于缅甸中央政府来说，水电站建设不仅可以带来巨大的经济利益，而且还有助于提升缅甸国内的电力装备水平，有效控制和削减洪峰，提高下游地区的防洪标准；水电站的配套设施建设有助于为当地招商引资，改善民生，提高当地的就业率。

另外，缅甸内部很多水电站的位置处于政府军与少数民族地方武装势力冲突的地区，在水电站修建的过程中，缅甸中央政府会以保护水电站项目安全的理由进驻库区，建立军营，设立军事基地，增加军事存在，以扩大自己的实际控制范围。从这个角度来说，缅甸中央政府可以借水电站修建获取政治和军事利益。

缅甸中央政府频频引入外资开发水利、修建水坝的做法，最先遭到非政府组织的反对。非政府组织主要从水坝的环境影响、社会影响、安全风险等角度论证水电站的修建所造成的消极影响，呼吁停止水电站建设。在缅甸国内，非政府组织数量众多，仅国际性的就有53家，其中"缅甸河流网"对中国水电站投资的反对声尤为响亮，它曾公开发布《健康的河流，幸福的河流——对中国在缅甸开发水电的评论》，列举了中国对缅甸进行水电站投资所造成的社会和环境的消极影响，呼吁中国政府寻找替代方案。该组织还在2013年伊始向中国驻缅甸大使递交公开信，要求中国停止重启密松水电站的建设。①

缅甸非政府组织通常掺杂着国家情感和少数民族意识，将更多的注意力集中在水坝的透明度和受益方以及军事化，反映出缅甸国内复杂难解的民族矛盾和武装冲突问题，也透露出其从根源上排斥外国深度参与水坝项目建设的思想。可以说，非政府组织倡行的不仅是单纯的环境运动，还带有很强的争取国内民族平等和政治民主权利的色彩。②

昂山素季领导的"缅甸全国民主联盟"和明哥奈、哥哥基等人领导的"88世代学生组织"是缅甸国内著名的政治反对力量。他们要求缅甸政府继续推行政治体制的深入改革，引进西方的政治体制，排除多年来军政府的专制统治。因此，利用缅甸民众对民主的诉求，积极创造各种向政府施压的机会，提升自己的话语权和号召力，就成为政治反对力量必走的一条道路，而缅甸国内如火如荼的水坝建设也就成为其与中央政府角力的舞台之一。

2011年8月11日，昂山素季发表了《关于拯救伊洛瓦底江的请愿书》，声称中国在上游兴建的包括密松水电站在内的7座梯级水电站会造成严重的环境问题，而且，"临近水坝的断裂带和陡峭庞大的水库带来了灾难的隐患，一旦地震发生，破坏程度将令人震惊"。请愿书在最后呼吁缅甸各界团结起来，

---

① "China Must Stop Pushing Irrawaddy-Myistone Dam Amidst Kachin Conflict," http://www.burmariverswork.org.
② 王冲：《缅甸非政府组织反坝运动刍议》，《东南亚研究》2012年第4期。

拯救伊洛瓦底江。① 请愿书发出不久之后，缅甸全国各地就掀起了一股要求缅甸政府停止开发密松水坝的热潮。对于昂山素季的反对，中国公司曾邀请昂山素季赴密松水电站考察以向其解释项目带来的利益，希望借此让昂山素季明白该项目的情况，并能够向缅甸人民讲解密松项目以及密松上游水电站项目所能带来的利益，但昂山素季拒绝前往了解真实情况。由此可以看出，昂山素季反对密松水电站的建设，在很大程度上是出于政治目的。

通过反水坝运动，政治反对力量的根本目的是增加其在缅甸核心事务上的影响力。在国内层面上，争取到更多地方和民意支持，形成针对中央政府的巨大公共压力，并通过对政府的行为进行监督和评论，来增强自身的话语权，拓展活动空间，为政治和解和改革意愿的表达创造机会。在国际层面上，由于水电站投资涉及外国利益，政治反对派在有争议的敏感问题上介入，可以在同外国官方接触时抬高对话筹码，增加对执政府的施压力量。

缅甸国内一直是"国中之国"的地方割据状态，民族矛盾盛行。像"克钦独立军""佤邦联合军""缅甸民族民主同盟军"等一些独立的武装组织一直拒绝接受整编和政府监管。中国在缅甸投资建设的水坝多处于少数民族地方武装的势力范围内，如在萨尔温江上建设的塔桑水坝、伟益水坝、达昆水坝、哈吉（哈希）水坝等就位于掸邦和克伦邦内，这些地区内战不断，局势动荡。在伊洛瓦底江上游的恩梅开江和迈立开江建设的密松水坝、其培水坝、帕舍水坝、莱扎水坝等位于克钦邦，而克钦邦约2/3的面积属于克钦独立军管辖，按照克钦独立军在1994年与军政府签署的停战协议，双方军队互不进入对方的地盘。

在这种独立军和政府军犬牙交错的控制区域上，水力资源的开发尤为敏感。虽然中国与缅甸中央政府签订了相关的投资合同，但由于当地的社会治理和经济发展责任很多是由当地的武装势力实际承担的，他们认为，中方在缅甸的投资没有很好地实行利益分配，没有惠及当地民众和地方实际管理者，因此，一旦与中央政府发生摩擦，这些中国投资的水坝就成为"出气筒"。2011

---

① Daw Aung San Suu Kyi, "Statement of Daw Aung San Suu Kyi, Personal Appeal to Save the Irrawaddy River," http://www.burmapartnership.org/2011/08/daw-aung-san-suu-kyi-appeal-to-save-the-irrawaddy-river/.

年6月13日，缅甸政府军和克钦独立武装爆发军事冲突，中国大唐海外投资有限公司投资的太平江水电站首先成为被殃及的"池鱼"，冲突发生之后就停止发电。虽然与缅甸电力部门多次交涉，但迟迟没有明确结果。

"三维一体"的水坝政治暴露了正处于政治变革进程中的缅甸，国内正面临复杂的民族矛盾和发生政治冲突的高风险。密松水电站突然被宣布停建，宣示着中国对缅甸的水电站投资已经陷入了缅甸水坝政治的漩涡之中。缅甸国内的各种政治势力为了影响中央政府的决策，将中国投资的水坝作为制衡工具，而中央政府为了缓解国内的政治压力和社会压力，选择通过牺牲中国的利益，将矛盾点转移到中国投资与民众利益冲突的问题上，非常明显的例证就是，吴登盛在宣布密松水电站停建时，理由是"须注意人民的意愿，有义务把重点放在解决人民的担忧和忧虑上"。所以，水坝政治真正的牺牲者是中国企业，中国海外投资权益和经济利益因此遭受到严重损失。

三　水坝政治的国际政治效应

缅甸自1988年9月军人政权上台之后，以美国为首的西方社会就对缅甸实施了长期的经济、政治、外交和军事制裁，希望通过制裁以及支持反对党来迫使缅甸进行民主政治转型。2003年8月，前缅甸总理钦纽提出"七步走民主"路线图。2010年11月缅甸举行多党制议会选举，军政府将国家权力移交给民选政府。此后，美国等西方国家开始增多与缅甸的接触，力图进一步推动缅甸推进民主政治化进程。

在这种国际背景下，缅甸的水坝政治不可避免地会受到以美国为首的西方国家的影响和干预，最明显的表现就是水坝政治国内参与体的利益诉求得到了西方国家的支持，而西方国家在缅甸国内努力谋求的政治利益则通过水坝政治来实现。

美国等西方国家参与缅甸水坝政治的方式主要有三种：向缅甸政府施压，声援政治反对力量，资助非政府组织。这三种方式并行不悖，互相支撑。西方国家积极肯定缅甸政府的民主改革，一方面不断向缅甸政府施压，将解除经济制裁和推动民主化进程结合起来，双管齐下推动缅甸政府主动推进国内政治经济改革;另一方面积极打"昂山素季牌",支持其代表和领导的民主力量,"鼓励"缅甸国内民主力量的发展,推动缅甸进行符合西方国家预期的政治变革。

对于正在争取与西方重建关系的缅甸政府来说,适度地给予昂山素季等政治反对力量一定的活动空间和话语权,以"实际行动"来迎合西方,不仅可以换来经济制裁的解除,改善国际形象,获得国际援助和发展支持,从而发展本国经济,改善民生,增强执政稳固性,而且可以通过与西方大国的接触来减少对周边国家的依赖,抵消其日益增长的政治经济影响力。2011年,缅甸总统吴登盛宣布停建密松水电站时,美国表示支持缅甸政府暂停密松水电站建设的决定,而缅甸随即要求美国解除对缅甸的经济制裁。

西方国家还对缅甸国内的非政府组织给予了很多支持,例如"缅甸河流网"是国际上反水坝建设运动最积极的"国际河流组织"的地区合作伙伴;有些非政府组织获得了西方的资金支持,例如最早公布密松水电站评估报告的"缅甸生物多样性与自然保护协会"就接受了欧盟的资金支持,而根据维基解密网公布的消息,美国驻缅甸大使馆曾资助缅甸反对修建密松水电站的一些非政府组织。

西方国家之所以"不遗余力"地介入缅甸水坝政治的博弈之中,其根本原因是要遏制中国在缅甸的影响力。数十年来,西方社会对缅甸实施制裁和孤立政策,而中国则对缅甸提供援助并进行投资开发,两国经济往来频繁,双边贸易不断发展。据缅甸投资与公司管理局透露,截至2011年7月底,共有31个国家在12个领域投资360多亿美元,其中中国的投资额高达160亿美元,大约占外国在缅甸投资总额的44.44%。① 基于缅甸在中南半岛和印度洋之间极为重要的战略地理位置,西方的战略家们担心缅甸一旦完全"倒向"中国,那么将永久性地"失去"缅甸。

2010年缅甸举行大选并组建民选政府后,美缅关系开始加速"解冻"。美国鼓励缅甸继续推动实质性的政治改革,实行西方式的民主政治体制,努力削

---

① "中国投资显著改善缅甸民生", http://world.people.com.cn/GB/15815701.html, 2013年1月25日。

弱中国在缅甸和中南半岛的影响力，加强美国对中南半岛的控制。所以，可以说，美国对缅甸水坝政治的"推波助澜"，从根本上说是其力图占领缅甸这块东南亚高地，重塑亚太地缘政治格局的举措之一。

因此，未来中国如何应对来自周边地区尤其是东南亚地区的水坝政治，不仅关系到中国投资企业的切身经济利益，关系到中国与投资目标国之间的睦邻关系发展，关系到中国在周边地区的"负责任大国"的形象建设，还关系到中国的地区影响力构建。了解水坝政治，洞察其内部的运作逻辑，并据此提出相应的应对措施已经成为中国构筑良性发展的周边关系与稳定安全的周边环境的重要一环。

四 如何应对水坝政治

随着国内外民主化改革压力的日益增大，缅甸国内的政治和解进程会继续前进，国内的民间反水坝建设运动的影响力会持续扩大，水坝政治效应会持续发酵，中国在缅甸的水电站投资项目将会面临更大的风险和挑战。现在，以美国为首的西方国家对缅甸的经济制裁正在缓解，可以预期，越来越多的西方企业将会重返缅甸，加入到在缅甸进行水电开发的行列中。未来，中国应该在政府、企业、社会三个层面采取措施以应对缅甸水坝政治所带来的负面效应。

（一）政府层面：建立外交协助机制

对外水电站投资已经成为中国企业"走出去"战略的重要组成部分，也是中国经济国际化的一部分。维护中国的海外投资利益已经成为中国外交的重要内容之一，现在，中国对缅甸的水电站投资已经陆续进入实施阶段，如何处理与缅甸中央政府、地方少数民族武装势力、政治反对力量以及非政府组织的关系，成为能否顺利实施投资项目的重要条件，而这需要中国政府部门建立相关的外交协助机制，帮助中国企业顺利地开展海外投资项目。

协助机制的第一个层面是建立相应的对话磋商机制。一方面，需要同缅甸的中央政府建立专门的对话磋商机制，最大限度地督促东道国政府遵守项目合同，履行项目义务，并及时地就与中国投资相关的政治问题进行沟通，最大限度地保障中国企业的正当与合法权益。另一方面,需要与不同的政治力量展开对话,重视不同政治力量的利益诉求,就中国的投资议题释疑解惑,建立互信关系。

协助机制的第二个层面是建立危机处理机制。随着中国对缅甸海外水电站投资的不断发展,中国政府对本国企业在缅甸投资利益的保护应该和其"内政"的范畴区分开来。一旦有危及企业投资利益的突发事件发生,中国政府就应启动相应的危机处理机制,首先对涉及中国公民人身安全的事件,应提供相应的领事保护;其次是搜集各方信息,制定相关应急计划,协调国内外有关单位共同开展工作;最后通过外交、经济、道义等手段,更积极公开地进行调停,最大限度地保护中国企业的海外利益。

协助机制的第三个层面是建立预警机制。缅甸属于高冲突性投资目标国,中国应积极推进与其签订政府间的投资保护协定,同时发布指导中国企业在缅甸进行水电站投资的相关规范,指导其注重在投资过程中保护环境并尊重项目所在国地区的风土人情,降低对社会和环境的消极影响,提升企业的社会责任形象,以尽可能地降低其遭遇水坝政治的风险。

(二)企业层面:风险控制和利益界定

在缅甸投资水电站的地区多属于资源丰富但经济欠发达且政治形势复杂的高冲突地区。高冲突地区既包括从暴力冲突向和平进程转化的"冲突后地区",也包括目前并没有经历严重的武装暴力,但政局和社会不稳定,存在一系列可能构成未来动乱爆发因素的地区。[①] 因此,中国在未来对缅甸的水电站投资过程中,必须提高风险控制和利益界定的能力和水平。

在风险控制上,首要工作是在水电站项目投资之前进行可行性研究,包括投资环境和项目本身。目前,投资项目所在地区的政治不稳定已经成为中国水电站投资的重要"拦路虎",因此,在投资决策前,应进行必要的政治风险评估,预测投资目标国政治局势的发展是否处于可控范围内,当政治局势不明朗

---

① 蒋姮:《高冲突地区投资风险再认识——中国投资缅甸案例调研》,《国际经济合作》2011年第11期。

时，可在开展调研和评估的基础上，按阶段实施工作，在政治局势明朗之前适度控制实质性的经济投入。另外，海外水电站投资项目的建设周期长，资金投入量大，风险分析需要贯穿于项目实施的全过程。除了政治风险外，法律风险和安全风险也需要纳入风险评估之中，建立相关的预警和管理机制非常必要。

在利益界定上，要避免风险和利益分配的高度不均。在高冲突地区进行投资，如果对众多利益群体之间的复杂利益格局认识不清，就可能因收益的不均衡而招致怨恨，继而激化冲突，致使中国企业因局势紧张而无法正常工作。因此，为缓和多利益群体的既有紧张关系，应主动构建利益相关者协商制度，积极与之开展互动和沟通，使中国投资的受惠群体不仅仅局限于目标国政府，而且是要扩展到所在地区的其他利益群体，尤其是要惠及当地居民。当前，中国企业在进行利益界定时，应着重搞好两个平衡。

第一，平衡好项目地区少数民族地方武装力量与中央政府之间的利益诉求。缅甸国内的社会矛盾和民族矛盾尖锐，中国开发的水电站项目又处于地方武装独立组织的管辖地盘，在涉及巨大利益分配的情况下，中国如果只是与中央政府签订了合作协议，却不顾及地方的利益诉求，则很容易成为首要的被打击对象。

第二，平衡好民间和政府间的利益诉求。在项目所在地区的居民看来，中国在当地进行水电站投资的大部分收益都归中央政府所有，而生态环境破坏的代价却由自己承担，因此反水坝建设的民意广泛。尤其是很多中国企业的管理相对封闭，对外宣传非常低调，虽然在移民、环境保护和基础设施建设上投入了很多人力和财力，但没有及时同当地社会和非政府组织进行沟通和对话，也没有征询和参考当地社会的各方面意见，也没有及时化解不满情绪并消除中国企业在当地的负面形象，致使自己成为弱势群体怨恨的对象和利益争夺的焦点。

（三）社会层面：推动国内非政府组织"走出去"

第一，扶持非政府组织的发展。

在全球化时代，政府、企业和非政府组织三大关键行为体的互动已经构成全球治理的基本框架，作为一种不同于国家和政府间组织的第三类行为体，非政府组织通常被定义为"第三种力量"或"第三部门"。在一个多民族、多宗教、多文化、多冲突与战乱且地区发展极不平衡的国家,众多非政府组织的存在是利益诉求多元化的现实反映。水坝政治的政治效应已经证明,在利益诉求多元化的区域进行投资,仅仅靠政府和企业的参与是远远不够的,还需要非政府组织这种"第三种力量"的参与。未来,在中国海外的水电站投资中需要协助中国国内的非政府组织"走出去",使其担负起协调和沟通的民间外交功能。

中国境内的非政府组织数量众多,但只有1/3参与了涉外活动,其方式主要包括出国访问、参加国际会议、海外培训、加入境外非政府组织、项目合作等。随着中国海外水电站投资项目的增多,中国非政府组织"走出去"的步伐要加大,方式要创新,为此,中国政府需要采取相应的扶持策略,一方面设立相应的援助基金,为企业"走出去"提供一定的资金支持;另一方面,在掌控全局的基础上,给予政策支持,拓展非政府组织的涉外活动空间,增强其开展涉外活动的能力。

第二,技术性地参与当地的可持续发展。中国在海外的水电站投资遭遇抵制的重要原因是,当地民众认为水坝建设会破坏生态环境,影响其日常生活。对此,中国的非政府组织可以利用自身的技术和知识优势,帮助当地的可持续发展,帮助企业履行社会责任。现在这项工作已经在老挝开展。在中国水利水电建设集团与老挝电力公司合作修建的南俄5(Nam Ngum 5)水电站项目中,中国的非政府组织"全球环境研究所"帮助水电站所在的社区发展社区林业、沼气利用等可持续发展模式。中国非政府组织的这些活动可以有效地减少中国企业在当地建设的阻力,改善企业的国际形象。

第三,社会性地参与水电站投资项目的协调与监督。非政府组织倡导的内容涉及人权、可持续发展、文化多元化等众多层面,通常具有较高的公信力、非政治性和道德性,更容易在本国和对象国之间架起一座沟通的桥梁。中国政府应该帮助以中国为主导的民间组织在东盟区域内有所发展,利用非政府组织的中立身份做协调工作,协调中国企业与投资对象国的民众之间的关系,通过灵活多样的处理方式,在谈判陷入僵局时起到"活血化瘀"的作用。另外,非政府组织还可以成为中资企业在海外的投资行为的"监督员",督促其遵守投资对象国和地区的相关法规、规则和标准,保证投资行为不会损害当地人的

利益，不会引发当地人的激烈反抗。

第四，培植中国主导的国际非政府组织。如今，数千家国际非政府组织已经走入中国，但中国非政府组织走出国门的还寥寥无几。中国应该在边疆省市或者在新加坡及主要东盟外交平台城市建立中国主导的国际非政府组织，这不但有助于加强与缅甸、越南等国民间机构的协调和疏通工作，而且可以为中国官方提供有力的民间"援手"，避免在投资国内出现"讨伐"中国时"一边倒"的局面。

外源性非传统安全研究

Studies on Exogenous Non-Traditional Security

B.13
东南亚海盗问题的新动向及中国面临的挑战

陈锴*

摘　要：

　　东南亚的海盗问题治理正面临新的挑战，例如海盗活动区域的转移，策略的变化等。尤其值得注意的是，私人安保公司的兴起，势必会加剧治理东南亚海盗问题的不确定性与复杂性，并给中国的安全治理增添新的变数。

关键词：

　　东南亚海盗　私人安保公司　安全治理　安全私有化

对于中国而言，东南亚海盗问题是一种典型的外源性非传统安全威胁。所

---

* 陈锴，经济学博士，浙江大学公共管理学院博士后，新加坡国立大学东亚研究所访问学者。目前研究非传统安全问题及地缘关系。

谓外源性，是指那些源自中国的地缘疆界之外的非传统安全问题。具体而言，此类非传统安全问题具有以下四点特征：其一，威胁主体的模糊性，非国家行为体乃至个人都可能成为威胁主体；其二，威胁演化的复合性，在特定条件下，会与传统安全威胁相互转化；其三，安全治理的时滞性，即应对之策通常需要经过相当长一段时间才会取得明显的成效；其四，意识形态的干扰性，在理论上行得通的治理方案，还要兼顾意识形态因素的干扰。这四点特征为东南亚海盗问题的分析和应对提供了有益的参照。

自2004年以来，新加坡、马来西亚和印度尼西亚等国开始在马六甲海峡联合巡逻，使该海峡的海盗活动趋于减少。但是，东南亚海域的海盗并未遭受实质性的打击，部分区域的海盗活动相对趋于频密，同时海盗活动也呈现出新的动向。这不仅给中国应对这一外源性非传统安全问题增加了新的变数，而且加剧了治理该问题的不确定性与复杂性。

一　东南亚海盗问题究竟特殊在哪里

从非传统安全的视角来看，治理东南亚海盗问题至少有以下三点特殊之处。

首先，转化为传统安全问题的概率很高。与索马里海盗问题相比，东南亚海盗的安全治理涉及主权问题，因而显得尤为复杂。2004年，时任美国太平洋司令部（United States Pacific Command，USPACOM）司令的托马斯·法戈（Thomas Fargo）曾经提议由美国与东南亚国家联合派遣舰队打击海盗，但是马来西亚出于维护主权的考虑，拒绝了这一提议。相比之下，南中国海的海盗问题就更为棘手了。无论中国还是越南等东南亚国家，要想在南中国海海域实施定期护航，不仅需要与涉及南海主权争端的各国达成决议，还涉及南中国海的争议海域的管辖权问题。在近期恐怕难以达成实质性的协议，更不用说在南中国海联合巡逻了。

其次，受到意识形态因素的干扰。在索马里海盗问题上，各国已经通过合作在很大程度上实现了安全治理。但是，在东南亚区域，即使安全治理方案在理论上行得通，也必须考虑意识形态因素的影响。比如，部分东南亚国家对美国参与安全治理心存疑虑，担心美国借此在东南亚地区扩张势力。无独有偶，也有一部分东南亚国家对中国参与心存疑虑。因此，南中国海区域的反海盗机制，一直没有得到妥善的落实。

最后，安全治理相对滞后。尽管新加坡、马来西亚和印度尼西亚等国已在马六甲海峡实现了联合巡逻，但是该地区的海盗问题并未因此得到解决，只是转移到其他安全治理更为薄弱的区域。与全球其他海盗活动频繁的区域相比，东南亚地区的海盗治理已显滞后。比如，现有预警机制的有效性、海岸巡逻力量的反应速度，以及对海盗的追踪能力，都存在不同程度的问题。

二 东南亚海盗问题的新动向

由于国际社会的日益关注，海盗劫掠事件自 2010 年以来持续减少。2013 年 1～11 月，东南亚海域的海盗劫掠事件共计 121 起，其中已遂劫掠 114 起，未遂劫掠 7 起。① 与此同时，海盗也相应改变了策略，海盗问题因而呈现出新的动向，也愈发呈现出外源性非传统安全威胁的特征。

首先，海盗劫掠转向了其他海域。尽管近期马六甲海峡的海盗活动明显减少，但是，印度尼西亚海域的海盗活动却相对趋于频密，有增无减。印度尼西亚已成为受海盗和武装抢劫危害最严重的国家。② 据报道，印度尼西亚东加里曼丹省（East Kalimantan）的锚泊地逐渐成为海盗袭击的重灾区，尤其是该地区的巴厘巴板（Balikpapan）、三马林达（Samarinda）与塔巴尼奥（Taboneo）。③ 例如，2013 年 5 月 12 日凌晨 4 点 15 分，一艘中国杂货船（国际海事组织船舶编号 9637416）在印度尼西亚的塔巴尼奥停泊时，遭遇 5 名海盗的持刀劫掠；④ 2013 年 1 月 22 日凌晨 2 点，一艘中国的化学品运输船（国际海事组织船舶编号 9565637）在印度尼西亚海域停泊时遭遇海盗劫掠，该船的发动机零

---

① ReCAAP Information Sharing Centre. Report for November 2013，p. 2.
② United Nations General Assembly. Use of Mercenaries as a Means of Violating Human Rights and Impeding the Exercise of the Right of Peoples to Self‐determination. A/68/339. 20 August 2013.
③ ReCAAP Information Sharing Centre. Piracy and Armed Robbery against Ships in Asia, Half‐Yearly Report, January-June 2013. p. 17.
④ ReCAAP Information Sharing Centre. Piracy and Armed Robbery against Ships in Asia, Quarterly Report, January-September 2013. p. 51.

件被盗，直到海盗逃遁都没有引发警报，直到该运输船进行发动机维护时，才发现发动机零件被盗；[①] 2013 年 6 月 19 日凌晨 2 点 55 分，另一艘中国货船（国际海事组织船舶编号 9477244）在印度尼西亚东加里曼丹省海域停泊时，遭到 5 名持刀海盗的劫掠。[②]

其次，海盗劫掠的重点转向牟取船只的财货，而不是劫持人质并索取赎金。近期，海盗劫掠的重点是船只运载的货物、发动机零部件以及船员的私人财物。2013 年 6 月 13 日 23 点 25 分，一艘装载货物的中国货船（国际海事组织船舶编号 9528665）在印度尼西亚的东加里曼丹省海域装载货物时，遭遇 6 名海盗持刀劫掠。海盗捆绑了两名船员并盗走其私人财物（金项链与手机）。[③] 值得注意的是，海盗在劫掠过程中，不仅不使用枪械，而且一部分海盗连刀具都没有出示。即使被捕，由于没有挟持人质或持枪劫掠，量刑也相对较轻。

值得注意的是，威胁主体的判定十分模糊。到目前为止，东南亚区域海盗的幕后出资人及劫掠所得的流向依然不明。事实上，即使海盗在一段时间内难以从劫掠中赚得利润，也不会对其产生实质性的打击。因为，海盗的幕后投资人还涉足一系列合法或非法的投资活动，包括贩卖人口、走私军火、投资房地产或开办公司等。可以说，东南亚海盗并未被伤及元气。与其说海盗日趋衰落，不如解释为其正处于蛰伏期，也不排除其将活动重点转向人口贩卖、走私或其他商业活动的可能性。换而言之，不排除东南亚海盗问题转化为区域内其他非传统安全问题的可能性。

最后，海盗利用其在情报和机动性方面的优势，频繁使用"骚扰"战术。2013 年 1~9 月，东南亚海域 80% 的海盗劫掠事件发生在船只停靠码头或下锚停泊期间。[④] 换而言之，东南亚海盗在行动之前，对于当地巡逻船只及码头的情况

[①] ReCAAP Information Sharing Centre. Piracy and Armed Robbery against Ships in Asia, Quarterly Report, January-September 2013. p. 43.

[②] ReCAAP Information Sharing Centre. Piracy and Armed Robbery against Ships in Asia, Quarterly Report, January-September 2013. p. 54.

[③] ReCAAP Information Sharing Centre. Piracy and Armed Robbery against Ships in Asia, Quarterly Report, January-September 2013，p. 53.

[④] ReCAAP Information Sharing Centre. Piracy and Armed Robbery against Ships in Asia, Quarterly Report, January-September 2013，p. 14.

是相当了解的。不仅如此，海盗被发现后，均能乘快艇逃逸。① 据目前掌握的信息，遭遇海盗劫掠发出警报后，巡逻船并未及时赶到，只能听任海盗逃之夭夭，巡逻与护航船只的作用并未得到充分的发挥。例如，2013年8月4日凌晨2点，一艘中国货船（国际海事组织船舶编号9304588）在孟加拉海域停泊时遭遇7名海盗持刀劫掠。船员向孟加拉海岸警卫队报警并把自己反锁在船舱里，但当孟加拉海岸警卫队的巡逻船赶到时，海盗已经裹挟财货离开现场。② 2013年9月3日21点10分，一艘装载化学品的中国货船（国际海事组织船舶编号9337523）在越南海域停泊时遭遇6名海盗劫掠。船员及时发现并立即集合起来追讨海盗，最终迫使海盗逃逸。事后，越南的巡逻船才赶到现场并登船进行调查。③

在部分情形下，被劫掠的中国船只只能独自与海盗周旋。例如，2013年7月28日凌晨2点25分，一艘装载化学品的中国运输船（国际海事组织船舶编号9409522）在印度尼西亚海域停泊时遭遇7名海盗，得益于船员及时发现并追讨海盗，才免于劫掠之灾。④ 无独有偶，2013年6月15日，一艘中国货船（国际海事组织船舶编号9449261）在印度尼西亚东加里曼丹省海域停泊时遭遇3名海盗，船员集合起来迫使海盗放弃劫掠。⑤

在可以预见的未来，东南亚海盗仍将在机动性方面保持一定的优势。这主要是因为，东南亚各国巡逻船的设备更新受到行政审批与预算因素的限制，其更新幅度不及海盗。加上东南亚海域的运输船只受到运营资金与成本控制等因素的影响，多数船主缺乏更新反海盗设备的资金，甚至根本就没有在船只上配备反海盗设备，尤其当这些船只在运输货物时，其航速更是低于海盗的快艇。

---

① ReCAAP Information Sharing Centre. Piracy and Armed Robbery against Ships in Asia, Quarterly Report, 1st January – 31st March 2013, pp. 17, 21.

② ReCAAP Information Sharing Centre. Piracy and Armed Robbery against Ships in Asia, Quarterly Report, January-September 2013, p. 58.

③ ReCAAP Information Sharing Centre. Piracy and Armed Robbery against Ships in Asia, Quarterly Report, January-September 2013, p. 61.

④ ReCAAP Information Sharing Centre. Piracy and Armed Robbery against Ships in Asia, Quarterly Report, January-September 2013, p. 57.

⑤ ReCAAP Information Sharing Centre. Piracy and Armed Robbery against Ships in Asia, Quarterly Report, January-September 2013, p. 63.

尽管船只采用"之"字形航线在船舷两侧产生涌浪，从而阻止海盗的快艇靠近，但是"之"字形航线比较耗费燃料，而且在暗礁较多或地形狭窄的海域难以施展。就目前的态势来看，东南亚海盗的骚扰战术无疑增加了巡逻与护航船只的成本。有鉴于此，对于东南亚海盗问题的安全治理，亟须有效的替代方案。

三 治理东南亚海盗问题的新态势：私人安保公司的介入

2011年，国际海事组织（International Maritime Organization）已通过决议，授权商船雇佣私人安保公司，并允许私人安保公司的武装人员在高危海域登船护航。2012年5月，国际海事组织为私人安保公司制定了指导原则，旨在进一步规范私人安保公司的武装人员登船护航的相关政策问题。[①] 事实上，将私人安保公司引入海盗问题的治理，国际海事组织并不是第一个。它只是在客观上起到了推动作用，促使更多的私人安保公司参与东南亚海盗问题的安全治理。

就全球范围而言，私人安保公司俨然已发展成为国际社会中一种不可忽视的行为体。据估计，截至2016年，全球私人安保产业的价值将高达2440亿美元。联合国的研究报告显示，联合国在全球各地广泛地使用私人安保公司。这些公司不仅为联合国办事处提供警卫服务，为联合国的工作人员提供住所的安全保护，还为人道主义活动提供支援，包括风险评估、威胁分析、后勤支持以及协助拟定安保策略。[②] 仅美国在私人安保领域的开支就多达1380亿美元。以阿富汗和伊拉克为例，美国国防部于2012年向驻守两国的私人安保公司支付了440亿美元。[③] 在加拿大，私人安保公司的警卫人数比该国

---

① International Maritime Organization. Interim Guidance to Private Maritime Security Companies Providing Privately Contracted Armed Security Personnel on Board Ships in the High Risk Area. http://www.imo.org/OurWork/Security/SecDocs/Documents/Piracy/MSC.1 - Circ.1443.pdf.
② United Nations General Assembly. Use of Mercenaries as a Means of Violating Human Rights and Impeding the Exercise of the Right of Peoples to Self-determination. A/68/339. 20 August 2013.
③ Peter James Spielmann. UN: Private Security to Earn MYM244B by 2016, Associated Press DBA Press Association. 11/04/2013.

东南亚海盗问题的新动向及中国面临的挑战

的警官人数还要多2倍。① 私人安保公司早已涉足索马里海域的船只护航。据统计，全球已有140多家私人安保公司为该海域的过往船只提供武装警卫。②

就东南亚地区而言，早在国际海事组织授权商船雇佣私人安保公司之前，部分私人安保公司就已经开始为船只提供安全服务。例如，私人安保公司在印度尼西亚的活动十分频繁，其业务涵盖了一系列的安保服务，诸如船只护航、保护港口内的军用及民用船只。其中，东南亚本土规模最大的一家私人安保公司是新加坡的格伦亚洲海上防务公司（Glenn Defense Marine Asia），该公司仅在太平洋区域的合同总值就超过了2亿美元。③

为了进一步适应东南亚海盗治理的新趋势，并增强中国治理外源性非传统安全问题的能力建设，国内部分人士呼吁，如果中国政府无法直接为海外企业或公民提供安全保护，那么当务之急便是建立中国的私人安保公司，在海外尤其是安全局势动荡的地区，保护中国在海外的公民、企业及投资项目的安全。其中，全国政协外事委员会副主任韩方明表示，应允许中国安保公司走出国门，承担更大的安全防范任务，为高风险地区的驻外机构和企业提供武装安全保障。④

近年来，中国的私人安保产业正呈现出悄然兴起的态势。早在2004年，中国企业就开始在海外提供私人安保服务，私人安保人员主要是来自于中国特种部队及人民武警部队的退役人员。其后，山东华威保安集团异军突起，于2010年10月在北京设立"海外服务中心"。⑤

据学者分析，与西方的私人安保公司相比，中国的私人安保公司具有两大优势：首先，对于海外的中国企业而言，本国的私人安保公司似乎更为可靠。因为彼此在语言和文化上更为相似，这无疑更有利于彼此的协调，尤其是在紧

---

① Fitzgerald, M., "Increase Use of Private Security Guards in Canada," CBC Radio, Jan 16, 2013.
② Peter James Spielmann. UN: Private Security to Earn MYM244B by 2016, Associated Press DBA Press Association. 11/04/2013.
③ Craig Whitlock. Navy Suspends Business with Another Contractor. Washington Post, 11/28/2013.
④ 《要允许中国安保公司走出国门》，新华网，http://news.xinhuanet.com/mil/2012 – 03/05/c_122789437.htm。
⑤ Andrew Erickson & Gabe Collins, "Enter China's Security Firms," The Diplomat. http://thediplomat.com/2012/02/enter – chinas – security – firms/1/. February 21, 2012.

193

急事态中的协调互动。① 其次,价格优势。以阿富汗为例,中国在海外的私人安保人员每月的收入为3000~6000元(折合476~952美元)。由此推究,一支由12人组成的分遣队每天的薪酬为190~381美元。与阿富汗本土的私人安保人员的薪酬相比,中国私人安保人员的薪酬要低得多。即使客户需要配备有安保经验的专业人士,中国私人安保公司的价格优势也很明显。②

四 私人安保公司带给中国的挑战

随着私人安保公司的兴起与东南亚海盗问题呈现出的新态势,中国在可以预见的未来很可能面临以下两方面的挑战。

首先,海盗问题的治理可能会衍生出其他安全隐患。全球私人安保产业缺乏统一的行业规范,导致各利益相关者责权不清。目前,国际社会在规范私人安保公司方面的最大成就莫过于《蒙特勒文件》,在瑞士政府与红十字国际委员会的倡议下,加拿大、中国、法国、德国、瑞典、瑞士、英国和美国等国的专家共同参与该文件的拟定。该文件包括两部分,即"关于私营军事和安保服务公司的相关国际法律义务"与"有关私营军事和安保服务公司的良好惯例",旨在明确涉及私人安保公司的国际人道主义法及人权法规定的相关法律义务。③ 遗憾的是,《蒙特勒文件》没有法律约束力,也不是为了在任何特定情况下使私营军事和安保服务公司的使用合法化。此外,该文件并未涉及私人安保公司从事海上护航等业务时应担负的法律义务。

与私人安保公司在全球范围内的兴起形成鲜明对比的是,私人安全产业全球规范的缺失。随着私人安保公司与政府武装部队的互动愈发频繁,由于规范缺失而引发的负面事件层出不穷。譬如,据《纽约时报》披露,格伦亚洲海上防务公司卷入了数十年来美国海军规模最大的贿赂案,该公司的首席执行官

---

① Andrew Erickson & Gabe Collins, "Enter China's Security Firms," *The Diplomat*. http://thediplomat.com/2012/02/enter-chinas-security-firms/2/. February 21, 2012.
② Andrew Erickson & Gabe Collins, "Enter China's Security Firms," *The Diplomat*. http://thediplomat.com/2012/02/enter-chinas-security-firms/2/. February 21, 2012.
③ 联合国安全理事会,2008年10月2日瑞士常驻联合国代表给秘书长的信。A/63/467-S/2008/636. http://www.icrc.org/chi/assets/files/other/montreux_document_(c).pdf。

伦纳德·格伦·弗朗西斯（Leonard Glenn Francis）涉嫌利用现金与性贿赂向美国海军军官行贿，并把持了美国海军舰队在太平洋地区的船只补给与码头服务。目前，美国军方已经取消了与格伦亚洲海上防务公司签订的所有合同，并取消该公司在未来的投标权。① 近期，联合国负责调查私人安保产业的工作组敦促各国政府签署一项国际协议，旨在规范私人安保公司的行为。2013年4月，两名美国私人安保公司"黑水"（Blackwater）的前任雇员因2009年在阿富汗射杀平民而被判在联邦监狱服刑。② 此外，加拿大近期收到了大约1000件有关私人安保公司的投诉。③

其次，私人安保公司的卷入很可能给南中国海局势增加新的变数。就目前东南亚海盗问题的发展趋势来看，尽管近期南中国海区域的海盗活动趋于减少，但是并无迹象表明海盗无力或无意在该区域实施劫掠，也不排除海岛暂时偃旗息鼓的可能。在国际海事组织授权商船雇用私人安保公司之后，南中国海区域很可能像全球其他海盗劫掠多发地区那样，成为私人安保公司云集的区域。即使中国的私人安保公司不涉足南中国海的海盗治理，恐怕也难以阻止这一势头的发展。假以时日，代表不同国家利益的私人安保公司很可能会随着其护航的商船进入南中国海区域，这在一定程度上增加了中国在该区域行使管辖权的难度。

五　中国如何应对

面对东南亚海盗策略的转变，仅凭中国一国之力，很难有效地加以应对。为今之计，中国至少需要面对以下三个问题：

首先，中国是否真的可以用非传统的方式应对东南亚的海盗问题？众所周知，用暴力手段解决海盗问题，并没有取得实质性的成效。否则，东南亚的海盗问题也不会发展到现在这个地步。非传统安全范式强调以非暴力手段

---

① Christopher Drew and Danielle Ivory, "Navy Was Warned of Contractor at Center of Bribery Inquiry," November 21, 2013.
② ICRC Frets over Rules for Private Security Contractors, UPI Emerging Threats-Briefs. December 12, 2013.
③ Fitzgerald, M., "Increase Use of Private Security Guards in Canada," CBC Radio, Jan 16, 2013.

解决非传统安全问题。可以说，要体现出非传统安全范式的优越性，就必须展现以人为本的人性关怀。否则，"非传统安全"与"传统安全"两种范式之间的界线就会变得模糊不清。对此，非传统安全范式能否给出不同于传统安全范式的答案？从某种意义上讲，东南亚海盗问题是检验非传统安全范式的一块试金石。

其次，退一步说，倘若不得不用暴力手段应对非传统安全，中国是否真的可以将行使暴力的权利部分转移给非国家行为体？尽管非传统安全范式强调非国家行为体在安全治理中的重要性，但是这是否意味着国家可以某种形式将行使暴力的权利部分转移给非国家行为体（譬如私人安保公司）？如果可以，那么判定这种权利转移的标准或尺度是什么？

最后，再退一步，如果中国私人安保产业的发展已成定局，那么，中国应如何应对私人安保公司的兴起？虽然私人安保公司并非治理海盗问题的最优方案，但不失为当前的一种次优方案。就目前的发展形势来看，中国不大可能扭转私人安保公司兴起的势头，只能顺势而为。正如斯德哥尔摩和平研究所的杜懋之（Mathieu Duchatel）所言，中国的许多私人安保公司正处于一种"灰色地带"。[①] 有鉴于此，中国需要出台一整套法律法规来规范在海外提供安保服务的中国企业。中国尚未针对私人安保公司及安保服务对境外的输出制定相应的法律或法规。至少在相关的法律或法规出台之前，中国应当设立一个常设的政府机构，专门负责向对私人安保公司登记注册，发放许可证，并对私人安保公司实施监管。有了这样的常设机构，才可以进一步建立对私人安保的问责机制。

从私人安保公司在全球其他区域的活动来看，不排除其与海盗直接发生武装冲突的可能性。假设外国私人安保公司的武装人员在南中国海区域遭遇伤亡，或者造成平民的伤亡，应当如何追究相关的责任方？如果伤亡人员所在国以保护公民为由，出面干涉南中国海事务，中国应当如何应对？倘若中国商船在南中国海有争议的海域遭遇海盗袭击，应当如何妥善保全中国的海外利益？这些涉及私人安保公司域外管辖的问题，有待进一步的观察与研究。

---

① Ben Marino, "China's Public Sector Looks to Private Security for Help," http：//www.ft.com/intl/cms/s/0/626a2ac8 - 5272 - 11e3 - 8586 - 00144feabdc0.html # axzz2p1gz57Co, November 26, 2013.

B.14 湄公河流域执法安全合作的基础、现状及意义

陈红梅 余丽芬 张伟诗*

摘　要： 湄公河的通航、通航后面临的挑战，以及流域内各国在打击跨国犯罪中已有的合作，构成了湄公河流域执法安全合作的基础。目前流域内各国正就执法安全合作进行着各个层面的积极探索。湄公河流域的执法安全合作具有经济、安全、政治各方面的重要意义，对该流域未来执法安全合作的研究与实践有待进一步加强。

关键词： 湄公河流域　跨国犯罪　执法安全合作　航道平安

随着区域合作的推进，湄公河流域已成为经济与社会发展的重要区，但由于该区域的自然和人文地理以及国际关系的复杂性，执法安全合作面临艰巨的挑战。本报告对湄公河流域执法安全合作的基础、现状及意义进行了梳理，以期为该流域未来的执法安全合作的研究与实践提供初步的认识基础。

一　湄公河执法安全合作的基础

（一）湄公河的通航

发源于中国西南青藏高原的澜沧江，是一条跨国河流，在向南流过中国云

---

* 陈红梅，西方哲学硕士，浙江警察学院东盟非传统安全研究中心资料员；余丽芬，历史学硕士，浙江警察学院东盟非传统安全研究中心副主任；张伟诗，心理学硕士，浙江警察学院东盟非传统安全研究中心对外联络员。

南西双版纳出境后称为湄公河，流经缅甸、老挝、泰国、柬埔寨和越南五国后汇入南中国海。全长4880多公里，其中在中国境内2161公里，流域面积79万平方公里，总共有1亿人依靠湄公河生活。湄公河既是中缅、缅老、泰老的界河，又是老挝、柬埔寨和越南的内河。其中中缅界河31公里，缅老界河234公里，泰老界河976公里，老挝境内河段777公里，柬埔寨境内河段502公里，越南境内河段230公里。澜沧江－湄公河作为一条天然纽带、民族走廊和经济通道，把中国西南和东南亚的社会经济文化紧密联系在一起。流域内有极其丰富的航运、灌溉、发电、矿产、旅游、林业、渔业等资源，而开发航运资源投资最少，见效最快，受益国家多，并能带动其他资源的开发利用。1990年，中国云南省航运部门提出了澜沧江－湄公河国际航运分阶段开发整治方案，以开辟我国西南联通中南半岛国家的内陆通道，并积极组织开展实船考查、试航和前期开发工作。1990年5月，云南省政府和老挝交通部联合组成澜沧江－湄公河国际航道考察团，对云南省西双版纳州南腊河口以下至老挝琅勃拉邦市河段进行了实船考察，得出了开发这条航运"技术可行、经济合理"的结论。1990年9月，由云南省开发澜沧江－湄公河国际航运协调领导小组组织的载货试航考察团从景洪出发，历时31天，航程2340余公里，首航万象获得了成功，结束了这条国际河流不能通航的历史。实船考查和试航推动了澜沧江－湄公河水道的利用与改善，加快了中国与老挝、缅甸和泰国三国的合作。中老缅泰四国政府把航运开发作为该流域资源开发的启动项目，并于1993年2月组成联合考察团对上湄公河航运进行联合考察，一致认为应将航运开发放在湄公河国际合作开发的优先位置，并提出应尽快签订四国通航协定，为中老缅泰澜沧江－湄公河通航提供法律保障。自1994年开始历经7年6次事务级会谈后，中老缅泰四国交通部部长于2000年4月20日在缅甸大其力正式签署了中老缅泰四国《澜沧江－湄公河商船通航协定》，明确了从中国思茅港到老挝琅勃拉邦共893公里为四国商船自由航行的河段，确定了思茅、景洪、勐罕、关累、班赛、班相果、孟莫、万巴伦、会晒、琅勃拉邦、万景、万崩、清盛和清孔14个对外开放的港口码头口岸。2001年3月，中老缅泰四国签署了《实施四国政府商船通航协定谅解备忘录》，成立"澜沧江－湄公河商船通航协调联合委员会"，作为湄公河国际航运的协调机构。同年6月，澜沧江－湄公河正式通航。

（二）流域内各国所面临的挑战

湄公河的通航以及流域内丰富的自然资源，使流域内各国在谋求经济发展时都聚焦湄公河。受湄公河支流几乎取之不尽的水力资源的驱使，老挝发展经济的战略重点就是全面开发电力资源，让电力成为发展国民经济的动力。老挝领导人宣布，进入21世纪老挝将成为亚洲的蓄电池。① 2012年11月，老挝加入世界贸易组织，电力产业和旅游业将成为发展经济、提升国家实力的支柱产业。② 无论是电力产业还是旅游业的发展都离不开湄公河，离不开湄公河流域周边国家的支持与合作。缅甸自新政府2011年3月执政以来，采取了一系列政治经济改革举措，促使西方国家放宽对缅甸的经济制裁，各种外资相继大规模流入缅甸，其中投资额最大的领域为电力产业。湄公河流域及其他河流的水电资源及矿产资源的开发对于缅甸的经济发展尤为重要，缅甸政府需要借助良好的对外关系特别是与周边各国的友好合作才能摆脱缅甸的经济发展困境。泰国是东南亚地区现代化程度较高的准新兴工业化国家，但泰国北部和东北部等湄公河流域地区的经济发展相对迟缓，成为抑制整个国民经济发展的一个瓶颈，加快泰国北部及东北部等湄公河地区的经济发展，改善地区的不平衡状况成为政府首先要做的事情。中国加入大湄公河次区域经济合作的正是西南地区的云南和广西，使中国的西南地区与周边国家的联系更加紧密，西南地区成为中国与东盟、南亚的结合点，凸显了中国西部大开发战略的重要性，以及经济全球化和区域化进程的加快。

当四国经济发展都聚焦湄公河流域时，流域内原有的毒品犯罪、恐怖主义活动、赌博走私、洗钱贩枪、民族矛盾、非法移民、流行性疾病、水资源利用和生态保护等问题，并没有得到解决而是变得更加复杂。这些问题不断地外溢、交织、重叠，使得一国单方面的作为效果甚微，甚至是负面效果。各国所面临的发展和安全挑战，需要相关国家联手合作才能应对解决，执法安全合作成为四国的共识。

---

① 《老挝经济现状和发展规划》，http://www.ynst.net.cn/xnjw/dmkjjj/200410/t20041030_230580.htm，2011年2月18日。
② 尹鸿伟：《老挝："亚洲蓄电池"的入世梦》，《时代周报》2012年8月9日。

(三)流域内已有的打击跨国犯罪的合作

流域内各国在打击跨国犯罪以及在应对非传统安全问题上已有的合作为湄公河的执法安全合作奠定了基础。

禁毒合作是流域内各国开展得较早的打击跨国犯罪的合作,有如下几种主要的合作机制。

一是 MOU 合作机制。早在 1990 年 8 月,针对东南亚"金三角"地区的毒品泛滥问题,中国公安部禁毒代表团对缅甸和泰国进行了第一次访问,就禁毒合作工作与缅甸警方和泰国警方进行了沟通、协商和会谈,与各方达成了共同开展禁毒合作的意向,开启了与周边国家的禁毒合作。为回应联合国禁毒署的倡议,1991 年 5 月,中国、缅甸和泰国达成了开展多边禁毒合作的谅解。1992 年 6 月,联合国禁毒署在缅甸分别与中缅、泰缅签署了《中国、缅甸和联合国禁毒署三方禁毒合作项目》和《泰国、缅甸和联合国禁毒署三方禁毒合作项目》的协议。考虑到老挝也是"金三角"地区的主要国家,根据老挝政府的要求,1993 年 10 月,在联合国第 48 届大会禁毒特别会议在纽约召开之时,中国、缅甸、泰国、老挝和联合国禁毒署代表在联合国总部正式签署了东亚次区域禁毒谅解备忘录,承诺在东南亚地区开展联合禁毒、打击地区性制毒和贩毒活动。1995 年 5 月,在北京召开了第一届东亚次区域禁毒谅解备忘录部长级会议,即"1993 年东亚次区域禁毒谅解备忘录签约国(MOU)"高官会议,简称 MOU 高官会议,在本次会议上通过了《次区域禁毒行动计划》和《北京宣言》,同时吸纳柬埔寨和越南为签约国,确定以联合国援助禁毒合作项目的形式开展区域合作,六国七方禁毒合作机制(MOU 机制)正式形成,此后每两年轮流在签约国召开会议。

2002 年 5 月,MOU 签约国高官会议在北京举行,各方对禁毒措施战略、使用电脑开展培训、跨境执法合作、合成毒品贩运和滥用的增长和蔓延、注射毒品感染艾滋病、农村毒品需求、减轻贫困和替代发展等议题高度关注,决定根据联合国有关会议精神,通过均衡、综合以及多领域的方式,合作打击毒品生产、贩运和消费行为;积极采取各种方式加强对易制毒化学品的管制;进一步加强与联合国禁毒署之间的密切合作,利用国际承认的科学方法建立一个可靠、可持续监控并确认非法罂粟种植情况的系统；根据禁毒特别联合大会设定的目标，规划有关行动，进一步减少罂粟种植。①

2007年5月，MOU签约国高官会议在北京召开，针对当前本地区替代发展缺乏资金，冰毒、"摇头丸"等新型毒品问题日趋严重，毒品与其他跨国犯罪活动的关系日益紧密等新的毒品形势，签署了《2007年MOU北京宣言》。在MOU机制下，中国与柬埔寨、老挝、缅甸、泰国、越南等的MOU伙伴关系进一步密切，在毒品情报信息交流、打击毒品犯罪、罂粟种植的替代发展等方面都取得了成就，有力地遏制了本地区的跨国毒品犯罪活动。

二是中老缅泰禁毒合作机制。2001年8月，中老缅泰四国在北京举行了四国禁毒合作部长会议，会后发表了四国禁毒合作的《北京宣言》。四国同意进一步推动本地区现有的"东亚次区域""东盟和中国"等禁毒合作机制的工作；确立四国禁毒合作关系和保持高层会晤与磋商机制；在毒品预防教育、缉毒执法、信息交流、替代发展、人员培训等方面开展实质性合作；打击沿湄公河流域非法贩运毒品和易制毒化学品的活动。② 2002年1月，中老缅泰四国禁毒合作工作会议在泰国清迈召开，四国一致决定，增强对湄公河这条黄金水道的毒品防范和打击能力，完成对湄公河的联合考察。这是中老缅泰禁毒合作机制成员国联合进行的第一个合作项目。③ 2003年7月，中老缅泰四国禁毒主管部门联合组织实施了湄公河禁毒考察，通过了合作打击沿河贩毒活动的行动计划。④

三是中国与缅甸、泰国、老挝的禁毒合作及机制。早在20个世纪90年代，中国就与缅甸、泰国达成了禁毒合作的意向。中国与缅甸在2001年签订了《中缅关于加强禁毒合作的谅解备忘录》，双方在MOU次区域禁毒合作框架的基础上进一步确立了在打击毒品犯罪、替代发展、易制毒化学品管制、戒毒治疗、技术协作和情报交流等方面的合作细节。此外，中国和缅甸

---

① 汪新生主编《中国-东南亚区域合作与公共治理》，中国社会科学出版社，2005。
② 汪新生主编《中国-东南亚区域合作与公共治理》，中国社会科学出版社，2005。
③ 汪新生主编《中国-东南亚区域合作与公共治理》，中国社会科学出版社，2005。
④ 杨玉国：《东盟与中国合作积极禁毒，建立无毒区任重道远》，国际在线专稿，2012年6月26日。

还签署了《中华人民共和国政府和缅甸联邦政府关于禁止非法贩运和滥用麻醉药品和精神药物的合作协议》和《缅甸联邦中央肃毒委员会和中国国家禁毒委员会关于在缅北地区联合进行卫星遥感监测罂粟种植的意向备忘录》，明确了缅甸替代项目的地理范围，对替代合作项目做出了原则性规定。中国与泰国在 2000 年 10 月签署了《中泰关于加强禁毒合作的谅解备忘录》。中国与老挝在 2001 年 1 月签署了《中老关于加强禁毒合作的谅解备忘录》，在 2002 年 5 月中老北京禁毒合作会议上，两国在缉毒执法、替代发展和减少需求等方面达成了许多共识。中国与缅甸、泰国、老挝的禁毒合作，在一定程度上控制了湄公河流域内的毒品犯罪，为各国的进一步合作积累了可借鉴的经验。

四是中国与东盟的禁毒合作机制。2000 年 10 月，中国参加了在曼谷召开的"东盟 + 中国"国际禁毒会议，会议通过了《曼谷政治宣言》和《东盟和中国禁毒行动计划》，提出了"实现 2015 年东盟无毒品"的目标，由此，中国与东盟的禁毒机制建立。2001 年 11 月中国参加了在印度尼西亚巴厘岛召开的"东盟 + 中国"禁毒合作行动计划组第一次会议。① 2008 年 8 月中国组团参加了第五届东盟和中国禁毒合作机制联合工作组高官会议，与东盟国家共同就加强禁毒执法合作进行了深入讨论，制定了新的禁毒执法合作计划。②

除了禁毒合作外，中国与东盟在应对其他非传统安全问题上也有合作。2002 年 7 月，中国参加了在文莱举行的第九届东盟地区论坛外长会议并提交了《关于加强非传统安全领域合作的中方立场文件》，会议公布了《东盟地区论坛反恐怖分子融资的措施》，并发表了《东盟论坛主席声明》，参会各方明确了本地区在安全、反恐等问题上的立场，一致认为"9·11"事件对整个安全环境产生了巨大影响。2002 年 11 月，在柬埔寨金边召开的东盟"10 + 1"领导人会议上，中国和东盟联合发表《中国与东盟关于非传统安全领域合作联合宣言》，宣言的发表标志着中国与东盟在非传统安全领域进入全面合作的

---

① 汪新生主编《中国 - 东南亚区域合作与公共治理》，中国社会科学出版社，2005。
② 卢光盛等：《地缘政治视野下的西南周边安全与区域合作研究》，人民出版社，2012。

湄公河流域执法安全合作的基础、现状及意义

新阶段。中国和东盟都认为,加强地区和国际合作才能应对非传统安全问题。中国与东盟各国互为近邻,在应对非传统安全问题方面存在广泛的共同利益。① 中国与东盟将在打击贩毒、偷运非法移民、海盗、恐怖主义、武器走私、洗钱、国际经济犯罪和网络犯罪等重点方面进行合作,合作将以加强信息交流、加强人员交流与培训以促进能力建设、加强在非传统安全领域的务实合作、加强对非传统安全问题的共同研究等方式进行。2003 年 6 月,中国与东盟在河内举行了东盟 - 中国反恐咨询会议,双方就扩大在非传统安全领域合作的一系列具体步骤交换了意见,决定成立专门的工作小组落实有关措施。会议安排 8 月在北京举行东盟 - 中国打击跨国犯罪联合执法工作会议。2004 年 1 月,在泰国曼谷召开的首届东盟与中日韩(10 + 3)打击跨国犯罪部长级会议上,中国与东盟共同签署了《中华人民共和国政府和东南亚国家联盟成员国政府非传统安全领域合作谅解备忘录》,这是中国与东盟于 2002 年 11 月发表的《中国与东盟关于非传统安全领域合作联合宣言》的后续行动之一,双方把反恐、禁毒和打击国际经济犯罪等确定为重点合作领域,进一步加强打击跨国犯罪的合作。② 中国启动了"中国与东盟执法合作培训班"等合作项目,迈出了执行备忘录的第一步。

中国与流域内国家及东盟的禁毒合作,以及在非传统安全领域的其他合作,为中老缅泰四国在湄公河流域的执法安全合作奠定了基础,提供了样板模型。

二 湄公河执法安全合作的现状

2011 年 10 月 5 日在湄公河上发生的 13 名中国船员被杀的"10·5"惨案,使湄公河航运被迫停止。中老缅泰四国政府高度重视流域地区的安全和经济发展所遭受的严重影响。2011 年 10 月 31 日,中老缅泰四国在北京召开了湄公河流域执法安全合作会议。针对近年来突出的湄公河流域的贩毒、贩枪、走私等犯罪活动,以及频繁发生的航行船舶遭武装人员敲诈勒索、抢劫、枪击

---

① 汪新生主编《中国 - 东南亚区域合作与公共治理》,中国社会科学出版社,2005。
② 卢光盛等:《地缘政治视野下的西南周边安全与区域合作研究》,人民出版社,2012。

等事件，尤其是"10·5"惨案对湄公河航运安全造成的重大威胁，参会各方一直认为四国执法部门有必要在湄公河流域加强执法安全合作，要积极采取有效措施打击跨国犯罪活动，维护湄公河流域的安全。四国共同发表了《关于湄公河流域执法安全合作的联合声明》，正式建立湄公河流域执法安全合作机制，并尽快协商签署中老缅泰《湄公河流域执法安全合作协议》。在湄公河流域执法安全合作机制的框架下，还要建立情报交流、联合巡逻执法、联合整治治安突出问题、联合打击跨国犯罪、共同应对突发事件5个合作机制，期望以此确保湄公河流域航运的安全秩序，维护航运船舶的安全和人员的生命财产安全。

2011年11月25日至26日，为进一步贯彻和落实中老缅泰《关于湄公河流域执法安全合作的联合声明》，四国执法安全部门代表在北京召开了中老缅泰湄公河联合巡逻执法部长级会议。会议决定，中老缅泰四国在湄公河流域开展联合执法行动，维护湄公河流域的安全稳定，促进流域地区的经济发展，保障人民的友好往来；在云南西双版纳关累设立中老缅泰湄公河联合巡逻执法指挥部，由四国派驻官员和联络官，依据协商一致的原则以及各国的司法管辖权和法律规定，协调各国的执法船艇及执法人员，开展情报信息交流和联合执法行动；成立维护湄公河治安联合工作组，对突出治安问题进行实地调研和磋商，制定改善流域治安状况的具体工作措施，在报请各国执法安全部门批准后实施。同年12月10日，中老缅泰湄公河联合巡逻执法首航仪式在云南西双版纳关累举行，四国联合巡逻执法正式启动。

自2011年12月10日开展第1次湄公河联合巡逻执法行动以来，截至2014年1月17日，中老缅泰四国已开展了18次湄公河联合巡逻执法、13次水上联合查缉，共派出执法船艇145艘（次），航行时间达603小时，航程达9206公里，参加执法行动的人员共有2718名。检查船只190艘次903人次、货物1万余吨，联合走访船只20余艘146人，发放警民联系卡691张。成功救助91艘遇险商船，打捞沉船2艘，为500余艘商船进行了护航。[①]

2013年4月20日，中老缅泰四国又启动了湄公河"平安航道"联合扫毒

---

① 作者根据新闻报道的统计数据整理。

行动，这是巩固和完善湄公河流域执法安全合作机制的重要举措。在行动开展的两个月中，中老缅泰遵照联合扫毒行动方案的要求，以"湄公河流域执法安全合作机制"为依托，以联合指挥部为载体，迅速掀起打击湄公河流域毒品犯罪的凌厉攻势。四国共同侦破查获毒品案件 1784 起，查缴各类毒品 9.8 吨、易制毒化学品 260 吨，抓捕犯罪嫌疑人 2534 名。中方共破获涉湄公河流域毒品案件 1568 起，抓获涉毒违法犯罪嫌疑人 2168 名，捣毁毒品加工厂 6 处，缴获各类毒品 3919.7 千克、易制毒化学品 257 吨、枪支 31 支、子弹 1050 发、涉毒资产 352 万美元。截至 2013 年 6 月 20 日，四国共侦破查获涉湄公河流域毒品犯罪案件 1784 起，缴获各类毒品约 9781.3 千克、易制毒化学品 260 吨、枪支 38 支、子弹 1125 发、涉毒资产 361.2 万美元，抓获犯罪嫌疑人 2534 名。① 之后，中老缅泰四国的执法部门还相继在"金三角"地区侦查破获了一批暴力袭击案件，收缴了大量武器弹药。在流域内有效地开展了联合打击跨国犯罪的活动。

2013 年 7 月 10 日，在广西桂林召开中老缅泰湄公河流域治安突出问题联合整治研讨会，老挝人民军及公安部、缅甸内政部、泰国国家安全委员会和中国公安部分别派团参加会议。在会上，与会各国评估了湄公河流域治安的突出问题和最新治安形势，交流了沿岸武装犯罪团伙的有关情况和案件线索，通过了治安突出问题联合调研工作方案。会议还就防范和打击湄公河沿岸各类违法犯罪活动展开深入讨论。②

除此之外，中老缅泰四国还设立了情报工作联络渠道，对沿岸犯罪团伙与案件线索开展定期的情报信息交流。四国将继续加大周边执法安全合作力度，进一步深入开展联合巡逻执法、联合扫毒、联合打击沿岸犯罪团伙和联合调研等行动，使湄公河"黄金水道"的安全更有保障。

两年来，在湄公河流域执法安全合作机制的指导下，四国紧密合作，开展了情报交流、联合巡逻执法、联合整治治安突出问题和打击跨国犯罪等一系列执法安全合作行动，极大地震慑了沿岸的犯罪团伙，有效保障了湄公河国际航

---

① 张年亮、李召阳：《"平安航道"联合扫毒行动取得重大成功》，《人民公安报》2013 年 7 月 3 日。
② 张年亮：《湄公河流域治安突出问题联合整治研讨会开幕》，《人民公安报》2013 年 7 月 11 日。

运的安全。湄公河联合巡逻执法已经成为解决湄公河航道突出治安问题、维护航运安全的有效途径，并逐步形成了四国联合全线巡逻、定点查缉、随机巡航、伴随护航等联合巡逻方式。目前，湄公河流域安全形势平稳，航运全面恢复，既造福了湄公河沿岸的人民群众，也有效促进了湄公河流域的经济社会发展。但是，从情报交流、联合巡逻执法、联合整治治安突出问题、联合打击跨国犯罪、共同应对突发事件等合作机制的运行情况来看，只有联合巡逻执法已成为一个实体化、常态化的运行机制，并可作为其他机制运行的载体。情报交流也处于常态化，但规范化不够。而其他几个机制还没能常态化地运行，联合执法的合力还没有真正形成，还需要进一步寻找各机制的运行载体和切入点。只有通过各机制的常态化运行，才能有效推动执法安全合作的全面开展。

三 加强湄公河流域执法安全合作的意义

维护湄公河的航运安全把中老缅泰四国紧密地联系起来，加强湄公河流域的执法安全合作成为维护四国共同利益的需要，意义重大。

（一）经济意义

湄公河航道是大湄公河次区域经济合作和"中国-东盟自贸区"建设中的水运"黄金大通道"，流域内的中国、老挝、缅甸、泰国之间的经济、商贸、旅游往来因湄公河航运的开通而日益紧密，各国的经济发展和繁荣，都需要这条"黄金大通道"的安全畅通。这就是四国共同的"湄公河利益"。

澜沧江-湄公河在历史上就是中国与东南亚、南亚进行贸易交往的主要通道，曾形成过"四国五景"的传统友好关系[1]。随着大湄公河次区域经济合作的开展，中老缅泰"黄金四角"在航运资源开发、水资源开发、旅游资源开发、交通道路建设、生态环境保护、贸易与投资等方面达成了一些共识，其中以澜沧江-湄公河通航建设最为突出。2001年6月正式通航的湄公河为湄公河流域增添了一条更为便捷的通道，极大地改善了流域内的交通状况。2006

---

[1] "四国五景"是指云南的景洪、缅甸的景栋、老挝的景通（琅勃拉邦）、泰国的清莱和清迈。

年5月，中国景洪至泰国清盛开通了集装箱船运，更加大了运输量和承载量。随着航运的常态化，流域内四国的合作与交流全面展开，四国都从中获得了较大的经济利益。

2000～2009年，湄公河航运发生了很大变化，货运量从500吨上升到50万吨，国际运输船舶数量从8艘发展到115艘，运输船舶的最大载重吨位从80吨扩增到380吨，客运量达到4万余人次[①]。货运方式从小件杂货运输逐步扩大到集装箱、冷藏和大件运输。运输的货种也呈现出多元化，运往湄公河沿岸各国及东南亚其他国家的中国货物有：寒温带水果、冷藏蔬菜、花卉、建筑材料、日用百货、五金电器等；运往中国各地及延伸至中亚内陆地区的东南亚各国的货物有：热带水果、饮料、棕榈油、轻工产品、橡胶、大米、木材等。湄公河货运既降低了运输成本，又避免了一些公路运输的障碍。根据估算，中国中西部内陆省份和东南亚国家间的往来，经湄公河国际通道的水陆联运，与绕道华南沿海港口相比，距离可缩短1500～3000公里，运费可降低40%～60%，运时可节省50%以上。

在湄公河航运的带动下，四国也将直接或间接地收获社会效益。随着湄公河航运的开展，老挝、缅甸、泰国纷纷开始引资、建港、修路。老挝利用中国进出口银行的优惠贷款，引进中国的设计和施工队伍，投入约2亿元建设沿江港口。缅甸第四特区在芒粉滩下游1公里处建设新码头，同时还扩建了梭累码头。泰国投入巨资建设了新的清盛港，希望借助湄公河航运推动泰国北部的经济发展。有数据显示，2010年湄公河国际航行船舶进出港3060航次，实现货运量24.13万吨，运输旅客9.58万人次，湄公河国际航运的地位在上升。随着中国－东盟自由贸易区的建设与发展，湄公河国际航运将迎来新的发展机遇。到2015年，湄公河国际货运量可增加到150万吨，客运量可达到20万人次以上。[②] 随着中国景洪经泰国清盛至老挝琅勃拉邦的国际旅游班轮的开通，神秘而富有吸引力的中国云南西双版纳、普洱以及老挝琅勃拉邦等地成为国际旅游热点地区。2010年7月泰国旅游与体育部官员曾表示，要大力推动泰国

---

① 秦延敏、张涛：《澜沧江：走向繁荣的国际航运大通道》，《中国水运报》2009年11月17日，第25版。
② 吴清泉：《澜沧江－湄公河国际通航10年取得显著成效》，《云南日报》2010年2月2日。

成为湄公河流域地区的旅游中心,以促进该地区的繁荣与持续发展,要争取在未来5年使外国游客数量达到5200万。①

2011年的湄公河"10.5"惨案,使湄公河流域的航运量锐减90%,沿岸国家正常的贸易活动受到严重影响。这不仅直接损害了四国的经济利益,也影响了大湄公河次区域经济建设以及中国-东盟自由贸易区的建设和发展。加强湄公河流域执法安全合作正是为了保护四国的经济利益。

随着中老缅泰四国联合执法护航的开启,湄公河航运再次显示出对沿岸四国经济发展的重要性。至2013年1月,中国61艘货船全面恢复营运,老挝投入运营船只已达200余艘,云南景洪港进出口货物14万吨,已接近往年同期航运水平。从航运情况来看,受益者主要是泰国、缅甸中国以及老挝的航运人员。大湄公河次区域合作商务理事会主席许宁宁说:"2012年,中国与湄公河其他四国(缅甸、老挝、泰国、柬埔寨)的贸易和对外投资增长速度已经超过了对所有东盟国家贸易和投资的增速。随着湄公河次区域合作及双赢投资机遇的增加,这一增长率更高的势头将继续保持。"中国的经济崛起帮助湄公河流域国家提高了经济增长速度。② 湄公河流域内丰富的自然资源,如原油、天然气、宝石等,以及巨大的劳动力资源,借助于湄公河这条重要的水上运输通道,都可以得到很好的开发。

(二)安全意义

确保湄公河国际航运的安全,是维护四国安全利益的需要。自湄公河这条"黄金大通道"通航以来,航运安全问题就随即出现。至"10.5"惨案发生之前,已经发生了50多起商船抢劫案,流域内四国都是受害者。

湄公河航运的安全问题,有航道本身的安全因素,但更突出的因素是流域内的治安状况。湄公河这条重要的经济生命线在给流域内人民带来繁荣和发展的同时,也招来了一些武装犯罪集团的垂涎。从云南景洪到泰国北部清盛这一河

---

① 《泰拟发展成湄公河流域旅游中心》,http://www.caexpo.org/html/2010/zimaoqudongtai_0729/88504.html。
② 布莱恩·艾勒:《中国需改变对湄公河地区地缘经济战略》,http://worldstory.org/wswp/?p=12963#more-12963,2013年7月17日。

段，是中老缅泰四国的交会之地，在各国都属于偏远地区。闻名于世的"金三角"毒源地就在这个区域内。因毒品而滋生的贩毒、抢劫、走私等跨国犯罪活动，以及赌博、贩枪等各种跨国社会治安问题使这个地区长期成为世界的焦点与治理的难点。特别是近几年来，在湄公河缅甸和老挝边境、泰国清莱府清盛镇方向、北金三角水域区不断发生快艇持枪抢劫商船事件。2011年8月，云南康辉旅行社出境旅游团的17名游客乘坐"金三角1号"船途经湄公河水域泰国、老挝、缅甸交界地（距泰国清盛码头约30公里名为"三颗石"附近的地方），遭遇了不明身份的武装人员的抢劫，船上的财物被搜刮一空。① "10.5"惨案的发生更是震惊全世界，凸显了湄公河流域的安全形势日趋严峻。

各种跨国犯罪活动的横行，损害了沿岸各国的利益，也危及各国人民的人身和财产安全，成为各国共同关注的国际公害。打击各种跨国犯罪活动必须靠国际执法合作，只有各国的通力合作才能营造安全环境，湄公河航运才能长久持续地发展。"10.5"惨案最终的侦破以及对武装贩毒集团毒枭糯康等罪犯的处决，是四国联合执法的成功，也是四国通力合作的结果。这种通力合作既得力于四国对流域内经济发展的渴望及对中国的长期睦邻友好和经济扶持政策的基本信任，也得力于流域内各国对维护地区安宁的共同愿望。捣毁糯康集团并不是中国一方的诉求，泰国从2009年就开始通缉糯康，缅甸也于2010年通缉了糯康。② 中老缅泰四国联合执法护航给湄公河航运带来了相对安全的氛围，维护了各国共同的安全利益，商船再次回到湄公河上。2011年12月，在第一次实施联合巡逻执法后，在关累港从事国际营运的船舶就有39艘。到2012年8月，关累码头出入境国际航行的船舶达182艘次。船舶从业人员对航道安全的信心正逐步恢复。

（三）政治意义

能有效地对这一复杂地区实行管控，是各国政府社会治理能力和管控能力的体现，也是维护四国政治利益的需要。

---

① 方晓：《黄金水道的血色10年》，《东方早报》2011年10月10日，第A10版。
② 马晴燕：《湄公河，见证跨国新安全模式》，《环球时报》http://www.guancha.cn/HuanQiuShiBao/2012_09_18_128829.shtml，2012年9月18日。

由于这一地区的复杂性,仅凭一国的单薄力量是无法实现有效管控的。现已通航的湄公河河段,把中国西南的云南省、缅甸东北的掸邦、老挝西北的琅南塔省、博乔省和泰国北部的清莱府连接在一起。这些省、府、邦在各国都属于偏远的少数民族地区,因自然资源丰富,近年来都成为各国发展经济的重要区域。随着各国边境经济的发展,各国政府能否为这一地区提供有效的管理和控制就显得尤为重要。由于这一地区是民族跨境混居,民族矛盾突出,治安问题严重,需要各相关国家协作才能解决社会管控问题。只有一国加强管控,不仅无法起到作用,而且还会给相关其他国家带来更大的管控压力。湄公河流域一直以来的乱象丛生,就与该流域政府有效管控的缺失有关,老挝、缅甸和泰国三国政府对湄公河边界的管理一直比较弱。加强执法安全合作可以有效弥补社会管控能力的不足,四国可以共享各自在边境管理、治安管控等方面的成功经验和力量,在这一区域形成齐抓共管的合力。依照"平等、互利、合作、共赢"的共识,在相互尊重主权和领土完整、互不干涉内政的原则下,通过四国政府的共同努力,治理关乎各国经济利益和安全利益的现实问题,促进民族和解,实现政治稳定和国家统一,改善和加强各国之间的关系,共同维护湄公河流域的繁荣与进步,这是各国共同的政治利益。

湄公河是沿岸各国利益相关的重要纽带,湄公河利益的最大获得者既是湄公河沿岸的各国人民,也是沿岸的各国政府。沿岸各国的经济利益、安全利益和政治利益都在有效维护湄公河通航的秩序中体现出来。因此,加强湄公河流域执法安全合作是维护四国共同利益的需要,也是四国的共同愿望和共同选择。

B.15 极端天气的"悖论"、"炕 - 被效应"和"热窟效应"

——基于全球安全的"公众困惑"

原华荣*

摘　要：

CO_2 作为气候变化的主导 - 关键因子,既有其浓度下降与全球趋冷同步,与大冰期时序关联,与"冰期 - 间冰期旋回"密切相关的地质事实,以及类地行星温度规定的旁证,也有"炕 - 被效应"的理论支持。基于因子丰裕度原理和地质史,极端天气频发是全球变暖背景下的一个"悖论",冰冻圈消融的"热窟效应"是其可能的逻辑解。全球变暖既是当代百年尺度上不争的事实,也是逻辑的结论。

关键词：

CO_2　全球变暖　极端天气的"悖论"　"炕 - 被效应"　"热窟效应"

本文拟通过对 CO_2 作为气候变化的主导 - 关键因子的多方论证,回应基于全球安全的"公共困惑"。

---

* 原华荣,浙江大学中国西部发展研究院环境与资源研究所、人口与发展研究所、非传统安全与和平发展研究中心教授、博士生导师,长期从事人口、资源、环境演变与可持续发展研究。

一 引言：基于全球安全的"公众困惑"

（一）全球变暖的不同观点："变冷说"和"周期说"

对全球变暖的不同观点主要有"变冷说"和"周期说"。"变冷说"对全球变暖的质疑以及IPCC（联合国政府间气候变化专门委员会）对此的批评主要有以下几点。第一，全球是在变冷而不变暖。太阳活动进入了一个"盛大低潮期"，发光强度正在下降，全球在变冷。2055～2060年将达到变冷高峰，或持续50年乃至更长时间的"小冰河期"已来临。变冷的证据是：夏天变得更加凉爽，冬天异常寒冷，植物的生长季缩短。第二，全球变暖并未发生，CO_2对气候的影响被显著夸大。据气候模型给出的结果，气候本该"稳定变暖"，但过去15年来全球气候并没有变暖，自IPCC发布相关预测的20多年来，气候变暖的程度也一直低于预期。原因是CO_2的影响在气候模型的假设中被显著夸大，事实上，太阳活动、水蒸气、云也是气候变化的重要因子。第三，将话题由"全球变暖"转向"极端气候"以应对批评。

"周期说"的基本观点是：全球气候呈"冰期－间冰期"的周期性变化，当前处于第四纪大冰期最近一个亚冰期的一个副间冰期，正在面临下一个副冰期的到来；目前的变化尚处于自然波动范围之内而难以判定全球气候是变冷还是增温。[1] 萨洛蒙·克罗宁博格则认为：第一，气候的周期性变化由天文因素预先确定而为外部力量所操纵——"大冰期遵循米兰科维奇周期，小冰期、气候的弱变化则与太阳有关"；第二，CO_2是变化的基础但并不调控气候的变化——气候变暖导致温室气体进入大气圈，并非温室气体含量上升造成气候变暖；第三，人类造成的CO_2含量升高只是一次漫长的脉冲，下一次冰期是一个更为严重的问题，应尽可能让CO_2进入大气圈。[2]

---

[1] 蔡晓明：《生态系统生态学》，科学出版社，2002。
[2] 萨洛蒙·克罗宁博格：《人类尺度———万年后的地球》，殷瑜译，上海文艺出版社，2007。

（二）"变暖说"的回应：全球变暖趋势未变，"极端天气"在预料之中且将显著增加

第一，暖冬不再并不意味着变暖的停滞，气候变暖的长期趋势没有发生根本性改变。如果将北极的数据包括进去（质疑者所依据的数据没有计算北极）并进行10年滑动平均，则全球的温度曲线是持续上升的，并没有出现任何"停滞"或"平台"现象；气温上升在时间上不均匀，有相对冷期也有相对暖期，寒冷天气是短暂的地区性事件——阶段性、局部性低温不能说明气候变暖停滞或减缓。第二，频发的不只是寒流，而是包括寒流、洪水、干旱、台风、高温等在内的极端天气，且每一个极端天气都是有"解"的——或"北极涛动""北极海冰融化"，或"拉尼娜""大气环流异常"等。第三，极端天气是全球变暖的结果，在气候模型的"预料"之中且将显著增加。IPCC在2012年2月7日发布的《管理极端事件和灾害风险，提升气候变化适应能力》的报告中指出：气候变化将导致极端天气，如高温、热浪、强降雨、严重干旱、极端高水位事件更加频繁地出现——到21世纪末，极端高温事件在全球大部分地区很可能变成两年一遇，为20世纪二十年一遇的10倍；在20世纪二十年一遇的最大降水日，可能变成十五年或五年一遇。①

（三）气候变化：基于全球安全的"公众困惑"

极端天气的频繁出现既引发了对全球变暖的一片质疑，也给公众带来了基于全球安全——全球变暖导致极端天气频发，将人类推至（电影）《后天》的极端困境——的不解和困惑：其一，气候是在变冷还是在变暖，全球变暖可信吗？其二，CO_2是全球变暖和气候变化的主导和关键因子吗，为什么？其三，在全球变暖的大趋势下，极端天气为什么会频繁出现？极端天气什么时候减少，或全球变暖什么时候"正式开始"？这些不解和困惑，又因所引致的损失而被强化。从IPCC关于1990～2100年全球气温会不断上升的评估出发，人们认为冬天会变得暖和而改变种植结构（广东、福建、广西、云南等省区鼓励

---

① 中国科学院遥感与数字地球研究所，www.ceode.ac.cn，2012年4月13日。

农民种植热带水果和花卉），结果造成显著的经济损失——仅广东在20世纪90年代就发生了4次严重寒害（1991年12月、1993年1月、1996年2月、1999年12月），造成213亿元的损失①。

因此，加强专家与公众的沟通，在二者之间架起一座"话语桥梁"，使老百姓了解气候变化的必要常识，消除不解和困惑以积极应对气候变化，是十分必要的——把气候变化的全球趋势当作天气预报而指导农业生产就表明了这种必要性和迫切性。

二 层级－尺度：气候变化的视觉

（一）气候变化的影响因子

气候变化的影响因子，按性质可分为周期性的天文因子（"轨道－辐射说"）和地球物理－生物②因子两大类；按方向可分为指向性和周期性因子两大类。

"轨道－辐射说"的基本观点是，气候受地球表面接收到的太阳辐射强度、地球在宇宙空间的位置，以及太阳和地球运行轨道周期性变化的影响，主要有"太阳轨道－辐射说"（太阳年或银河年，周期约3亿年）、"地球轨道－辐射说"（偏心率、岁差、黄道倾角，以万年、10万年为周期）和"太阳黑子－辐射说"（以千年、百年、数十年为周期）。地球物理－生物因子主要有："温室效应说""大陆漂移说""海侵－海退说""地磁说""海－气环流调节说""陆－气环流调节说""构造运动说""二氧化碳减少－波动说"③"炕－被效应"。除大气中的CO_2含量因光合作用、新生岩风化作用（"碳窟效应"）在总体上减少外，其他因子都具有不同强度和（时间）长度的周期性。

---

① 王馥堂、赵宗慈、王石立等：《气候变化对农业生态的影响》，气象出版社，2003。
② 使用地球物理－生物因素而不是地球物理因素的出发点在于，人们要牢记生物对气候的显著影响：生物光合作用在增加大气中O_2、减少CO_2含量，左右"温室效应"的作用；生物（森林、草地、海洋生物）的"碳窟"作用；改变地下垫面，影响大气环流、调节热量分布的作用等。
③ 新生岩大规模吸收CO_2，形成碳酸盐，也可称作"新生岩的碳窟效应"。构造运动使新生岩不断出露而形成对CO_2的反复消减——地质史上大冰期与大构造运动在时序上关联的原因即在于此。

（二）层级－尺度：气候变化的视觉

层级－尺度是地理学、生态学的重要概念，也是思考气候变化和消解"公众困惑"的出发点：当我们谈论气候变化时，首先要意识到，我们需要了解何种层级－尺度——时间河流（第一层级，以10亿年为尺度且具有指向性）、时间波浪（第二和第三层级，以亿年、万年为尺度且具有周期性）、时间脉冲（更低层级，以年、十年、百年、千年为尺度）——上的气候变化，或在何种层级－尺度上讨论气候变化。例如，当我们说全球变暖时，必须在层级－尺度上予以限制——当下的全球变暖指发生在第四纪大冰期最近一个亚冰期的一个副间冰期，且时间很短——几十年或更长时间，而在地质史上有数次在"纪"的层级上，以千万年、上亿年计的全球变暖。当我们问全球是在变暖还是在变冷时，也要在层级－尺度上对问题加以限制，因为回答可以是"变暖"（当下）；也可以是"变冷"——以7亿年来的地质史为参照是这样，以第四纪为参照也是这样；或冷暖交替——地质史上以亿年为尺度的冷暖交替，100多万年来"冰期－间冰期"的10万年"旋回"。

三 CO_2：气候变化的主导－关键因子

（一）CO_2：气候变化的主导－关键因子

对CO_2作为气候变化的主导－关键因子[①]，可在三个层级－尺度来理解。

在第一层级上，与全球气候在总体上趋冷同步的，是大气中CO_2浓度的下降而非太阳辐射强度的下降。自10亿年前大气进入富氧阶段以来，全球气候在第一层级（$10^9 \sim 10^8$年尺度）的变化是趋冷、变干、四季和冷冬出现。

在第二层级上，大冰期发生在造山运动使大气中的CO_2含量显著减少之后。三次大冰期——震旦纪/前寒武纪晚期大冰期（7~6.5亿年前）、石炭－

---

① IPCC在第四次评估报告（2007a-c）中指出，各温室气体对总增温效应的贡献率，CO_2约占2/3，CH_4、N_2、其他气体占1/3多一点。参见《气候变化国家评估报告》，科学出版社，2011。

二叠纪大冰期（3.5~2.7亿年前）和第四纪大冰期（300万年前）发生在造山运动（吕梁运动、海西运动、喜马拉雅运动）使大气中的CO_2含量显著减少之后。这一基本事实表明："温室效应"是地球气候在第二层级（10^8年尺度）上变化的关键因子和直接驱动力；导致海陆分布变化、海退－陆扩、洋流－大气环流改变、火山活跃、太阳辐射减弱，特别是使新生岩大量出露、大气中CO_2含量显著减少，构造运动则是最重要的间接驱动力。太阳年周期与大冰期间隔的大致相同表明，太阳轨道变化无疑也是重要的间接驱动力。

在第三层级上，"冰期－间冰期旋回"与大气中CO_2浓度的波动密切相关。CO_2信号与小冰期在时间关联上的证据既有同步的，也有超前和滞后的。即使证据是滞后的，克罗宁博格也是正确的——CO_2信号跟随在气温之后，并非CO_2浓度上升导致气候变暖，而是气候变暖使越来越多的温室气体进入大气圈，"温室效应"也是气候在第三层级（10^5年尺度）上变化的关键因子和直接驱动力：小的"冰期－间冰期旋回"也同样与大气中CO_2浓度的波动密切相关，而且，CO_2的减少使冰期变得更冷，间冰期则不如上一个那样暖和。

（二）类地行星的温度：CO_2主导－关键作用的旁证

地球（$1.496×10^8$千米）的日距（按平均轨道半径计）为1（天文单位），水星、金星比地球小，分别为0.387和0.723；在大气压力方面，地球（101.3千帕）的大气压力为1，水星、金星、月球的大气压力分别为0.003、0.1和0；金星大气的CO_2浓度在96%以上。对没有或几乎没有大气覆裹（大气压为0或极小）的月球、水星来说，由于其无法保持太阳辐射能而处于既是"炼狱"又是"地狱"的极端境地——月球表面的温差高达287℃（-153℃~134℃），水星表面的温差更高，为593℃（-253℃~340℃）；大气覆裹虽只相当于地球的0.1，但因CO_2浓度极高而形成极强温室效应的金星，则长期处于"炼狱"状态——表面温度维持在427℃[①]。

[①] 康育义：《生命起源与进化》，南京大学出版社，1997；牛文元：《自然地理新论》，科学出版社，1984；E.G.尼斯比特：《逝去的伊甸园——人类生存环境的状况及其变化》，郭彩丽、吴向东、徐晶译，中国青年出版社，2001。

可见，类地行星和地球卫星的表面温度，在很大程度上取决于其保持太阳辐射能的能力，即覆裹行星的大气层状况——压力大小、CO_2 浓度的高低，而不是取决于在一定距离上接受太阳辐射能的多少，即所谓的离太阳太近会被"烤焦"，离太阳太远会被"冻僵"。因此，在大气压力给定的条件下，地球的表面温度在很大程度上由大气中 CO_2 浓度的高低决定。

四 地球内部能量耗散和"炕-被效应"：影响气候变化的重要机制

（一）地球内部能量耗散与相关气候因子的减弱

地球内部能量（U^{238}、U^{235}、Th^{232}、K^{40} 等长寿放射性同位素衰变、裂变，以及其他形式的核反应所释放的能量）因耗散（传导、辐射、耗散）而不可避免地减少直至耗竭，也是影响气候变化的重要因素。地球内部能量不均匀地耗散，决定构造运动的周期性和强度——随着内部能量因耗散而减少，构造运动的强度也趋于减弱。地球内部能量因耗散而减少在导致构造运动强度下降的同时，也造成与构造运动相关的气候因子的减弱，如大陆漂移、海陆差异、海侵-海退、新生岩"碳窟作用"、洋流等。当内部能量耗散殆尽，地表在外力作用下被夷平而地球最终变成名副其实的"水球"后，大部分相关因子的作用也就完全停止了。

（二）"炕效应"：地球内部能量耗散和水的物理性质

地球内部能量耗散既是影响气候变化的重要因子，也参与了"炕效应"的形成并决定"炕效应"的强度。"炕效应"指太阳（总）辐射、大气逆辐射和地球内部能量通过耗散而对地表的加热和大气的温暖。① 由于不断耗散，

---

① 由于大气中氧、臭氧、水汽、液态水、二氧化碳、甲烷、一氧化二氮和尘埃等对太阳辐射有吸收作用，地表接到太阳辐射能，太阳总辐射只相当于天文辐射（太阳到达大气上界的能量）的 45%。太阳总辐射相对稳定而被称作太阳常数（S0），国际气象组织（WMO）1981 年公布的 S0 为 $1368W/m^2$。地表在接受太阳辐射而变得暖和的同时以长波的形式向外辐射能量而温暖大气；大气在接受地面长波辐射（大部分被大气中的水汽和二氧化碳所吸收）而被加热的同时，也在以长波的形式向外辐射能量，其中向下而成为地面获得热量重要来源的部分被称作大气逆辐射。

"炕"趋于变凉——地表在今天接受的地球内部能量,已减少到只有45亿~40亿年前的1/3。① 这里要特别强调的是水的物理性质,水具有极高的比热(4.19kJ/kg·℃,仅低于氢气、氦气和液氨)和最大的热容量,其对地表大部分地区(71.8%)的覆盖和巨大的体积(平均深度约3800米,体积约13718×10^8千米^3),使"炕"成为能够温暖大气、调节和稳定气候的"超级水床",而非一块"烧即热,不烧即冷"的"石板炕"——地球之所以能够维持生命,就在于它是一个被水包裹的"水的行星"。

(三)"炕-被效应":CO_2主导-关键作用的进一步分析

"被子效应"即"温室效应"——大气逆辐射的存在,减少了地表因地面辐射而造成的热量损失,大气的这一保温作用使近地表的气温提高了约18℃。大气中CO_2的含量,在40亿~20亿年前的次生原始大气(大气Ⅱ)中占5%~7%,是现代大气的370~518倍②;在4.7亿~4.5亿年前的氧化性大气(大气Ⅲ)中,已由20亿~10亿年前类金星阶段的最高递减到只有今天的16~20倍③——在"炕"变凉的同时,"被子"也迅速地变薄了——尽管有时会变得厚一些。

"炕-被效应"("炕"的温暖和"被子"的保温效应)对大气的综合作用是影响地球气候变化的重要机制。在第一层级上,地球早期的温-湿(38亿年前海水温度高达80℃)即在于"炕"热"被"厚;7亿年前,随着"炕"的变凉和"被子"的变薄,全球气温快速地变冷了。中生代以来气候的变干、四季和冷冬的出现,也与"炕"的变凉和"被子"的变薄有关——而"银河年"("太阳年")周期和米兰科维奇循环并不能解释在"时间河流"里发生的这一指向性变化。

在第二层级上,"温室效应"的驱动和CO_2的主导-关键作用还存在于以下疑问中:"银河年"的周期性变化一直存在,但为什么确认的最早冰期(震旦纪大冰期)发生在大气中CO_2含量显著减少、气温大幅度下降的前寒武纪

---

① 康育义:《生命起源与进化》,南京大学出版社,1997。
② 康育义:《生命起源与进化》,南京大学出版社,1997。
③ 郝守刚、马学平、董熙平:《生命的起源与演化——地球历史中的生命》,高等教育出版社,2005。

极端天气的"悖论"、"炕-被效应"和"热窟效应"

晚期（7亿年前）之后？答案也许是：太阳轨道周期变化的影响在此之前被强"炕-被效应"所掩盖，其作用的显现，发生在"炕-被效应"减弱之后。如果气候冷暖交替的循环是由天文因素预先确定的，那么，地质史上类似于（生成煤炭、石油、天然气的）石炭纪暖期那样的温-湿环境在地球以后的日子里还会重现——这显然是不可能的："被子"已变得很薄，"炕"也因不可抗拒的熵定律而越来越凉。

在第三和更低的层级上，"温室效应"的驱动和 CO_2 的主导-关键作用同样存在于以下疑问中：地球轨道的周期性变化一直存在，但为什么对气候的影响了无踪迹？明显的"冰期-间冰期旋回"只存在于第四纪（第三次大冰期），特别是近170万年以来。答案同样是：其在几十亿年的地质时期中为"炕-被效应"所掩盖，只是"炕"、"被子"随时间推移的进一步变凉和变薄，米兰科维奇周期才得以展现。而且，变得更凉的"炕"和更薄的"被子"使后一个冰期比前一个冰期更冷，后一个间冰期不如前一个间冰期暖和。

五 冰冻圈消融的"热窟效应"：极端天气频发"悖论"的逻辑解

（一）因子丰裕度原理和极端天气频发的"悖论"

在一定的时空界限内，因子的时空变率与因子的丰裕度（数量）反相关是一个普遍规律：因子越是丰裕，便越是能充满它所在的时间和空间，因子的时空变率因此便小；反之，因子越是短缺，便难以充满它所在的时间和空间，因子的时空变率因此便大。如数量众多的老鼠、麻雀在时空上的分布变率小，数量极少的老虎、熊猫在时空上的分布变率极大乃至濒临灭绝；（径流量丰富的）大江常年奔流不息，（径流量小的）小河或有断流，（径流量更小的）小溪则多是季节性的；干旱地区降水的季节变率远大于雨量丰沛的湿润地区，有的沙漠中心会多年不下一滴雨；气温的日较差、月较差，也随热量（太阳辐射强度）的增加而减小，随热量的减小而增大。

由因子时空组合规定的系统在时间和空间上的稳定性，则与因子或主要因子的丰裕度正相关——因子越是丰裕,其时空组合(如水、热的地域、季节组合)的稳定性便越高;因子越是稀缺,其时空组合的稳定性便越低。

(二)冰冻圈消融的"热窟效应":极端天气频发"悖论"的逻辑解

对公众来说,迫切需要知道的不是某个极端天气的具体成因,如北极涛动或拉尼娜现象,而是在当代全球变暖的情况下极端天气频现的必然性,即共同的原因。如果全球变暖与极端天气频发既是在事实上的"耦合",又有其理论的必然性,那么,极端天气的频发便是继 CO_2 浓度上升对全球变暖的再次证明。这样,即使质疑者宣称没有看到全球变暖也无关紧要;如果二者不存在理论必然性,那么"变冷说"质疑的声音就会越来越高,公众的困惑也会越来越多。

如果因子的丰裕度与因子的时空变率反相关、与系统的稳定性正相关成立且是普适的,那么,第一,包括极寒、极热、强降水、飓风在内的极端天气的频现便意味着热量的短缺。在地质史上,气候自7亿年前开始的强指向性的变冷、变干以及中生代之后四季和冷冬的出现,在很大程度上就是(地表所持)热量减少、气温下降(光合作用增强,大气中 O_2 含量增加、CO_2 浓度大幅度下降,"温室效应"极大减弱)的结果;人类史上文明的衰弱,也与气候的变冷(热量减少)有显著关系。第二,在全球变暖的情况下,按因子丰裕度原理,气候系统理应稳定,极端天气理应减少。因为热量增加了,因子的丰裕程度提高了,而且,地质史、人类史上暖期的情况也是如此。因此,当代全球变暖与极端天气频发的并存,便成了一个从逻辑到事实的"悖论"。

可能的逻辑解是,在全球变暖的情况下,热量由于某种原因在局部时空出现了短缺。这里给出的某种原因,可能的解释是冰冻圈①消融的"热窟效应"。水结冰释放热量,冰融化吸收热量,冰冻圈的"热窟效应"就是基于冰、雪、

---

① 冰冻圈指地球表层以固态形式存在的水体——所有种类的冰、雪和冻土,主要有冰川(山地冰川、冰帽、极地冰盖)、冰架、积雪、(多年、季节性)冻土、海冰、河冰、湖冰等。全球冰冻圈的冰储量为 2830×10^4 千米,其中南极、格陵兰冰盖为 2760×10^4 千米³,占97.5%;最大(冬季)面积为 16914×10^4 千米²(冰雪 9824×10^4 千米²、季节冻土 4810×10^4 千米²、多年冻土 2280×10^4 千米²),约占地球表面积的1/3,是影响气候系统的第二大要素且对气候的变化十分敏感。参见《气候变化国家评估报告》,科学出版社,2011。

冻土消融的"吸热－降温"作用。而冰冻圈的消融之所以能够大量吸收热量，形成影响天气的"热窟效应"，则在于水的物理性质①和世界各地冰、雪、冻土的大量融化，以及由此引起的甲烷释放的连锁反应②。

全球变暖既导致了酷暑，又为冰、雪、冻土的消融提供了热量；冰冻圈，尤其是当前北极冰川因北极地区迅速升温（是全球平均的10倍）而大规模消融对热量的大量吸收（降温），则带来一些地区的热量在冬季的短缺。极端天气的频现，则可能是热量季节性或区域性短缺的结果。（北极）极地高压因热量短缺而被强化，即空气变得更冷，向南推进得更远，这可视为冰冻圈"热窟效应"的例证。

（三）极端天气的走势："热窟效应"与"温室效应"的"角力"

随着全球变暖的持续，特别是南极、格陵兰冰盖的大规模融化，极端天气发生的概率，会进一步增大强度也会进一步提高，使更加寒冷、酷热、异常的天气更加频繁地降临。以大规模的人口－经济为背景，生物圈、人类社会都将处于极度的动荡之中。极端天气在以后发生的强度、频率和延续时间，取决于全球变暖（"热窟效应"）与冰冻圈消融（"温室效应"）的"角力"。极端天气再度成为统计意义上的小概率事件，将发生在全球冰冻圈大部分冰、雪、冻土消融之后——也许要经过一段较长的时间③。

---

① 在自然界已知的高丰度物质中，水有着最高的比热容（热容量）和相变潜热。水的比热容是 4190J/kg·℃或1大卡/kg·℃（冰的比热容为2095J/kg·℃或0.5大卡/kg·℃）；在0℃状态下，水与冰的相变潜热为79.2大卡/kg或332kJ/kg。（1卡=4.19J，1大卡=1000卡=4190J）。冰冻圈"热窟效应"对热量的吸收发生在三个方面：一是冰（雪、冻土）在0℃前的升温吸热，二是0℃时冰（雪、冻土）的融化（及气化）吸热，三是0℃的水（水汽）在达到周围环境温度前的升温吸热。
② 冰冻圈融化的又一气候连锁反应是，上一次冰河期形成并被封藏在地下，"温室效应"为CO_2的25倍（或30倍）的甲烷因永久冻土层的融化大量涌出，造成气温上升。
③ 冰冻圈消融对热量的吸收，呈先增加后减少的倒U型曲线，且都取指数形式而非常迅速——在面积、体积因大规模消融而显著减少之前，冰冻圈的消融与对热量的吸收呈正反馈循环；之后对热量的吸收，因面积、体积的急剧减少而急剧减少。这里还有两个问题是需要说明的：其一，"温室效应"与"热窟效应"的"升温－降温"的热平衡只是局部性的，还是全球性的？——只有经过专家研究才能给出判断；其二，"热窟效应"的"吸热－降温"又会使水结冰，减缓冰冻圈的消融而使"拐点"的到来滞后。无论气候因子的变率与其丰裕度是否反相关，从极热、极寒等极端天气的频现，或更加巨大、深远的影响来看，冰冻圈消融和对热量吸收（降温）带来的全球性热平衡问题，都是气候变化一个至关重要的课题。

冰冻圈消融"吸热-降温"的"热窟效应",在一定程度上使"增热-升温"的"温室效应"滞后,这也许是对声称没有看到 IPCC 全球升温预估质疑的部分回应。质疑者"期盼"的全球变暖的"正式开始",即"温室效应"影响的全面展现,将在冰冻圈特别是南极及格陵兰冰盖大规模消融之后。

六 全球变暖:不争的事实,逻辑的结论

(一)CO_2 与气候变化

地球气候取决于太阳辐射强度、地表对太阳辐射能量的接受、反射和调节(辐射强度-能量接受-热量保留-热量调节),是各种天文、地球物理-生物因素综合作用的结果。在人们达成这一共识的同时,以下以 CO_2 为中心的各点,也是我们思考气候变化时不能忘记的:

第一,在各种层级-尺度上,"温室效应"都是气候变化的直接驱动力,CO_2 浓度对气候的影响都是主导和关键性的;第二,地球内部能量耗散不可避免地导致构造运动减弱、地球表面变冷,由此驱动的各相关因子作用减弱,是气候变化极为重要且不可忽视的背景;第三,"炕-被效应"是影响地球气候变化的重要机制;第四,每一因子对气候的作用只适用于一定层级和尺度,是有限的,且大都必须直接或间接地改变大气中 CO_2 的浓度,是一种间接驱动力,在地质史的大部分时间里,又都在不同程度上被"炕-被效应"所掩盖。

(二)全球变暖:不争的事实,逻辑的结论

以上讨论表明:作为主导和关键因子的 CO_2 的浓度变化与全球气候变化紧密关联,CO_2 的浓度变化对人类活动的响应是迅即性的[①];大气圈最不稳定、变化最快的性质表明,一旦人类大量燃烧化石能源,高强度扰动地球表

---

① 在短短数十年或百年中,地球接受的太阳辐射能,陆地大小、海陆分布、海陆差异等地表状况,以及地表获得地球内部能量的多少是一个稳定的慢变量;能较快改变而影响全球气候的因素,是以 CO_2 为主的"温室气体"的浓度和陆地表面的覆被状况。

面,进而大规模释放温室气体,在一定时期内全球气候迅速变暖便会成为一种不可抗拒的必然①。而且,即使太阳发光强度逐渐下降,也无法阻止因 CO_2 浓度迅速上升而导致的地球在短时期内的增温,如同在地质史上太阳辐射增加并未能阻止气温的全球性下降一样。

因此,全球变暖既是以 CO_2 为主的"温室气体"浓度上升的逻辑结论,也是一个因 CO_2 浓度上升已发生,并且在未来数百年至少在一个多世纪中还会存在,即使寒流频发也无法阻拦和掩盖的趋势(事实),因为极端天气本身就是当代全球变暖所引发的冰冻圈消融的必然结果和组成部分。

---

① IPCC 在第四次评估报告(2007)中指出:20 世纪中叶以来的全球变暖主要是人类使用化石燃料排放的大量 CO_2 等温室气体的增温效应造成的(90%以上的概率);中国的第二次气候变化国家评估报告(2011)也指出:20 世纪后 50 年的气候变化几乎不可能用气候系统内部因子的变率来解释,人类活动产生的外强迫很可能是造成气候变暖的原因。参见《气候变化国家评估报告》,科学出版社,2011。

内源性非传统安全研究

Studies on Endogenous Non-Traditional Security

B.16
中国社会公共安全面临的突出问题及态势分析
——非传统安全视角

马振超*

摘　要： 社会公共安全问题，并不是在"冷战"结束后各种非传统安全问题出现的时候才出现的。从非传统安全的角度来看，在全球化、信息化的背景下，我国社会的公共安全问题日益突出：雾霾成为影响公众健康的新隐患；恐怖威胁扩展、蔓延；极端事件频发加剧社会恐慌心理；网络谣言恶化社会公共安全环境；群体性事件的规模及影响持续增大；"全民焦虑症"成为社会公共安全的隐忧；关于转基因问题的争论逐渐凸显粮食危机。当前，我国社会公共安全面临的局势正日趋复杂、严峻。

---

* 马振超，中国人民公安大学国内安全研究中心教授。

关键词：

社会公共安全　问题　态势

关于社会公共安全，迄今为止国内外还没有统一的认识和定义。但社会公共安全问题，并不是在"冷战"结束后各种非传统安全问题出现的时候才出现的。社会公共安全问题曾是一个传统安全问题。由于社会是人类最基本的生存方式，在国家产生前，人作为一种社会存在就面临着自身生存的"安全问题"，只不过这一"安全问题"主要表现为自然环境和各种自然灾害对人类生存的影响与威胁。而当国家产生以后，那些影响与威胁人类社会的自然因素与社会因素演变为国家的社会公共安全问题，从而成为影响国家生存与发展的问题。

然而，长期以来国家政治活动对社会公共空间的垄断或抑制，使得一直被边缘化的社会公共安全问题在客观上显得不再重要，不再受到人们的关注。尤其是在"冷战"期间，基于意识形态的对峙，国家安全问题被东、西两大军事、政治阵营所左右。国家安全关注的重点集中在军事、政治安全上。然而在"冷战"后期，以往被政治严重挤压甚至处于政治之外的社会公共安全问题日益凸显，对国家安全的影响越来越大，逐渐成为非传统安全观关注的一个重要方面。社会公共安全问题在"冷战"结束后的非传统安全领域获得应有的地位。

从非传统安全这个角度来看，"冷战"结束后的近半个世纪以来，全球化所带来的具有"非军事""跨国共治"等特征的恐怖主义、金融震荡、环境恶化、文化冲突、能源短缺、粮食危机、传染病、自然灾害等各种全球性非传统安全威胁层出不穷。而信息化的互动性、流动性，更加剧了局部问题全局化、简单问题复杂化、个体问题普遍化、一般问题热点化、社会问题政治化、国内问题国际化的趋势。① 国际性危机频繁发生。与之相对应的变化是，围绕国家主权维护与军事入侵的传统安全威胁有所加剧，而且围绕人的权利维护的

---

① 《近三年全国突发公共事件分布》，人民网，http://politics.people.com.cn/n/2014/0108/c1001-24056003.html。

"社会安全"和"人的安全"以及"社会公共安全"也越来越受到联合国及各国政府的关注和重视。①

国家安全的内涵从传统安全扩展至非传统安全，突破了有关安全问题的认识与定位。如当前经济社会发展过程中产生的或被引发的越来越多的社会公共事件严重威胁到社会的和谐与稳定，已经由一般的社会公共安全问题上升成为"国家安全"层面的非传统安全问题。2006年1月8日颁布的《国家突发公共事件总体应急预案》以及2007年11月1日起施行的《中华人民共和国突发事件应对法》都分别将自然灾害、事故灾难、公共卫生事件和社会安全事件四类危及公共安全的紧急事件提升到国家层面和法律层面进行预防和应对，都充分说明了这一点。

在当今中国，社会公共安全的总体态势是稳定的，但面临的问题却急剧增多：一方面要应对全球化带来的各种冲击以及融入世界时所面对的各种风险；另一方面要应对国内社会转型带来的不稳定性与脆弱性。②伴随着各种非传统安全威胁因素与传统安全威胁因素的相互交织、相互影响、相互转化，社会公共安全正面临越来越严峻的挑战。本报告从非传统安全的视角出发，结合近年来我国发生的公共事件案例，对我国社会公共安全面临的突出问题及态势做一分析。

一 雾霾：影响公众健康的新隐患

近年来，随着对PM2.5的热议，雾霾这一自然天气现象也成为公众的谈资。权威数据显示，2013年以来，雾霾波及25个省份，100多个大中型城市，全国平均雾霾天数达29.9天，创52年来之最。③ 不仅北京，石家庄、哈尔滨甚至连上海、成都都受到了雾霾的强烈袭击。"雾都"大面积出现，严重程度已经超出人们的想象：高速封路、满城口罩、出门迷路、学校停课……避无可

---

① 余潇枫：《中国社会安全理想的三重解读》，《新疆师范大学学报》（哲学社会科学版）2013年第5期。
② 余潇枫：《中国社会安全理想的三重解读》，《新疆师范大学学报》（哲学社会科学版）2013年第5期。
③ 《2013年全国雾霾天数已达52年来之最》，天气网，http://www.tianqi.com/news/21695.html。

避的十面"霾"伏之下,"雾霾"迅速成为2013年流行度最高的热词之一。①雾霾对公众健康的影响成为社会公共安全面临的又一新问题。

2013年10月,由世界卫生组织(WHO)下设的国际癌症研究机构(International Agency for Research on Cancer,以下简称IARC)出版的《空气污染与癌症》及其发表的专题论文项目(IARC Monograph Programme)的109号报告得出结论:室外空气污染是对人体致癌的一类致癌物。原因是空气污染固然包括粒径在2.5微米以上的颗粒物,但其中能对人体健康产生直接危害的,主要是粒径在2.5微米以下可入肺的PM2.5。报告结论没有直接提到中国,但IARC表示,该结论适用于世界上所有地区。②

此结论也被国际上和中国的多个研究所佐证。由全球约450位专家参与研究的《2010年全球疾病负担评估》报告指出,在全球范围内,细颗粒物形式的室外空气污染所导致的公共健康风险比以往人们认为的要严重得多,每年在全世界导致320万人过早死亡以及7600万健康生命年的损失。该报告还特别提到,全世界有近40%因空气污染导致的过早死亡发生在中国。2010年中国有124万人过早死亡,中国公众还损失了超过2500万的健康生命年。该报告称,2010年中国14万居民的肺癌死亡与空气污染有关。预估中国约20%的肺癌与PM2.5污染有关。③

2007年,《污染的负担在中国》的研究结论显示,以PM10为指标衡量的空气污染,每年在中国导致35万~40万人过早死亡。④ 2012年底,北京大学公共卫生学院教授潘小川的一份关于北京、上海、广州、西安四个城市的空气污染导致超额死亡的研究曾引起不小的反响。2013年7月发表于《美国国家科学院院刊》(PNAS)的一项研究称,以淮河为界,烧煤供暖的中国北方地区的空气污染程度高于中国南方地区,北方5亿居民因严重的空气污染,平均

---

① 张彬、杨烨、钟源:《十面"霾"伏 发展之痛》,《经济参考报》2013年12月30日。
② 崔筝、王玲、刘虹桥:《中国空气病》,《新世纪》2013年第41期,http://other.caixin.com/2013-10-28/100596256.html。
③ 崔筝、王玲、刘虹桥:《中国空气病》,《新世纪》2013年第41期,http://other.caixin.com/2013-10-28/100596256.html。
④ 崔筝:《致命呼吸》,《新世纪》2012年第50期。

每人减少5.5年寿命。①

空气污染已经是"最广泛传播的环境致癌物"。此结论对中国来说意义非凡。如果说空气污染导致癌症和死亡还属于学术研究的范畴,那么PM2.5超标影响公众的生命健康,就不再只是一种学术争鸣,而是一个迫切需要直面和解决的民生问题,也是经济问题、社会问题,甚至成为影响国家安全的社会公共安全问题,包括国内和国际问题。

2013年9月,国务院发布了被称为"史上最严厉"的《大气污染防治行动计划》,要求到2017年全国地级及以上城市可吸入颗粒物浓度比2012年下降10%以上。《大气污染防治行动计划》的出台,标志着国家将空气污染治理提到前所未有的高度。为了确保这项计划的执行效果,2014年1月7日,环境保护部与全国31个省(区、市)签署了《大气污染防治目标责任书》,明确了各地的空气质量改善目标和重点工作任务。但仍然令人担忧的是,各地如何将承诺付诸实践。这种担忧并非杞人忧天。正如专家所言,环境改善不可能一步到位,而将是一个逐步的过程。2014年后还将面临更大的挑战。

二 恐怖事件高发:社会公共安全威胁持续蔓延

暴力恐怖事件,在2013年的中国显得格外醒目。

"冷战"结束后,恐怖主义事件不仅成为影响国际安全最突出的非传统安全威胁,而且也是危害新疆地区社会稳定乃至我国社会公共安全的重要因素。我国暴力恐怖活动的高发始于1990年新疆的"巴仁乡事件"。由此,"三股势力"在新疆掀起一股新的暴力恐怖"浪潮"。1990~2001年,新疆地区就发生了200多起暴力恐怖事件。②

2001年"9·11"事件后,在以美国为首的全球反恐压力下,新疆"三股势力"也随之进入蛰伏期。然而,2005年后恐怖活动又进入了高发期。如2008年

---

① 崔筝、王玲、刘虹桥:《中国空气病》,《新世纪》2013年第41期,http://other.caixin.com/2013-10-28/100596256.html。
② 李微敖:《反恐2013:为了天山的安宁》,《21世纪经济报道》,http://www.21so.com/HTML/21cbhnews/2013/12-30-269337_2.html,2013年12月30日。

北京举办奥运期间连续发生多起暴力恐怖袭击事件。而 2009 年爆发的"7·5"事件成为改革开放以来新疆最严重的打砸抢烧杀事件。2011 年以来暴力恐怖袭击持续不断,其中最严重的暴力恐怖活动是 2012 年 6 月 29 日发生的劫机事件。

2013 年,暴力恐怖活动进入了新的高发期。据警方公开披露,2013 年至少发生了 10 起涉嫌暴力恐怖活动,其中 9 起发生在新疆。其中,4 月 23 日爆发"巴楚事件"(袭击色力布亚镇派出所);6 月 26 日吐鲁番地区鄯善县的恐怖袭击事件造成公安民警、干部、群众共 24 人死亡,23 人受伤;8 月 20 日恐怖分子自制的爆炸物夺去了一位喀什地区特警的生命;12 月 15 日喀什地区疏附县萨依巴格乡突遭多名暴徒袭击,2 名民警殉职;12 月 30 日新疆喀什莎车县再次发生一起有组织、有预谋的暴力恐怖袭击案件。

针对 2013 年连续多发的暴力恐怖事件,有专业人士认为,宗教极端思想是新疆一系列暴力恐怖案件的幕后元凶,非法宗教活动是"三股势力"赖以生存的土壤,是催生民族分裂、暴力恐怖等违法犯罪活动的温床。① 2014 年 1 月 24 日新疆阿克苏地区新和县城一家美容美发店和一家菜市场发生爆炸。对于新疆恐怖袭击事件的频发,新疆社会科学院学者认为,2014 年中国的反恐形势会更加严峻,新疆暴力恐怖事件的发展仍会呈现向上势头,5 年内不会出现拐点。②

三 极端事件频发:社会恐慌心理加剧

2013 年连续发生了数起个人极端暴力事件,手段残忍、影响恶劣,引发了人们对公共安全的担忧。6 月 7 日厦门公交纵火;7 月 18 日北京朝阳大悦城持刀行凶;7 月 20 日冀中星首都机场引爆自制炸弹;7 月 22 日北京马连道家乐福持刀行凶;7 月 23 日摔伤女童事件;7 月 23 日广西东兴市男子持刀入市计生局行凶;7 月 26 日黑龙江敬老院纵火;7 月 29 日广东深圳罗湖区一男子挥刀连砍多名路人,造成 3 死 5 伤……中国医院协会和中国医院协会医疗法制

---

① 伊尔夏提·吾斯曼:《坚决铲除影响新疆稳定的"毒瘤"》,天山网,http://news.ts.cn/content/2013-12/20/content_9092900.htm,2013 年 12 月 20 日。
② 吐尔文江:《2014 年反恐形势更严峻》,《环球时报》,http://news.sohu.com/20131207/n391431178.shtml,2013 年 12 月 7 日。

专业委员会共同完成的一份调研报告显示：目前中国每所医院平均每年发生的暴力伤医事件高达27次。① 这些暴力事件虽属偶发，但其恶劣的社会影响，增加了社会恐慌。

在每一起暴力案件的背后，都可能有着不同的个体境遇。改革开放以来，尤其是市场经济的构建与运行使几乎所有的"单位人"都进入了竞争激烈的社会中。虽然各级政府不断加强社会管理，加大对社会弱势群体的关怀，但并不能保证每一个人都能够实现自己所认为的公平、正义。社会中大多数人都会面临各种矛盾、挫折，如个体之间、个体与机构、个体与社会的矛盾等，而且个体与机构、个体与社会之间客观上的不平等，使得矛盾无法立即消除，甚至无法得到缓解。于是有很多人感到生活无望，无助和绝望导致这些人成为社会公共安全的隐患。当一部分人的心理压力无法调节时，暴戾、绝望就会油然而生，个体极端暴力事件就无法避免。他们或向更加弱小的对象发泄，或者将目标泛化——向与事件没有关系的大众发泄。这种极端行为便由一个人的灾难变成了大众的灾难，使公共安全恶化。

如果说针对个人的极端事件是十分罕见的，那么面对社会公众的极端事件频发就成为很极端的"社会现象"。这一现象意味着当今社会存在可能激发这种极端社会现象的大量因素和土壤。

大量事实证明，不公与冷漠是导致极端事件的重要因素，从某种意义上说，是社会不公为极端事件的产生提供了土壤。每一起社会不公事件，都是影响和危害社会公共安全的隐忧。当今中国改革正进入"深水区"，诸多社会矛盾、利益诉求错综复杂，道德失范、社会不公、诉讼成本过高等问题普遍存在，极易引发挫折情绪和攻击行为。② 中国人民公安大学犯罪学学院副院长靳高风认为，在当前社会矛盾凸显、社会压力加大的背景下，个人极端暴力事件仍将呈现集中发生的趋势。③

---

① 张然：《中国医院每年暴力伤医事件27次 医患沟通难到位》，《京华时报》，http://www.chinanews.com/gn/2013/08-16/5168788.shtml，2013年8月16日。
② 孟娜、李志晖、王小鹏：《中国连发数起极端暴力事件 专家吁标本兼治化解戾气》，新华网，http://www.chinanews.com/fz/2013/07-30/5103276.shtml。
③ 赵丽：《个人极端暴力事件多发 部分犯罪人向社会泄私愤》，《法制日报》，http://www.chinanews.com/fz/2013/08-19/5176230.shtml，2013年8月19日。

面对极端事件,我们应该清醒地认识到:无论当事人身背多少冤屈,都不能突破法律底线。用非常规手段来维护自身利益,以威胁或伤害无辜生命的方式制造公共安全恐怖,或通过充满报复色彩的行为来弥补个人的不幸遭遇,都应受到全社会的谴责、声讨及法律的严惩。然而当我们严惩极端暴力事件的时候,更应探究其社会根源:化解社会戾气,要匡扶社会的公平、正义。在社会转型时期,在贫富分化加剧和生活压力巨大的大背景下,我们呼唤给予弱势群体更多的阳光和关怀。只有改革和完善整个制度环境、社会环境,在各个阶层之间体现社会的公平、正义,才能化解社会戾气,彻底消除产生极端暴力事件的源头,从而真正实现和谐社会和平安中国。

四 网络谣言:社会公共安全恶化的催化剂

随着微博等信息新媒体的发展,网络谣言频繁出现,给我国社会造成很大影响,成为网络时代引发社会舆论与危害公共安全的突出问题。

频繁出现的网络谣言大致表现为以下几类。第一,社会热点类。主要围绕社会新闻、事件,别有用心者捏造或散布相关不实信息,引发舆论关注,如2012年世界末日的谣言。第二,社会民生类。主要是对关于社会民生的国家政策等的主观臆断,如北京地税2011年开征房产税的不实传闻。第三,食品安全类。主要包括食品安全问题的谣言,如"皮革奶粉"。食品安全领域是网络谣言的多发区。第四,公众人物类。主要针对历史、文化或公众人物,故意捏造散布不实信息,颠覆历史真相和人物形象,来博得关注度,以达到其谋私利的目的。典型案例是"秦火火"团伙抹黑雷锋、张海迪、罗援等,意图通过抹黑历史文化人物来"炒热"自己。第五,社会伤害类。主要涉及各种非正常死亡、恶势力团伙犯罪事件引发的谣言,典型案例如"6名罪犯越狱奸杀78名女性"这类谣言。第六,事故灾难类。在某一自然灾害或意外事故发生之后,引发其他有关灾难及应对偏方的谣言。典型案例如四川汶川、雅安地震之后的各种地震谣言,吃碘盐预防辐射的谣言,"秦火火"利用"7·23"动车事故故意编造、散布中国政府花2亿元天价赔偿外籍旅客的谣言等。第七,卫生健康类。主要指各种鱼龙混杂的保健养生方面的

"知识信息"。或被不法商家故意"炒作",或道听途说、以讹传讹,导致受众对信息的理解有误差甚至被蒙蔽。如2012年"倒背奔跑法救溺水者"的传言。①

近年来比较有影响力的典型网络谣言案例有:"蛆橘事件"、山西地震谣言、响水县爆炸谣言、"皮革奶粉"传言、"抢盐风波"的谣言、"47号公告"谣言、"针刺"谣言、"滴血食物传播病毒"传言、"非典"谣言、"军车进京"谣言等。② 2013年,网络谣言仍然甚嚣尘上。如8月21日成都高新区奥克斯广场发生劫持公交车事件的虚假信息。③

2013年8月20日公安部正式启动打击网络谣言专项行动。9月9日《关于办理利用信息网络实施诽谤等刑事案件适用法律若干问题的解释》公布,为打击网络造谣提供了法律依据。仅10多天,全国就有数百名造谣者被惩处。

然而,网络谣言并不会因此销声匿迹。当前,网络是最大的民间舆论阵地,特别是微信的应用越来越普及,正在取代微博成为社会热点和网络舆论最集中的平台。随着网民参与的公共话题越来越广,在社会热点网络舆情和事件中,都不可避免会出现谣言和不实信息,不仅极易造成社会恐慌,扰乱社会秩序,而且危及社会公共安全。一是网络谣言引发社会突发群体事件。在2013年5月3日的"京温"事件中,"女青年离奇死亡""被保安先奸后杀"网络谣言持续在网上发酵,导致一起后果严重的扰乱公共场所秩序的恶性事件。7月12日神木县因"神木经济一落千丈,现任领导要跑"的网络谣言而引发社会恐慌,导致了一起群众聚集事件。二是网络谣言诱发社会信任危机。谣言极易触碰到公众社会的焦虑心理,成为情感的宣泄爆点,强化不信任心理,加剧社会信任危机。"秦火火"在网上编造了中国政府花2亿元天价赔偿外籍旅客的谣言,严重影响到公众对政府的信任。

---

① 《典型谣言案例盘点:六类惑众谣言,你中枪了吗?》,人民网,http://society.people.com.cn/n/2013/0905/c229589 - 22810734.html。
② 黄庆畅、张洋:《近年10起网络谣言案例》,人民网,http://politics.people.com.cn/GB/17659935.html,2012年4月16日。
③ 《近期网络谣言犯罪典型案例》,《华商晨报》,http://news.163.com/13/0926/09/99MK53G900014Q4P.html,2013年9月26日。

五 群体性事件:影响社会公共安全的突出问题

2000年以来,群体性事件的发生呈上升趋势。2012年中国发生的社会冲突事件在数量上有所减少,但就目前公开的信息来看,2012年在四川什邡、江苏启东、浙江的宁波和镇海等地由环境污染问题引发的群体性事件在规模和影响上要远远超过往年。

当前,群体性事件仍然是影响社会公共安全的最突出问题,原因如下所述。

首先,微博等新媒体成为放大群体事件影响的最重要的推手,其对中国的舆论生态、社会公共安全乃至执政党和政府的控制与治理构成了新的挑战。当前,中国社会已进入以微博等新媒体为代表的自媒体时代。群体性事件的组织形式随着互联网的发展呈现出新特点,即参与阶层及人员的多元化,微博等新媒体把具有共同利益的彼此不认识的人组织、动员起来,推动群体性事件爆发。① 自媒体为公众参与提供了更多途径,促使网民的行为具有更多的公共性。但是自媒体时代的意见表达,也可能因自媒体的传播、组织、动员功能而使群体性事件更具社会影响力和破坏性。

其次,由环境问题引发的群体性事件急剧增加。据统计,自1996年以来,环境群体性事件一直保持年均29%的增速。2005年以来,环境保护部直接接报处置的事件共927起,其中重特大事件72起。其中2011年的重大事件比上年同期增长120%,特别是重金属和危险化学品突发环境事件呈高发态势。② 2012年短短4个月内,全国接连爆发了三起因环境问题而引发的群体性事件。由于环境问题关系到每个人的利益,极易成为公众利益诉求的公共话题而引起广泛关注,这种关注对社会公共安全的影响不断被强化。

再次,群体性事件中各种利益诉求的表达日趋非理性化。网络在拓展

---

① 陈锐、付萌:《2012年群体性事件研究报告》,法制网,http://www.legaldaily.com.cn/The_analysis_of_public_opinion/content/2012-12/27/content_4092138.htm。
② 《近年来我国环境群体性事件高发 年均递增29%》,中国网,http://www.china.com.cn/news/2012-10/27/content_26920089_3.htm,2012年10月27日。

公众的参与渠道的同时,也成为民众发泄长期郁积的不满情绪的平台。由于微博等新媒体具有传播、组织、动员功能,会产生连直接利益相关者都无法掌控的破坏性力量。[①] 同时网络空间的角色虚拟化,使网民的表达和发泄更加偏激和非理性。2012年由反日游行引发的"9·15"事件就是典型的表现。

最后,应急能力的薄弱暴露出国家对社会的治理面临严峻考验。群体性事件是考验政府治理能力的试金石,也是考量中国社会公共安全的重要尺度。在群体性事件的发生及处置中,我们可以看到官民之间的互动。当前国家对社会的治理管控方式,在一定程度上已经不适应市场经济发展的需要。这也是十八届三中全会决定全面深化改革,"推进国家治理体系和治理能力现代化"的原因所在。

六 "全民焦虑症":社会公共安全的隐忧

在当今的中国社会,每一起公共事件背后都蕴含着公众难言又难掩的焦虑。每一起公共事件的爆发都成为焦虑情绪宣泄的决口。在社会转型期,各种社会问题的凸显导致公众产生社会焦虑心理。这种社会焦虑心理被学界称为当前中国社会的"全民焦虑症"。

人民论坛于2013年3月8日至3月14日发起的"当前中国人焦虑程度调查"结果显示,近九成受访者(88.9%)认同"全民焦虑"已成当下中国的社会病;超过六成受访者自认焦虑程度较深;超八成公众认为焦虑情绪会"传染"。在个人层面,公众最焦虑的三个问题是:"看不起病,养不起老""人际关系紧张信任危机""工作压力大";在国家社会层面,公众最焦虑的三个问题是:"物价涨得比工资快""权力不受制约,腐败易发多发""食品、药品、产品安全缺乏保障";公众心目中"全民焦虑症"的三大症结是:"权力不受制约的不公正感""社会保障不足的不安全感""贫富差距过

---

① 于建嵘:《自媒体时代公众参与的困境与破解路径》,《上海大学学报》(社会科学版)2013年第4期。

大引发的被剥夺感"。① 周查结果认为，中国的加速发展，中国社会结构的失衡，体制转轨的叠加，社会信仰的缺失、道德危机，各项政策、制度的不完善、不健全等，使人们对未来缺乏稳定的预期。各种风险共生，使焦虑呈几何级数增长。②

日益蔓延的"全民焦虑症"尽管并不属于直接影响社会公共安全的问题，但对社会公共安全问题的滋生及演变将起到一定的推动和促进作用，进而不可避免地对社会的良性运行与健康发展及公共安全产生一些负面影响。就个体而言，社会焦虑可能引发不少越轨行为，或指向自己或指向别人。如有人从焦虑走向绝望（极端是自杀），也有人从焦虑走向愤怒，甚至把焦虑外化为暴力（极端表现如福建南平砍杀学生案、吉林长春婴儿被盗案等恶性事件）。就群体而言，社会焦虑可能催生某些有害的、失控的群体行为，引发社会骚乱或社会危机。2011年前后西亚、北非等地出现的"阿拉伯之春"、美国的"占领华尔街"运动、伦敦的"8·6"骚乱，都是民众焦虑情绪的集中宣泄。

七 转基因问题的争论：粮食危机的风险逐渐凸显

中国关于转基因食品的争论起源于2001年底。一本《美梦还是噩梦》的书首次向中国人介绍了西方对转基因作物的争论。该书关于转基因食品对人和动物的潜在危害的论述，引发了中国人关于转基因的第一场公开辩论。2002年，国际环境保护组织"绿色和平"在中国的"反转"宣传又掀波澜，但并没有激起学界的公开回应。2004年《国家中长期科学和技术发展规划纲要（2006~2020）》公布，"转基因生物新品种培育"被列为重大专项之一，总预算超过200亿元。因此，转基因"变成了非常热的研究领域"，而专业人士的介入，使质疑转基因的声音进一步被公众接受。从此反转基因声势渐涨。2006年转基因问题变成社会热点。2010年4月在凤凰卫视《一虎一席谈》中，"绿

---

① 人民论坛问卷调查中心：《当前中国人为何焦虑？焦虑程变几何？》，《人民论坛》2013年第9期。
② 人民论坛"特别策划"组：《全民焦虑症问诊》，http：//paper.people.com.cn/rmlt/html/2013-03/21/content_1214214.htm?div=-1。

色和平"与方舟子的辩论把转基因的话题带入公众视野。2010年7月,农业部对流传的社会传闻进行辟谣。然而,2011年前后,当科学家和官员们纷纷站出来反击"反转"观点的时候,转基因的负面形象在人们心中已经根深蒂固了。2012年衡阳的"黄金大米"事件更加深了中国人心目中"转基因食品安全未定论"的印象。①

近两年,由于一些带有意识形态色彩的网站介入,转基因之辩将更加广泛的社会群体裹挟进来。此外越来越多的社会名流的参与令转基因问题更加复杂,越来越多的公众对此真假难辨。公众的迷失何在?为何不信任转基因?其实,转基因的争议与转基因技术无关,而与社会诚信密切相关。近10多年来的官民之间、社会阶层之间的信任度相当低。公众除了对政府官员不相信外,对任何权威机构也不愿意相信,甚至普通百姓之间也很缺乏信任。当社会诚信出现危机时,对任何问题都会产生怀疑。2013年转基因食品安全问题持续升温,背后蕴含的食品安全、生态安全以及产业安全问题逐渐凸显。

2014年1月,人民网发布的《近三年全国突发公共事件分布》显示了全国范围内2011年1月~2013年10月的突发公共事件,并根据事件对全国舆论生态造成影响的深度和广度,选取比较重大的舆情事件,最后统计获得重大突发公共事件总计92件。各类突发公共事件呈现出爆发频率高、构成复杂、波及范围广、社会影响剧烈等特点,给社会带来不良后果和影响。② 2月24日,中共中央政治局召开会议指出,2013年是"面对世界经济复苏乏力、国内经济下行压力加大、自然灾害频发、多重矛盾交织的错综复杂形势"③的一年。社会矛盾凸显,各类突发事件、自然灾害频发,使社会公共安全面临的局势日趋复杂、严峻。

一是社会公共安全问题已经呈现出普遍性威胁趋势。尽管目前一些影响或威胁社会公共安全的问题并不具有普遍性,但从事件的发生频率来看,已经呈

---

① 钱贺进:《为何不信任转基因?》,《瞭望东方周刊》2013年第45期。
② 《近三年全国突发公共事件分布》,人民网,http://politics.people.com.cn/n/2014/0108/c1001-24056003.html。
③ 《习近平主持召开政治局会议》,新华网,http://news.xinhuanet.com/2014-02/24/c_119477749.htm。

现出普遍性威胁趋势。如近年来已经成为社会公众"心肺之患"的雾霾，对社会公众的健康、生命安全的直接损害已经确定无疑。2014年2月人民网舆情监测室发布的《2013年中国互联网舆情分析报告》显示：在2013年热点舆情中，民生问题和个人权益保护仍然是网络舆情的热点领域。①

二是社会公共安全问题正呈现出复杂多变的趋势。空气质量持续恶化使雾霾这一自然现象成为国内民众讨论的社会热点话题，也日益为国际社会所关注。如果雾霾继续大面积地出现和扩散的话，不非除它成为一个周边的公共安全问题的可能，进而影响我国的国家形象；暴力事件成为某些处境艰难的弱势群体宣泄个人不满的极端方式；网络谣言的兴起与"炒作"使社会问题更趋政治化；群体性事件与"全民焦虑症"的交织加剧了公众对改革发展的质疑与负面评价，削弱了对国家的认同；转基因问题的持续升温预示着单纯的技术问题正在升级为社会问题甚至国家安全问题……

三是社会公共安全问题正在成为维护国家安全的紧迫性议题。当前，作为与人民日常生活相关联的社会公共安全问题正在被纳入国家安全的范畴。作为内源性非传统安全问题的社会公共安全问题正在成为影响政府决策的重大议题。社会公共安全问题的治理已经刻不容缓。然而，由于目前我们尚未能避免"先发展后治理"的老路，更由于没有完全摆脱"以GDP论英雄"的政绩观的影响，因此国家层面应对危机与安全治理从理念、方式到体制仍缺乏有效的准备。"平安中国"建设需要安全治理的转变，而安全治理转变的基础则是安全观念的转变与新的安全体制建设。

2013年11月十八届三中全会的召开及通过的《关于全面深化改革若干重大问题的决定》拉开了全面深化改革的序幕。而全面深化改革领导小组与国家安全委员会的成立，给社会公共安全态势的改变带来了良好的开端和空前的机遇，但要使社会公共安全态势发生根本性变化仍需时日。

---

① 《民生问题成2013年度网络舆情焦点》，人民网，http：//opinion.people.com.cn/n/2014/0214/c1003 - 24357184.html。

B.17 国家信息安全视域下的政府信息安全问题（2013～2014）

傅荣校　马辛旻*

摘　要： 在非传统安全视域里，国家信息安全是国家的核心安全，而政府信息安全是国家信息安全体系的核心，国家秘密与政府工作秘密需要通过技术、法律和管理三方面的手段进行维护，需要构建起多层立体的信息安全防御体系。我国政府信息安全面临着泄密威胁增加，外源性、内源性、内外交织型安全威胁因素并存，信息安全立法缺失等问题，在新的年度里，需要依托新筹建的国家安全委员会顶层设计国家信息安全战略，重视信息安全的保障能力建设，并继续关注大数据、云计算等热点议题。

关键词： 国家安全　国家信息安全　政府信息安全　国家信息安全战略

引　言

在非传统安全威胁挑战全球的当下，信息安全问题备受各国重视，特别是国家信息安全被视为国家的"核心安全"，它直接关系到国家的政治安全、

---

* 傅荣校，浙江大学公共管理学院信息资源管理系系主任、教授，浙江大学公共管理学院电子政务研究所所长，浙江大学非传统安全研究中心信息安全团队负责人；马辛旻，浙江大学法学院法学硕士研究生。

军事安全、经济安全、科技安全、文化安全、生态安全等诸方面的安全。与此同时，随着云计算技术的广泛应用和大数据时代的来临，信息技术发展的不可预见的因素增多，维护国家信息安全的复杂性也在不断增加，核心信息泄密、网络经济犯罪、非法信息传播、病毒破坏、网络攻击等信息安全事件层出不穷，给国家信息安全的维护工作敲响了警钟。政府作为资源集成者，掌握着大量涉及国家安全与国家利益的信息资源，因此首当其冲地成为信息安全事件的最大受害者。因此，维护政府信息安全，保障国家利益，为社会进步与经济发展创造更好的环境，已经成为当前世界各国政府工作的重要任务。

一 国家信息安全视域中的政府信息安全概念

（一）国家信息体系安全与政府信息安全

国家信息安全，强调维护国家秘密的安全，以及影响国家安全的信息环境治理，以保障国家安全与国家利益不受威胁与侵害。广义的国家信息安全，上升到国家安全高度，指整个国家信息系统的稳定性与有序性，包括国家系统中的所有信息的静态状态及信息技术体系不受来自外界的威胁与侵害，认为国家信息安全的范围涵盖了国家社会生活的各个方面，是一个复杂的综合系统。而一般意义上的国家信息安全，则基本上强调在信息化的环境和国际新形势下保障涉及国家安全的各方面、各领域信息的实体安全、运行安全、数据安全、系统安全。由于世界各国的国家信息安全保障能力不一样，各国面临的信息安全形势不同，因此各国国家信息安全强调的重点也不尽相同。例如美国基于单极化的主导战略，其国家信息安全涉及的范围很广，在具体实施中，对国家信息基础设施的保护、信息在军事战争中的应用（如信息战）、信息在外交事务中的应用（如公共外交），被称为"美国信息安全战略三要素"。[1]

---

[1] 张显龙：《全球视野下的中国信息安全战略》，清华大学出版社，2013。

站在国家安全的高度阐述国家信息安全,重点有三:一是信息体系安全(反渗透、反控制、反窃密);二是信息运行治理(建设施、强技术、优化网络环境);三是军事或国防领域中的"信息战"。除信息战之外,其余两大重点——信息体系安全、信息运行与网络空间治理,核心都是保障政府信息安全。不过,信息安全问题,无论是国家信息安全、政府信息安全,还是商业机密、个人隐私,各国都不得不置于一个顶层设计、综合协调的整体信息安全战略之中加以认识与研究、防范与治理。

(二)政府信息安全层面

与保障国家信息安全相比,政府信息安全主要运用技术、法律和管理等手段与措施,维护国家秘密和政府工作秘密安全。

在技术手段方面,需要采用成熟、先进的技术,有安全可控的信息基础设施与信息系统;在法律手段方面,需要有覆盖国家信息安全的顶层立法体系(如《保密国家秘密法》《信息安全法》等),以规范信息安全维护工作,明确保密信息的范围、保密主体的职责、管理制度和违法惩处制度;在管理手段方面,需要加强人事管理,建立相关管理体制,如明确领导及工作人员的责任,严格按照分级、分类办法来制定并健全符合本单位实际情况的信息安全人事管理岗位责任制和内部安全管理机制等规章制度,完善信息安全人事督查和奖惩制度等,以强化人事管理制度的约束作用。

对国家秘密与政府工作秘密的维护而言,两者在技术、法律与管理上有不同的侧重点。一般而言,凡是涉及国家秘密,需要由涉密信息系统重点管理。如我国的党政涉密网一般范围很小,采取封闭的物理安全措施,与外界物理隔离,尽管没有采用更多的安全保密技术,系统安全等级并不是很高,但管理严密、安全可控。因此,对于涉密网与涉密系统,重点在于依法依规执行保密制度,在于"三员"(系统管理员、安全保密员和安全审计员)的管理。而政府工作秘密,由于与公众网没有实施物理隔断,极易发生失密、泄密现象,因此,在实践中,维护政府工作秘密有时比维护国家秘密更加困难。

国家信息安全视域下的政府信息安全问题（2013～2014）

二 2013年国内外政府信息安全动态扫描

（一）国际动态

1. 国际性事件

2013年2月25日至3月1日，国际信息安全大会在美国旧金山举办，大会主题为"Security in Knowledge"，即掌控数据背后的信息，分析其中的蛛丝马迹，提前发现潜在威胁。本次国际信息安全大会重点介绍了六大热点议题：应用安全、云安全与虚拟化、数据安全与隐私、黑客与威胁、移动安全、人为因素。与往届大会不同的是，本次大会新增了七大全新议题：突破性的研究、CISO观点、企业安全防御、人为因素、身份与访问管理、安全混搭、安全趋势与创新。① 国际信息安全大会执行主席亚瑟·科维洛指出：大数据可以作为革命性的解决方案以应对信息安全的全面挑战，同时断言，大数据分析将帮助信息安全从业者重获警惕性与时间优势，从而超过那些老谋深算的攻击者。② 美国商业软件联盟（Business Software Alliance，BSA）设计了全球云计算发展成熟度评分卡，以隐私保护、安全、对抗网络犯罪、保护知识产权、支持国际协调的规则、促进自由贸易、ICT准备与宽带部署7项指标，对包括中国在内的24个国家进行了评估，评估结果显示，前4名分别是日本、澳大利亚、德国和美国，后4名为中国、泰国、越南和巴西。③

2013年，国际影响最大的信息安全事件当数斯诺登事件，该事件关系到世界多国政府的关系处理，关系到互联网跨国公司的声誉，同时也将美国政府置于一个非常难堪的境地，引起了世界各国对国家信息安全状态的重新研判。

---

① 《RSA2013关注大数据 新增七大全新议题》，http://tech.ccidnet.com/art/1099/20130221/4739547_1.html。
② 亚瑟·科维洛：《大数据应对信息安全挑战》，http://safe.it168.com/a2013/0227/1457/000001457036.shtml。
③ 沈大风：《电子政务发展前沿》，中国经济出版社，2013。

2. 美国

2013年1月26日,黑客组织 Anonymous(匿名者)对美国政府的量刑委员会网站进行了攻击,用一条由1340个词组成的信息取代了这个网站的主页,并且威胁要发布从美国政府网站收集的大量"机密"。由于遭到攻击,美国量刑委员会的网站在星期六的大多数时间都处于离线状态。①

2013年4月16日,美国众议院通过了《联邦信息安全法案修正案》和《加强网络安全法案》两项议案,以提高联邦政府对网络安全的管控能力和网络安全领域的科研、教育水平。②

2013年2月12日新颁布的总统令——《提高关键基础设施网络安全》中,要求构建一个降低关键基础设施网络风险的框架,该框架要包括一系列利用政策、商业和技术手段解决网络风险的标准、方法、程序和流程,同时提供一个优先的、灵活的、可重复的、基于绩效的、有成本效益的方法,包括信息安全的测量和控制。其目的一是采取预防措施,使关键性基础设施不出现故障;二是降低关键性基础设施的脆弱性;三是使可能产生的损失最小化;四是保证在最短的时间内消除关键性基础设施的故障。

2013年5月4日,美国共和党控制的众议院以248对168票通过了一年前曾经被否决的保护通信网络免受网络袭击的法案,即《网络情报共享和保护法案》(CISPA)。该法案鼓励美国公司和联邦政府共享从互联网上搜集的信息,以防止网络犯罪集团、外国政府和恐怖分子的网络攻击。③ 该法案允许私人机构搜索美国普通民众的个人和敏感性用户数据,用以辨别确认"安全威胁信息",此外这些获得的个人数据无须法院的合法授权,即可与其他参与数据搜索的私人机构和美国政府共享。④

---

① 《黑客攻破美政府网站 宣称为斯沃兹之死复仇》,http://netsecurity.51cto.com/art/201301/378950.htm。
② 柳琰:《美众议院通过两项信息安全法案议案》,《保密科学技术》2013年第5期。
③ 《美国众议院通过网络情报共享和保护法案》,http://www.escience.gov.cn/article/article_13574.html。
④ 《2013年上半年十大安全事件》,http://www.infosec.org.cn/news/news_view.php?newsid=17040。

3. 欧盟

2013年2月7日,欧盟委员会公布了《网络安全战略》。根据欧盟外交和安全政策高级代表阿什顿的说法,欧盟之所以出台这一战略,其目的在于构建一个"公开、自由和安全"的网络空间,这跟先前的英、法、德等国家公布的国家网络战略相一致,同时,也跟随美国的网络空间安全战略。新战略提出了欧盟在网络安全方面的五项优先工作:一是提升网络的抗打击能力;二是大幅减少网络犯罪;三是在欧盟共同防务的框架下制定网络防御政策和发展防御能力;四是发展网络安全方面的工业和技术;五是为欧盟制定国际网络空间政策。新战略提出一项立法建议,要求关键机构在遭受网络袭击时向欧盟汇报,包括重要基础设施的提供商、关键的网络企业及公共行政部门。欧盟还要求各成员国制定相应战略,成立专门机构以预防和处理网络安全风险和事故,并与欧盟委员会共享早期风险预警信息。①

4. 俄罗斯

2013年1月15日,俄罗斯总统普京签署命令,授权俄罗斯联邦安全部门建立"俄罗斯联邦信息资源防止网络攻击系统",即防黑客系统。新的国家信息资源防护系统的主要作用是对俄罗斯联邦信息安全领域的态势进行预测分析,在受到网络极端攻击的情况下对俄罗斯联邦信息设施的防护程度进行监控,并负责信息资源的拥有者、通信运营商及信息防护领域经授权许可的其他主体之间的协调工作。普京命令俄罗斯联邦安全部门研制出检测黑客入侵和攻击俄罗斯国家信息系统和电信网络的方法,并确定俄罗斯政权与外国全权机构进行计算机事故信息的交换准则。② 3月,俄罗斯和韩国首次就保障国际信息安全合作达成协议,双方在首尔协商会议上就有关措施达成了一致。措施包括两国专家联合行动,保护计算机网络免受黑客攻击,以及打击利用信息和计算机技术的犯罪活动。③

5. 日本

2013年11月27日,日本众议院特别委员会就《特定秘密保护法案》进

---

① 《欧盟公布网络安全战略》,http://news.xinhuanet.com/2013-02/07/c_124336574.htm。
② 《俄罗斯加强国家信息安全的新举措》,http://www.most.gov.cn/gnwkjdt/201302/t20130226_99779.htm。
③ 《俄罗斯和韩国达成国际信息安全合作协议》,http://see.chinabyte.com/187/12570187.shtml。

行了强行表决，并顺利通过这项备受争议的法案。根据该法案，防卫、外交、反恐和反间谍等安保方面认定需要保密的信息，都属于"特定秘密"。日本将依据此法设立国家安全保障会议，政府此后将有更大权限处理国家安全事务，严厉惩罚泄露国家机密者。任何公务人员若泄漏国家机密将被处以最长10年的有期徒刑，教唆或套取机密者也将被处以5年以下有期徒刑。

（二）国内动态

2013年我国有关国家安全的最大事件，是11月13日发布的中国共产党十八届三中全会公报中指出我国将"设立国家安全委员会"，以"完善国家安全体制和国家安全战略，确保国家安全"[1]，对外维护主权安全，对内维护政治安全。这是我国在新国家安全观基础上应对国内外复杂安全环境的重大举措。国家安全委员会的设置，必将极大提升我国国家信息安全的保障能力。

2013年8月7日和8日，国家主席习近平和美国总统奥巴马在美国举行"庄园会晤"，"习奥会"的重点之一便是网络安全问题。

8月22日，为了贯彻落实《国务院关于大力推进信息化发展和切实保障信息安全的若干意见》（国发〔2012〕23号）的工作部署，针对金融、云计算与大数据、信息系统保密管理、工业控制等领域面临的信息安全实际需要，国家发展和改革委员会决定继续组织国家信息安全专项[2]。国家发展和改革委员会网站发布其办公厅《关于组织实施2013年国家信息安全专项有关事项的通知》（以下简称《通知》），其中称，将针对金融、云计算与大数据、信息系统保密管理、工业控制等领域面临的信息安全实际需求，继续组织实施国家信息安全专项，推动信息安全产品产业化和重要信息系统安全可控试点示范两方面的工作[3]。

---

[1] 《中国共产党第十八届中央委员会第三次全体会议公报》，http://www.gov.cn/jrzg/2013-11/12/content_2525960.htm。

[2] 《国家发展改革委办公厅关于组织实施2013年国家信息安全专项有关事项的通知》，http://www.sdpc.gov.cn/zcfb/zcfbtz/2013tz/t20130822_554528.htm。

[3] 本刊编辑部：《事件》，《保密工作》2013年第9期。

8月25日凌晨零时左右，国家域名解析节点受到拒绝服务攻击，经中国互联网络信息中心处置，至2时许，服务恢复正常，凌晨3时通过官方微博发出通告。凌晨4时许，国家域名解析节点再次受到有史以来最大规模的拒绝服务攻击，部分网站解析受到影响，导致访问缓慢或中断。至通告发出时，攻击仍在持续。工业和信息化部启动了"域名系统安全专项应急预案"①，进一步保障国家域名的解析服务。

9月24日，第23届全国信息保密学术会议在广西壮族自治区北海市召开。会议按照密码技术、信息系统安全保密技术、实用安全保密产品技术进行了分组讨论。在分组讨论中，各位专家学者结合自己的论文和研究工作，讨论了信息安全保密科技发展的主要问题，充分交流了最新研究成果。②

9月29日，工业和信息化部印发了《信息化发展规划》，指出目标之一就是"信息安全保障能力显著增强"③，具体表现为：基础信息网络和重要信息系统安全防护和应急管理能力持续提高；网络信息内容管理体系、信息安全协调机制更加完善；网络与信息安全基础设施得到加强；基础性工作全面推进；网络信任体系建设取得重大进展；掌握一批事关国计民生的关键核心技术，初步建成安全可控的信息安全产业体系；安全可控的关键软硬件的应用比例大幅提升，基本形成技术、装备、系统和服务一体化支撑能力。

2013年10月30日，国家信息办公室主任兼国务院新闻办公室副主任鲁炜在第十三届中国网络媒体论坛上发表主旨讲话，倡导建设为民、文明、诚信、法治、安全、创新的网络空间，并指出"要把安全作为网络空间的'生命线'，大力维护数据安全、技术安全、应用安全、渠道安全，加大技术攻关力度，完善安全防控体系，筑牢'堤坝'，把好'关口'，堵住'后门'。"④明确地表达了我国政府治理互联网空间信息环境的态度。

---

① 《国家域名解析节点遭受史上最大规模DDOS攻击》，http://www.cnnic.net.cn/gjymaqzx/aqgg/aqggaqsj/201308/t20130826_41325.htm。
② 《第23届全国信息保密学术会议在广西北海召开》，http://safe.zol.com.cn/405/4052800.html。
③ 《工业和信息化部关于印发〈信息化发展规划〉的通知》（工信部规〔2013〕362号），2013年9月29日。
④ 《国家互联网信息办公室主任鲁炜做主旨演讲》，中国网，2013年10月30日。

三 我国政府信息安全问题应对与 2014 年趋势

（一）2013 年的基本问题

《中国信息安全》杂志社在 2013 年初展开了一个关于中国信息安全年度热点的专家调研，调研在一个以国内信息安全专家为主的核心专家圈中进行，包括院士、国家信息安全领域资深的老专家、学术圈教授、信息安全企业的总经理和技术副总经理、大型用户的安全负责人、第三方权威机构的安全专家、民间信息安全的著名人物等。经过热点征集、反馈整理、投票汇总，调研结果如下表所示[①]：

表1 2013 年中国信息安全年度热点

	2013 年度热点展望（事件人物类）	2013 年度热点展望（安全视角类）
1	中国黑客将继续被西方高度关注	APT
2	网络安全将成贸易壁垒	SDN 等软件定义环境
3	我国网络空间安全国家战略将出台	云计算安全
4	重大信息泄露事件还将爆发	工业控制系统
5	XX 大战还将发生	安卓
6	云服务事故将频发	大数据安全
7	各种攻击、威胁会愈演愈烈	安全立法
8	网络舆情继续升温	安全即服务
9	安全公司自身的安全	网络战
10	网络犯罪受到打击	DLP（信息防泄露）
其他	黑客文化影响变大 信息安全市场总量大幅增长	"钓鱼" 关键信息基础设施保护 社交网络安全 大数据用于安全

从表中可以看出，影响政府信息安全的热点问题，主要是系统缺陷和非法攻击与防御（APT、安卓、DLP、"钓鱼"）、信息安全环境建设（SDN 等软件

---

① 《中国信息安全年度热点（2012~2013）》，《中国信息安全》2013 年第 5 期。

定义环境、工业控制系统、安全即服务)、大数据与云计算、安全立法等。

总结2013年政府信息安全的各个方面,以下三方面情况值得关注。

1. 全面泄密威胁愈演愈烈,越发需要建立一个涵盖国家秘密、工作秘密、商业机密和个人隐私的立体防御体系

从2013年度的政府信息安全形势和"棱镜门"事件来看,无论是个人隐私,还是企业机密,乃至国家秘密、工作秘密,都面临着全面泄露的风险。除了黑客利用病毒、挂马网站及钓鱼网站大面积盗取个人隐私信息之外,互联网上的各种爆料也已屡见不鲜,同时,商业间谍及他国的情报机构,也时刻窥视着国内企事业单位的机密文件。可以说,互联网的泄密时代已经来临,如果不尽快做好防护工作,国家、政府、企业和个人都将置身于严重的危险之中。而如果没有一个多层、立体的信息安全防御体系,则很难有效防范。

多层、立体的信息安全防御体系,从广度上看,它是一个包括技术、法律和管理等多个层面的综合体;从管理层次上看,它包括个人、机构、国家与国际四个层次;从内容上看,它包括物理安全、网络安全、系统安全、数据安全、管理安全五个方面;从产业层面上看,它包括从事信息安全技术研究开发、产品生产经营以及提供相关服务的产业①;从实施过程上看,它包括预警、防范、评估、治理(响应、恢复、反击)等环节;从部门关联看,它涉及党委机要部门、国家安全部门、军事部门、外交部门、工业与信息化部门、保密部门、公共安全部门、国家档案部门、国家文化部门、国家商业部门等。另外,它还与电子政务、电子商务等重大信息化应用领域相关联。

2. 外源性、内源性、内外源交织性的信息安全威胁因素并存

大国兴起,必然遭到强势国家的遏制和打压。从外源性因素来看,美国等

---

① 信息安全技术是指用以保障信息、信息系统和网络安全的技术,包括密码技术、数据安全技术、系统安全和防护技术、网络安全技术等。信息安全产品是保障信息安全的软件、固件或硬件及其组合体,它提供信息安全相关功能且可用于或组合到多种系统中。信息安全服务是指为保障信息安全所需要的服务,包括信息系统安全分析评估、规划设计、测试、实施、运行和维护,以及相关的测评、预防、监测、响应、恢复、咨询和培训等服务内容。

西方国家密集出台网络安全战略，大力建设网络部队，大肆对我国开展网络攻击和窃密活动，严重威胁我国的国家安全和利益。据斯诺登披露，美国对我国重要信息系统和基础信息网络实施攻击已长达15年，控制我国的大批计算机，窃取大量最具价值的情报。①

我国改革发展已进入攻坚期、"深水区"和矛盾凸显阶段，尤其是当前利益分化，内源性因素日益增多，最危险的政府信息安全威胁往往来自内部人员。对我国现有的网络攻击和入侵事件的一项统计报告显示：国外政府入侵的安全风险指数为21%，黑客入侵的安全风险指数为48%，竞争对手入侵的安全风险指数为72%，组织内部不满雇员入侵的安全风险指数为89%。另外，我国内部人员泄露国家机密或政府工作秘密的事件也时有发生。例如，2008~2011年，路透社多次精准地"猜"对了我国的月度CPI数据。中国的核心经济数据屡屡提前曝光，统计局权威发布的公信力受到极大质疑，后经过调查，发现系内部人员所为，截至2013年2月已有8名涉案人员获得法院判决②。

改革开放深化的环境和现代信息手段，使境内外的敌对势力极易互相勾结，通过各种方式制造安全危机③，形成内外交织型的威胁因素。尤其是近年来西方敌对势力加大政治思想文化渗透的力度，使各种危害国家安全的信息大量充斥控制着网络信息平台，搅乱着人们的思想，分裂着社会共识，稍有不慎，就会掀起危害国家安全的风波。

3. 信息安全专项立法已迫在眉睫

当前规范信息安全的法律法规有宪法、刑法、国家安全法、保守国家秘密法、治安管理处罚法、电子签名法、《全国人民代表大会常务委员会关于维护互联网安全的决定》、《全国人民代表大会常务委员会关于加强网络信息保护的决定》以及数十部部门规章等。2013年信息安全事件频繁发生，体现出我国信息安全法律的两大问题：一是信息安全立法缺失，现行

---

① 戴应军：《切实加强网络信息安全保密工作》，《保密工作》2013年第5期。
② 《我国CPI数据泄密事件新进展：原统计局官员等8人获刑》，http://finance.jrj.com.cn/2013/02/23122015080184.shtml。
③ 张黎：《大国关系调整，中国安全局势变复杂》，《环球时报》2013年12月10日。

的与政府信息安全有关的法律法规大多数只是国务院制定的行政法规或国务院部委制定的行政规章，立法层次不高，法律之间的规定不统一，立法理念和立法技术相对滞后，存在诸多法律盲点；二是惩处力度不足，虽然2012年12月28日全国人民代表大会常务委员会通过了《关于加强网络信息保护的决定》，有力地打击了网络非法活动，保护了企业及个人的信息安全，但对于政府信息安全及整个互联网信息环境的治理而言，其整体作用仍不明显。

（二）2014年政府信息安全重点问题

1. 国家安全观下的国家信息安全问题将更加受到重视

"棱镜门"事件发生后，世界各国纷纷采取了加强信息安全保护的措施，如欧盟出台了最新的网络安全战略，俄罗斯总统普京授权联邦安全部门建立"俄罗斯联邦信息资源防止网络攻击系统"，日本强行通过了《特定秘密保护法案》。我国已于2013年11月筹备成立国家安全委员会（目前基本筹备完毕），由于国家安全委员会属于国家机构，正式挂牌需要得到全国人大批准，因此将在今年3月举行的"两会'上提请全国人大审议批准。国家安全委员会是一个横跨党、政、军的"安全小内阁"，囊括外交、国防、公安、国安、外宣办、国新办等涉及国家安全的部门，综合处理对外和对内的安全威胁。可以相信，国家安全委员会以国家"安全内阁"的视角处理国家安全问题，将有助于我国多层、立体的信息安全防御体系的构建。

2. 国家级网络信息安全战略有望出台

2012年11月党的十八大报告明确提出要"高度关注海洋、太空、网络空间安全"，这是一个里程碑，表明国家级的信息安全战略将会很快制定。中国工程院院士、中国科学院计算所研究员倪光南表示："如果参照发达国家，一个国家的网络空间战略应是一个体系，它包括国际、国内战略和用以支撑的一系列法规及相应的组织机构等，我国在这方面起步比较晚，显然需要一个逐步完备的过程。但重要的是，在十八大提出的关注网络空间安全的号召下，我国的网络空间安全将进入一个新阶段，在这个领域我国一定会迅速追赶发达国家。"① 另外，出于对国内运营商的网络核心节点上部署着大量国外路由器等设备的担忧，工业和信息化部在 2013 年的工作会议中表示，将推动发布中国的信息安全战略，推进信息安全法律及标准的研究制定，开展重点领域网络与信息安全的检查和风险评估。可见，2014 年，这方面的工作值得期待。

3. 大数据、云计算将继续成为信息安全领域的热点议题

云计算的应用使我们进入了大数据时代，数据的会集一方面方便了数据的存储和管理；另一方面也使黑客的目标更加明确，攻击手段更加多样化，如黑客可以将高级可持续攻击（APT）的代码隐藏在大数据中，给安全服务提供商的分析造成很大困难②。根据互联网数据中心（IDC）的最新统计，2012 年政府企业用户在信息技术解决方案市场面临的最大问题就是如何增强信息的安全性。在问卷调查中，有 46.7% 的参与者认为信息安全性问题最重要。另一项调查显示，有 75% 的参与者在考虑是否采用云计算服务时，在安全性这个问题上犹豫不决。由此可知，大数据、云计算的安全性将继续成为人们关注的热点议题。而事实上，无论能否完善解决大数据、云计算的安全问题，政府信息、企业信息也不得不面对它们的技术应用问题，这是一个绕不过去的安全问题。

四　结束语

面对 2013 年度以"棱镜门"事件为代表的众多信息安全事件，各国政府都切实感受到了政府信息安全的威胁，纷纷出台新政策。我国以党的十八大报告中强调的信息安全保障体系的建设为核心，即"要建设下一代信息基础设施，发展现代信息技术产业体系，健全信息安全保障体系，推进信息网络技术广泛运用"，重视信息产业基础部件的自主研发，加快信息安全立法进程，完善政府信息安全组织、人事管理体制，更从容、更全面、更务实地

---

① 倪光南：《国家网络信息安全战略有望出台》，世界通信网，http://www.cww.net.cn，2013年1月21日。
② 王文超：《刍议大数据时代的国家信息安全》，《国防科技》2013 年第 2 期。

应对信息安全挑战。另外,还必须紧跟云计算、大数据这个时代潮流,在制定国家信息安全战略的时候充分考虑新技术运用给信息安全带来的机遇和挑战。同时,积极与其他国家进行信息安全方面的交流与合作,本着"积极防御、综合防范"的精神,构建起确保我国信息安全的多层、立体的信息安全防御体系。

B.18
深化改革:"成也土地,败也土地"

刘卫东*

摘 要:
土地改革是2013年提出的中国新一轮改革规划的重点领域,也是非传统安全研究关注的焦点之一。在对中国土地改革历史回顾的基础上,本报告揭示了在中国城市化过程中土地利用和管理存在的主要问题,分析了我国在主要土地政策执行过程中出现实际结果与既定政策目标相背离的原因,指出了中国在城市化过程中土地利用和管理认识的五大误区。本报告从非传统安全视角出发,明确了中国城市化过程中深化土地改革的目标和方向,并提出了相应的措施和途径。

关键词:
城市化 土地利用 土地管理 土地政策 认识误区 改革

土地合理开发和利用、土地财产权益保护和土地利用利益公平分配、土地生态环境建设和改造是新时期国家发展必须重视的重要问题,也是非传统安全研究必然涉及的重要领域。

我国人多地少,人口中有2/3是农民。合理利用土地,维护土地资源安全既是由我国的具体国情决定的,也是我国经济社会可持续发展的保证。土地管理改革通过合理调整人地关系扩大土地的经济供给,是保障我国土地资源安全的有效途径,也是保障改革取得预期效果的关键举措。

---

* 刘卫东,浙江大学公共管理学院教授、博士生导师,主要研究方向为土地资源评价与规划、房地产估价与投资、土地资源安全和管理改革。

一 中国土地改革的历史回顾

(一)新中国成立初期

新中国成立初期,我国土地改革通过"打土豪,分田地",使我国广大贫下中农真正拥有了自己的土地,实现了"耕者有其田",农民的生产积极性空前提高,开创了新中国成立初期我国农业蓬勃发展的新局面。与1949年相比,1952年全国的农业总产值增长了48.5%,主要产品产量大大超过了新中国成立前的最高年产量。①

(二)人民公社时期

到1958年,随着人民公社的建立,农村土地归农村集体经济组织所有。在人民公社时期,一方面,通过农产品的"统购统销"形成工农业产品价格的"剪刀差",实现了"工占农利",为我国的工业化积累了建设资金,为我国迅速建立独立完整的国民经济体系做出了积极的贡献。据统计,在农村人民公社期间,我国农村为工业化建设提供了约5400多亿元的资金,年均210多亿元。如果我们将考察的范围扩大到建国头40年,则农业累积为工业化提供了近一万亿元的建设资金,占同期国民收入全部累积额的22.4%,平均每年高达近250亿元。若按每个农业劳动力平均计算,人民公社时期每位劳动力年均向国家提供的剩余价值多达80余元②。另一方面,由于土地归集体所有,农业经营从原来的小农经济转变为集体经济,土地规模经营成为现实,农田基本建设和水利建设能够统一规划,统一施工,大大改善了农业生产条件,也促进了农业机械化,现代化水平明显提高。在人民公社时期,除了灌溉面积增幅为0.62外,其他农业现代化的重要指标均有十几倍、几十倍甚至上百倍的增长,譬如农村用电量增长了282.5倍,农机总动力的增幅也达到了135.9。粮

---

① 郑国伟:《三年国民经济恢复时期:掀开新中国经济建设第一页》, http://www.zgdsw.com/?p=176&a=view&r=3232&c=3。
② 冯海发、李溦:《我国农业为工业化提供资金积累的数量研究》,《经济研究》1993年第9期。

食产量几乎每5年增加近5000万吨,由1958年的2亿吨增至1982年的3.5亿吨,增长75%,保持了略高于人口增长速度(同期我国人口增加56%)的发展势头①。但是,由于农业生产关系超越了生产力发展,农业经济分配在很大程度上出现了平均主义,农业生产过程中出现了"晚出工,早收工,中午休息三点钟"等赖、懒、磨现象,"干多干少一个样"使广大农民的生产积极性大打折扣,直接影响到农业生产力和农业经济效益的提高。在有的地方,农民辛苦劳动一天的工分折算成工资还不到0.1元。

(三) 20 世纪 80 年代农村土地改革时期

改革开放以后,我国实行"家庭联产承包责任制",农民再次获得农村土地自主经营权,农产品分配实行"交完国家的,缴足集体的,留下都是自己的"。土地承包到户,多收多得,调动了农业生产者的积极性,为我国农民脱贫起到了重要作用,推动了农业生产的快速发展,极大地改变了我国的农业生产和农民生活。家庭联产承包责任制的实行,解放了我国农村的生产力,开创了我国农业发展史上的第二个黄金时代。1978~1984年我国粮食总产量从6095亿斤增加到8146亿斤。粮食产量的提高和农业基础的稳固为国民经济的发展奠定了坚实的基础,为农业劳动力的转移提供了条件,促进了农村工业化和乡镇企业的发展。乡镇企业1991年吸纳农村富余劳动力344万人,1992年972万人,1993年达到1764万人,1995年后由于城市化发展,乡镇企业吸纳的农村富余劳动力有所减少,从1995年的844万人降低到2000年的116万人。全国乡镇企业总产值在1990年达到8462亿元;2000年为116150亿元,比1995年增加68.5%。1990~2000年全国乡镇企业总产值增加约12.7倍,平均每年递增29.9%。2000年全国乡镇企业完成工业增加值18812亿元,全国国民经济工业增加值中47.3%是由乡镇企业创造的。2000年全国乡镇企业增加值在农村社会增加值中的比例达到64%,占全国国民经济增加值的30.4%。2000年乡镇企业的出口总额占全国商品出口总额的42%。2000年农

---

① 辛逸:《试论人民公社的历史地位》,《当代中国史研究》2001年第3期。

民从乡镇企业得到的人均收入为760元,占农民人均纯收入的33.7%[①]。但是,自从实行家庭联产承包责任制以来,我国农村土地基本上按现有人口平均分配,把整块土地分割成许多小块分户经营。由于耕地面积狭小,土地破碎化,农民种田只能沿用传统手工劳动工具,机械化大生产既不合算,又不可能,因此生产效益低下。农产品成本过高,缺乏市场竞争力。随着经济社会的发展,乡镇企业"乡乡冒烟""村村点火""小、散、乱"的工业布局也有违生产力合理布局的规律,造成基础设施配套困难,企业占用土地面积大,土地浪费和环境污染扩散。

(四)1990年后国有土地市场化时期

进入20世纪90年代,《中华人民共和国城镇国有土地使用权出让和转让暂行条例》颁布,我国城镇土地正式告别无偿、无限期、无流动的使用,国有土地市场建立。随后,从沿海到内地,各地纷纷设立开发区,流动人口规模也迅速膨胀。亿万农民工在改革开放的大潮中,从田野拥入城市,投身到城市化和现代化建设中。自此,我国进入了城市化快速发展的时代。

我国开发区起源于1984年,广泛建立和发展始于1992年以后。随着改革开放的深入,各种开发区(包括经济技术开发区、高新技术开发区、旅游度假区、商贸开发区、工业园、创业园、软件园、环保产业园和物流产业园等各级各类开发区)遍布全国各地。据统计,在2003年土地市场整顿以前,全国已有各类开发区3837家,其中,经国务院批准的只有232家,经省级批准的有1019家,地方政府自办的开发区占到67.4%。各地开发区建设,通过完善基础设施建设,积极招商引资,在利用外资、引进先进技术和先进企业管理经验,促进区域产业结构升级和生产布局优化,扩大出口,扩大就业,增强区域经济活力和实力等方面,取得了巨大的成就。同时,开发区用地未批先用、非法占用、违法交易的现象严重。根据国土资源部2003年土地市场整顿以前对24个省份的不完全统计,其各类开发区规划占地面积达到3.6万平方公里,超过当时城镇建设用地的总量,同时对10个省市的上报数据进行统计,在

---

① 张桐:《中国乡镇企业的发展成就及展望》,http://www.agri.ac.cn/news/2008521/9044.html。

3054平方公里的园区实际用地中，未经依法批准的用地达2097平方公里，约占68.7%①。

与此同时，我国流动人口的规模日益扩大。1990年全国流动人口2135万人，到1995年上升到7073万人，2000年突破1亿人，2005年达到1.47亿人，2010年为2.21亿人②。我国流动人口数量2012年达到2.36亿人，相当于每6个人中就有一个是流动人口。根据《中国流动人口发展报告2013》分析，2010年第六次人口普查时，新生代流动人口已经超过流动人口的一半，总量达1.18亿。2012年流动人口的平均年龄约为28岁，超过一半的劳动年龄流动人口出生于1980年以后。与上一代相比，新生代流动人口的外出年龄更小，流动距离更长，流动原因更趋多元化，也更青睐大城市。新生代流动人口在20岁左右就已经外出的比例达到75%，超过70%的新生代流动人口有意愿在大城市的落户。

20世纪90年代以来，我国城市非农建设用地扩大，由于只有国有土地才能够进入市场，因此大量集体土地经过征收转变成为国有土地。土地征收不仅改变了土地的所有权性质，而且也改变了土地的用途。土地出让面向外来投资，使得大量非本地户籍的外来投资者拥有土地使用权。我国大量的农民工外出，也使得原有的家庭联产承包责任制条件下的土地利用形式发生变化，农村土地流转或者粗放经营的比例逐步扩大。可以说，人地分离是这一时期人地关系变化的重要特征。

二 中国城市化过程中土地利用和管理存在的主要问题

（一）城乡土地利用混淆

改革开放以来，我国农民的土地利用自主权扩大，对于长期存在的工农业

---

① 陈立根、郭立芳：《我国开发区土地利用现状、成因与对策》，《中国农业资源与区划》2004年第3期。
② 段成荣等：《当前我国流动人口面临的主要问题和对策：基于2010年第六次全国人口普查数据的分析》，《人口研究》2013年第2期。

产品价格"剪刀差"和农业劳动报酬低的反思,使农村经济自发地向非农经济领域扩展,乡镇企业蓬勃发展。农村工业化的发展和建设用地的扩展,从根本上改变了农村发展农业、城市发展工商业的空间经济格局,也改变了集体土地农业利用、国有土地建设使用的土地所有制用地结构。我国城乡土地利用景观也呈现出了"走过一村又一村,村村像城镇;走过一镇又一镇,镇镇像农村"的面貌。

(二)国有土地市场垄断

我国土地管理法规定:"任何单位和个人进行建设,需要使用土地的,必须依法申请使用国有土地","农民集体所有的土地的使用权不得出让、转让或者出租用于非农业建设"。基本上只有国有土地才能进入市场,因此形成了政府对于土地市场的垄断。集体建设用地进入土地市场交易,依法必须先通过征地转变为国有土地。由于征地具有强制性,补偿标准由政府制定,容易造成征地补偿标准偏低的结果。实际上,在城市化过程中,政府低价征地,高价出让,土地进入非农建设使用的进出通道完全由政府控制,土地出让金成为地方政府土地财政收入的主要来源。

(三)城乡土地市场分割

我国农村土地集体所有,城市土地国家所有。城市居民享有相对丰裕的社会保障,而农村居民则占有较多的土地。我国法律规定,农村家庭只能够一户一宅,各地对宅基地面积也制定了比较严格的用地标准。而对我国城市居民的住房困难户,政府提供住房补贴,通过廉租房、经济适用房等,切实保证"居者有其居"。我国限定了农村居民的住房用地标准,没有限制农村居民到城市购买住房;而城市居民虽然没有住房的面积限制,却规定不得到农村建房或购房。城乡土地市场分割,交易规则很不相同。

(四)集体土地屡见灰色交易

我国土地管理法明确规定:"建设占用土地,涉及农用地转为建设用地的,应当办理农用地转用审批手续。"由于对建设用地实施规模控制,建设用地的供给需要用地指标,审批手续比较复杂,而且必须缴纳一定的费用,这使建设用地指标具有了稀缺性和商品性。集体农用地不办理用地转用审批手续直接转变为集体建设用地,虽然属于违法行为,但在我国征地补偿标准偏低的情况下,实际上可以增加土地所有者的收益。集体建设用地使用价格低,并且能够给土地使用者节省开发成本,容易为土地交易双方所接受。它造成了我国不少地方集体建设用地扩展缺乏自我制约机制,灰色交易泛滥,建设用地以租代征,大量城市居民不顾政策限制购买农村集体建设用地,即所谓的"小产权房",这个问题在大城市郊区尤其普遍。

(五)外向型经济占有土地

我国实行了城市土地使用制度改革,建设用地由无偿、无限期、无流动使用转变为有偿、有限期、有流动使用,各地城市和开发区,以地生财,以地招商,外向型经济发达。外向型经济促进了我国工业化和城市化的快速发展,国民经济增长迅速,有效地提高了国民收入,同时,也形成了外商凭借经济实力对于我国土地使用权的占有。实际上,由于土地具有位置和面积的固定性,外商投资加快了土地资源开发速度,提高了土地集约利用水平,客观上也减少了我国国民的土地利用空间,加剧了我国土地资源的稀缺性,增加了土地环境的压力[1]。

(六)土地城市化超前于人口城市化

我国工业化和城市化的快速发展,促进了农业剩余劳动力的合理转移。大量农民离土离乡,外出打工,成为城市的"外来人口"。由于我国目前的户籍制度限制,进城农民无法享受所在城市居民的平等待遇,受传统观念的影响,许多农民把辛苦打工得来的收入的很大一部分用于在家乡农村建房,造成了我国在城市化水平不断提高,城市建设用地迅速扩展的同时,农村居民点用地并没有因为农村居住人口减少而减少,城乡建设用地竞相增长的局面,这不但加大了耕地保护的压力,也是我国土地资源的最大浪费。

---

[1] 刘卫东:《中国土地管理制度改革的思考》,《中国房地产》2013年第11期。

深化改革:"成也土地,败也土地"

(七)建设用地比例过高

我国目前许多城市的建设用地比例已经过高。例如,2010年深圳市建设用地893.85平方公里,占陆域面积的45%,建设用地比例为全国最高(北京只有20%,上海为30%,香港也只有24%)。建市30年来,年均建设用地增长超过30平方公里。深圳市未来陆域地表生态控制线外新增建设用地的极限潜力约142平方公里。如果以往年年均十几平方公里的速度消耗,在10年内即可消耗殆尽。我国的城市建设,由于在规划、管理和土地利用上存在种种问题,城市的土地利用不适应经济增长方式的转变,土地利用结构不适应城市产业结构的升级,城市人居环境不适应人民群众生活质量提高的需求。

(八)城市土地持续扩展难以为继

我国人多地少,山区和难利用土地面积比例大,可供开发的土地后备资源有限。随着工业化、城镇化和农业现代化加快推进,建设用地需求刚性上升,土地资源刚性约束进一步显现,基本国情和发展阶段决定了我国未来的用地形势会更加严峻,土地供需矛盾日益突出。我国城市化依靠"投资拉动、资源投入、规模扩张"的发展模式不可持续,我国城市化蔓延已经带来了城市交通堵塞、环境污染严重、水源供应紧张等一系列"城市病",城市过度消耗和低效利用土地资源的粗放型发展方式已难以为继。

三 中国城市化过程中土地利用和管理面临的挑战

我国城市化过程中土地利用和管理面临的主要挑战是土地利用管理政策目标和实施效果严重背离,形成了四大悖论。

(一)严格保护耕地悖论

自1986年我国土地管理行政部门成立以来,我国就实行严格的耕地保护政策,并将其作为土地管理的核心目标之一,把"十分珍惜、合理利用土地和切实保护耕地"列为我国的基本国策。我国建立了耕地保护的土地利用总体规划和年度计划指标控制、农用地转用报批、基本农田划区定界、建设占用耕地必须占补平衡、土地开发整理复垦、耕地保护动态监测、耕地保护目标责任考核等一系列制度,并在刑法中设立了土地犯罪条款,对破坏耕地、非法批地、非法转让土地的不法行为施以刑罚惩治。可以说,我国具有世界上最严格的耕地保护制度。但是,从我国耕地面积变化情况分析,我国耕地大面积减少,主要是发生在我国出台严格的耕地保护政策以后(见表1)。

表1 主要国家耕地面积变化

单位:公顷

国家名称	1980年	1990年	2000年	2010年	2011年
中 国	97005891	124055613	121257368.7	110997125.1	111929876.4
加 拿 大	44558199	45467550	45467550	43648848	42739497
南 非	12494827	12858754	13829226	12494827	12009591
印 度	1.63E+08	162930812	162633493	157579070	157281751
巴 西	44834926	50756520	57524056	70213186	71905070
法 国	17470354	18018014	18456142	18346610	18346610
澳大利亚	43789110	47630260	47630260	42252650	47630260
美 国	188000000	185692626	174715722	160079850	160079850
德 国	12027045	11955951	11781666	11852740	11886237
意 大 利	9471308	9000684	8471232	7029946	6794634
日 本	4847850	4774950	4483350	4264650	4264650
英 国	6919198	6628882	5878899	5975671	6072443

资料来源:*World Development Indicators*(2012),The World Bank,2012。本表数据根据各国耕地面积比例和土地面积整理。

我国耕地面积变化的实际情况是1949~1980年我国耕地面积基本上是不断增加的。20世纪80年代初期全国实有耕地面积13250~13970万公顷,比1957年增加20%~25%[①]。据世界银行统计,我国历史峰值为1992年的

---

① 世界银行:《中国1961~2009年统计耕地面积》,http://finance.sina.com.cn/stock/usstock/shsj/20121005/161013294353.shtml。

1.244亿公顷，1993~2009年耕地面积持续减少，2009年耕地面积只有1.1亿公顷[1]。国土资源部统计显示，1996~2005年，我国年均减少耕地1200万亩；"十一五"期间，全国大规模推进土地整治，2007年耕地减少61万亩，2008年减少29万亩，2009年起则开始实现耕地净增加。2003年全国建设占用耕地22.9万公顷，灾毁耕地5.0万公顷，生态退耕223.7万公顷，因农业结构调整减少耕地36.4万公顷，分别占耕地减少总量287.9万公顷的7.95%、1.74%、77.7%和12.64%。耕地减少的原因，在2003年主要是生态退耕，而近年来主要是建设占用耕地。2008年，全国建设占用耕地287.4万亩，灾毁耕地37.2万亩，生态退耕11.4万亩，因农业结构调整减少耕地37.4万亩，分别占耕地减少总量373.4万亩的76.97%、9.96%、3.05%和10.02%[2]。

我国耕地大面积减少，一方面说明了我国耕地保护政策制定的必要性；另一方面也说明我国的耕地保护政策没有得到很好的贯彻和落实。对我国的耕地保护政策进行分析，不难看出它们主要依靠行政手段。由于耕地单位面积的经济产出能力只相当于建设用地的几十分之一甚至百分之一，所以地方政府对耕地保护政策的落实存在很大空间，与其说是为了保护耕地，有时还不如说是为了建设用地指标，增加耕地成为扩大建设用地来源的途径。例如，地方政府根据土地开发和复垦新增加的耕地面积给予一定比例的建设用地指标奖励，就容易导致建设用地规模扩大。由此，也产生耕地保护目标的异化，补充耕地是为了扩大建设用地，建设用地扩大又必然占用耕地。由于建设用地占用的耕地往往是区位条件优越、土壤熟化程度高的肥沃耕地，而新补充的耕地往往自然条件差、土壤肥力低。我国建设用地的占补平衡，即使保证了耕地面积不减少，很多也没有做到质量不降低。我国建设用地扩张，工业经济发展，增强了各地的经济实力，而环境污染治理不及时，又造成了耕地质量下降。2011年公布的全国农用地分等结果显示，全国耕地优、高等地仅仅占耕地总面积的33%，

---

[1] 国土资源部：《2008年中国国土资源公报》，http://www.china.com.cn/policy/txt/2009-03/31/content_17528596.htm。

[2] 国土资源部：《2008年中国国土资源公报》，http://www.china.com.cn/policy/txt/2009-03/31/content_17528596.htm。

平均等别仅处于中等水平，旱地比例超过一半，水田仅为26%。据国家环保总局统计，目前全国受污染的耕地约有1.5亿亩，其中，污水灌溉污染耕地3250万亩，固体废弃物堆存占地和毁田已超过200万亩，合计约占耕地总面积的1/10以上，并且多数集中在经济较发达的地区。受镉、砷、铬、铅等重金属污染的耕地面积近2000万公顷，约占总耕地面积的1/5，其中工业"三废"污染耕地1000万公顷[①]。

（二）土地有偿使用悖论

我国城市土地有偿、有限期、有流动使用制度的建立，促进了我国土地和房地产市场的建立。城市土地有偿、有限期、有流动使用，显化了城市土地资产的价值，也使城市土地所有者的权益在经济上能够得到实现。城市土地是最大的国有资产，据原国家土地管理局课题组的测算，20世纪90年代我国城镇国有土地资产总价值为15万亿元[②]。城市土地的使用价值很高，随着城市各项市政基础设施和公共服务设施的完善，经济、社会、文化各项活动的聚集，不断的投入使城市土地不断增值。据测算，2001年全国土地资产已经达25万亿元[③]。2001年，全国累计收取土地出让金近5000亿元，2012年全国缴入国库的土地出让收入则达到28886.31亿元。城市土地出让收入对缓解城市建设的资金压力、改善城市基础设施、扩大城市承载能力、吸纳外来进城人口，发挥了重要的作用。

从市场经济理论的一般原理来看，我国城市有偿、有限期、有流动使用，应该有利于国有资产的保值和增值，防止国有土地资产流失。但是，由于我国经济管理体制存在明显的缺陷，我国每年国有土地资产流失超过100亿元。造成国有土地收益流失严重的原因被归结为五方面。一是建设用地规模控制不力，城市土地扩张过快，粗放利用难以充分实现土地资产价值；二是大量依法

---

① 贾一波、田义：《文中国耕地污染防治立法研究》，《商业研究》2008年第1期。
② 罗宏翔：《经营城市与土地制度创新》，http://www.cnki.com.cn/Article/CJFDTOTAL-SCZB200310021.htm。
③ 邹清丽：《土地——价值25万亿元的国有资产》，http://news.xinhuanet.com/fortune/2002-06/23/content_453269.htm。

应当有偿供应的土地仍以划拨方式供应，国有土地市场配置的比例不高，透明度低，划拨供地范围未能得到严格执行；三是划拨土地存在大量非法入市、隐形交易的现象；四是土地使用者未经许可改变土地用途、增加容积率，逃避了应补缴的土地有偿使用费；五是地方政府低地价竞争，随意减免工业地价，挤占、挪用国有土地收益现象严重①。

然而对我国国有土地资产流失的原因进行深层次分析后可知，上述原因并没有道出问题的本质。我国土地出让制度规定，土地出让的最高法定年期是40～70年，而我国干部的法定任期是4～5年，半价卖地对于本届政府只是寅吃卯粮。由于缺乏严格的土地资产核算制度，我国地方政府多卖地，就意味着多收益，薄利多销，低价卖地，成为地方政府筹集城市建设资金和政府可用资金的有效途径。这就造成了一方面我国各地城市扩张迅速，土地集约利用水平下降；另一方面各地建设用地供应指标紧张，地方政府都希望增加建设用地供应。

我国实行城市土地公有制，土地行政管理部门在土地利用规划、用地指标分配、土地供应和土地出让价格的确定上，都拥有非常大的权力。由于缺乏严格的城市土地资产核算制度，干部上任前并没有明确他所掌管的国有土地资产的价值，离任时也不需要对国有土地资产保值、增值或者贬值负责。国有土地资源的稀缺性和资产价值的巨大性，容易使"官商勾结"的犯罪效益最大化。

（三）节约集约利用悖论

我国土地节约集约利用具有许多有利的条件：第一，我国处于城市化快速发展阶段，城市化是人口、经济、技术空间集聚的过程，是生产力发展的结果，是现代化的重要标志。城市相对于农村来说单位土地的经济产出水平高，城市化过程也是土地节约集约利用的过程。第二，我国城市土地有偿、有限期、有流动使用，也促使市场机制对土地资源的高效配置发挥功能，城市土地使用者树立土地利用的成本意识，可以做到优地优用，优地高价。运用城市地

---

① 余晓东：《我国每年国有土地收益流失近百亿》，http://www.ahnw.gov.cn/2006nwkx/html/200106/%7B744CD580-F66B-44FE-9E4F-16E5116C5103%7D.shtml。

租和价格杠杆，促进城市土地利用结构合理调整，推动城市经济产业结构升级，实现生产力布局优化。第三，我国实行世界上最严格的耕地保护制度，为了减少城市建设对耕地的占用，城市土地节约集约利用也是最可行的途径。第四，土地节约集约利用受到我国政府部门的高度重视。国土资源部提出各地要按照"规划管控、计划调节、标准控制、市场配置、政策鼓励、监测监管、考核评价、共同责任"的框架体系，重点建立健全各项节约集约用地制度。土地节约集约利用和耕地保护一样被认定为我国的基本国策。

然而，我国城市土地利用实际情况的调查表明：

一是各地低价出让土地，开发商或土地使用者大量屯地，城市土地低效利用，闲置土地很多。据有关研究机构报道，2007年全国开发商囤地总量超过7亿平方米，开发商投入的存量资金量超过一万亿元。按照当前的开发速度，开发商囤积的土地够开发27年[1]。根据国土资源部的调查，到2004年底，在全国城镇规划范围内共闲置土地107.9万亩，空闲土地84.2万亩，批而未供土地203.4万亩，三类土地总量为395.5万亩[2]。2010年8月9日，国土资源部披露了全国1457宗闲置土地名单，闲置面积达14.66万亩，其中，70%以上为住宅用地。2010年8月19日，国土资源部又公布了全国违法违规土地清理的最新数据：截至2010年5月底，全国共上报房地产违法违规用地3070宗，面积约18.84万亩，其中，闲置土地2815宗，面积16.95万亩，分别占上报总宗数和面积的91.69%和89.97%[3]。

二是城市土地集约利用水平低。根据《中国城市统计年鉴》2006年和2011年的数据，分别用Y、K、L_1、L_2和U_1来代表2005年和2010年各地级及以上城市[4]市辖区的二、三产业增加值（亿元）、全社会固定资产投资总额（亿元）、单位二、三产业从业人员数（万人）、职工平均工资（万元）和建

---

[1] 《只有严厉打击开发商屯地行为 方能确保调控到位》，http://bbs.szhome.com/commentdetail.aspx?id=43311443&projectid=220480&sort=1。
[2] 王元京：《城镇土地集约利用：走空间节约之路》，http://finance.sina.com.cn/economist/jingjiguancha/20070910/15293963338.shtml。
[3] 王军征：《关于整治土地闲置问题的调研报告》，http://www.mlr.gov.cn/zljc/201009/t20100929_773627.htm。
[4] 共287个城市，扣除缺乏数据的拉萨市，有效城市样本286个。

成区面积(平方公里)运用 SPSS19.0,在对上述生产函数进行对数变换后,运用逐步回归分析方法,建立全国地级及以上城市的总体生产函数模型,其结果为:

2005 年:

$$\ln Y = 1.250 + 0.487\ln K + 0.563\ln L + 0.481\ln L_2 \tag{1}$$

2010 年:

$$\ln Y = 0.437 + 0.444\ln K + 0.423\ln L_1 + 0.723\ln L_2 + 0.231\ln U_1 \tag{2}$$

由上述模型分析可知,在我国地级及以上城市中,土地对经济增长的贡献率相对较小。2005 年,土地的边际产出和稀缺程度(稀缺性与边际产出成正比)为 0,说明土地利用的集约化水平相对较低。到 2010 年,在全国地级及以上城市的总体生产函数模型中,土地利用的集约化水平明显提高,土地的边际产出和稀缺程度的系数仍然只有 0.231①。

2012 年国土资源部对 341 个国家级开发区土地集约利用进行评价,结果表明:东部地区开发区工业用地率最高,为 51.26%,西部地区最低,仅 37.96%;中部地区和东北地区分别为 50.35% 和 46.77%。中、西部地区的工业用地产出强度分别为 8358.23 万元/公顷和 8529.99 万元/公顷,东北地区略高,为 9445.56 万元/公顷,东部地区最高,为 15837.11 万元/公顷,是中、西部地区的 2 倍左右。与世界先进地区相比,美国纽约曼哈顿地均产出 523899 万美元/平方公里,法国巴黎中心区地均产出 723556 万美元/平方公里,我国与之仍然存在很大的差距(见表2)。我国部分国家级开发区土地利用强度不理想。在 341 个国家级开发区中,工业用地综合容积率最高达 3.36,最低仅 0.08;工业用地建筑系数最高达 99.10%,最低仅 11.11%;工业用地固定资产投入强度最高达 36820.36 万元/公顷,最低仅 206.26 万元/公顷;工业用地产出强度最高达 249099.64 万元/公顷,最低仅 26.20 万元/公顷。51 个开发区工业用地的综合容积率在 0.5 以下,占总数的 14.96%;52 个开发区工业用地的固定

---

① 刘卫东等:《我国重点城市建设用地节约集约利用比较研究》,《武汉市建设用地节约集约利用评价专题研究报告》,2012。

资产投入强度在 2000 万元/公顷以下，占总数的 15.25%；68 个开发区工业用地的产出强度在 3000 万元/公顷以下，占总数的 19.94%，开发区节地挖潜仍有较大空间①。

表2　东京、纽约、巴黎等都市核心圈单位土地面积经济产出（2002 年）

		面积（平方公里）	主导产业	地均雇员（人/平方公里）	地均产出（万美元/平方公里）
东京	都心三区	42	服务业、批发零售业、金融业、出版印刷业	57875	—
	内环	580	服务业、批发零售业、出版印刷业	8103	—
	外环	1565	批发零售业、服务业、出版印刷业、电气机械设备业	939	—
纽约	曼哈顿	60	金融保险业、专业技术服务业、艺术与娱乐业、批发贸易业、服装业、出版印刷业	24397	523899
	内环	466	制造业、零售贸易业、医疗与社会救助	1464	20429
	外环	259	制造业、零售贸易等本地型服务业	976	8880
巴黎	中心 4 区	9	企业服务业、金融业、出版印刷业、纺织服装业	48875	723556
	内环	19	政府和教育服务、企业服务业、纺织服装业、出版印刷业	18754	—
	外环	79	政府和教育服务、企业服务业、商业	8885	—

资料来源：高汝熹等《2007 中国都市圈评价报告》，人民出版社，2008。

三是城乡住房空置率高。我国近年来城市房地产投资增长迅速，房地产被认为是国民经济的支柱产业，也是城市居民个人投资最为保险和收益率较高的投资对象。根据国家统计局的数据，2008 年 11 月底全国商品房空置面积为 1.36 亿平方米。尽管我国 2008 年以后国家统计部门不再公布住房空置率数据，但是城市住房空置率较大应该是不争的事实。我国虽然有超过 2 亿的农民工进城，但是，他们在城市打工赚的钱大部分是用于在农村家乡建房，这可以从我国农村居民点用地并没有随着城市化水平的提高而减少得到证实。根据 2012 年 5 月 13 日西南财经大学和人民银行共同发布的《中国家庭金融调查报告》，我国自有住房拥有率为 89.68%。城市家庭自有住房拥有率为 85.39%，农村家庭自有住房率为 92.60%。拥有一套住房的城市家庭占 69.05%，拥有两套住房的城市家庭占

---

① 国土资源部土地利用管理司：《国家级开发区土地集约利用评价情况（2012）》，http://www.mlr.gov.cn/zwgk/zytz/201301/t20130107_1173335.htm。

15.44%，拥有三套及以上住房的城市家庭为3.63%。而在农村，80.42%的家庭拥有一套住房，12.20%的家庭拥有两套住房，2.10%的家庭拥有三套住房①。我国城乡大量的住房没有得到有效利用，实际上就是土地资源和社会财富的巨大浪费。

随着城市化进程的推进，城市版图不断向农村延伸，许多原有的农村集体建设用地进入了城市规划控制区范围，形成了许许多多"城中村"。我国大量农民进城，居住问题的解决主要依靠"城中村"的低租农民房，这是"城中村"居民的重要收入来源。这使"城中村"居民的土地资产意识日益增强，对政府征地和拆迁补偿标准的提高形成巨大压力。征地和拆迁补偿标准的提高，使政府对"城中村"的改造望而却步，进展缓慢；即使完成改造，也使一些人凭借占有的土地和房屋一夜暴富，成为不劳而获的"食利者"。由于"城中村"房屋出租能够产生收益，在"城中村"改造过程中必须进行房屋拆迁补偿，房屋面积越大，意味着收益越多。所以，"城中村"房屋违章搭建的现象也愈演愈烈。由于市民维权力量比征地农民大，城市房屋的拆迁安置成本往往高于征地费用，因此许多地方城市政府愿意征地而不愿利用存量土地。"城中村"和城市旧城改造的利益矛盾，也加剧了城市蔓延。在我国"城中村"改造、旧城改造和城市土地"二次开发"的过程中，出现拆新不拆旧、拆疏不拆密的现象大量的"短命"建筑被拆除，虽然按照目前的土地集约利用评价指标可能提高了城市土地的集约利用水平，但拆除建筑物造成的社会资源损失怎么计算，也非常值得深思。

（四）土地开发整治悖论

土地整治指对低效利用、不合理利用、生产建设活动和自然灾害损毁的土地以及未利用土地进行整治，提高土地利用效率和效益的活动。土地整治是盘活存量土地、强化节约集约用地、适时补充耕地和提升土地产能的重要手段。土地整治包括土地整理、土地复垦和土地开发三项基本内容。其中，土地整理是指在一定区域内，根据土地利用与经营管理需要，对田、水、路、林、村等

---

① 《中国家庭金融调查报告》，http://wenku.baidu.com/view/af5ccaea5022aaea988f0f27.html。

实行综合整治，并进行土地权属关系调整，改善土地利用条件和经营环境，增加可利用土地面积和有效耕地面积，提高土地利用率和产出率的活动；土地复垦是指采用工程、生物等措施，对在生产建设过程中因挖损、塌陷、压占造成破坏、废弃的土地和自然灾害造成破坏、废弃的土地进行整治，恢复利用的活动；土地开发是指在保护和改善生态环境、防止水土流失和土地荒漠化的前提下，采用工程、生物等措施，将未利用土地资源开发利用的活动。

从上述有关土地整治的定义可知，土地整治的目标一是增加可利用土地面积和有效耕地面积；二是提高土地质量，提高土地利用效率和效益；三是改善土地利用条件和经营环境，适应土地规模化、现代化经营的需要；四是保护和改善生态环境。

跨入新世纪，我国土地整治的确取得了巨大的成就。据统计，通过土地整治，10多年来我国补充耕地面积超过5000万亩，建设高标准基本农田3亿多亩。其中在"十一五"期间，全国批准土地整治项目12.4万个，建成高标准基本农田1.6亿亩，实际新增耕地3100多万亩。各地将农田基础设施建设作为土地整治的重点内容，新修建排灌沟渠493万公里，建成田间道路460多万公里，完善了田间灌溉渠系，有效解决了农田水利工程性缺水和"最后一公里"问题，提升了农田防灾抗灾能力。据测算，整治后的耕地质量平均提高1~2个等级，粮食产能普遍提高10%~20%，新增粮食产能达300多亿斤[①]。

但是，从各地土地整治的实际情况来看，我国许多地方存在弄虚作假的问题[②]。从地方政府来看，土地整治的目标主要被限定为补充耕地，实现建设占用耕地的占补平衡。为此，有的地方土地整治新增加耕地以少报多、以劣充优的情况屡见不鲜。究其原因，一是城镇建设和工业园区的规划范围内往往是耕地集中分布的区域，建设实际占用耕地多，不增加耕地就不能实施建设；二是

---

① 郑伟元：《平畴沃土保丰年——看土地整治如何助力粮食产量"十连增"》，http://www.lcrc.org.cn/publish/portal0/tab168/info35007.htm。
② 《如此占补怎能平衡 浙江富阳毁山林改耕地为了啥？》，http://news.xinhuanet.com/house/hz/2013-10-30/c_117938506.htm；张艳玲：《土地整理作假 石家庄原国土局局长被判死缓》，http://china.caixin.com/2010-12-01/100203466.html；《陕西镇巴县580万农田改造拨款却使2000亩沃土变荒地》，http://jjckb.xinhuanet.com/gnyw/2009-05/11/content_157802.htm；皮曙初、沈翀：《江汉平原菱角湖农场农田土地整理项目调查》，http://jjckb.xinhuanet.com/gnyw/2009-05/11/content_157802.htm。

各地规划建设用地指标少，城镇建设和工业园区建设需要的建设用地多，通过土地整治增加耕地，按照有关耕地保护激励政策，可以增加建设用地指标；三是土地整治项目立项上级提出了增加耕地面积比例的立项门槛规定，土地整治项目立项后上级政府会给予一定的经济补贴，许多地方特别是一些耕地分布集中的地方，即使有土地整治的必要，为了地方利益和顺利得到上级的土地整治补贴，也不得不采取多报新增加耕地的办法；四是一些地方耕地后备资源有限，而外商投资踊跃，建设用地有效需求旺盛，经济效益突出。在跨区进行耕地保护受到限制时，为了保证建设用地的有效供给而对一些宜耕性较差的林地或者园地进行开发，形成了新造的劣质耕地，实际上无法耕种。有的新造出来的耕地即使具备耕种条件，不属于劣质耕地，但是由于距离农村居民点很远，交通不方便，也没有人愿意种植。

我国土地整治工作中存在弄虚作假的行为，同农业用地包括耕地的单位面积的经济产出低是相联系的，也和土地整治的投入太少和使用不合理有关。由于农用地的单位面积的经济产出能力远低于建设用地，耕地保护从经济效益上看不能自发调动各地政府的积极性，如果没有上级下达的耕地保护任务，很多地方政府是不愿意保护耕地的。换句话说，地方政府看重的是完成了补充耕地任务后能够得到多少建设用地指标，实际耕地面积是多了还是少了，它们并不在意。

在土地整治过程中的弄虚作假，一方面使得土地整而不平，田间道路修而无用，排灌沟渠设施漏水严重，水流难以畅通，造出的耕地不能有效利用，造成了巨大的资金浪费；另一方面破坏了生态环境，加剧了水土流失，有的甚至引发了自然灾害。在一些废弃矿山或有毒元素的集聚地区，对地表的不合理干扰也可能引起环境污染扩散。土地整治变成了土地破坏。

四 中国城市化过程中土地利用和管理认识的误区

（一）土地制度改革应该实行土地私有化吗

很多学者认为，在土地公有制条件下，容易造成土地产权不清，也容易发生侵害农民土地财产权益的事件，因此我国的土地制度改革应该实行土地私有化，土地私有化可以避免"公地悲剧"的发生。也有的学者认为，社会主义经济制度的基础是生产资料的社会主义公有制，进行土地管理和土地利用都必须以土地公有制为前提，土地的社会主义公有制是我国土地制度的核心。在土地制度改革中，认为坚持土地公有制是坚持社会主义，而土地私有化是走资本主义道路，形成了"姓社"和"姓资"的意识形态对立，非常不利于问题的理性讨论和解决。

首先，应该明确土地私有制和土地公有制不是资本主义和社会主义的分水岭。1992年初邓小平在南方谈话中对社会主义本质问题做了全面而深刻的概括："社会主义的本质，是解放生产力，发展生产力，消灭剥削，消除两极分化，最终达到共同富裕。"土地私有制和土地公有制是不同的经济组织形式，应该看作土地资源或者资本的配置形式。世界上很多资本主义国家的土地并不是全部为私人所有，国有土地和其他公有制的土地面积也占很大的比重。例如，在美国所有的土地中，私有土地占58%，联邦政府土地占31%，州政府土地占10%，城市政府土地占1%。在日本所有的土地中，私有土地占57%，国家和地方公共团体所有的土地占35%，法人所有的土地占8%。

其次，应该正确认识土地私有制和土地公有制的产权特征和优劣势。在土地私有制条件下，土地私有者可以把土地投放市场进行交易，土地所有者对土地拥有占有、使用、收益和处分的绝对权利。但是，不管土地私有制还是公有制，由于土地使用具有明显的外部性效应，任何国家对土地使用都保留三种权利，即警察权、征收权和征税权。也就是说，在私有制条件下，土地用途和土地流转方向并不能完全自主，而必须遵循政府的相关土地规划和管理规定。例如，日本现行的《农业用地法》和《农业振兴地区整备法》对农村土地的使用和农用土地所有者有着严格的限制，规定未经批准不得将农用土地转做其他用途；农用土地所有者必须在土地附近居住等。此外，日本基层政府的农业委员对农用土地买卖实行严格的审查。土地公有制实行土地所有权和土地使用权分离，土地使用者依法对土地拥有占有、使用、收益的权利，土地使用需要向土地所有者支付土地使用费，土地处置的权利同时受到土地所有者的制约。但是，由于土地的所有者是政府，如果政府以民为本，土地使用权得到充分尊重,不会凭借土地所有权对土地使用者进行残酷的剥削,土地使用者在符合土地利用规划的前提下自主经营,土地使用期足够长(超过人的寿命),那么,土地公有制和土地私有制的区别实际上并不大。例如,英国土地在法律上都归国王或者国家所有,国王把土地分给功臣和国民,他们仅仅拥有土地的使用权(土地保有权)。英国土地保有权包括自由保有地产权(永业权)和租赁保有地产权(租业权)。英国法律规定,只要土地保有权人履行了自己的义务,土地所有权人就不能随意干涉土地使用者对土地的合法使用,无权收回土地。在英国的土地产权制度下,由于90%左右的土地为永业权人所拥有,因此英国也被视为一个土地私有的国家。在土地私有制下,土地所有者在土地利用和土地经营中的自主性强,土地利用收益完全归自己,可能能够有效地提高土地所有者爱护土地、增加土地投入的积极性。但是,土地私有化造成土地分布碎化,不利于土地的规模经营。由于个人力量有限,不能很好地进行配套基础设施的建设,抵御自然灾害和外来违法犯罪的侵害的能力也较弱。

最后,我国土地产权制度最根本的问题在于不稳定,尊重产权和维护产权的意识不强,而不是产权不明晰。

我国土地公有制和发达国家土地公有制最大的差别在于我们的国有土地是质量最好、价值最高的土地——城市土地,而发达国家的国有土地是质量比较差的边际土地——自然保护地。我国政府力量强大,集体土地产权相对于国有土地产权容易被改变。

实际上,目前我国各地除有边界争议的地块以外,大多数地块的土地所有权、使用权、经营权的边界是明确的,特别是在我国城市里,各个单位喜欢建围墙,应该说比国外的土地产权边界更加清楚。集体土地征地补偿标准低,国有土地资产流失,本质上是因为我国存在城乡分割,特别是个别领导的腐败行为,把"土地公有"变成了"土地官有"。

(二)耕地保护是为了粮食安全吗

为了粮食安全保护耕地是最广泛的认知,但实际上缺乏说服力①。就全球

---

① 刘卫东:《耕地多功能保护问题研究》,《国土资源科技管理》2008年第1期。

情况来分析，目前世界上的粮食生产能力，根据联合国粮农组织（FAO）的估算是能够满足全球所有人的需要的。世界粮食产量的增长速度超过了人口的增长速度，世界上有8亿人挨饿主要是由于粮食分配不均[①]。就国内情况来分析，中国出现粮食危机是小概率事件，只可能在我国耕地大量减少、自然灾害极其严重、世界对中国实行粮食贸易禁运和全面封锁的情况下才有可能发生。因为小概率事件改变人们正常的行为似乎是因噎废食。此外，美国、加拿大、澳大利亚等世界主要粮食输出国也实行耕地保护，它们并不存在粮食安全威胁，以粮食安全来作为保护耕地的理由也不充分。从微观经济来分析，粮食安全和粮食生产无必然联系。

为什么保护耕地？首先是因为耕地是稀缺资源。联合国粮农组织公布的地球农业生态划分研究结果显示，按土壤、气象条件和现行的技术推算，全世界可从事农业生产的土地面积约为42亿公顷，大约是目前世界已耕地面积（15亿公顷）的3倍，占地球陆地总面积的11%。尚未使用的27亿多公顷土地为森林和草地，从开发成本及其对环境的影响来考虑，将这些地区都变成农地是不现实的[②]。从世界范围来看，尽管总的耕地数量尚够，但在中东、北非和南亚等一些国家和地区，可用耕地面积已经接近极限。我国的耕地资源呈现"三少"特点，即人均耕地少、优质耕地少、耕地后备资源少。我国以不到世界10%的耕地，承载着世界22%的人口，人均耕地只有1.37亩，不足世界平均数的40%，大约是加拿大的1/16、俄罗斯的1/10、美国的1/7、印度的1/2。调查数据表明，我国优质耕地、高产田仅占耕地总量的30%；在2亿亩耕地后备资源中，适宜开垦的仅占40%左右[③]。我国耕地资源稀缺，土地的开发利用面临严峻挑战，实现可持续发展也面临巨大的土地资源压力。

其次是因为耕地具有多功能保护的价值[④]。耕地不仅是在目前的经济技术

---

① 陈文胜：《粮食成为世界经济战争的战略"核武"》，http：//guancha. gmw. cn/content/2008 - 08/06/content_ 818179. htm。
② 李长久、刘丽：《全球耕地减少可能引发粮食危机》，http：//www. nfyk. com/gjgc/ShowArticle. asp？ArticleID=2703。
③ 《贯彻基本国策　坚守耕地红线》，http：//www. yangchun. gov. cn/yang chun/article. asp？art =42782。
④ 刘卫东：《耕地多功能保护问题研究》，《国土资源科技管理》2008年第1期。

条件下粮食和其他农产品生产最经济的来源,而且也最能够保证粮食和农产品的质量。随着经济社会的发展,市场对农产品的要求更加多样,例如近年来美国就大力推行生物能源政策,仅2006年美国用于生产乙醇的4200万吨玉米就相当于1.3亿人一年的口粮①。耕地也为工业生产提供了重要的原料来源,随着工业化的推进和人们生活水平的提高,农产品作为工业原料应用的需求不断增长,对优质农产品、深精加工农产品的消费水平迅速提高,农产品通过加工转化,将实现几倍、几十倍甚至几百倍的增值。农业是自然生产过程和经济生产过程的统一,耕地利用是对自然环境破坏最小的土地利用方式,能够提高生态环境质量特别是土地的经济生产力。耕地保护不仅有利于农业的生产发展,有利于维护粮食安全和促进社会稳定,而且具有良好的生态功能。例如,水稻田不仅具有积极的碳汇功能,而且在调节气候、净化污染、涵养水源、减少土壤侵蚀、防止洪涝灾害方面也能够发挥积极的作用。此外,耕地是人类最早经营的土地类型和活动区域,其内部蕴藏着丰富的文化资源,保护耕地也有利于农业文化的传承。农业有利于人与自然的和谐发展,保护耕地不仅有利于农业可持续发展,而且可以通过教育农业、观光农业和休闲农业的发展,振兴旅游业及其他第三产业。

(三)政府必须垄断土地一级市场吗

自我国城市土地使用制度改革以来,我国城市土地一级市场就被政府完全垄断,土地管理法规定"建设用地必须申请使用国有土地"。为了实现政府垄断土地一级市场,各地建立了城市土地收购储备制度,形成"一个管道吸水,一个池子蓄水,一个龙头放水"的土地供给机制,这被认为有利于土地利用规划的实施,能够促进城市土地资源优化配置和合理利用,发挥土地管理的宏观调控功能,有利于规范土地交易行为,保证国有土地资产的保值增值②。但是,这种推断实际上是建立在政府"一贯正确"和"毫无私利"的基础上的。

在我国社会主义初级阶段,政府的功能是有待完善的,干部也不可能没有

---

① 陈文胜:《粮食成为世界经济战争的战略"核武"》,http://guancha.gmw.cn/content/2008-08/06/content_818179.htm。

② 刘维新:《土地储备制度实施的效应、变化与思考》,《中国房地产金融》2003年第1期。

自己个人的利益诉求。政府垄断土地一级市场，直接参与土地资产经营，既当"运动员"，又当"裁判员"，由于缺乏制衡，其公平性很难保证。对于土地资源的合理配置，依靠土地利用规划，政府虽然可以发挥相关专家的智慧，减少土地利用决策的失误，但是，广大土地使用者身处土地开发利用的第一线，能够更加全面地掌握土地利用的市场行情，也更加能够发现土地利用的潜力，在土地利用过程中发挥节约集约利用土地的创新积极性和主观能动性，因而是提高土地利用效率和效益的最积极的因素。土地利用是否合理最终需要市场检验，不是看规划，而是看效果。我国政府垄断土地一级市场，城市土地开发利用可以"统一规划、统一征地、统一招商、统一开发、统一出让"，的确有利于土地利用规划的实施和土地价格管理。但由于市场竞争激烈，政府领导为了实现"政绩"目标，在招商引资过程中为了满足投资者的意愿，对土地利用规划频繁调整或修改，使得土地利用规划的控制作用大大削弱。政府垄断土地一级市场，土地出让决策权力集中，公众参与不足，缺乏监督，为权力寻租和官商勾结提供了便利，在土地出让过程中腐败案件高发，低价出让土地的情况也屡见不鲜，造成国有资产大量流失。

就我国实际情况来分析，政府垄断土地一级市场的效果并不理想。第一，我国国有土地所有权主体名义上是国务院，实际上是由中央政府授权给市、县人民政府行使。我国各地数以千计的市、县人民政府在土地市场上竞争激烈，各地的区域发展战略不同，地价管理政策也存在差异。投资者建设使用土地往往在多个地方申请，根据各地提供的优惠政策和条件，最后决定项目建设的地址，政府垄断土地一级市场的效果往往因为投资者的多地比较策略而大打折扣。第二，我国的城市土地主要是国有存量土地，这些土地的使用权已经归属于具体的土地使用单位，政府对于其土地使用和转让实际上不能随意干预。这些土地使用单位为了实现土地利用收益的最大化，以出租、联建等不同方式给新的土地使用者提供空间。再加上城市化过程中土地征收给予集体经济组织的建设留用地，集体建设用地的灰色交易也在土地供给上打破了政府的垄断。第三，我国城市国有土地的来源越来越多地依靠征地，即凭借土地征收权把集体所有土地转变为国有土地。往往是哪里土地区位条件好，土地增值潜力大，政府征地办就首先征收哪里的土地，土地收购储备中心也就收购储备哪里的土地。由于集体土地转变为国有土地客观上存在巨大的土地价格升值,在目前经营性用地一律实行公开出让的情况下,政府低价征收集体土地,高价出让原本是集体土地的国有土地,容易被认为政府与民争利,破坏政府形象,造成社会不稳定。第四,政府垄断土地一级市场,征收土地需要垫付大量资金,政府财政收入有限,必须向银行以土地抵押贷款,容易增加地方政府的债务负担,甚至出现地方政府债务危机。在建设用地指标紧张的情况下,往往是投资者一有投资意向,政府就忙于准备供应土地,一旦投资者多方选择和比较后不来投资,政府预备供应的土地就只能批而未供。为了节约集约利用土地和防止土地投机,我国政府是坚决反对企业囤地的。这样,政府囤地就陷入了"只许州官放火,不许百姓点灯"的尴尬境地。

也许有人提出,我国政府垄断土地市场、征收集体土地主要是为了方便招商引资,有利于降低交易费用和管理成本,并不是为了谋求集体建设用地的合法收益。政府加强对土地资源的控制,是城市化过程中实现土地开发权国有的关键①。土地开发权归国家所有,具有理论上的正当性和现实的合理性。世界上最早完成城市化的国家英国也规定土地开发权归国家所有。在城市化过程中,城市土地的形成对全社会投资和经济社会发展有着巨大的贡献。土地"涨价"应该"归公"。土地出让金收入不应该全部归被征地农民所有,它体现了城市化的红利,应该支付城市化成本、被征地农民失地的机会成本和继续务农的农民所增加的报酬。这些道理无疑是非常正确的。然而,土地开发权归国家所有并不是政府垄断土地一级市场的理由。借鉴英国的经验,土地开发权归国家所有在市场经济条件下可以通过土地审批来保证土地开发权在经济上得到实现。我国土地市场的发育,完全可以打破政府垄断土地一级市场。

土地开发权就是政府为了维护公共利益,决定土地开发程度的权力,是通过土地利用规划和城市规划来赋予使用者改变土地价值的权力。土地所有者只拥有现状的土地用途使用权和土地资产的现值。任何土地开发行为必须获得政府的审批许可才可以设施。准许土地开发之前,必须缴纳土地开发税。借助土地开发税,政府可以将土地开发的增值收益实现合理的"涨价归公"。在英

---

① 曾永昌:《论土地市场的政府垄断》,《社会科学研究》2002年第4期。

国，符合土地利用规划和城市规划，则可以获得土地开发许可。不符合土地利用规划和城市规划，土地使用者如果能够提出合理的理由和条件，经过地方政府批准也可以得到有条件许可。有条件许可是指在土地使用单位或开发方接受一定附加条件的情况下给予的开发许可，这些附加条件往往包括公共空间和设施的开发等要求。作为开发许可的一种形式，除了上述的有条件许可之外，规划协定的方式也越来越多地出现在开发许可程序中。规划协定与有条件许可不同，规划协定的附加条件是土地使用单位或开发方主动提出的，并经过政府和土地使用单位或开发方协商，在双方自愿的条件下签订的。规划协定可以充分发挥土地使用单位或开发方对城市土地开发的创造性。

（四）房价高是地价上升造成的吗

我国房地产价格长期上涨，很多人认为房地产价格升高是由地价上升引起的。各地"地王"频繁出现也似乎证实了这种推论的合理性。国家有关管理部门提出要限制土地交易价格的最高溢价，抑制各地在土地出让过程中出现新"地王"。根据有关规定，土地招拍挂溢价超过50%则视为"异常"交易情况，要在两个工作日内及时上报相关部门。① 政府的这种作为似乎也承认其对地价升高的责任。

自2002年7月1日《招标拍卖挂牌出让国有土地使用权规定》（国土资源部令第11号）实施以来，我国土地出让交易价格的确出现了较大的增长。2003年全国各大城市的地价总体水平为每平方米1166元，其中，商业地价水平值为1919元/平方米，住宅地价水平值为1103元/平方米，工业地价水平值为494元/平方米。② 2012年末，全国主要监测城市地价总体水平为3129元/平方米，商业服务、住宅、工业地价分别为5843元/平方米、4620元/平方米和670元/平方米。③ 从理论上分析，地价是房地产价格的重要组成部分，地

---

① 《土地溢价超50%两日内上报》，http：//news.dichan.sina.com.cn/2011/05/31/326316.html。
② 《2004年主要城市地价仍将上升》，http：//www.chinajsb.cn/gb/content/2004 - 03/31/content_77558.htm。
③ 《2012年全年及第四季度主要城市地价监测成果公布》，http：//www.gov.cn/gzdt/2013 - 01/15/content_ 2312514.htm。

价上升有可能促使房地产价格上涨,房地产价格因为地价上升而上涨已是有道理的。但是,从我国土地出让的实际情况来看,认为房地产价格上涨是由地价上升引起的是不实事求是的,也是违背常理的。因为各地频繁出现"地王",土地出让交易价格远高于政府确定的土地招标拍卖的起始价格,全部是溢价成交的(见表3),而且很多是以几乎50%的溢价率成交的。这说明开发商认为政府期望的土地交易价格偏低。

表3 2013年上海、杭州和苏州"地王"成交价格情况表

地块名称	土地招标拍卖挂牌竞得单位	成交价格总价（亿元）	楼面地价（元/平方米）	溢价率（%）	成交日期
上海徐家汇中心地块	香港新鸿基地产	217.7	37300	24.2	2013年9月5日
杭政储〔2013〕57号浙江大学华家池地块	绿地集团	56.2	19416	40.9	2013年9月5日
杭政储〔2013〕58号浙江大学华家池地块	世茂集团	36.7	23828	49	2013年9月5日
杭政储〔2013〕59号浙江大学华家池地块	滨江集团	43.8	23190	40.9	2013年9月5日
苏州金鸡湖两宗地块	世茂集团	47.25	15151	71.5	2013年9月5日

资料来源：http://finance.chinanews.com/house/2013/09-05/5252010.shtml。

开发商为什么要推高土地交易价格？根据房地产价格形成和异化的原理,应该指出在土地交易的竞价过程中,房地产投资者抬高土地拍卖价格是另有可图的[1]。第一,在土地招标、拍卖过程中能够获得土地的房地产投资者,以经营房地产多年的企业为多,它们往往具有较强的经济实力,原来早已从政府手中获得大量廉价土地,通过土地招标、拍卖,提高地价,实际上是让自己手中的土地实现更大的升值。第二,在土地招标、拍卖过程中,房地产投资者通过抬高地价,加高了行业市场的准入门槛,限制了竞争对手的增加。如果能够在未来的房地产开发和销售中实现对市场的垄断,那么其获得的超额利润将更加丰厚。第三,由于土地拍卖不多,每次拍卖会都会吸引许多新闻媒体的关注,

---

[1] 周立军、刘卫东、许连君：《"浙江现象"与土地供给关系的经济分析》，《农业经济问题》2004年第7期。

使得一些新的房地产投资者，往往利用这一机会来树立自己的企业形象，其土地拍卖价格相当于土地市价和企业宣传费用之和。第四，土地高价拍卖，有利于提高政府的可支配收入。一些新的房地产投资者，通过土地招标、拍卖，高价获得土地，也有利于搞好自己与政府的关系。第五，房地产开发者往往需要通过银行获得大量融资，通过土地拍卖中标，展示企业的经济实力，可以提高房地产投资者的信用等级，从而得到更多银行贷款，充分发挥房地产开发过程中"借鸡生蛋"的作用和效益。第六，在我国房地产市场中置业投资占有相当大比例的情况下，消费者多认为优质高价。土地拍卖价高者得，也容易取得消费者对房地产企业品牌的信任，对房地产品的销售也不一定会产生不利影响。第七，地价升高也可以是房价升高的合理理由，把房地产开发商往坏处想，地价高涨，引发社会公众对房地产价格上升的担忧和不安，也许可以让政府增加房地产土地供给，或者出台降低地价的政策，那么，对房地产商来说就是正中下怀、求之不得的事情了。

应该指出，在我国目前的房地产市场价格构成中，地价占房价的比例还是不太高的，一般占 15% ~ 30%[①]。2013 年 5 月全国商品房平均销售价格为 6430 元/平方米，其中，商品住宅平均销售价格为 6037 元/平方米，同 2012 年的土地价格水平相比较，土地价格仍然只占房地产价格的 50% ~ 60%。实际上当年出让的土地不可能次年就建成商品房出售，地价占房价的比例肯定低于这一数值。将 2013 年上海、杭州和苏州"地王"的成交价格与目前所在地域的商品房销售价格进行比较，土地价格占房地产价格的比例和上述比例也基本相当。房地产开发利润偏高，在我国应该是不争的事实，最近几年在《财富》排行榜的前 100 位富豪里，有相当一部分与房地产有关[②]。从市场原理分析，土地价格是由需求决定的，房地产价格也是由市场供求关系决定的。即使土地价格低，房地产的市场价格也不一定降低。

就土地出让而言，购买土地的是富人（或者企业），他们愿意加价以求获

---

① 《房价地价专项调查情况简介》，http：//www.landvalue.com.cn/TheContent.aspx? ContentID = 8695&Menu_ID = 54&PID = 54。

② 《土地极大改变着中国社会财富分配格局》，http：//www.hljaudit.gov.cn/news/news_192846122.html。

得土地使用权。而政府作为土地出让方，有为购买不起住房的人们提供住房保障的责任，而这正需要资金投入，政府能够多取得土地出让收入，正好可以解决保障住房资金等不足的问题，何乐而不为呢？究其原因，就是因为目前房地产价格高。对于富人而言，目前投资渠道有限，房地产是最能够保值增值的投资品；而对于工薪阶层而言，房地产的市场价格已经大大超过其支付能力。

我国房地产价格高，实际上是由富裕阶层把房地产作为投资对象造成的。我国在房地产市场管理中，对房地产开发商的商品房定价没有进行成本和利润核算，对房地产暴利缺乏法律限制。对于房地产开发过程中房地产价格增值应该征收的房地产增值税多采取予征或者包税的办法征收，实际上也是尽量让利于房地产开发企业。房地产投资者、开发商都希望房地产价格上涨，在我国地方政府对土地财政收入高度依赖的情况下，房地产市场价格的下降，意味着土地出让收入和房地产税收收入减少。

（五）土地是农民重要的社会保障吗

我国农村的土地对种田农民而言是基本的劳动对象和生产资料对进城务工农民而言是回乡就业的退路。由于我国实行城乡分割的户籍制度，国家长期以来对农村社会保障没有投入。农民相对于城市居民而言，一般都拥有集体土地的承包权和宅基地使用权，少数人还拥有农村集体经营性建设用地的使用权，所以，有些学者认为农村土地还承担着农村社会保障的功能。"农民有土地，城镇居民有社保"，赋予农村土地以保障功能已经成为人们的共识①。

所谓社会保障是指国家通过立法，积极动员社会各方面资源，保证无收入、低收入以及遭受各种意外灾害的公民能够维持生存，保障劳动者在年老、失业、患病、工伤、生育时的基本生活不受影响，同时根据经济和社会发展状况，逐步提高公共福利水平，提高国民生活质量。② 从这一定义可知，社会保障应该是公民应该享受的权利。把农村社会保障的任务从政府转移到农村集体土地，实际上是对于农民合法公民权的剥夺。

---

① 白呈明、陈晓莉：《构建农村社会保障重在保护农民土地权益》，《调研世界》2003年第8期。
② 《社会保障》，http://baike.baidu.com/link?url=1d2uc7j-imm8Y9。

有的学者认为,我国经济社会发展水平比发达国家落后,中国农村人口众多,9亿多农民的养老、医疗、教育、低保等社会保障如果全由国家负担是根本不可能的①。众所周知,社会保障制度最早起源于16世纪的大英帝国,中国目前的经济社会水平肯定不会低于那时的英国。退一步说,建立农村社会保障制度的确需要增加国家的财政支出。如果在不增加国家财政支出的情况下,降低城镇居民的社会保障水平,或者说让城镇居民享受与农村居民同样的社会保障水平,为什么不可以呢?

也许有的人还提出农民拥有集体土地使用权,农民可以占有合法的土地财产收入。但是从实际情况分析,这种结论也不完全正确。2012年三亚市城镇居民人均家庭总收入25311元。其中,人均可支配收入23295元。在人均家庭总收入中,工资性收入15375元,经营净收入3127元,财产性收入841元(其中,人均出租房屋收入791元),转移性收入5968元。城镇居民人均生活消费支出16975元。城镇居民的恩格尔系数为44.8%。农民的人均纯收入8825元,其中,工资性收入1747元,家庭经营纯收入5500元,财产性纯收入432元,转移性收入1146元。农村居民家庭的恩格尔系数为49.2%②。即使农民的家庭经营收入主要来源于农业,来源于土地,和城镇居民相比较,农民实际能够从土地上得到的收入也是比较低的。城镇居民收入高,其社会保障由政府提供,农民收入低,反而要求农民自己负责,从社会公平和正义上讲,这是不合理的。农村土地即使能够提供社会保障功能,其社会保障水平也是很低的。把农村土地的社会保障功能固化,实际上是让农民不平等的公民待遇长期合法化。

土地保障对农村社会保障不具有可替代性,有的学者做出很好的分析③。第一,土地只是一种农业生产资料,农业用地要产生经济收入,需要经过农业生产过程,土地作为实物在经济保障方面实际上存在"可兑现性"弱的问题。第二,即使承包者能够通过农村土地承包权转让和土地流转获得直接的资金

---

① 白呈明、陈晓莉:《构建农村社会保障重在保护农民土地权益》,《调研世界》2003年第8期。
② 《2012年三亚市国民经济和社会发展统计公报》,http://www.systats.gov.cn/ndtjgb_page.php?xuh=2879。
③ 蔡少琴、李郁芳:《土地保障对农村社会保障替代性分析》,《商业研究》2013年第8期。

（租金）收入，从形式上具备经济保障的特征，但是，如果坚持农地农用，这种土地资本化收入也只能够由农业生产的产品收入派生转化而来，由于农业经济报酬率低，土地收入能够提供的社会保障能力仍然很低，不可能达到社会保障要求的经济水平。第三，从风险分摊性分析，社会保障的主体和核心是社会保险，遵循保险的大数法则。风险的发生和分布有一定的概率，保险是通过集体力量的互助共济，把集中在少数单位和个人的风险损失分散给参加保险的多数单位和个人，从而实现风险分摊。我国农村土地实行家庭联产承包责任制，实际上是"兴衰自负"，不存在风险分担的机制。在我国农村，由集体来提供社会保障，只有在农村集体经济比较发达的地方才存在可能性。如果农村集体没有自己的企业或者集体经济收入来源，我国目前实行扶植农业发展政策，已经取消了农业税，农村提留也受到限制，在农村实行强制统筹，实行社会互助共济也不具有可行性。强调农用地的社会保障功能，往往不利于农村的土地流转，制约土地利用效率和农业经济效益的提高。强调农村土地保障功能的农村产权制度安排实际上带给农民的是负效用。农村土地不胜社会保障之重，政府应该在土地之外为农村提供社会保障公共品。

当然，在我国城市化进程中，土地用途的扩大和开发强度的提高，将大大增加土地资产的价值。农民进城，其在家乡占有的大量土地资产如何盘活和变现，使其成为在城市安家落户的资本，对于扩大城市化非常重要。因此，即使农村土地不能提供农村社会保障功能，也不能随意征收农村土地，剥夺农民合法的土地财产权益。

五 我国城市化过程中土地管理制度改革的思考

我国目前处于城市化快速发展阶段，也是各种经济社会矛盾和问题的高发阶段。发展过程中出现的问题必须通过发展来解决，发展是硬道理。土地是最基本的生产要素之一，土地资源安全是保证土地供给满足经济社会发展需要的条件。土地改革通过调整人地关系，实现土地、劳动力和资本的有机结合和优化配置，不仅有利于生产力的发展，也有利于化解我国城市化发展过程中的各种矛盾，维护社会公平和正义，促进粮食安全、经济安全、社会安全和生态环境安全。

从非传统安全的视角看我国土地改革，可以发现：第一，我国传统的工业化和城市化道路中"工占农利""以地生财""卖地财政"的资本积累方式遇到的困难越来越多，相对而言，我国"农民真苦，农村真穷，农业真危险"的严峻局面仍然有待改变，我国经济社会发展必须重视"三农"问题，真正实行"以工补农""以城带乡"，促进城乡协调发展。第二，土地是农业的生产资料和劳动对象，土地开发和房地产投资能提供国民经济各个行业所需要的生产和活动空间，对国民经济发展能够起到基础性的支撑作用。由于土地开发和房地产投资需要的资金量巨大，房地产总体价值高，它能够左右社会财富的再分配，起到调节国民经济生产和消费的作用。我国改革开放以来出现的巨大贫富差距在很大程度上与土地市场不健全、土地收益分配不合理有关，在一定程度上是房地产投机和土地及房地产领域的腐败造成的。土地改革需要完善土地管理制度，建立合理的财税体系，维护科学合理的市场秩序，促进社会的公平和正义。在城市化过程中应该切实保护农民合法的土地财产权益，城市化的红利应该由长期以来为中国工业化和城市化做出牺牲的广大农民和城市下岗职工共享。第三，土地是一个自然历史综合体，本身就是生态环境和生态系统。土地改革必须有利于维护土地系统健康和生态安全，显化土地的生态服务价值，重视城市开敞空间和自然保护地、绿地的功能及其合理保护，对为生态保护做出贡献的区域进行合理的经济补偿。通过土地利用方式转变推动经济增长方式转变，通过土地结构合理调整和布局优化，促进产业结构优化和升级，促进资源、人口、经济和环境协调发展，保证土地利用的经济、社会和生态综合效益不断提高。

在我国城市化过程中的土地管理制度改革，应该做好以下工作。

（一）坚持正确的土地利用和管理的价值取向

我国是一个历史悠久的国家，土地制度及其观念源远流长。古代人认为，土地一方面广大无边、地力无穷，负载着万物，可以生财为人所用，人们要感谢它；另一方面，大地也会发怒，地震导致的房毁人亡使人畏惧，所以要崇敬地神，为其献祭。这种天人合一的土地观念是我国历史上农业经济发达的重要保证。

深化改革:"成也土地,败也土地"

在我国土地管理制度改革过程中坚持正确的土地利用和管理价值取向,直接影响着土地管理制度改革的目标选择,是土地管理改革走向成功的保证。我国的土地管理制度改革,要重视土地和资本与经济发展的关系,要看到土地和房地产市场发展对国民经济供给和需求的巨大调整作用,在保障土地使用者合法土地财产权益与维护土地市场的合理公平竞争环境的同时,也要防止任何人凭借资本优势对土地利用进行垄断,多占土地,剥夺他人合法的土地资源使用权和发展权。我国的土地管理制度改革,也要与政府管理体制改革相结合,引导地方政府树立正确的政绩观、发展观,按照公共政府的职能处理政府和市场的关系,以努力营造投资环境为发展服务、为市场服务,防止政府的土地管理职能被市场化改革异化,在进行公共政策决策时,没有动力考虑公共需求或没有动力为国家、人民的利益服务,而只有动力考虑局部利益、集团利益、任期利益甚至个人利益。

(二)注意总结土地管理的实践经验

1974年诺贝尔经济学奖获得者哈耶克对制度形成的机制的研究认为:自由社会的制度是一种自发的过程,它的形成是千万人互相竞争、互相作用的结果,所以这种自发形成的制度包含了所有人知道的互不相同的信息,而竞争过程也使人无法垄断制度设计和形成机制,因而无法利用这种垄断来损人利己,所以信息的合成过程会将信息传递中的歪曲降到最小。在自由社会中,制度和秩序是自发形成的,不可能由少数思想家设计①。他强调对经济理性的迷信可能导致经济制度的失败。其实人的知识是有限的,对什么叫理性,什么叫非理性,在很多情况下都无法判断,或会做出错误的判断。世上很多从常理看来非理性的行为,也许会对人类社会的知识做出贡献。例如,很多破产的企业就为成功的企业提供了必要的经验。

在我国土地管理制度改革过程中,要对在土地管理实践中自发产生的行为进行认真研究,即使是按照常理属于非理性的行为也不例外,要注意总结土地管理的实践经验。对在城市化过程中出现的土地利用行为和管理措施,要认真

---

① 杨小凯:《我所了解的哈耶克思想》,《经济前瞻》(台湾)1995年第1期。

研究其形成机制，重点评价其是否公平。例如，浙江省在耕地保护实践中出现建设用地折抵指标跨县交易，它既是保护耕地、补充耕地的激励机制，又有助于经济发达、建设用地需求旺盛、耕地后备资源不足的地区和经济相对落后、土地开发投资不足、建设用地需要量少、耕地后备资源丰富的地区形成区域合作和协同发展的关系。它比通过规划进行建设用地的指标分配更加具有区域公平性。虽然建设用地折抵指标跨县交易有可能使个别地方的耕地出现质量下降的问题，但这只说明它需要进一步完善，而不应该完全否定。同理，在我国城市郊区大量出现的"小产权房"建设，应该是推动我国建设用地管理改革的重要动力，应该积极思考集体建设用地和国有建设用地同权同价、同地同价的合理性和公平性，而不能凭借政府拥有的强制性权力拆除了之。政府的首要职责是为社会的自我成长提供基础性保障，而不是做社会的主宰。

我国城市化过程中的土地管理制度改革，也需要积极借鉴海内外土地管理的成功经验。著名华裔经济学者杨小凯认为，对法制尚不成熟的国家来说，有意的制度模仿有时比自发的制度试验更有成效。例如，在韩国的城市土地开发过程中，政府部门主要致力于土地开发政策的制定，研究机构提供规划和技术支持，土地公社或住宅公社负责具体实施。这种管理、规划和执行部门比较系统和科学的分工，非常值得借鉴和学习。我国一些政府部门有时把精力放在事务性工作上而忽视了对政策的研究，对主管的事务缺乏有效的管理和监督；而一些研究机构、执行机构又常常乐于成为管理者，变成了"行政机关"。研究机构不进行科学研究，成为行政机构的代言工具；执行机构不做具体工作，成为行政机构的代理人。这种功能错位也使我国土地利用和管理的效率和效果大打折扣，造成人力资源的巨大浪费。

（三）努力健全和完善土地行政管理体制

我国在改革开放之后，为发挥地方能动性，从经济领域开始将中央的权力下放到地方。地方政府的财权、事权甚至某些"特权"明显扩张，促进了地方经济的发展，同时地方经济实力的增强又反过来巩固了地方的权力，削弱了中央对地方的控制力度，有可能导致地方保护主义盛行。国土资源垂直管理就是在这种大背景下开始出现的。加大垂直管理的力度有助于破除地方保护主义,保证政令的畅通,有助于避免地方政府的干扰,实现资源的最优化配置,保证国家整体利益受到最大限度的保护。但是,垂直管理也难以解决土地管理的深层次问题。如果没有一个完整的制度设计,有可能导致部门管理分割,条块分离,部门间相互监督减少,滋生腐败,架空地方管理,弱化地方政府的职能等问题。

我国的土地行政管理体制改革,应该正确认识土地垂直管理和分级管理的利弊及其相互关系,必须认识到土地利用和管理问题具有明显的区域性。在世界上大多数国家,土地利用和收益分配问题主要是地方政府的问题,有利于避免"看得到,管不到"。各国地方政府的财政收入也可以说是土地财政收入,土地收益是地方财政收入的主要来源。和我国不同的是,它们不是依靠卖地获得财政收入,而是依靠管地获得财政收入。土地财政收入依靠土地管理获得,主要来源于税收,而不是土地出让收入。

土地管理需要科学和合理地划分中央和地方政府的责任。可以借鉴我国台湾地区的经验,中央政府主要管理土地立法和跨区域土地利用;省级土地管理部门主要管理城市体系规划和建设,作为耕地保护的责任主体负责区域耕地数量的动态平衡和土地开发复垦整理;地(市)政府土地管理部门主要负责区域中心城市规划和建设;县(市)政府土地管理部门主要负责土地利用总体规划、管理和实施;乡镇土地管理部门主要负责土地权籍管理和土地利用监测。深圳的土地制度改革实行上级政府权力下放,这符合土地行政管理体制改革的趋势。

我国的土地行政管理体制改革,要将垂直管理和分级管理结合起来,减少条块矛盾冲突,最根本的方法是减少不必要的行政干预,正确履行政府在市场经济条件下的职能,还权于民、还权于社会、还权于市场。

(四)立足国情,循序渐进

我国城市化过程中的土地制度改革,必须坚持积极稳妥的改革思路,把促进改革发展同保持社会稳定结合起来,坚持改革力度、发展速度和社会可承受程度的统一。

我国城市化的趋势,是人口向东南沿海地区集聚,特别是大城市边缘,是外来人口最集中的区域。城市建设应坚持"大集中，小分散"，以大城市为依托，开展新城（二级市）建设，形成城市群，以产业集群和产业链来组织促进城市发展，形成新城（二级市）特色，每个城市的就业、居住和社会服务能够自成体系，自我实现地域平衡。它有利于提高我国城市化地区的人口承载力，也有利于提高土地节约集约水平。我国西部地区和老、少、边地区的发展，对于维护民族团结和国防安全具有非常重要的地位。过去在计划经济下，这些地区实行比沿海地区更高的工资和社会福利，鼓励在内地、沿海居民到此落户。在市场经济条件下，西部地区和老、少、边地区的工资和社会福利优势已经逐步消失，我国应该学习美国西部开发的经验，将国家投入项目，特别是军工、高等教育基地、国家商品农业基地建设等项目尽可能布局到西部。同时，注意改善投资环境，利用西部地区和老、少、边地区的资源优势和国家政策扶持优势，吸引内地、沿海居民到此创业和落户。我国在经济发展过程中对环境保护和生态环境安全格局关注不够，东部地区很多地方的建设用地比例过高，一些省份的建设用地比例远高于日本、韩国，一些城市的建设用地比例超过我国香港和新加坡。应当严格控制建设用地规模，建设用地应该只减不增，城市建设用地扩大和农村居民点建设用地复垦相挂钩，对农村居民点建设用地复垦在经济上给予优待，切实维护农民的土地财产权益。农村居民点建设用地复垦和农业劳动力转移、进城农民市民化相挂钩。对城市房地产市场的培育一定要限制房地产投机，严格限制城市居民住宅的最大使用面积，对于超过最大使用面积标准和住宅闲置的，要通过税收使之具有沉重经济压力。

我国城市土地实行有限期使用，有利于维护我国的土地主权。对于城市使用年限到期后如何延期的问题，应该对外国居民和本国公民区别对待。我国最早出让的国有土地按照最高使用年期，应该在2030年前后到期，目前讨论具体政策不具有迫切性。个别城市如的确有短期出让的土地使用期到期的情况，则完全可以比照最高使用年期出让的土地延长其土地使用年期并补交土地出让金。我国城市土地国有，国家收取土地出让金，享受到了土地所有者的经济权益，它作为经济主体，实际上应该是土地税的征收对象。所以，在我国城市房地产税主要应该按照房屋价值征收。房屋价值等于房地产市场销售价格减去土地出让价格，房屋价值远大于建筑造价。

我国地域辽阔,各个地区的自然、经济和社会状况差异明显。在不同地区和不同时期,对不同产业,土地管理应该从实际出发,实行政策差别化。通过全国性土地差别化政策,土地供应更加符合各地实际,地方政府在土地利用管理方面的政策可以更加公开透明,从而有利于各种运作程序的公正和规范。通过推行全国性土地差别化政策,构建金融、财税和产业政策相结合的、有保有控的差别化土地调控政策体系,在土地利用上形成合理分工的区域利益经济补偿机制,有利于促进经济增长方式转变和产业经济结构转型,实现区域土地统筹利用和区域经济社会协调发展。我国城市化过程中的土地管理政策的制定应该立足于区域的土地资源禀赋、土地利用现状和发展阶段,针对不同情况,具体问题具体分析,综合运用行政手段、经济手段和法律手段。

B.19 从"国门安全"到"场域安全"

——出入境检验检疫在国家安全治理中的新定位

廖丹子　王梦婷*

摘　要： 食品、生态环境、公共卫生等领域中的安全问题已成为人们普遍关注的重大民生问题，出入境检验检疫在这些问题的安全维护中具有重要的地位与作用，然而其作用的发挥还存在观念性与体制机制性障碍。伴随新时期我国国家安全的改革实践与全面深化改革口岸管理体制的新要求，我国出入境检验检疫要突破传统的便利贸易通关的单一定位与"国门安全"的传统视角，在"场域安全"的新视角下重新审视其在国家安全治理体系中的新地位，在发展理念、战略定位、法律完善、体制健全、自身能力等方面探索出入境检验检疫维护国家安全的新思路。

关键词： 出入境检验检疫　场域安全　非传统安全　国家安全治理

引　言

随着全球化的进一步发展，人、物、信息等要素在全球范围内加速流动，出入境检验检疫（以下简称检验检疫）部门是主管出入境卫生检疫、动植物检疫和商品检验的行政执法机构，其作为各类要素的中转与连接站，所

---

* 廖丹子，管理学博士，浙江财经大学财政与公共管理学院讲师；王梦婷，浙江大学公共管理学院行政管理专业在读硕士生。

承担的各类检验检疫的业务量也随之增加,在"国门安全"维护中发挥了极为重大的作用,构成了国家安全体系建设的重要组成部分。同时伴随着我国进出口贸易的持续快速增长与便利通关的改革,我国检验检疫所截获或处置的安全威胁也逐渐增多,我国的国家形象、经济贸易、生态环境、民众生命与健康、社会稳定等面临愈加突出的压力与挑战:"非典"、禽流感、甲型H1N1流感等病毒的扩散与传播严重威胁人的安全;一枝黄花、松材线虫、地中海果蝇等有害生物入侵威胁着生物多样性与环境安全;随着众多有害生物的入侵与"生物恐怖主义"威胁的日益严峻,"生物国防""生物疆域"已引起学界与政策界的高度重视①;在2007年美泰玩具召回、2008年日本"毒水饺"、2012年菲律宾香蕉等事件中,检验检疫维护国家形象与国家利益、保障产品质量安全、维护企业利益及与此关联的社会稳定的责任与压力随即彰显。

与此同时,检验检疫"国门安全"维护的理念与体制机制等表现出能力不足,在新时期全面深化改革的要求下,检验检疫维护"国门安全"需要新思维。产品质量问题、环境与生态威胁、金融风险、食品安全威胁、公共卫生威胁、生物安全威胁等传统与非传统安全问题及相关突发事件日益增多,且这些问题以从未有过的方式或以比以往更具危害性的方式侵害人类的生存与发展,甚至被利用为一种新的"战争"方式(如生物战、基因战、信息战、资源战等),我国国门安全维护的任务愈加艰巨。以公共卫生安全为例,近年来传染病开始不断爆发和流行,霍乱、结核病、疟疾等的防止工作仍任重而道远,如2012年我国(不含港澳台)共报告法定传染病发病6951478例,死亡17315人,死亡率为1.29/10万②;有害生物的入侵威胁也愈加显著,如2011年全国查验与截获各类动物疫病和植物有害生物3972种、50.02万次,同比分别增长8.35%和24.5%③。同时,跨境电子商务、外来物种入侵、重大疫病疫情、生物恐怖主义等新议题已构成了检验检疫安全维护中的新

---

① 贺福初、高福锁:《生物安全:国防战略制高点》,《求是》2014年第1期。
② 《2012年度全国法定传染病疫情概况》,中国疾病预防控制中心,http://www.chinacdc.cn/tjsj/fcrbbg/201303/t20130327_79057.htm,2013年3月27日。
③ 《中国质量监督检验检疫年鉴2012》,中国质检出版社/中国标准出版社,2012。

挑战。另外，我国力促贸易便利化而做出新规，检验检疫在职能定位与监管方式创新上面临新的压力。2013年7月24日国务院常务会议决定，"免收2013年8月1日至2013年年底5个月的出口商品法检费用""对1507个出口工业品不再实行出口商品检验""减少法检商品种类，原则上工业制成品不再实行出口法检"。同时党的十八届三中全会在《中共中央关于全面深化改革若干重大问题的决定》（以下简称《决定》）中明确提出要建立统一规范的口岸管理体制，健全"公共安全体系"、创新"社会治理体制"、推进"国家治理体系和治理能力现代化"，并计划在中央高层设立"国家安全委员会"与"制定和实施国家安全战略""推进国家安全法治建设"等。这一系列重大举措表明，新时期我国对涵盖社会、经济、政治等方面的"总体安全"[①]将给予高度重视，有必要在涉及国家安全的更广的领域探索国家安全治理的新思路与新路径。

鉴于此，要在新的安全态势下重新看待检验检疫在国家安全治理体系中的地位与作用，要对国门安全维护的现状、问题与挑战进行新的认识与分析，要探索国门安全维护的新理念与新思路。本报告基于检验检疫在国家安全治理中的重要地位和作用及其职能调整的新要求，识别并评估与我国检验检疫相关的各类威胁，分析我国国门安全维护的现状与问题，提出要实现从"国门安全"到"场域安全"的转变，并在"场域安全"维护的体制机制等方面尝试性地提出了改革建议。

一 检验检疫在国家安全治理中的地位与作用

（一）地位

自1999年"三检合一"[②]以来，检验检疫系统依法履行职能，在维护社

[①] 2014年4月15日召开的国家安全委员会第一次会议上提出涵盖政治、经济、环境等领域安全的"总体国家安全"观。

[②] "三检合一"指进出口商品检验、出入境动植物检疫、出入境卫生检疫从各自分立到三者在机构与职能上合并为"出入境检验检疫"。

会公共利益和进出口贸易有关各方的合法权益、防止传染病传入传出、实施国境卫生检疫、维护生态多样性、保护人体健康、保护农林牧渔业生产、促进中外经贸发展、维护国家形象、捍卫国家主权、维护国家安全等方面,发挥了巨大作用。检验检疫成为安全治理体系中不可或缺、不可替代、不可分割的重要组成部分。

首先,不可或缺性。安全问题为重大的民生问题之一,安全构成了人们生产生活、社会建设与国家安全的前提与必要内容。我国检验检疫是国家文明的产物,其发端可溯及公元前3世纪。我国古代各类史籍中就有关于检验检疫的记载,如秦国以火焚燎过境马车以防疫病传入;唐代建立了对海运入境进行监管的机构"市舶司",宋、元、明三朝对此均有发展;19世纪后期我国正式建立了出入境检验检疫制度;20世纪末为顺应改革开放、加入WTO及与国际贸易接轨的新要求,中国基本上形成了"三检合一"的大质检格局。究其本质,检验检疫机构依法对出入境的商品、卫生与动植物进行检验、检疫及监管,从而有效维护了民众的生命与健康、环境的清洁与生态的可持续、质量的保障与食品的安全、企业的利益与产业的安全、经济的增长与政治的稳定、主权与国家利益等。因此,我国检验检疫的安全维护作用直接体现了科学发展观的核心——以人为本,其各项工作直接关系到百姓民生、社会和谐、环境保护与国家安全,构成了公共安全与国家安全维护中不可或缺的责任主体。

其次,不可替代性。检验检疫与相关部门①共同构成了"国门安全"的重要保障力量,然而与其他部门相比,其安全维护具有不可替代性。从机构定位看检验检疫的主管机构——质量监督检验检疫总局(以下简称质检总局)是国务院主管全国质量、计量、出入境商品、卫生与动植物检验检疫,实行进出口食品安全和认证认可、标准化的专门专业机构,承担着"国门"上有关社会、经济、政治、人身、卫生、健康等威胁的检验、检疫、检测、认证、认可及相关重大事件的防范与应急处置等职责,是技术性执法与监管性执法的重要部门。从法定职责看,检验检疫担负着出入境环节上的商品、

---

① 指职能相近、相关的部门,如海关、质检、工商、税务、交通、边防、边检、海事、海警等。

动植物和卫生的检疫与检验,其专业、专门性职能具有不可替代性。从"国门安全"的整个链条看,检验检疫与相关部门各司其职,分别在不同环节、不同领域担负了相应职责,缺一不可。从主权性看,检验检疫是国家主权的体现。检验检疫机构依据法律代表国家行使检验检疫职能,对一切进出国境的人员、货物、运输工具、旅客行李物品和邮寄包裹等实施强制性检验检疫;对涉及安全、卫生及检疫产品的国外生产企业进行注册登记;对发现检疫对象不符合安全卫生条件的商品、物品、包装和运输工具,有权禁止进口,或视情况在进行消毒、灭菌、杀虫或其他排除安全隐患的措施等无害化处理并重验合格后,方给予进口;对于应经检验检疫机构实施注册登记的向中国输入有关产品的外国生产加工企业,要求其必须取得注册登记证书,否则其产品不准进口。① 这些强制性规定正表明检验检疫职能是其他部门无法替代行使的。

最后,不可分割性。我国检验检疫从"三检分立"到"三检合一",是贸易便利化的必然改革,既符合进出境贸易的发展要求,也是更加有效地维护国内外企业利益、保障民众与生态安全的必要举措。为应对激烈的国际贸易竞争和有效应对各类技术贸易壁垒,切实保障国民生命与健康安全和生态环境,减少企业成本与提高监管效率,我国针对企业出口的检验与检疫工作亟须改变过去部门分立、职责交叉、重复检验、强制性收费等工作方式,而需要"大通关""一站式""一口对外"的管理新模式,过往商品检验、卫生检疫与动植物检疫"三检分立"的管理模式,需要向三检整合、统一的管理方式转变。1999年,为顺应国务院机构改革的要求,原分属于卫生部、对外贸易经济合作部和农业部的国家商品检验局、卫生检疫局与动植物检疫局并为一个机构,即中华人民共和国出入境检验检疫局。实践证明,我国卫生与动植物检疫和商品检验的"三检合一"的探索与改革具有历史必然性与现实合理性,顺应了我国贸易便利化与"大通关"建设的要求,加速了货物的通关速度,降低了企业成本,促进了经济发展与产业升级。"三检合一"是国务院机构改革的重

---

① 程燕、惠波:《检验检疫人员英语培训方法的探讨》,《中国国境卫生检疫杂志》2005年第1期。

要内容,也是我国口岸管理走向科学化、高效化的有效探索,从长远看有利于我国改革开放与对外经贸事业的发展。①

检验检疫在国家安全治理体系中具有重要作用,还突出表现在其具有"场域安全"的特征。"场域"(field)是社会学、人类学的重要范畴。法国著名社会学家皮埃尔·布迪厄(Pierre Bourdieu)这样界定与解释场域:"在各种位置之间存在的客观关系网络,或一个构型(ccnfiguration)。……其根据是这些位置在不同类型的权力(或资本)的分配结构中实际的和潜在的处境,以及它们与其他位置之间的客观关系(支配关系、屈从关系、结构上的对应关系)"②。在布迪厄看来,场域是不同位置之间为争夺支配性资源的关系网络。场域这一范畴的目的在于探索行为背后潜在、本质、不可见的关系性逻辑,它代替"环境"、"语境"和"社会背景"等话语,为寻究经验事实(人口、机构、群体和组织)背后的利益与斗争的潜在模式和关系性逻辑提供了新的分析工具。③ 据此,廖丹子将场域界定为"不同主体因共享特定支配性价值而形成的关系网络"。④ 关于安全场域,余潇枫教授较早提出并将其界定为"能够影响乃至决定安全态势的特定情境",包括地缘场域、利益场域与社会心理场域,国家安全战略的设定与安全场域有紧密的联结关系;⑤ 余还以安全场域为分析工具重新审视"边疆"界限的常规划分,提出边疆应由"硬边疆"和"软边疆"共同构成。⑥ 还有研究者提出"国家安全场域"的概念。⑦

在"场域安全"这一范畴中,"场域"成了指涉对象,"场域安全"是指特定关系网络维持其基本属性的能力。其中,这一特定关系网络的"节

---

① 需要补充的是,"三检合一"在具体实践中遇到了观念、体制、机制、人员、技术等方面的障碍,检验检疫对此要有进一步的探索与改革。
② 〔法〕布迪厄、〔美〕华康德:《实践与反思:反思社会学导引》,李猛、李康译,中央编译出版社,1998。
③ 〔美〕戴维·斯沃茨:《文化与权力:布尔迪尔的社会学》,陶东风译,上海译文出版社,2006。
④ 廖丹子:《中国民防体制的困境及其超越》,浙江大学博士学位论文,2013。
⑤ 余潇枫、李佳:《非传统安全:中国的认知与应对(1978~2008)》,《世界经济与政治》2008年第11期。
⑥ 余潇枫、徐黎丽:《"边安学"刍议》,《浙江大学学报》(人文社会科学版)2009年第5期。
⑦ 马洪伟:《国家安全场域中边疆民族地区基层政权建设探析》,《云南社会科学》2011年第2期。

点"（nodes）包括主体、区域、层面、领域、阶段、代际等要素，关系网络的属性则由主体、结构、要素、样式、功能、价值等不同方面构成的整体来体现。场域安全的特性体现在三个维度上：一是空间维度的延展性，即场域安全的空间边界具有模糊与动态的特征，因此其空间跨度可延伸至全球、区域、国家、社会、社区、家庭、个人等不同层面，且这些层面因地缘、利益、社会心理等不同因素的介入而不断变更；二是时间维度的累积性，即场域安全的现时存在必定有其历史的源起、发展与获得的过程，是自然与政治、经济、文化、社会等多种因素综合作用的结果，既呈现动态性与发展性，又呈现一定时段内的相对稳定与可持续的特征；三是实践维度的多样性，即场域安全在现实维护中体现了其属性的多样化呈现方式，如所涉及领域的多元性、维护方式的多样性、维护主体的多元性、价值目标的多维性、表现形式的多样性等。

若将检验检疫看成一个场域，那么检验检疫的安全维护就具有场域安全的特征，其维护了一个宽领域、多层面、全方位的安全场域。由此观之，检验检疫所维护的安全具有以下相互联结的五方面特征：一是主权性，即根据我国相关法律法规对出入境的商品、动植物与卫生实行检验检疫，是我国主权独立的重要象征，也构成了主权完整的必要内容；二是全局性，即检验检疫所截获与处置的威胁，倘若顺利出入境，则将对我国与国际领域的生命与健康、生态环境、社会稳定等直接构成整体性威胁；三是战略性，即检验检疫的一些工作直接涉及国家军事、政治、国防安全，涉及对国家安全高层战略的考虑，如对核生化恐怖主义的检测与紧急处置；四是结构性，即检验检疫工作直接触及国家的行业设置与经济结构，如其他国家实行技术性贸易壁垒[①]，对我国企业生产、行业发展与经济政策将产生重大结构性影响；五是综合性，即检验检疫工作涉及政治、经济、文化、社会、生态等诸多领域及其各个层面，综合影响着我国生产、生活、生计与生态的各个方面。由此观之，以往一般认为检验检疫所维护的"国门安全"的内涵与外延已发生深刻变化，传统意义上的"国门"

---

① 一般认为，技术性贸易举措是指一国或区域组织为维护自身国家或区域安全、保障人类健康和安全、保护动植物健康和安全、防止欺诈行为等而采取的一些强制性的或自愿性的技术性措施。

仅指出入境这一具体环节,代表了狭窄意义上、单一空间维度上的"国门"。从检验检疫维护的安全所具有的主权性、全局性、战略性、结构性与综合性的特征来看,检验检疫具有场域安全的特征:在空间维度上,检验检疫对公共卫生、经济安全、生命与健康、政治与外交等的维护作用绝不限于出入境检验检疫这道"国门",其还广泛影响了全球经贸发展、区域安全合作、国家主权安全与国内经济结构、企业利益与生存、社会和谐稳定与家庭和睦等方面。在时间维度上,综观我国检验检疫的产生与发展历史,其如实反映了我国争取主权独立、保障政治稳定、促进经贸发展、推进社会建设、维护国家利益、融入并参与国际贸易竞争的历史发展过程。在实践维度上,检验检疫实施安全维护的领域、方式、主体、目标、样式、功能等都具有多样性,且在实践中不断深化、发展。

(二)作用

第一,公共卫生防控体系的重要门户。随着国际交往日趋频繁,各种公共卫生风险迅速跨国跨境传播,在短时间内即可波及全球,尤其是高危流行性传染病的传播,因其具有跨国性、隐蔽性、传播速度快、杀伤力巨大、不可预知性等特点①,一旦失控便成为巨大的人类灾难。因此,各国政府对科学有效地应对输入性公共卫生风险的重视和投入日益提升,口岸公共卫生的防控便成为重中之重。近来发起的登革热、脊髓灰质炎、疟疾等,都是检疫工作的重点。

第二,保护生态环境安全的有效关口。检验检疫通过把关大宗有毒有害物品(如危险化学品和废物原料等)的进出口,阻止会对土壤、水资源、大气、植物等造成危害的动物、植物和微生物传入传出国境,为维护我国与全球生态多样性加强保障力量。如2011年检验检疫检出进口废物原料环保项目不合格267批,货值2717万美元,进口旧机电到货检验不合格3019批,注销、撤销478家国内收货人注册登记资格②;2012年重庆口岸截获了"地中海

---

① 罗朝荣:《论全球化背景下中国非传统安全》,陕西师范大学博士学位论文,2012。
② 《中国质量监督检验检疫年鉴2012》,中国质检出版社/中国标准出版社,2012。

实蝇"（国际公认的最具破坏性的蔬菜与水果害虫）并对其进行了隔离存放等相关处置①；切实做好境外疫情"非洲猪瘟"〔该病被世界动物卫生组织（OIE）列为法定报告动物疫病，被我国列为一类与重点防范的外来动物疫病〕的防范与处置②。

第三，保护人民生命与健康的关键环节。消费品安全一直以来是国际社会关注的焦点，也是当前我国各级政府的重大民生建设项目。对出入境食品、化妆品等依法进行检验与检疫是保护我国消费者生命健康与安全的必要环节。2012年全国出入境检验检疫机构共检出质量安全项目的不合格进口食品2499批次（微生物、品质和标签等项目为主要不合格原因），不合格食品涉及22类产品，来自65个国家和地区。检验检疫在口岸识别安全威胁并通过部门合作、区域联动、风险防控、责任溯源等机制有效控制消费品不安全因素的进出境。

第四，维护我国经济安全的有力武器。技术性贸易壁垒一直是我国贸易发展的一大障碍。虽然WTO规则就如何实施技术性贸易措施制定了规范，但由于我国经济发展水平、贸易结构以及技术法规和标准等与发达国家存在很大差距，产品出口尤其是中小企业产品出口频频遭遇发达国家的技术性贸易壁垒。检验检疫在国境口岸严把质量关，加强进出口产品的监管工作，减少贸易纷争，及时获取其他国家的最新技术标准，扶持出口企业应对技术挑战，如2013年宁波检验检疫局针对欧盟的新玩具安全指令，组织200余家企业和宁波婴童协会参加全国出口玩具企业培训与座谈③。

第五，打击国外生物恐怖主义的前沿阵地。随着生物武器的开发与运用，生物国防受到发达国家的高度重视，生物恐怖主义也成为当前我国国防安全的重大新议题。④ 生物恐怖是指以蓄意使用生物武器并扩散病原微生物或生物毒

---

① 《重庆截获49头地中海实蝇 这种世界级害虫有多可怕?》，重庆时政，http：//cq. cqnews. net/sz/2012 - 05/04/content_ 15316849. htm。
② 《关于切实做好非洲猪瘟防范工作的通知》，中华人民共和国农业部官网，http：//www. moa. gov. cn/govpublic/SYJ/201211/t20121123_ 3070395. htm。根据通知要求，检验检疫机构在联合防范"非洲猪瘟"的工作中担负了重要职责。
③ 《应对欧盟玩具新安全指令座谈会在慈溪召开》，宁波出入境检验检疫局轻工产品检测中心，http：//www. zjnci. com/newsinfo. asp? id =418，2013年11月26日。
④ 贺福初、高福锁：《生物安全：国防战略制高点》，《求是》2014年第1期；彭海、张凤坡：《生物国防防范悄无声息的战争》，《科技日报》2013年10月29日第12版。

素的方式进行袭击，企图制造人、动物或植物的疾病或死亡的恐怖活动。"9·11"事件后，一些国家、极端组织和个人在口岸通过威慑（恐吓）使用或实际使用生物战剂，造成或可能造成生命损害，引起口岸公众的心理恐慌，破坏社会安定甚至危害国家主权。检验检疫可以通过分析生物恐怖的特征，对口岸出入境人员、货物、交通工具等进行生物战剂监测、排查和处置工作，有效防止生物有害因子入境，为国家安全增添一道保护屏障。①

第六，体现我国负责任大国形象的重要领域。贸易保护主义于2009年在世界范围内凸显，近年来贸易保护案件数量明显攀升，形式日趋多样化。根据Global Trade Alert 数据库的统计，从2008年11月1日至2010年2月1日，世界各国采取了713项贸易措施（包括493项已实施措施和220项待实施措施），其中88项是贸易促进措施，365项是明确的贸易限制措施。② 贸易保护措施使国家间的经贸关系出现泛政治化的倾向，如2007年美国媒体以大量篇幅报道与中国食品有关的安全问题，炒作"中国食品威胁论"，质疑中国政府的态度和监管能力。而检验检疫面对出口产品泛政治化这个问题，通过加强进出口产品监管，积极与国际组织合作，有力对抗国际的质疑，维护国家利益与国家形象。

二 检验检疫中的安全威胁识别与分析

目前，我国检验检疫所处置的安全威胁大致可概括为六大类。

（一）外来生物入侵

外来生物（包括微生物、植物和动物）在出入境环节被引入我国境内后，其种群极易迅速蔓延并形成失控局面，造成本地物种种类濒临灭绝，破坏当地农业生产、生态环境以及经济发展。2013年10月召开的"第二届

---

① 京、广、深等口岸共发现64起可疑白色粉末。参见廖如燕等《国境口岸生物恐怖事件应对策略与措施的探讨》，《中国国境卫生检疫杂志》2008年第2期。
② 盛斌、李德轩：《金融危机后的全球贸易保护主义与WTO规则的完善》，《国际经贸探索》2010年第10期。

国际生物入侵大会"确认中国遭受的外来入侵物种已达 544 种。近 10 年来,我国相继发现 20 余种世界危险性与暴发性物种的入侵,且年均增加 1~2 种,成为世界上遭受生物入侵最严重的国家之一。[①] 有统计数据表明,松材线虫等 13 种农林入侵物种每年给我国造成的直接经济损失达 600 多亿元。[②]

(二)重大传染病

各类病毒、病菌等主要由人、食品、药品、动物植物等入(过)境时携带,隐蔽性强、传染性大,严重危害公共卫生安全以及生态环境安全。具有威胁的病原菌大体上包括鼠疫、霍乱、疟疾、黄热病、流行性感冒、流行性脊髓灰质炎、流行性斑疹、回归热、登革热、艾滋病、性病、开放性肺结核、麻风病等。近年来我国一些检验检疫机构还报告了一些新的病毒病菌,如新型冠状病毒、肝炎病毒、非洲果蝇等,构成了公共卫生安全的新阴影。"非典"和甲型 H1N1 流感所造成的恐慌还没有消散,新型传染病 H7N9 禽流感于 2013 年又开始在我国肆虐,[③] 然其传染源尚未确定,给公共卫生造成了较大的安全风险。

(三)核生化恐怖主义危害显现

生物武器由于造价相对低廉,科技含量较低,被称为"穷人的核武器"。国际上已出现过多起生化恐怖事件,如 1995 年日本奥姆真理教教徒在东京的营团地下铁(现东京地下铁)散布沙林毒气,造成 13 人死亡、约 6300 人受伤;[④] 2001 年美国炭疽攻击事件造成 5 人死亡、17 人被感染。我国口岸面临

---

① 《我国确认存 544 种外来入侵生物其中 20 种暴发成灾》,中国青年网,http://news.youth.cn/gn/201311/t20131117_ 4217430. htm。
② 《我国确认外来入侵物种已达 544 种》,http://news.sina.com.cn/c/2013 - 10 - 23/182728513200. shtml。
③ 至 2014 年 1 月 8 日,上海、安徽、江苏、浙江、北京、河南、山东、江西、湖南、福建、河北、广东 12 省(市)和香港共报告确诊病例 165 例,其中死亡 47 例。参见百度百科《甲型 H7N9 禽流感》,http://baike.baidu.com/link?url = K5nynS - SU6k26wUUp8ytiOFknhjJ _ phkmK4rB6YvnBa2i2fwst43l26RRK65Y3mRIwUY1FJMOTC6lg3c3I9Rjq,2014 年 2 月 11 日。
④ 《东京地铁沙林毒气事件》,http://baike.so.com/doc/814153. html,2014 年 1 月 11 日。

着核武器、生物武器及化学武器的威胁，广州、北京、深圳、厦门、西安等口岸先后发生64起可疑白色粉末事件，导致国际候机楼停用数日，造成一定程度的人员恐慌和局面失控[①]；2013年第四季度，全国各口岸检出核与辐射有害因子超标共557起[②]。

（四）技术性贸易壁垒激增

一国的技术性贸易措施对其他国家或区域组织的商品、服务和投资自由进入该国或该区域市场产生无形的限制性作用。[③] 技术性贸易措施严重影响了我国出口企业的利益和经济发展。2011年，我国超过1/3的出口企业受到国外技术贸易措施的影响。其中，大型企业占39.0%，小型企业占32.0%；国有企业占36.2%，民营企业占36.3%；生产加工型企业占89.2%，流通贸易型企业占0.09%。[④] 这些数据表明技术性贸易壁垒给我国企业利益、产业结构调整带来了新的压力。

（五）贸易结构性问题突出

从整体上看，我国的出口产品大都处于全球贸易链的中低端，且在生产链中位于简单加工环节，这种结构性弱势导致我国企业在全球贸易中处于非常不利的地位，严重影响着我国产业的转型升级。机电产品一直占我国外贸出口的首位，但长期以来均是简单再加工，拥有的自主品牌不超过30%。同时，由于低价竞销、恶性竞争等原因，国外反倾销指控不断，位于产业链低端的出口企业的贸易条件不断恶化。

---

① 廖如燕、陈胤瑜、宋卫等：《国境口岸生物恐怖事件应对策略与措施的探讨》，《中国国境卫生检疫杂志》2008年第2期。

② 《2013年第4季度全国口岸入境核与辐射有害因子监测情况统计表》，国家质量监督检验检疫总局，http://www.aqsiq.gov.cn/xxgk_13386/zxxxgk/201401/t20140124_394951.htm，2014年1月24日。

③ 夏友富：《技术性贸易壁垒对国际贸易的影响及其发展趋势》，《WTO经济导刊》2003年第4期。

④ 中华人民共和国国家质量监督检验检疫总局编《中国技术性贸易措施年度报告》（2012），中国质检出版社，2012。

（六）污染物威胁复杂多变

产品在生产、加工、运输等环节中易受到污染或有毒有害物质的侵袭。如2013年浙江衢州检验检疫局从来自美国的4批进口全脂乳粉中连续检出亚硝酸盐含量超标，货物重量共计220多吨、货值110余万美元。① 而2011年我国收到出口国家或地区的食品不合格通报的原因共涉及16大类，其中农兽残、微生物、食品添加剂等安全卫生项目占到69.53%。另外，旧电子物料、二手服装、工业及放射性废料等"洋垃圾"成为我国的主要货物，而这些垃圾回收少、填埋多，给我国的大气、土壤等生态环境带来难以修复的破坏。

三 "场域安全"维护的问题与挑战

（一）发展目标与安全目标难以两全

改革开放以来，我国对"安全与发展"关系的认识大致经历了三个阶段：改革开放初期认为，发展是安全的前提，"发展是硬道理"，中国政府的首要任务是发展经济；随着经济的腾飞与人民物质生活水平的提高，因发展而引发的环境破坏、各类事故、食品不安全等问题凸显，"安全"与"发展"被视为一个硬币的两面，两者相辅相成、缺一不可；紧随着"非典"危机、全球金融危机、食品安全危机、水资源危机、重大自然灾害等非传统安全威胁形成的普遍性压力，"科学发展"因此成为我国发展的新纲领，安全与发展的关系被重视审视，"安全是发展的前提""安全是发展的核心""安全是制度伦理的底线"在某种程度上成为人们的共识②。然而客观地说，"安全发展"的观念还只是初步的，也仅限于决策高层与个别地区，在更多地区的具体实践中仍然是"发展优先，其他靠边"，"安全"在重要性与紧迫性方面仍然次于"发展"。

---

① 《衢州口岸：退运不合格进口乳粉》，中国质量新闻网，http://www.cqn.com.cn/news/zggmsb/disan/850942.html。
② 余潇枫：《"平安中国"：价值转换与体系建构——基于非传统安全视角的分析》，《中共浙江省委党校学报》2012年第4期。

安全目标与发展目标的难以兼顾也突出反映在检验检疫部门。对检验检疫部门来说,其首先是一个服务贸易通关的部门,是我国贸易发展与经济建设中一股重要的服务与保障力量;同时,其维护的国门安全实质上是一个具有主权性、结构性、全局性的"场域安全"。然而检验检疫在职能履行过程中,难以兼顾经济利益与安全保障,主要体现在:安全查验与进出口企业和出入境个人利益存在一定程度的不一致,且前者常被后两者误解或不理解;"严格把关,有效监管"的安全保障措施难免与地方政府的经济发展目标相抵触。如上海自贸区开始试行"一线管住,二线高效管住"①,且"一线"领域大多是非法检目录物品,这在为便利通关设置优惠政策的同时,却面临着更多不确定的威胁与风险。总之,随着国际贸易的飞速发展,检验检疫面临的把关与服务、增长与安全、出口与质量、贸易便利化与质量安全目标等之间难以兼顾的问题愈加突出。从"场域安全"这一更为广阔的视角来看,在检验检疫工作中协调与统筹把关、服务、经济、发展、监管、安全等目标便成为一个需要经常面对的难题。

(二)国内强控制和国际弱控制难以对称

"场域安全"为检验检疫审视其自身工作及其与外围的关联提供了一个全新的、更为广阔与更具分析力的视角,体现之一,就是"场域安全"将我国检验检疫纳入全球经济体的范围而在国内与国际两个层面重新思考检验检疫的具体工作。检验检疫直接监管的空间范围是"国境线",而间接影响到的区域则延伸至国境内外。我国已建立起相对完备的检验检疫制度,但国际上并没有一套完整的认可体系来监管物流和人流。虽然联合国、世界卫生组织、世界贸易组织等国际组织在公共卫生、国际贸易等方面已经制定了一系列规则和标准,但各国在具体实施中缺乏应有的法律约束力与有效的执行力,世界各国大都以本国的法律法规为根据,而国际规则、标准仅为参考。同时,我国的产品出口与外国的产品进口各自存在贸易壁垒、严进宽出等问

---

① 对于上海自贸区,"一线""二线"有不同规定,"一线"指由境外到自贸区;"二线"指由自贸区到国内市场,因而"一线"实是境内区域。

题，由于我国产品在国际市场中处于中下端，因此我国遭受了因产品进出口问题而导致的商务、旅游、贸易、外交甚至国防领域的安全问题；我国部分企业面临双重标准——出口商品标准高、内销商品标准低，企业利益受损；近年来国外技术壁垒的形式层出不穷、范围不断扩大、标准逐渐提高，各贸易国家或地区普遍重视通过技术壁垒来抬高进口商品的准入门槛（如日本的"肯定列表制度"、欧盟的REACH法规），再加上我国对进口产品的技术标准体系还不健全、企业诚信缺失等，导致我国大量产品的出口难度加大，出口企业损失严重。国内强控制和国际弱控制极易产生技术贸易壁垒、国际贸易纠纷、有毒有害物质出入境等影响贸易便利与安全保障的问题，导致我国出口商品的质量低下甚至不合格，我国的国家与企业在国际贸易中的声誉受损，如"三鹿奶粉"事件导致我国整个乳品行业的出口受阻，严重损害了我国乳品类民族企业的利益。

（三）法律相对滞后与现实新威胁难以对应

检验检疫依法执法，是其履行职能的基本要求，也是其切实维护"场域安全"的基本保障。在全球化进一步深化的背景下，国际贸易领域呈现新态势，面临诸多新问题、新要求，相比之下，我国商品检验、动植物与卫生检疫等相关法律法规存在诸多不足，存在法律规定与检验检疫具体实务不匹配的问题。如有些法律法规（如《中华人民共和国进出境动植物检疫法》）标准低，覆盖面窄，可操作性弱，上下位法冲突，职责规定重叠等，未能切实反映检验检疫的新形势，因而未能为检验检疫实务提供切实的法律依据。以生态安全领域的相关法律为例，在我国现有的检验检疫法律体系中，与生态相关的占了很大篇幅，但其存在统领性上位法缺失、名录制度不完善、一些条款滞后或偏离时代新问题、与国际规定不接轨等不足。再以食品安全领域为例，相关食品安全法律法规过于概括，惩罚力度不够，部门职责不清，有些内容已不符合实际工作情况，如在农产品、日用消费品、机电、专利等问题上，尚缺乏行之有效的风险预警机制和应急处理法规。尤为明显的是，在生物恐怖主义、外来物种入侵、跨境电子商务等重大新问题领域，还未有专门、具体的法律规定。

（四）新型威胁复合与应急手段单一难以呼应

检验检疫所应对的威胁呈现出多样性、复合性与复杂性特点，需要各相关政府部门、行业组织、民间机构和消费者等的支持与协调，但囿于社会参与机制的不健全，检验检疫维护"场域安全"所需要的政府各部门之间，政府、社会与市场多元主体之间的联动协调机制仍未建立。首先，相关部门之间缺乏良好的沟通与协调机制。从口岸整体运作情况来看，检验检疫部门与海关、海事、边检、边防等单位之间，甚至是检验检疫系统内部各机构之间，常常因不同的利益追求而无法实现真正意义上的联合执法和资源整合，各部门形成的以分段管理为主的监管模式导致监管责任不清、相互推诿扯皮。其次，由于我国自上而下的检验检疫监管与决策体制，法律法规的出台、标准的制定、检验检测体系的建立、认证认可体系的建立很难确切地从现实需要出发，容易造成管理"虚化"问题，很多具体管理制度在现实中难以执行。最后，社会与市场力量未能有效发挥。目前企业、消费者、大众、媒体以及相关行业组织等社会与市场力量缺乏有效参与监管的渠道与相立机制，其参与检验检疫监管的作用还未充分发挥。

（五）安全威胁复合与部门众多独立难以统合

检验检疫所维护的"场域安全"的涉及主体正逐步增多、时空范围正逐步扩大、责任强度正逐渐增强，无法靠单一手段、单一部门进行应对。一是主体延伸。国内向企业源头延伸，国外向合作国与相关组织、公司、个人延伸，正在形成包括国内出口企业、国外利益相关企业与国家、特定组织与个人的复杂"安全网"。二是领域延伸。从经济、贸易向政治、军事、生态、文化、社会、技术、宗教等领域延伸。三是安全责任强度加大。为了把好安全关，需要与他国的相关部门进行全面协作，还要帮助出口企业有效应对敌意国家的各种无理制裁。场域安全视角下我国检验检疫的职能正在多维度拓展，且跨越国界的特定利益与认同场域。价值观、历史文化、民族认同等非经济性因素越来越成为影响我国国家场域安全的复杂因素。检验检疫与相关部门（如海关、税务、工商、海事、边防、边检等）分别在不同环节担负场域安全中的不同安全职责，共同形成了场域安全维护的力量格局，而从整体看又存在部门林立、环节众多、执法平台封闭运作、职责交叉重叠①等不足。同时，简化手续、提高效率的"大通关"、"一线放开、二线管住"、"抽批检验、合格放行"以及地方政府"无水港""虚拟口岸"等建设，在拓宽绿色通道的同时，增加了不安全问题的产生与积累，各类风险与威胁被推到了出入境的第一线，加大了检验检疫这一环节中的安全管理难度。

四 全面深化检验检疫改革的思路与对策

（一）理念：强化并践行"大安全观"

从属性分类来看，检验检疫所维护的"场域安全"除涵盖经济安全、社会安全、环境安全等常规性非传统安全问题外，还包括由生物暴力、重大疫情、外来物种引发的"生物国防"等非常规性非传统安全问题，即"交织安全"②问题，检验检疫的安全实践极具综合性、复合性与复杂性，是一种涵盖传统安全、非传统安全和交织安全的"大安全"。随着口岸所面临威胁的日益复杂多变，检验检疫所维护的安全场域不断延展，甚至与政治安全、军事安全等传统安全相交织（如美、俄等国为有效应对生物恐怖主义、维护"生物国防"而设计了相应机构与计划③）。基于此，检验检疫系统在致力于大通关、大物流、大口岸的战略建设的同时，要树立"大安全观"的理念，将"大安全观"作为检验检疫系统日常工作的思想指导，使其成为检验检疫系统的工作理念，应注重宣传检验检疫作为"大安全"维护之第一防线的重要性，增强社会共识，同时为切实落实"大安全观"建立健全相应的体制、机制、机构、队伍并培育相应的"大安全文化"。

---

① 《《党的十八届三中全会〈决定〉学习辅导百问》，党建读物出版社，2013。
② 关于传统与非传统相互交织的问题，余潇枫将之归为"多源性非传统安全威胁"；廖丹子对"多源性非传统安全威胁"有专门分析，参见廖丹子《"多源性非传统安全"与现代民防体制》，载余潇枫主编《中国非传统安全研究报告》（2012～2013），社会科学文献出版社，2013；姜维清视为"交织安全"，并认为其是除传统安全、非传统安全之外的"第三种安全"，参见姜维清《交织：国家安全的第三种威胁》，世界知识出版社，2011。
③ 贺福初、高福锁：《生物安全：国防战略制高点》，《求是》2014年第1期。

（二）战略：将检验检疫置于国家安全体系之中

随着各个领域与层面的安全问题的增多，"安全"作为一种必要公共产品开始凸显其重要性，因此保障安全是政府的重要职能之一。进一步加强检验检疫的安全治理能力已成为我国国家建设与社会发展的新内容。这是安全维护现实的迫切要求，也是检验检疫对自身职能进行的新定位。一方面，随着食品安全、经济安全、生态环境安全、公共卫生安全以及口岸防恐等问题的凸显，检验检疫工作应成为国家安全治理的题中应有之意；另一方面，促安全、保安全是检验检疫在新时期新的职能定位。2002年《中华人民共和国进出口商品检验法》修改时就将立法目的从原先的"根据对外贸易发展需要"修改为"应当根据保护人类健康和安全、保护动物或者植物的生命和健康、保护环境、防止欺诈行为、维护国家安全的原则"。因此，以检验检疫维护国家安全的体制机制建设应成为我国国家安全体系建设中的重要组成部分。就目前我国检验检疫所维护的安全重点与所应对的威胁挑战而言，应从国家安全战略的高度重视检验检疫中核生化、反恐等非传统安全维护的职能与作用，从新时期全面深化改革的整体目标出发，将检验检疫的机构调整与安全职能置于公共安全体系与国家安全体系的建设及其规划当中。

（三）法律：建立健全检验检疫法律体系

首先，加强立法的整体规划，将检验检疫法律体系纳入国家安全法律体系的建设与规划中，对涉及检验检疫方面的立法，分门别类、分清主次、查明漏洞，有计划地开展立法工作，突出食品安全、生态环境安全、公共卫生安全和产品质量安全，推动我国的检验检疫相关法律法规的健全与完善。其次，要加大整合力度，加大法律内容规定上的处罚力度，进一步完善检验检疫直接涉及的法律法规的体系性与整体性，吸收借鉴国外发达国家的经验。再次，健全和完善检验检疫强制性技术标准，接轨国际标准及发达国家标准。最后，还应注意选择性地借鉴一些符合我国国情的国外技术标准以应对国外技术贸易壁垒。

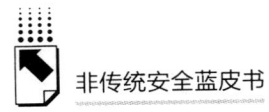

（四）体制：建立与维护与场域安全相适应的"大安全"管理体系

《决定》提出要"推动形成统一规范的口岸管理体制，加快整合口岸管理相关职能，货物进出口岸监管实现海关一口对外，旅检现场实现边检管人、海关管物的口岸通关模式，最大限度地促进进口贸易和物流的便利化"。因此，要进一步明确检验检疫部门的职责，强化检验检疫在国家安全治理和社会经济发展中的作用与地位。要十分重视检验检疫所处的场域安全的特征，在国家安全体系建设与规划的探索中要注重检验检疫与相关部门所形成的场域安全的属性、特征与要求，发挥检验检疫在国家安全维护中不可或缺、不可替代、不可分割的作用，建立场域安全维护的大安全管理体系。要进一步理清检验检疫与海关、公安、外交、边检、边防、海事、运输、税务、工商等各部门的各自职责①，构建信息互换、监管互认、执法互助、安全互保的体系，做好"大通关"战略的安全维护与保障。

（五）机制：建立与"大通关"相对应的"大安全"机制

从维护我国国家的综合安全目标来看，有必要建立外交、商务、海关等相关部门的"大安全"联动机制，共享安全信息，共推安全行动，共创安全局面。这主要包括常态与应急联动机制、风险管理机制和公共服务机制，具体可从四方面推进：首先，建立与国际社会及不同国家之间的联动机制，加强国家间与区域间的合作优势。其次，建立与海关等相关机构的信息共享、资源共有、机制共联的预警与处置机制，为"大通关""大物流""大口岸""一站式""大自由贸易区"提供全面的安全保障。再次，建立跨省的区域合作。以长三角地区为例，通过工作联动与交流平台搭建，建立与完善区域协作制度；通过开放式的监管体制机制创新，构建信息支撑平台，拓宽合作范围以提高服务把关效果；通过搭建技术平台，优化实验室的结构布局；通过搭建执法监管平台，统一执法行

---

① 相关机构与检验检疫机构职责交叉的问题十分明显，如地方卫生行政机关与检验检疫机关一直就口岸区域卫生监督权的归属争执不休。参见吴义乾《广州出入境检验检疫问题研究》，华南理工大学硕士学位论文，2012。

为规范。① 最后，建立与拓展与企业及社会之间的联动机制，发挥检验检疫部门在应对技术性贸易壁垒的主导作用，帮助企业提高综合竞争力，如建立技术性贸易措施的预警机制，建立统一规范的产品认证认可体系，加强技术性贸易措施知识的宣传、培训和普及工作等。建立技术性贸易措施的预警机制，加强技术性贸易措施知识的宣传、培训和普及工作等②。与此同时，要推进检验检疫机构从过于注重技术性检验与监测的微观管理，逐步发展为宏观监督与管理。

（六）能力：加强检验检疫的安全能力建设

面对外来物种入侵、生物恐怖主义、有毒有害物质、新型疫病疫情等新型威胁和跨境电子商务、游轮查验、再制造产业等新型检验检疫议题，加上政府职能转型与机构调整的大背景，检验检疫为提升安全维护能力，要着力加强自身的能力建设。首先，通过制度创新与管理能力建设提升安全控制能力，这需要加强安全制度创新和应急能力建设。其次，通过科技与信息化提升技术保障能力。应用科技完善检验检疫管理工作与管理模式，加快推进口岸电子执法系统建设，实现检验检疫系统的内网、外网与专网建设；深化管检分离改革，推进职能从微观到宏观转变③；培育第三方检验检疫机构与认证主体。再次，队伍能力提升。在科学确定检验检疫各岗位的工作职责和工作流程的基础上，制定绩效考核细则，加强国际交流合作，提高检验检疫人员的工作效能。最后，加强安全文化建设。要在实际工作中注重与强化安全职能，让安全维护与安全保障内化为每一位检验检疫人的自觉意识与自觉行为。

五　结束语

十八届三中全会通过的《决定》要求，要针对现行口岸管理部门林立、

---

① 徐金记：《长三角地区一体化背景下的检验检疫区域合作展望》，国家质检总局办公厅编《蓝图：质量监督检验检疫事业发展"十二五"规划征文获奖文集》，中国社会出版社，2011。
② 郑志斌：《检企联合应对共同破除壁垒》，载国家质检总局办公厅编《蓝图：质量监督检验检疫事业发展"十二五"规划征文获奖文集》，中国社会出版社，2011。
③ 我国官办性认证机构的转企改制已成大势所趋。参见《2014年我国检验检测机构整合将启》，中国行业研究网，http：//www.chinairn.com/news/20140312/124231431.html。

通关环节众多、执法平台封闭运作等突出问题，通过"推动内陆同沿海沿边通关协作，实现口岸管理部门信息互换、监管互认、执法互助"，破除通关运作中存在的体制机制性障碍，推动形成统一规范的口岸管理体制。这既为口岸管理改革指明了方向，也预示着检验检疫部门在国家安全治理与公共安全体系建设中的职责定位及其相应的体制机制建设等需要新思路。我国检验检疫部门要在深化改革、促进贸易通关的同时，突破固有"国门安全"的理解，建立"场域安全"的新视角，并在该视角下高度重视其安全维护与安全保障的重要地位与作用，高度重视检验检疫的各项工作对社会民生和公共安全的重要影响；基于新时期国家安全治理能力现代化与公共安全体系建设的新要求，进一步理清其与海关、边防、边检、海警、海事等相关部门的职能边界，逐步建立统一、规范、协调、高效、安全的口岸管理体制及其相应的口岸公共安全管理体制；从检验检疫的场域安全特征及其在国家安全与公共安全治理中的不可或缺、不可替代、不可分割的作用出发，找准新时期检验检疫系统机构调整的方向与重点，在服务通关的基础上，围绕场域安全维护的要求，切实做好理念转变、体制机制完善与制度创新。

中国皮书网
www.pishu.cn

发布皮书研创资讯，传播皮书精彩内容
引领皮书出版潮流，打造皮书服务平台

栏目设置：

- 资讯：皮书动态、皮书观点、皮书数据、皮书报道、皮书新书发布会、电子期刊
- 标准：皮书评价、皮书研究、皮书规范、皮书专家、编撰团队
- 服务：最新皮书、皮书书目、重点推荐、在线购书
- 链接：皮书数据库、皮书博客、皮书微博、出版社首页、在线书城
- 搜索：资讯、图书、研究动态
- 互动：皮书论坛

中国皮书网依托皮书系列"权威、前沿、原创"的优质内容资源，通过文字、图片、音频、视频等多种元素，在皮书研创者、使用者之间搭建了一个成果展示、资源共享的互动平台。

自2005年12月正式上线以来，中国皮书网的IP访问量、PV浏览量与日俱增，受到海内外研究者、公务人员、商务人士以及专业读者的广泛关注。

2008年、2011年中国皮书网均在全国新闻出版业网站荣誉评选中获得"最具商业价值网站"称号。

2012年，中国皮书网在全国新闻出版业网站系列荣誉评选中获得"出版业网站百强"称号。

权威报告　热点资讯　海量资源

当代中国与世界发展的高端智库平台

皮书数据库　www.pishu.com.cn

　　皮书数据库是专业的人文社会科学综合学术资源总库，以大型连续性图书——皮书系列为基础，整合国内外相关资讯构建而成。该数据库包含七大子库，涵盖两百多个主题，囊括了近十几年间中国与世界经济社会发展报告，覆盖经济、社会、政治、文化、教育、国际问题等多个领域。

　　皮书数据库以篇章为基本单位，方便用户对皮书内容的阅读需求。用户可进行全文检索，也可对文献题目、内容提要、作者名称、作者单位、关键字等基本信息进行检索，还可对检索到的篇章再作二次筛选，进行在线阅读或下载阅读。智能多维度导航，可使用户根据自己熟知的分类标准进行分类导航筛选，使查找和检索更高效、便捷。

　　权威的研究报告、独特的调研数据、前沿的热点资讯，皮书数据库已发展成为国内最具影响力的关于中国与世界现实问题研究的成果库和资讯库。

皮书俱乐部会员服务指南

1. 谁能成为皮书俱乐部成员？
- 皮书作者自动成为俱乐部会员
- 购买了皮书产品（纸质皮书、电子书）的个人用户

2. 会员可以享受的增值服务
- 加入皮书俱乐部，免费获赠该纸质图书的电子书
- 免费获赠皮书数据库100元充值卡
- 免费定期获赠皮书电子期刊
- 优先参与各类皮书学术活动
- 优先享受皮书产品的最新优惠

3. 如何享受增值服务？

（1）加入皮书俱乐部，获赠该书的电子书

　　第1步　登录我社官网（www.ssap.com.cn），注册账号；

　　第2步　登录并进入"会员中心"—"皮书俱乐部"，提交加入皮书俱乐部申请；

　　第3步　审核通过后，自动进入俱乐部服务环节，填写相关购书信息即可自动兑换相应电子书。

（2）**免费获赠皮书数据库100元充值卡**

　　100元充值卡只能在皮书数据库中充值和使用

　　第1步　刮开附赠充值的涂层（左下）；

　　第2步　登录皮书数据库网站（www.pishu.com.cn），注册账号；

　　第3步　登录并进入"会员中心"—"在线充值"—"充值卡充值"，充值成功后即可使用。

4. 声明

　　解释权归社会科学文献出版社所有

卡号：1484886976602501

皮书俱乐部会员可享受社会科学文献出版社其他相关免费增值服务，有任何疑问，均可与我们联系

联系电话：010-59367227　企业QQ：800045692　邮箱：pishuclub@ssap.cn

欢迎登录社会科学文献出版社官网（www.ssap.com.cn）和中国皮书网（www.pishu.cn）了解更多信息

社会科学文献出版社 皮书系列

"皮书"起源于十七、十八世纪的英国,主要指官方或社会组织正式发表的重要文件或报告,多以"白皮书"命名。在中国,"皮书"这一概念被社会广泛接受,并被成功运作、发展成为一种全新的出版形态,则源于中国社会科学院社会科学文献出版社。

皮书是对中国与世界发展状况和热点问题进行年度监测,以专业的角度、专家的视野和实证研究方法,针对某一领域或区域现状与发展态势展开分析和预测,具备权威性、前沿性、原创性、实证性、时效性等特点的连续性公开出版物,由一系列权威研究报告组成。皮书系列是社会科学文献出版社编辑出版的蓝皮书、绿皮书、黄皮书等的统称。

皮书系列的作者以中国社会科学院、著名高校、地方社会科学院的研究人员为主,多为国内一流研究机构的权威专家学者,他们的看法和观点代表了学界对中国与世界的现实和未来最高水平的解读与分析。

自20世纪90年代末推出以《经济蓝皮书》为开端的皮书系列以来,社会科学文献出版社至今已累计出版皮书千余部,内容涵盖经济、社会、政法、文化传媒、行业、地方发展、国际形势等领域。皮书系列已成为社会科学文献出版社的著名图书品牌和中国社会科学院的知名学术品牌。

皮书系列在数字出版和国际出版方面成就斐然。皮书数据库被评为"2008~2009年度数字出版知名品牌";《经济蓝皮书》《社会蓝皮书》等十几种皮书每年还由国外知名学术出版机构出版英文版、俄文版、韩文版和日文版,面向全球发行。

2011年,皮书系列正式列入"十二五"国家重点出版规划项目;2012年,部分重点皮书列入中国社会科学院承担的国家哲学社会科学创新工程项目;2014年,35种院外皮书使用"中国社会科学院创新工程学术出版项目"标识。

法律声明

"皮书系列"(含蓝皮书、绿皮书、黄皮书)由社会科学文献出版社最早使用并对外推广,现已成为中国图书市场上流行的品牌,是社会科学文献出版社的品牌图书。社会科学文献出版社拥有该系列图书的专有出版权和网络传播权,其LOGO( )与"经济蓝皮书"、"社会蓝皮书"等皮书名称已在中华人民共和国工商行政管理总局商标局登记注册,社会科学文献出版社合法拥有其商标专用权。

未经社会科学文献出版社的授权和许可,任何复制、模仿或以其他方式侵害"皮书系列"和LOGO( )、"经济蓝皮书"、"社会蓝皮书"等皮书名称商标专用权的行为均属于侵权行为,社会科学文献出版社将采取法律手段追究其法律责任,维护合法权益。

欢迎社会各界人士对侵犯社会科学文献出版社上述权利的违法行为进行举报。电话:010-59367121,电子邮箱:fawubu@ssap.cn。

社会科学文献出版社